大夏书系·语文之道

中小学古文
评点及教学建议

赵希斌　章靓靓　张宁　编著

华东师范大学出版社

全国百佳图书出版单位

图书在版编目（CIP）数据

中小学古文评点及教学建议 / 赵希斌，章靓靓，张宁编著 . —上海：华东师范大学出版社，2020

ISBN 978－7－5760－0645－2

Ⅰ.①中…　Ⅱ.①赵…　②章…　③张…　Ⅲ.①文言文—教学研究—中小学

Ⅳ.① G633.302

中国版本图书馆 CIP 数据核字（2020）第 123512 号

大夏书系·语文之道

中小学古文评点及教学建议

编　　著	赵希斌　章靓靓　张　宁
责任编辑	任红瑚
责任校对	殷艳红　杨　坤
封面设计	百丰艺术

出版发行　华东师范大学出版社
社　　址　上海市中山北路 3663 号　邮编　200062
网　　址　www.ecnupress.com.cn
电　　话　021－60821666　行政传真　021－62572105
客服电话　021－62865537
邮购电话　021－62869887　地址　上海市中山北路 3663 号华东师范大学校内先锋路口
网　　店　http://hdsdcbs.tmall.com/

印　刷　者　北京密兴印刷有限公司
开　　本　787×1092　16 开
插　　页　1
印　　张　20
字　　数　340 千字
版　　次　2020 年 8 月第一版
印　　次　2020 年 8 月第一次
印　　数　5 100
书　　号　ISBN 978－7－5760－0645－2
定　　价　70.00 元

出版人　王　焰

目 录

前 言 / 1

第一章 古文之根

儒家思想是中国古文乃至中华文明的思想核心，塑造了古文独特而恒久的生命力；古文作者大多是秉持儒家精神的儒士。理解儒家思想、儒士精神是解读古文的前提与基础。

一、儒家思想与儒士精神 / 6
二、儒家思想之渊源 / 22

第二章 古文之美

所有带有文学意味的、选入中小学课本中的古文都蕴含着情意。基于语文教学的视角，解读古文应注重其文学性，这意味着我们要有意识地凸显和关注古文中的情意，发掘古文所蕴含的文学美感。

一、情意溯源 声韵动人 / 35
二、精彩纷呈 各有其美 / 45

附　录　中小学古文集评

先　秦 / 72

　　孔子 / 72

　　　《论语十二章》/ 72

　　　《子路、曾皙、冉有、公西华侍坐》/ 86

　　孟子 / 90

　　　《天时不如地利》/ 90

　　　《生于忧患，死于安乐》/ 91

　　　《富贵不能淫》/ 93

　　　《鱼我所欲也》/ 93

　　　《齐桓晋文之事》/ 95

　　庄子 / 98

　　　《逍遥游》/ 98

　　　《庖丁解牛》/ 102

　　　《庄子与惠子游于濠梁》/ 105

　　列子 / 107

　　　《愚公移山》/ 107

　　屈原 / 109

　　　《渔父》/ 109

　　《左传》/ 111

　　　《烛之武退秦师》/ 111

　　　《曹刿论战》/ 114

　　《战国策》/ 116

　　　《唐雎不辱使命》/ 116

　　　《邹忌讽齐王纳谏》/ 118

　　　《荆轲刺秦王》/ 120

秦　汉 / 125

　　李斯 / 125

　　　《谏逐客书》/ 125

李密 / 128

　《陈情表》/ 128

司马迁 / 130

　《报任安书》/ 130

　《陈涉世家》/ 133

　《廉颇蔺相如列传》 / 136

　《鸿门宴》/ 140

　《周亚夫军细柳》/ 143

贾谊 / 145

　《过秦论》/ 145

班固 / 151

　《苏武传》/ 151

魏晋南北朝 / 153

诸葛亮 / 153

　《出师表》/ 153

《世说新语》 / 157

　《咏雪》/ 157

陶渊明 / 158

　《桃花源记》/ 158

　《五柳先生传》/ 163

　《归去来兮辞并序》/ 164

陶弘景 / 168

　《答谢中书书》/ 168

吴均 / 171

　《与朱元思书》/ 171

王羲之 / 173

　《兰亭集序》/ 173

陈寿 / 176

　《隆中对》/ 176

郦道元 / 179

《三峡》/ 179

唐 / 182

　魏征 / 182

　《谏太宗十思疏》/ 182

　王勃 / 184

　《滕王阁序》/ 184

　韩愈 / 189

　《马说》/ 189

　《师说》/ 191

　《祭十二郎文》/ 195

　柳宗元 / 197

　《小石潭记》/ 197

　《种树郭橐驼传》/ 201

　《愚溪诗序》/ 204

　刘禹锡 / 208

　《陋室铭》/ 208

　杜牧 / 209

　《阿房宫赋》/ 209

宋 / 212

　周敦颐 / 212

　《爱莲说》/ 212

　苏洵 / 215

　《六国论》/ 215

　苏轼 / 218

　《记承天寺夜游》/ 218

　《赤壁赋》/ 220

　《石钟山记》/ 225

　欧阳修 / 226

　《秋声赋》/ 226

　《醉翁亭记》/ 229

　《伶官传序》/ 234

范仲淹 / 236

《岳阳楼记》/ 236

王安石 / 239

《游褒禅山记》/ 239

《伤仲永》/ 242

《答司马谏议书》/ 243

明 / 245

张岱 / 245

《湖心亭看雪》/ 245

归有光 / 247

《项脊轩志》/ 247

宋濂 / 251

《送东阳马生序》/ 251

清 / 253

蒲松龄 / 253

《劳山道士》/ 253

龚自珍 / 256

《病梅馆记》/ 256

姚鼐 / 258

《登泰山记》/ 258

沈复 / 261

《海国记》/ 261

《论语》/ 266

《孟子》/ 272

《庄子》/ 278

《史记》/ 286

《左传》/ 296

主要参考文献 / 303

后 记 / 305

前　言

2015 年和 2018 年，人民日报出版社出版了两辑《习近平用典》，含括敬民、为政、立德、修身、笃行、劝学、任贤、天下、治理、廉政、法治、信念、创新、法制、辩证、历史、文学等 17 个主题，其中包含许多经典古文，如：

与人不求备，检身若不及。(《尚书·伊训》)

格物致知、诚意正心、修身、齐家、治国、平天下。(出自《礼记·大学》："古之欲明明德于天下者，先治其国；欲治其国者，先齐其家者，先修其身；欲修其身者，先正其心；欲正其心者，先诚其意者，先致其知；致知在格物。")

博学之，审问之，慎思之，明辨之，笃行之。(《礼记·中庸》)

见善则迁，有过则改。(《周易》)

心不动于微利之诱，目不眩于五色之惑。(出自《道德经》："五色令人目盲，五音令人耳聋，五味令人口爽，驰骋畋猎令人心发狂。")

有朋自远方来，不亦乐乎。(《论语·学而》)

从善如登，从恶如崩。(《国语·周语下》)

立天下之正位，行天下之大道。(《孟子·滕文公下》)

宰相必起于州部，猛将必发于卒伍。(《韩非子·显学》)

盖有非常之功，必待非常之人。(班固《汉书·武帝纪》)

才者，德之资也；德者，才之帅也。(司马光《资治通鉴·周纪》)

水能载舟，亦能覆舟。(出自魏征《谏太宗十思疏》："载舟覆舟，所宜深慎。")

位卑未敢忘忧国。(陆游《病起书怀》)

值得深思的是，这些文句的意涵都可以用现代文表达，为什么要引用古文？张中行说："文言有打破时空限制的魔力，所以历代大量能文的人愿意用它，不能不用它。"看来人们不但愿意用古文，而且古文是"不能不用"的。他还说："文言简直像个罕见的怪物，它几乎没有什么变化地活动了三千年上下。"①"罕见的怪物"！其他词汇已不足以评价文言的价值和魅力，"怪物"——昭示古文永不磨灭、不可抵抗的力量与魅力，这种力量与魅力甚至让人感到敬畏！

2020 年春，肆虐中国的新冠疫情中，伊朗驻华大使馆微博发文："'国之大事，在祀与戎'，中国以国之名祭奠新冠肺炎遇难者，让我们看到了中国对个体尊严与生命的尊重与敬畏。""国之大事，在祀与戎"引自《左传》。日本两家机构捐给中国的抗疫物资上分别写着"岂曰无衣，与子同裳"和"山川异域，风月同天"，前者出自《诗经·秦风·无衣》，后者出自 1300 年前日本长屋王所写的《绣袈裟衣缘》，他将这句诗绣在送给中国僧人的袈裟上。中国捐助给日本、法国、韩国的物资上分别写着"青山一道同云雨，明月何曾是两乡""千里同好，坚于金石"和"道不远人，人无异国"，分别出自唐代诗人王昌龄的《送柴侍御》，三国谯周的《齐交》，新罗旅唐学者崔致远的《有唐新罗国故知异山双谿寺教谥真鉴禅师碑铭》。古文出现在也活跃在我们生活中的方方面面，它时刻伴随我们，从来也不曾远离。古文是历史深处时空的回响，响应并加强我们的每一分感动与领悟。人们的情意在千年的时空尺度上被古文唤起，并得以确认、深化与升华。中国人很幸运，可以借助古文——延续几千年未曾中断的文明最重要的载体，将我们的情感延伸、回溯到千百年前的某个时空，与古人相遇并分享情意。每一次于古文中的回眸与审视，都让人们确认一直在坚持的是什么，一直在斗争的又是什么；什么永远感动着我们，什么又让我们痛彻心扉。每一句被吟诵的古文，都是一面历史的镜，映出过去与现在同样的欢笑、同样的眼泪，我们因此而更加清楚内心的希望与期冀，更加确认当下所在及未来所向。

2014 年 9 月 9 日，习近平总书记在北京师范大学看望一线教师时说："我很不赞成把古代经典诗词和散文从课本中去掉，'去中国化'是很悲哀的。应该把这些经典嵌在学生脑子里，成为中华民族文化的基因。"古文不仅仅是一种语言和文字符号，它更是中华民族情感、意志、审美最重要的载体。"我们是谁、我们从哪里来、我们要往哪里去"，这是人类永不放弃的追问与求索，千百年来积淀的古文为人们面对和思考这些问题提供了支点。现代文也许可以表达与古文同样的意思，但古文中的岁月、求索、荣耀、悲喜、血泪却不可替代，且会随着时间的酝酿而愈发

① 《张中行作品集（第一卷）》，中国社会科学出版社 1995 年版，第 30 页。

醇厚、动人。因此，古文有生命，它生长在一代代中国人的记忆与情怀中；古文有力量，它塑造一代代中国人的思想与心灵；古文常在常新，它因一代代中国人的传扬而自我丰富并不断获得新的生命。

古文是传承中华文化最好的载体，蕴含人世间最动人的情意，给学生以最精美的文化熏陶。它丰富、滋养了学生的精神世界——在认知层面，让学生回到过去、走向远方，观察丰富多彩的自然与社会，探索幽深微眇的人心；在情感层面，让学生触摸悲伤与喜乐，生发感悟与共鸣，获得慰藉与力量；在意志层面，让学生看到美好与丑恶、感受向往与追求、欣赏智慧与勇气。基于此，2018 年 1 月 16 日，教育部举办新闻发布会，介绍修订完成的普通高中课程方案及课程标准。加强中华优秀传统文化教育是这次修订的重点之一，语文课标在这方面的表现最突出——与优秀传统文化相关内容贯穿必修、选择性必修和选修，要求学生广泛阅读各类古诗文，覆盖先秦到清末各个时期，明确规定"课内阅读篇目中，中国古代优秀作品应占 1/2"，将原标准"诵读篇目的建议"改为"古诗文背诵推荐篇目"，推荐篇目数量也从 14 篇（首）增加到 72 篇（首）。

我们应看到，古文教学难度很大，因为其内容和形式离学生很远。解决此问题的一个好办法就是找"行家"引路，就像一个孩子从小就跟着行家看戏，他们即时的喝彩、沉迷的表情、场外的品评、家中的模仿，对孩子来说都是非常有效的戏曲赏析教育。类似的，我们可以借助历代评家对古文的评点，帮助学生亲近、理解、欣赏古文。本书即在澄清中国古文审美传统的基础上，集合了中小学课本中古文的评点，用以提高古文教学的品质。那么，评点是什么，对古文教学有何意义？我们先来看几个例子①：

> 正夫曰：人言陶渊明隐，渊明何尝隐？正是出耳。（施德操评《桃花源记》）

> 《过秦论》三篇，合成只一篇耳。第一篇专讲气势，说得极高兴处却露出败兴样子，着眼在"仁义不施，攻守势异"一语，为画龙之点睛。然初不说明，只说他前胜后败，一个闷葫芦中贮了无数机关，使人扣索不得。难在一层后，又是一层，只不说秦之所以失天下之故，但言关中形胜如此，兵力如此，诸侯败衄又至于此，宜在万不可败之列，何以竟至一败涂地？及到"山东豪

---

① 正文所引评点只呈现"××评××"，评点者的年代及评点出处参考本书附录中的详细信息。

俊，遂并起而亡秦族矣"一语，在文势似成结穴，忽又振起"且夫天下非小弱也"句，似有百倍之神力，从积压在万钧之下，忽然以扛鼎之力打挺而起，真非贾生力量不及此也！（林纾评《过秦论》）

须知此文有数样声口，数样气色。秦王使人谓安陵，第一样；安陵对秦使，第二样；秦王谓唐雎，第三样；唐雎对秦王，第四样；秦王怫然怒，第五样；唐雎挺剑起，第六样；秦王长跪谢，第七样。要写秦王装模作样，便活画出一恣睢暴戾之秦王；要写秦王心惊胆战，便活画出一低声下气之秦王；要写安陵受制于人，便活画出笑啼不敢之安陵；要写唐雎声势狞恶，便活画出一怒容可掬之唐雎。种种奇妙，何处得来？"专诸之刺王僚"一段，并不如荆卿所云"左手把袖，右手揕胸"也，只从四面八方盘旋烘染，而纸上已岌岌摇动，令人一读一击节。真奇笔也！（王符曾评《唐雎不辱使命》）

《左传》如杨妃舞盘，回旋摇曳，光彩射人；《庄子》如神仙下世，咳吐谑浪，皆成丹砂；子长之文豪，如老将用兵，纵骋不可羁，而自中于律；孟坚之文整，方之武事，其游奇布列不爽尺寸，而部勒雍容可观，殆有儒将之风焉。（凌约言评《史记》）

这些评点从文章内涵、文字风格、创作技法、文章渊源、阅读感受等多个方面对古文进行分析评价，揭示了古文的意义和美感，可谓切中肯綮、情真意切。张中行在《文言津逮》中说："前人的评论，大多出于专家之手，见得广，谈得深"，"我们不只要重视，还要把它看作培养眼光的课本，不停止于记住论断，要更向前，学习前人所以作出此种论断的理论和方法"。[①] 评点者凭借其人生体验和审美修养，为我们理解、欣赏古文提供了丰富的素材和多样化的视角。这些评点用于古文教学，既是赏析古文的参考，也可作为引发学生探究乃至争论的素材，从而能有效提高古文教学的丰富性和深刻性。

在中国，评点到宋代成为一种自觉的批评方式，其兴盛则出现在明清。中国古代一流的作家作品几乎都已被人评尽，文学中的经典之作更是不止一次地被评点。[②] 伟大的文学作品有无穷的涵义，评点将这些涵义不断地揭示出来。[③] 高水平评点对文学作品的传播有巨大影响，清代廖燕在其文学评点专论《评文说》中指出："以

---

① 《张中行作品集（第一卷）》，中国社会科学出版社 1995 年版，第 344 页。

② 孙琴安：《中国评点文学史》，上海社会科学院出版社 1999 年版，第 3–4 页。

③ ［俄］鲍列夫：《美学》，乔修亚等译，中国文联出版公司 1986 年版，第 237 页。

前 言 | 5

吾之手眼，定他人之文章，而妍媸立见，非评不为功。故文章之妙，作者不能言而吾代言之，使此文更开生面，他日人读此文，咸叹其妙，而不知评者之功之至此也。"显然，评点揭示了"作者不能言"的作品之妙，丰富、扩展、深化了作品的意义，使其"更开生面"。优秀的文学作品往往有多人对其进行评点，将这些评点辑录起来就是集评。吴朝喜在《重刊集千家注批点杜诗后序》中说："抑能翻刻杜诗之善本，以传四方，使四方之人因批释以明其诗，讽之诵之，玩之味之，而深好之焉。"① 集评将一个作品不同风格、不同观点、不同审美取向的评点汇于一处，对读者从不同层面理解作品颇有价值。

也有人认为，评点对文学作品的理解和欣赏有害无益，其对评点的批评主要表现在两个方面：其一，评点代替乃至剥夺了读者的亲身感受，在作品和读者之间形成隔膜；其二，评点只是一家之言，有时还存在偏颇，会对读者产生误导。如王夫之说："有皎然《诗式》而后无诗，有《八大家文钞》而后无文。立此法者，自谓善诱童蒙，不知引童蒙入荆棘，正在于此。"（《姜斋诗话·夕堂永日绪论外编》）章学诚说："但文字之佳胜，正贵读者之自得；如饮食甘旨，衣服轻暖，衣且食者之领受，各自知之，而难以告人。如欲告人衣食之道，当指脍炙而令其自尝，可得旨甘；指狐貉而令其自被，可得轻暖，则有是道矣。必吐己之所尝而哺人以授之甘，搂人之身而置怀以授之暖，则无是理也。"（《文史通义·文理》）这提醒我们，面对评点不能人云亦云而让他人的评价代替自己的思考和感悟。同时，因为集评中多个评点之间存在交织、印证、演进，甚至出现相反意见的争论，这恰恰有利于我们更全面、更深刻地理解古文作品，如张中行指出，要重视多种评论中的相反意见，在长短得失的衡量中提高自己阅读的鉴赏力。② 因此，将古文评点作为教学参考时，一方面要将评点与古文作品紧密关联，避免只见评点不见作品的现象；另一方面要结合中国古文审美的基本规律，关注评点的依据和文化背景，并将多个评点关联起来，批判性地接受评点的结论。

总之，古文集评对教学来说是高品质的参考资料，教师备课时有集评的辅助，就像有诸多历代高水平评家"坐在我们旁边"，和我们一起就如何赏析古文进行"教研"，这对提升古文教学的品质无疑会很有帮助。

---

① 转引自曾绍皇：《试论明清时期文学名著"集评"现象》,《复旦学报》（社会科学版）2012 年第 5 期。

② 参见《张中行作品集（第一卷）》，中国社会科学出版社 1995 年版，第 344 页。

本书正文包括两章，第一章分析了古文之"根"——儒家思想与儒士精神，这是理解古文作者及其作品的基础；第二章分析了古文之"美"——语文课讲古文必须凸显其审美价值，我们分别对不同类型的古文——议论文、明志文、记叙文、山水文、小品文——的审美指向进行了分析。本书的附录是中小学课本中古文①的集评——来自历代古文集评、古文选集、古文鉴赏等。集评分为两类：一是单篇文章的集评；二是对古文著作、文集——《论语》《孟子》《庄子》《左传》《史记》——的集评。这些著作、文集是建构中国文化的奠基性作品，开发了中国哲学和美学的处女地，以精妙的方式表情达意，显示了中国文艺审美的基本取向，为后世多种文学形式设定了写作内容和写作技法的框架。②中小学课本中有多篇文章来自这些著作、文集，集评有助于我们从更上位的角度认识这些文章共同的特点与风格。

我们对收集到的古文评点进行了筛选，保留了能供古文教学直接参考或能给师生带来启悟的评点，排除了抽象、空洞的评点，以及某些考据式的、与文本赏析关系不大的评点。我们保留了一些有争议的评点，有助于开阔思路，从不同的角度挖掘文本的审美意涵。

本书附录的集评，不仅是古文教学的参考，还是体现中国传统审美意志的文学理论与文学批评，对其进行分析、理解有助于提升我们的古文鉴赏力。本书最后列出了参考书目——古文集评的来源，教师可以在课本收录的古文有变化时从中查找相关集评。

最后，我们建议读者同时阅读本书的姊妹篇——《中小学古诗词评点及教学建议》(赵希斌、杨思航编著，华东师范大学出版社 2019 年版)。该书较为详细地分析了诗词集评的内容并对其如何应用于教学提出了具体建议，包括"诗词内涵及意蕴""诗词美感与艺术手法""诗词关联与对比"，这三个方面同样适用于理解古文集评并将其应用于教学中。

---

① 包括人教社部编本从小学到高中语文教材中的古文。
② 赵希斌：《给语文教师的阅读建议：基础书目与导读》，华东师范大学出版社 2018 年版，第 192—242 页。

第一章

古文之根

明代陈仁锡评《史记》时说："文生于情，情生于法，法生于因。……知文而不知情，其敝也啬；知情而不知法，其敝也诏；知法而不知因，其敝也渎。"(《钟惺评史记·史记序》) 这说明读古文、品古文不能就文章而论文章，而要追索文本背后的"情""法""因"。对于古文解读，一个极重要的问题是：历经千年而不朽的古文，其核心价值是什么？是什么塑造了其强大的生命力？这个问题关乎古文的"法"和"因"，也即古文的"根"。只有对这个问题形成深刻的认识，我们才能对古文产生真正的理解与共鸣。要回答这个问题，我们先将目光投向一个更深远的地方——中华文明，因为古文是中华文明最典型的代表，也是其最重要的载体，是我们感受中国古文的魅力、理解其何以不朽的基础。

黑格尔有一个著名的"中国没有历史"的说法[1]：

> 这个帝国始终保持自立，始终像它以往那样存在着。以后，它先是在 13 世纪被成吉思汗、在（欧洲）三十年战争之后的时间又被满洲—鞑靼人占领，却从未因此而改变。……其古老的原则没有被任何外来的原则所取代，因此说它是没有历史的。所以我们在谈论这个帝国最古老的历史时，并不是谈论它的以往，而是谈论它当今的最新形态。

中华文明是几千年来人类唯一不曾中断的、历久弥新的文明，它一直鲜活且富有生命力，它的过去也是它的现在，因此而"没有历史"。中华文明为何有如此强大的生命力？德国哲学家雅斯贝尔斯提出，公元前 800 年至公元前 200 年之间是人类文明的"轴心期"。这一时期出现了人类文明的重大突破，古希腊有苏格拉底、柏拉图，印度有释迦牟尼，以色列有犹太教的先知，而中国则有孔子、老子。"直至今日，人类一直靠轴心期所产生、思考和创造的一切而生存，每一次新的飞跃都

---

① ［德］黑格尔：《世界史哲学讲演录》，刘利群等译，商务印书馆 2014 年版，第 114 页。

回顾这一时期，并被它重新燃起火焰。"①中华文明具有强大生命力的关键即是"轴心期"出现的儒家思想。中国文化以儒家文化为主导，中国人文精神，不管就其起源与自觉而言，还是就其发展与形态而言，都是以儒家为核心的，②"中国文化的精神，亦即儒家的精神"③。徐复观将传统分为两个层次：一是"低次元的传统"，另一是"高次元的传统"。一切风俗习惯都属于低次元的传统，其精神意味比较少。高次元的传统是低次元传统中具体事象后面的精神与本质，常由某一民族的宗教创教者、圣人、大艺术家、大思想家等创造出来。④儒家思想无疑属于"高次元的传统"，它统摄了古文乃至中华文明的核心价值与表现形态，是古文中最关键的"精神存在"。

中国在先秦就出现了思想上的百家争鸣，刘向总诸子为十家：一儒家，二道家，三阴阳家，四法家，五名家，六墨家，七纵横家，八杂家，九农家，十小说家。对中国古文作者产生影响的绝不只是儒家思想，但不可否认的是儒家思想居于主流、核心地位，其他思想流派往往作为儒家思想的补充、对立面乃至"阳挤而阴助"⑤的形式而存在。以庄子思想为例，王安石在《庄周（上）》中说⑥：

> 昔先王之泽，至庄子之时竭矣。天下之俗，谲诈大作，质朴并散，虽世之学士大夫，未有知贵己贱物之道者也。于是弃绝乎礼义之绪，夺攘乎利害之际，趋利而不以为辱，殒身而不以为怨，渐渍陷溺以至乎不可救已。庄子病之，思其说以矫天下之弊而归之于正也。……庄子岂不知圣人者哉！……然而庄子之言不得不为邪说比者，盖其矫之过矣。夫矫枉者，欲其直也，矫之过，则归于枉矣。庄子亦曰："墨子之心则是也，墨子之行则非也。"推庄子之心以求其行，则独何异于墨子哉？……今之读者，挟庄以谩吾儒曰："庄子之道大

---

① ［德］卡尔·雅斯贝斯：《历史的起源与目标》，魏楚雄等译，华夏出版社 1999 年版，第 8-9，14 页。

② 参见唐君毅：《中国人文精神之发展》，广西师范大学出版社 2005 年版，第 8 页。

③ 李维武编：《中国人文精神之阐扬——徐复观新儒学论著辑要》，中国广播电视出版社 1996 年版，第 198-199 页。

④ 李维武编：《徐复观文集（第一卷）》，湖北人民出版社，第 14-15 页。

⑤ 司马迁言庄子"以诋訾孔子之徒，以明老子之术"，苏轼反对此说："余以为庄子盖助孔子者，要不可以为法耳。楚公子微服出亡，而门者难之，其仆操箠而骂曰'隶也不力'，门者出之。……故庄子之言皆实予而文不予，阳挤而阴助之。"

⑥ 出处见附录。凡引自附录的评点其出处不再于正文中标注。

哉，非儒之所能及知也。"不知求其意，而以异于儒者为贵，悲夫！

庄子虽然是道家思想的典型代表，但在王安石看来，他只是用一种"矫枉过正"的方式矫天下之弊，在本质上并未"异于儒者"。如胡远濬在《庄子诠诂·序例》中说："庄子破儒家之执，故立词不得不异，而其旨实同。盖《易》曰'一阴一阳之谓道'，《中庸》曰'……儒者就实理充周言，道家就中虚无著言。一有一无，二义固相需也'。"

李泽厚指出，儒家之所以取得优势地位，是因为"儒家与中国古老的经济社会传统有更深的现实联系，它不是一时崛起的纯理论主张或虚玄空想，而是以具有极为久远的氏族血缘的宗法制度为其深厚根基，从而能在以家庭小生产农业为经济本位的社会中始终保持现实的力量和传统的有效性。"[1]儒家思想的强大在于，它不仅能够自我更新，还可以同化其他的思想流派。[2]李泽厚分析了儒家思想以"仁"为核心的"母结构"如何吸收其他思想学说，从中可以看到儒家思想的发展演进及其与其他思想流派的关系[3]：

> 孔子而后，儒分而八。……但最终又被这个母结构所吸收，或作为母结构的补充而存在发展。例如曾子也许更着重血缘关系和等级制度，使他在《论语》中的形象极端保守而愚鲁。颜渊则似乎更重视追求个体人格的完善，"一箪食，一瓢饮，人不堪其忧，回也不改其乐"，终于发展出道家庄周学派（从郭沫若说，参阅《十批判书·庄子的批判》）。然而道家在整个中国古代社会中，始终是作为儒家的对立的补充物才有其强大的生命力的。荀子突出发挥"治国平天下"的外在方面，使"仁"从属于"礼"（理），直到法家韩非把它片面发展到极致，从而走到反面，而又在汉代为这个仁学母结构所吸收消化掉。

由此可见，儒家思想不是一成不变的，其自身通过同化和顺应而不断丰富和发展，这体现了儒家思想的包容性与开放性，也是其具有强大生命力的一个表现。对此徐复观说："中国传统与西方传统不同之点，在于西方最大的传统是宗教。宗教是以组织的力量支持一种信仰，所以它有很大的排斥性。中国传统最主要的却是儒

---

① 李泽厚：《中国古代思想史论》，人民出版社 1985 年版，第 140 页。

② 参见李泽厚"道、法、阴阳、儒家的合流"之说，《中国古代思想史论》第 135–146 页。

③ 李泽厚：《中国古代思想史论》，人民出版社 1985 年版，第 33–34 页。

家。儒家没有组织力量的支持，其性格也是没有排斥性的文化。"①因此，理解古文的思想基础，不是唯儒家思想独尊，而是在认识儒家思想核心地位的同时，关注儒家思想与其他思想流派的关联与互动。

基于以上分析可见，解读古文要关注其以儒家思想为核心的"精神存在"。进而，我们还要关注古文的作者——大部分是典型的秉持儒家思想的儒士。孟子说："颂其诗，读其书，不知其人，可乎？"（《孟子·万章下》）思想是人的思想，是人将其生发并传承的；更重要的，儒家思想结合时代背景渗透于作者的生命活动中，从而得以被情感化并付诸文字，这对于古文解读尤其是文学性古文的审美至关重要。

中国古文的作者，整体上是秉承儒家思想的士人，这与儒家思想在中国文化中占据核心地位是一致的。余英时指出，中国有一个大体上没有中断的、自先秦两千多年的"士"的传统，即使其间有局部的"转折"乃至"断裂"，也都会使"士"的传统推陈出新。②理解古文的作者，就要理解他们作为儒士的关键品质。中国漫长的、大一统的封建社会政治和经济制度，以及典型的农耕文明，强化了中国士人身份的稳定性及一致性，儒家思想很好地匹配和支持了这样的文明形态。自汉代独尊儒术，儒家思想成为用人和评价人最重要的标准。隋朝实行科举制后，儒家思想被更加有效和严格地用作仕官选拔标准。在教育资源非常有限的情况下，能写作和有机会写作，且其作品有影响力而得到流传的作者，往往幼年时就开始浸淫于儒家经典，这使得儒家思想成为其人生的底色，进而使得中国古文在整体上被着以儒家思想的色彩。

需要指出的是，有些古文作者在失意、被贬黜、遭遇人生重大挫折时，其作品表现出与儒家思想相悖的思想，如含有道家与佛禅的意味，比如陶渊明、苏轼的诸多诗文。③对此我们应意识到，这些作者往往在年少时熟读、深谙儒家经典，曾怀有深沉的儒家济世理想，也曾跋涉于艰难的官仕之途，他们在疲惫和受伤的时候，对儒家经济之路产生怀疑和厌弃，这份情感真挚且应被理解，蕴含如此情思的文章也颇具美学意味。这就像大部分古文作者在人生的大部分时间奔走在儒士"大道"

---

① 李维武编：《徐复观文集（第一卷）》，湖北人民出版社，第17页。

② 余英时：《士与中国文化》，上海人民出版社 2003 年版，《新版序》第 4–5 页。

③ 参见赵希斌：《追根溯源教语文：文本的背景分析》（华东师范大学出版社 2017 年版，第 196–220 页）中"儒道思想"部分有关陶渊明和苏轼的分析。

上，少数作者在人生中的某个时刻离开"大道"走进清幽宁静的"小路"，其间的风景让人惊喜并值得细细品赏。这也恰恰成为一种对比与衬托——作者在离开"大道"走向"小路"时的犹疑、失落、痛苦，使得我们理解作者为何要离开"大道"才更加有意义、更加动人。

钱澄之在《庄屈合诂·自序》中说：

> 吾观庄子述仲尼之语曰："子之爱亲，命也，不可解于心。臣之事君，义也，无所逃于天地之间。"又曰："为人臣子者，固有所不得已，行事之情而忘其身，何暇至于悦生而恶死，而终勖之以莫若为致命。"夫庄子岂徒言其言者哉！一旦而有臣子之事，其以义命自处也，审矣。……庄子之性情于君父之间，非不深至，特无所感发耳。

我们当然不必说庄子这样的人是儒士，他们在表达"非儒"的思想情感，似乎从儒士的"阵营"出走，甚至走到了对立面。但是，就像前述儒家思想是中国思想文化的底色一样，儒士也是中国绝大部分作家身份的底色，而"非儒"之古文作者也在这样的底色中存在。因此，对于"非典型"或"非儒"作者，有必要将儒士精神作为背景，观照其文字背后的思想与儒家思想的关联。总之，儒家思想塑造了士人的情感、态度、价值观而形成儒士精神，理解儒家思想和儒士精神是理解古文的前提。

一、儒家思想与儒士精神

《说文解字》说："士，事也。""士"指有特定职事的人，但这并不是士之为士最重要的条件。"士"最重要的品质是其对于"道"的坚守与追求——志道、守道、乐道。明代冯梦龙评孟子"富贵不能淫，贫贱不能移，威武不能屈。此之谓大丈夫"这句话时说："无时无处而不行大道也。道大，则人亦大，故曰'大丈夫'。"中国士人做人和为文是一致的，他们因坚持和向往"大道"而成为"大人""君子""大丈夫"，也因此而写出彪炳千古的文章。那么，士人向往和坚持的是怎样的"道"呢？余英时指出，"士"的传统就是以儒家思想为核心的"道"："士从最初出现在历史舞台那一刹那起便与所谓'道'分不开"，"中国知识阶层刚刚出现在历史舞台上的时候，孔子便已努力给它贯注一种理想主义的精神，要求它的每一个分子——士——都能超越他自己个体的和群体的利害得失，而发展对整个社会的深厚关怀。这是一种近乎宗教信仰的精神"[1]。

下面，我们从儒家经典《论语》和《孟子》入手，分析中国文人的关键身份——儒士——的精神特质，体会其强大的生命力和动人之处。选择《论语》和《孟子》，因为它们是体现儒家思想最经典的作品，以具体、生动的形式展现了儒家的世界观、人生观、价值观。梁启超在《世界伟人传·孔子》中写道[2]：

> 自我神州赤县，乃至西尽流沙，北极穷发，东讫扶桑出日之邦，南暨椎结
> 雕舌之域，二千年间所自产者，何一不受赐于孔子？其有学问，孔子之学问也；
> 其有伦理，孔子之伦理也；其有政治，孔子之政治也。其人才皆由得孔子之一体
> 以兴，其历史皆演孔子之一节以成。苟无孔子，则中国当非复二千年来之中国。

李泽厚指出，《论语》是有关中国文化的某种"心魂"所在，在塑建、构造汉民族文化心理结构的历史过程中，起到了无可替代、首屈一指的"严重作用"，成为士人言行思想的根本基础。[3]孟子继承了孔子的衣钵，如韩愈所说："自孔子没，群弟子莫不有书，独孟轲氏之传得其宗。"孔子提出了以"仁"为核心的儒家思想的总体框架，孟子基于"人皆可为尧舜"的人性观，以及对有"浩然之气"的"大丈夫"人格的追求，指出了士人"成仁"及实现儒家理想的方向，具有很强的实践性，为士人修身、治国、平天下提供了具体的原则与指导。

《论语》及与其一脉相承的《孟子》是世世代代儒士最核心的人生指南，持续而深刻地给他们以人生的方向、信心、力量，为其提供近乎宗教信仰般的精神皈依。如清人孙奇逢所说："只此数卷《论语》，无义不备，千圣万贤，不能出其范围。识其大者为大儒，识其小者为小儒。"无疑，《论语》和《孟子》是理解儒士品质最重要的切入点。基于此，我们从《论语》和《孟子》中摘录了有关个体操守、人性、人格等方面的内容，并将其蕴含的儒士精神归结为"仁义至上""天性责任""人格修养""自尊自信""反身而诚和任运自适"等五个方面。这些是中国古文作者一遍遍熟读并铭记于心的内容，他们据此经世济国、忍辱负重、箪瓢无悔、吟啸山林……教师应熟记和理解这些有关儒家思想和儒士精神的"原生素材"，将其作为赏析古文的前提和基础。

---

[1] 余英时：《士与中国文化》，上海人民出版社 2003 年版，第 25 页。

[2] 梁启超：《儒家哲学》，上海人民出版社 2009 年版，第 190 页。

[3] 李泽厚：《论语今读》，安徽文艺出版社 1998 年版，前言第 3 页。

仁义至上

《周易·说卦》有言:"立天之道曰阴与阳,立地之道曰柔与刚,立人之道曰仁与义。""仁""义"实为儒家思想的核心、天地之间的"大道"。《论语》中讲"仁"有109次之多。孔子对曾参说,"吾道一以贯之",这"一以贯之"的便是"仁"。李泽厚认为"仁"是由四个方面——血缘基础、心理原则、人道主义、个体人格——构成的思想模式和文化心理结构,此分析相当清晰和有说服力,可供参考。[①] 下面所摘录的有些内容没有"仁"字,但其实质表达了孔、孟对"仁"的理解。孟子说:"仁也者,人也。合而言之,道也。"(《孟子·尽心下》),这说明"仁"与"道"是一体的,体"道"即体"仁";《论语》《孟子》中还有关于"义""德"等范畴的表述,其本质同样是"仁"。同时,孔子和孟子还会批评"不仁",使我们可从反面理解"仁"是怎样的。此外,在《论语》和《孟子》中,求仁、守道之人为君子、士、大人,孔、孟对这些人的描述和赞扬同样有"仁"的意涵。

关于"仁义至上",《论语》有言:

> 君子不器。(《为政》)
>
> 不仁者不可以久处约,不可以长处乐。仁者安仁,知者利仁。(《里仁》)
>
> 唯仁者能好人,能恶人。(《里仁》)
>
> 苟志于仁矣,无恶也。(《里仁》)
>
> 富与贵,是人之所欲也,不以其道得之,不处也;贫与贱,是人之所恶也,不以其道得之,不去也。君子去仁,恶乎成名?君子无终食之间违仁,造次必于是,颠沛必于是。(《里仁》)
>
> 朝闻道,夕死可矣。(《里仁》)
>
> 士志于道,而耻恶衣恶食者,未足与议也。(《里仁》)
>
> 君子之于天下也,无适也,无莫也,义之与比也。(《里仁》)
>
> 君子怀德,小人怀土;君子怀刑,小人怀惠。(《里仁》)
>
> 君子喻于义,小人喻于利。(《里仁》)
>
> 仁者先难而后获,可谓仁矣。(《雍也》)
>
> 夫仁者,己欲立而立人,己欲达而达人。(《雍也》)

---

① 参见李泽厚:《孔子再评价》,《中国社会科学》1980年第2期,第82–89页。

德之不脩，学之不讲，闻义不能徙，不善不能改，是吾忧也。(《述而》)

志于道，据于德，依于仁，游于艺。(《述而》)

饭疏食，饮水，曲肱而枕之，乐亦在其中矣。不义而富且贵，于我如浮云。(《述而》)

知者不惑，仁者不忧，勇者不惧。(《子罕》)

曾子曰：君子以文会友，以友辅仁。(《颜渊》)

樊迟问仁。子曰："居处恭，执事敬，与人忠。"(《子路》)

宪问耻。子曰："邦有道，谷；邦无道，谷，耻也。""克、伐、怨、欲不行焉，可以为仁矣？"子曰："可以为难矣，仁则吾不知也。"(《宪问》)

士而怀居，不足以为士矣。(《宪问》)

有德者必有言，有言者不必有德。仁者必有勇，勇者不必有仁。(《宪问》)

志士仁人，无求生以害仁，有杀身以成仁。(《卫灵公》)

君子谋道不谋食。……君子忧道不忧贫。(《卫灵公》)

知及之，仁不能守之，虽得之，必失之。(《卫灵公》)

君子义以为上。君子有勇而无义为乱，小人有勇而无义为盗。(《阳货》)

子张曰："士见危致命，见得思义，祭思敬，丧思哀，其可已矣。"(《子张》)

关于"仁义至上"，《孟子》有言：

鱼，我所欲也；熊掌，亦我所欲也，二者不可得兼，舍鱼而取熊掌者也。生，亦我所欲也；义，亦我所欲也，二者不可得兼，舍生而取义者也。……是故所欲有甚于生者，所恶有甚于死者，非独贤者有是心也，人皆有之，贤者能勿丧耳。(《告子上》)

伯夷，非其君不事，非其友不友。不立于恶人之朝，不与恶人言。立于恶人之朝，与恶人言，如以朝衣朝冠坐于涂炭。(《公孙丑上》)

君子所性，虽大行不加焉，虽穷居不损焉，分定故也。君子所性，仁义礼智根于心。其生色也睟然，见于面，盎于背，施于四体，四体不言而喻。(《尽心上》)

孟子曰："阉然媚于世也者，是乡原也。"万子曰："一乡皆称原人焉，无所往而不为原人，孔子以为德之贼，何哉？"曰："非之无举也，刺之无刺也；同乎流俗，合乎污世；居之似忠信，行之似廉洁；众皆悦之，自以为是，而不可与入尧舜之道，故曰德之贼也。孔子曰：'……恶乡原，恐其乱德也。'"(《尽

心下》）

不仁而得国者，有之矣；不仁而得天下者，未之有也。（《尽心下》）

天下有道，以道殉身。天下无道，以身殉道。未闻以道殉乎人者也。（《尽心上》）

鸡鸣而起，孳孳为善者，舜之徒也；鸡鸣而起，孳孳为利者，蹠之徒也。欲知舜与蹠之分，无他，利与善之间也。（《尽心上》）

无恒产而有恒心者，惟士为能。（《梁惠王上》）

公都子问曰："钧是人也，或为大人，或为小人，何也？"孟子曰："从其大体为大人，从其小体为小人。"（《告子上》）

今之事君者曰："我能为君辟土地，充府库。"今之所谓良臣，古之所谓民贼也。君不乡道，不志于仁，而求富之，是富桀也。"我能为君约与国，战必克。"今之所谓良臣，古之所谓民贼也。君不乡道，不志于仁，而求为之强战，是辅桀也。（《告子下》）

仁则荣，不仁则辱。今恶辱而居不仁，是犹恶湿而居下也。（《公孙丑上》）

夫仁，天之尊爵也，人之安宅也。（《公孙丑上》）

莫如贵德而尊士，贤者在位，能者在职。（《公孙丑上》）

天子不仁，不保四海；诸侯不仁，不保社稷；卿大夫不仁，不保宗庙；士庶人不仁，不保四体。（《离娄上》）

人之所以异于禽兽者几希，庶民去之，君子存之。舜明于庶物，察于人伦，由仁义行，非行仁义也。（《离娄下》）

君子所以异于人者，以其存心也。君子以仁存心，以礼存心。……若夫君子所患则亡矣。非仁无为也，非礼无行也。（《离娄下》）

"仁""义"的理念被中国士人彻底内化，成为其坚定的理想信念并付诸人生实践。士人在其文章中表达对"仁""义"宗教信仰般的向往与追求，以及因此而生发的坚定、自豪、欣喜。孔、孟的"仁""义"往往和名利对立，名利本身无咎，一个人积极努力做正事、行大道，即使不主动追求，名利也有可能自然而至。如《礼记》有云："故大德必得其位，必得其禄，必得其名，必得其寿。"孔、孟反对的是贪名逐利，是对名利过于主动、过分的追求。人活在生理、精神、心灵的三重世界，对名利的追求主要满足人较低层次的生理欲望，而人的精力和心力是有限的，追名逐利会使精神与心灵的世界变得荒芜。此外，获取名利往往是高度竞争性的，这个过程很容易让人迷失而见利忘义或不仁不义，如弄虚作假、踩低捧高、阿谀谄媚，导致个体的人生品质大为劣化。基于此，孔子有"君子固穷"之说，将士人对"仁""义"的追求与"安贫乐道""贫贱不移"统一起来。这不是在提倡士人以贫、穷为志为乐，而是提醒士人在"求仁"中警惕名利的陷阱，在"成仁"中坚定意志，勇于面对艰困的考验。

天性责任

"当仁，不让于师""为仁由己，而由人乎哉"，士人将积极用世、仁义关爱、孝亲悌友、不屈不挠视为责无旁贷；更重要的，这些责任被认为是天生的，是每一个士人可以做到而且应该做到的。每个人天性被赋予了求仁得道的品性和能力，即"仁义礼智，非由外铄我也，我固有之也"，因而"人皆可以为尧舜"。士人因此生发强烈的自豪感与使命感——"天生德于予，桓魋其如予何？""仁远乎哉？我欲仁，斯仁至矣。"士人相信只要下定决心、砥砺前行，就能够到达"仁"的彼岸。这样的责任感、使命感使士人表现出"当今之世，舍我其谁"的自尊、自信之气概。在下面的内容中，《论语》强调了士人的责任，《孟子》则强调了个体天性中求仁得仁的"良知""良能"。

关于"天性责任"，《论语》有言：

> 天生德于予，桓魋其如予何？（《述而》）
>
> 仁远乎哉？我欲仁，斯仁至矣。（《述而》）
>
> 曾子曰："可以托六尺之孤，可以寄百里之命，临大节而不可夺也。君子人与？君子人也。"（《泰伯》）
>
> 曾子曰："士不可以不弘毅，任重而道远。仁以为己任，不亦重乎？死而后已，不亦远乎？"（《泰伯》）
>
> 文王既没，文不在兹乎？天之将丧斯文也，后死者不得与于斯文也；天之未丧斯文也，匡人其如予何！（《子罕》）
>
> 子贡曰："有美玉于斯，韫匵而藏诸？求善贾而沽诸？"子曰："沽之哉，沽之哉！我待贾者也。"（《子罕》）
>
> 三军可夺帅也，匹夫不可夺志也。（《子罕》）
>
> 为仁由己，而由人乎哉？（《颜渊》）

当仁，不让于师。(《卫灵公》)

佛肸召，子欲往。子路曰：昔者由也闻诸夫子曰：'亲于其身为不善者，君子不入也。'佛肸以中牟畔，子之往也，如之何？"子曰："然，有是言也。不曰坚乎，磨而不磷；不曰白乎，涅而不缁。吾岂匏瓜也哉？焉能系而不食？"(《阳货》)

关于"天性责任"，《孟子》有言：

恻隐之心，人皆有之；羞恶之心，人皆有之；恭敬之心，人皆有之；是非之心，人皆有之。恻隐之心，仁也；羞恶之心，义也；恭敬之心，礼也；是非之心，智也。仁义礼智，非由外铄我也，我固有之也，弗思耳矣。故曰："求则得之，舍则失之。"或相倍蓰而无算者，不能尽其才者也。(《告子上》)

人之有是四端也，犹其有四体也。有是四端而自谓不能者，自贼者也；谓其君不能者，贼其君者也。凡有四端于我者，知皆扩而充之矣，若火之始然，泉之始达。(《公孙丑上》)

自暴者，不可与有言也；自弃者，不可与有为也。言非礼义，谓之自暴也；吾身不能居仁由义，谓之自弃也。仁，人之安宅也；义，人之正路也。旷安宅而弗居，舍正路而不由，哀哉！(《离娄上》)

待文王而后兴者，凡民也。若夫豪杰之士，虽无文王犹兴。(《尽心上》)

人之所不学而能者，其良能也；所不虑而知者，其良知也。(《尽心上》)

有事君人者，事是君则为容悦者也。有安社稷臣者，以安社稷为悦者也。有天民者，达可行于天下而后行之者也。有大人者，正己而物正者也。(《尽心上》)

曹交问曰："人皆可以为尧舜，有诸？"孟子曰："然。"(《告子下》)

(孟子被问"何为不豫"时说)夫天未欲平治天下也；如欲平治天下，当今之世，舍我其谁也？(《公孙丑下》)

周霄问曰："古之君子仕乎？"孟子曰："仕。传曰：'孔子三月无君，则皇皇如也，出疆必载质。'公明仪曰：'古之人三月无君则吊。三月无君则吊不以急乎？'"曰："士之失位也，犹诸侯之失国家也。"(《滕文公下》)

(有人问孟子为何"好辩")孟子曰："予岂好辩哉？予不得已也。"……圣王不作，诸侯放恣，处士横议，……吾为此惧。……我亦欲正人心，息邪说，距诐行，放淫辞，以承三圣者。(《滕文公下》)

禹思天下有溺者，由己溺之也，稷思天下有饥者，由己饥之也，是以如是其急也。(《离娄下》)

万章曰："尧以天下与舜，有诸?"孟子曰："否。天子不能以天下与人。""然则舜有天下也，孰与之?"曰："天与之。""天与之者，谆谆然命之乎?"曰："否。天不言，以行与事示之而已矣。"(《万章上》)

人之有德慧术知者，恒存乎疢疾。独孤臣孽子，其操心也危，其虑患也深，故达。(《尽心上》)

告子曰："性犹湍水也，决诸东方则东流，决诸西方则西流。人性之无分于善不善也，犹水之无分于东西也。"孟子曰："水信无分于东西，无分于上下乎? 人性之善也，犹水之就下也。人无有不善，水无有不下。今夫水，搏而跃之，可使过颡;激而行之，可使在山。是岂水之性哉? 其势则然也。人之可使为不善，其性亦犹是也。"(《告子上》)

口之于味也，有同耆焉;耳之于声也，有同听焉;目之于色也，有同美焉。至于心，独无所同然乎? 心之所同然者何也? 谓理也，义也。圣人先得我心之所同然耳。故理义之悦我心，犹刍豢之悦我口。(《告子上》)

仁，人心也;义，人路也。舍其路而弗由，放其心而不知求，哀哉! 人有鸡犬放，则知求之，有放心而不知求。学问之道无他，求其放心而已矣。(《告子上》)

拱把之桐、梓，人苟欲生之，皆知所以养之者。至于身，而不知所以养之者，岂爱身不若桐、梓哉? 弗思甚也。(《告子上》)

体有贵贱，有小大，无以小害大，无以贱害贵。养其小者为小人，养其大者为大人。今有场师，舍其梧、槚，养其樲、棘，则为贱场师焉。养其一指而失其肩背而不知也，则为狼疾人也。饮食之人，则人贱之矣，为其养小以失大也。(《告子上》)

有天爵者，有人爵者。仁义忠信，乐善不倦，此天爵也;公卿大夫，此人爵也。(《告子上》)

"位卑未敢忘忧国""国家兴亡，匹夫有责"，正是责任心的驱动，中国士人将自己的人生与整个社会深刻"绑定"，他们因此而"居庙堂之高则忧其民，处江湖之远则忧其君"。即使在看似闲适的生活中，士人也未曾脱卸内心的责任，如清代王符曾评《记承天寺夜游》："试问有甚么忙? 还是人不肯闲?"辛弃疾《清平乐·村居》中一派田园风光的"醉里吴音相媚好",也掩不住作者报国无门的苦闷与忧伤。如叶嘉莹所言:"辛弃疾的词是一本万殊——不管他写的是什么,他的底色都是那种英雄豪杰的志意在被摒弃压抑中所受的挫伤。"[①] "英雄豪杰的意志",正是中国士人责任心的展现。士人的责任心典型地表现在两个方面,一是积极用世,力争有所作为;二是为追求仁义而付出极大代价,乃至舍生取义。士人自认"人皆可以为尧舜",天性具有"良知""良能",追求仁义乃天性使然,"若火之始然,泉之始达"。不能、不愿发挥自己的天性乃"自贼者也",就像一粒种子没有发芽壮大,这是未完成、不完整的人生,是非常遗憾、非常可惜的。个体在履行责任的过程中其潜在的天性被开发并得以施展,最终使自己的人生得以圆满。这是他们在修身、治国、平天下的过程中充满责任感、使命感和自豪感的根本原因,也是他们在追求理想的过程中忍辱负重,乃至不惜付出生命代价的核心驱动。

人格修养

士人求仁、成仁的愿望和行动必然会使其表现出某种人格特点;而一个人想要发挥自己求仁、成仁的天性,承担起社会责任,也必须在人格方面不断锤炼,加强自身修养。人天生就有求仁得仁的善因子,但这种本性很有可能被掩盖、压抑、扭曲,个体需要保护和恢复这种本性,就像从原石中精雕出宝石,可谓"天将降大任于是人也,必先苦其心志,劳其筋骨,饿其体肤,空乏其身,行拂乱其所为",士人为此要"动心忍性,曾益其所不能"。士人在求仁之路上艰苦跋涉的同时锤炼、修养其人格,从而养成"塞于天地之间""配义与道"的"浩然之气"。

关于"人格修养",《论语》有言:

> 子曰:"吾未见刚者。"或对曰:"申枨。"子曰:"枨也欲,焉得刚?"(《公冶长》)

> 巧言令色足恭,左丘明耻之,丘亦耻之。匿怨而友其人,左丘明耻之,丘亦耻之。(《公冶长》)

> 君子欲讷于言而敏于行。(《里仁》)

> 贤哉,回也!一箪食,一瓢饮,在陋巷,人不堪其忧,回也不改其乐。贤

哉，回也！(《雍也》)

岁寒，然后知松柏之后凋也。(《子罕》)

刚、毅、木、讷，近仁。(《子路》)

今之成人者何必然？见利思义，见危授命，久要不忘平生之言，亦可以为成人矣。(《宪问》)

君子耻其言而过其行。(《宪问》)

子贡方人。子曰："赐也贤乎哉？夫我则不暇。"(《宪问》)

骥不称其力，称其德也。(《宪问》)

何以报德？以直报怨，以德报德。(《宪问》)

子路问君子。子曰："修己以敬人。"曰："如斯而已乎？"曰："修己以安人。"(《宪问》)

在陈绝粮，从者病，莫能兴。子路愠见曰："君子亦有穷乎？"子曰："君子固穷，小人穷斯滥矣。"(《卫灵公》)

君子义以为质，礼以行之，孙以出之，信以成之。君子哉！(《卫灵公》)

君子矜而不争，群而不党。(《卫灵公》)

君子有九思：视思明，听思聪，色思温，貌思恭，言思忠，事思敬，疑思问，忿思难，见得思义。(《季氏》)

见善如不及，见不善如探汤。吾见其人矣，吾闻其语矣。隐居以求其志，行义以达其道。(《季氏》)

能行五者于天下为仁矣。……恭、宽、信、敏、惠。恭则不侮，宽则得众，信则人任焉，敏则有功，惠则足以使人。(《阳货》)

乡原，德之贼也。(《阳货》)

子贡问曰："君子亦有恶乎？"子曰："有恶。恶称人之恶者，恶居下流而讪上者，恶勇而无礼者，恶果敢而窒者。"曰："赐也亦有恶乎？""恶徼以为知者，恶不孙以为勇者，恶讦以为直者。"(《阳货》)

子张曰："执德不弘，信道不笃，焉能为有？焉能为亡？"(《子张》)

子夏曰："君子有三变：望之俨然，即之也温，听其言也厉。"(《子张》)

子贡曰："君子之过也，如日月之食焉。过也，人皆见之；更也，人皆仰之。"(《子张》)

子以四教：文、行、忠、信。(《述而》)

子张问政于孔子曰："何如斯可以从政矣？"子曰："尊五美，屏四恶，斯可

以从政矣。"子张曰："何谓五美？"子曰："君子惠而不费，劳而不怨，欲而不贪，泰而不骄，威而不猛。"(《尧曰》)

关于"人格修养"，《孟子》有言：

五谷者，种之美者也；苟为不熟，不如荑稗。夫仁亦在乎熟之而已矣。(《告子上》)

舜发于畎亩之中，傅说举于版筑之间，胶鬲举于鱼盐之中，管夷吾举于士，孙叔敖举于海，百里奚举于市。故天将降大任于是人也，必先苦其心志，劳其筋骨，饿其体肤，空乏其身，行拂乱其所为，所以动心忍性，曾益其所不能。人恒过，然后能改；困于心，衡于虑，而后作；征于色，发于声，而后喻。入则无法家拂士，出则无敌国外患者，国恒亡。然后知生于忧患而死于安乐也。(《告子下》)

祸福无不自己求之者。诗云："永言配命，自求多福。"太甲曰："天作孽，犹可违；自作孽，不可活。"(《公孙丑上》)

曰："我知言，我善养吾浩然之气。"敢问何谓浩然之气？曰："难言也，其为气也，至大至刚，以直养而无害，则塞于天地之间。其为气也，配义与道。"(《公孙丑上》)

景春曰："公孙衍、张仪岂不诚大丈夫哉？一怒而诸侯惧，安居而天下熄。"孟子曰："……居天下之广居，立天下之正位，行天下之大道。得志与民由之，不得志独行其道。富贵不能淫，贫贱不能移，威武不能屈。此之谓大丈夫。"(《滕文公下》)

是故诚者，天之道也；思诚者，人之道也。至诚而不动者，未之有也；不诚，未有能动者也。(《离娄上》)

守孰为大？守身为大。……守身，守之本也。(《离娄上》)

大人者，不失其赤子之心者也。(《离娄下》)

养心莫善于寡欲。其为人也寡欲，虽有不存焉者，寡矣；其为人也多欲，虽有存焉者，寡矣。(《尽心下》)

尊德乐义，则可以嚣嚣矣。故士穷不失义，达不离道。穷不失义，故士得己焉；达不离道，故民不失望焉。古之人，得志，泽加于民；不得志，修身见于世。穷则独善其身，达则兼善天下。(《尽心上》)

耻之于人大矣。为机变之巧者，无所用耻焉。不耻不若人，何若人有？

（《尽心上》）

我们对这部分内容应予以高度关注，人格修养决定了士人的"精""气""神"，会直接体现在其作品中。如苏辙评《史记》有云："辙生好为文，思之至深。以为文者气之所形，然文不可以学而能，气可以养而致。孟子曰'我善养吾浩然之气'，今观其文章，宽厚宏博，充乎天地之间，称其气之小大。……此二子（按：孟子与司马迁）者，岂尝执笔学为如此之文哉？其气充乎其中而溢乎其貌，动乎其言而见乎其文，而不自知也。"人格修养影响乃至决定作品的主旨与形态，解读作品要"知作者"，其中的关键就是作者的人格修养。

自尊自信

余英时指出，与西方教会代表与俗世王权分庭抗礼甚至凌驾其上的精神权威不同，在中国，"道"的庄严性只有透过个体知识分子的自重自尊始能显现出来。以道自任的士不论穷达都以道为尊，因其人格的独立和尊严而抗礼王侯、不为权利所屈，这必须也必然发展出一种尊严感。[1] "穷则独善其身，达则兼善天下"，士人对外经世济国，对内修身守道，这即是所谓的"内圣外王"。士人加强自己的人格修养以追求仁义理想的实现，并自认这源于天性，是责无旁贷的责任。他们因此而实现经济理想，完成自我"人生作品"的塑造，这一切都会让士人看到自我的品格与价值，成为其自尊自信的基础。

关于"自尊自信"，《论语》有言：

> 君使臣以礼，臣事君以忠。（《八佾》）
> 所谓大臣者，以道事君，不可则止。（《先进》）
> 司马牛问君子。子曰："君子不忧不惧。"曰："不忧不惧，斯谓之君子已乎？"子曰："内省不疚，夫何忧何惧？"（《颜渊》）
> 人能弘道，非道弘人。（《卫灵公》）
> 衣敝缊袍，与衣狐貉者立而不耻者，其由也与？（《子罕》）

---

[1] 参见余英时：《士与中国文化》，上海人民出版社2003年版，第108–114页。

关于"自尊自信",《孟子》有言:

一箪食,一豆羹,得之则生,弗得则死。呼尔而与之,行道之人弗受;蹴尔而与之,乞人不屑也。万钟则不辨礼义而受之。万钟于我何加焉?为宫室之美、妻妾之奉、所识穷乏者得我与?乡为身死而不受,今为宫室之美为之;乡为身死而不受,今为妻妾之奉为之;乡为身死而不受,今为所识穷乏者得我而为之,是亦不可以已乎?此之谓失其本心。(《告子上》)

欲贵者,人之同心也。人人有贵于己者,弗思耳。(《告子上》)

曾子曰:"晋楚之富,不可及也;彼以其富,我以吾仁;彼以其爵,我以吾义,吾何慊乎哉?"(《公孙丑下》)

晋平公之于亥唐也,入云则入,坐云则坐,食云则食。虽疏食菜羹,未尝不饱,盖不敢不饱也。……用下敬上,谓之贵贵;用上敬下,谓之尊贤。贵贵、尊贤,其义一也。(《万章下》)

以位,则子君也,我臣也,何敢与君友也;以德,则子事我者也,奚可以与我友。(《万章下》)

成覸谓齐景公曰:"彼,丈夫也;我,丈夫也;吾何畏彼哉?"颜渊曰:"舜,何人也?予,何人也?有为者亦若是。"(《滕文公上》)

(有人劝孟子面对诸侯"枉尺而直寻")孟子曰:"昔齐景公田,招虞人以旌,不至,将杀之。志士不忘在沟壑,勇士不忘丧其元。……昔者赵简子使王良与嬖奚乘,终日而不获一禽。嬖奚反命曰:'天下之贱工也。'或以告王良。良曰:'请复之。'强而后可,一朝而获十禽。嬖奚反命曰:'天下之良工也。'简子曰:'我使掌与女乘。'谓王良。良不可,曰:'吾为之范我驰驱,终日不获一;为之诡遇,一朝而获十。《诗》云:不失其驰,舍矢如破。我不贯与小人乘,请辞。'"(《滕文公下》)

公都子曰:"滕更之在门也,若在所礼,而不答,何也?"孟子曰:"挟贵而问,挟贤而问,挟长而问,挟有勋劳而问,挟故而问,皆所不答也。滕更有二焉。"(《尽心上》)

公孙丑曰:"《诗》曰:'不素餐兮。'君子之不耕而食,何也?"孟子曰:"君子居是国也,其君用之,则安富尊荣;其子弟从之,则孝悌忠信。'不素餐兮',孰大于是?"(《尽心上》)

古之贤王好善而忘势,古之贤士何独不然?乐其道而忘人之势,故王公不

致敬尽礼，则不得亟见之。见且由不得亟，而况得而臣之乎？（《尽心上》）

说大人，则藐之，勿视其巍巍然。堂高数仞，榱题数尺，我得志弗为也；食前方丈，侍妾数百人，我得志弗为也；般乐饮酒，驱骋田猎，后车千乘，我得志弗为也。在彼者，皆我所不为也；在我者，皆古之制也，吾何畏彼哉？（《尽心下》）

从这部分内容我们能看到自尊自信、坦坦荡荡的士人形象。士人在求仁、得仁的路上艰难跋涉，必须强化个体的自尊自信而抵抗外界的压力。《论语》说："臣事君以忠。"何谓忠臣？荀悦说："违上顺道，谓之忠臣；违道顺上，谓之谀臣。"（《申鉴·杂言上》）忠臣意味着坚持"道"即仁义原则，为此敢于违反君主的意志，这是尊道，也是自尊——尊重以道自任的自我。《孟子》有言："（曾子曰）晋楚之富，不可及也；彼以其富，我以吾仁；彼以其爵，我以吾义，吾何慊乎哉！"这表现了士人"道高于势""德尊于位"的思想，"以道自认"是士人自尊自信的根本来源。

反身而诚和任运自适

实现儒家理想的路途漫长而艰辛，士人如何面对其中的困厄和失败？很多时候君王不智，奸佞当道，他们又如何消解因遭遇不公而产生的消极情感？两种相互关联的儒家精神——反身而诚和任运自适——在困苦和艰难时为士人提供了强大的支持。《孟子》有言："万物皆备于我矣，反身而诚，乐莫大焉。"因为"万物皆备于我"，当士人遭遇失败和逆境，他们首先会真诚地自我反思而不是怨天尤人，即"行有不得者，皆反求诸己"，观照自我的本性和品质，并从中获得源源不断的信心与力量。当士人穷尽所有努力，仍需面对无法避免的挫折和失败时，他们会承认且接受这是命之所指、运之所致，如《孟子》所说"孔子进以礼，退以义，得之不得曰'有命'"。在这样的精神指引下，士人无挂无碍地奋进与奋斗，以坦然的态度面对人生的挑战。

关于"反身而诚和任运自适"，《论语》有言：

君子有三畏：畏天命，畏大人，畏圣人之言。小人不知天命而不畏也，狎大人，侮圣人之言。（《季氏》）

见贤思齐焉，见不贤而内自省也。（《里仁》）

已矣乎！吾未见能见其过而内自讼者也。（《公冶长》）

曾子曰："吾日三省吾身。为人谋而不忠乎？与朋友交而不信乎？传不习乎？"（《学而》）

躬自厚而薄责于人，则远怨矣。（《卫灵公》）

君子疾没世而名不称焉。（《卫灵公》）

君子求诸己，小人求诸人。（《卫灵公》）

子罕言利，与命与仁。（《子罕》）

凤鸟不至，河不出图，吾已矣夫！（《子罕》）

道之将行也与，命也；道之将废也与，命也。（《宪问》）

不怨天，不尤人。下学而上达，知我者其天乎！（《宪问》）

四时行焉，百物生焉，天何言哉？（《阳货》）

不知命，无以为君子也。（《尧曰》）

关于"反身而诚和任运自适"，《孟子》有言：

人不可以无耻。无耻之耻，无耻矣。（《尽心上》）

万物皆备于我矣。反身而诚，乐莫大焉。（《尽心上》）

孔子进以礼，退以义，得之不得曰"有命"。（《万章上》）

爱人不亲反其仁，治人不治反其智，礼人不答反其敬。行有不得者，皆反求诸己，其身正而天下归之。（《离娄上》）

尽其心者，知其性也。知其性，则知天矣。存其心，养其性，所以事天也。夭寿不贰，修身以俟之，所以立命也。（《尽心上》）

行之而不著焉，习矣而不察焉，终身由之而不知其道者，众也。（《尽心上》）

莫非命也，顺受其正。是故知命者，不立乎岩墙之下。尽其道而死者，正命也。（《尽心上》）

求则得之，舍则失之，是求有益于得也，求在我者也求之有道，得之有命，是求无益于得也，求在外者也。（《尽心上》）

反身而诚是士人进退取舍的依据，是他们面对挫折和失败时不抱怨、不彷徨的重要原因。如《论语》所言："不知命，无以为君子也。"命、天命——超越个人意志的存在；"道之将行也与，命也；道之将废也与，命也"，知天命即闻道与守道，这使得士人面对挫折和失败时豁达安然而不是消极哀苦。反身而诚和知天命使士人在积极进取和任运自适间取得平衡，在刚健和进取之外又表现出弹性和韧性的品质，从而展现出光明达观的精神风貌。

有趣的是，反身而诚和任运自适的精神成为儒家与道家思想勾连的通道。士人因这种关联而表现出儒道兼行的态度与行为，这也是其在积极进取和任运自适间取得平衡的一种表现。个体处于不同的人生阶段和人生境遇时，儒、道思想对他们会产生不同的影响，还有可能在某个人生事件上同时发挥作用，看似两个风景迥异的世界显现奇妙的和谐共生，这样的人生境界形诸古文，既是具体的人生指南，又是高阶的世界观与人生观，对读者会形成强大的感染力。此外，天命、天道是借自然之象表达的。孔子说："凤鸟不至，河不出图，吾已矣夫！""四时行焉，百物生焉，天何言哉？"无言的自然蕴含着天命、天道，中国士人从自然之象中获得启示与安慰，因而他们用寄情山水的手法表达其情感与意志，这形成了中国古代文学极为独特和深刻的审美意蕴。①

基于上述内容，我们对儒家精神和儒士品格做一个小结。《孟子》说："独孤臣孽子，其操心也危，其虑患也深，故达。"这句话非常深情、特别感人，精准刻画了士人的精神面貌。士人，本质上是一个表征了众多思想行为的符号。中国古代的士人绝大多数都是不同职位的官吏，他们是君王之臣，他们更是服从于仁义之道、忠诚于崇高理想的仁人志士。士人有知识、有能力，但他们的人生目标不是凭这些换取温饱乃至荣华富贵，他们为了实现儒家理想砥砺前行，可谓"战战兢兢，如临深渊，如履薄冰"。士人的人生追求那么高远，其儒家理想那么光明，比起普通人，他们要承担更多、忍耐更多，其"操心"和"虑患"必然更加危重、更加深沉。

所有真正的士人都是"孤臣孽子"。"孤"，是因为理想之路崎岖艰险，他们因此茕茕而孑立；"孽"，是因为要与背弃儒家理想的崩坏抗争，他们因此愤愤而独行。因此，很多古文都是士人"操心"和"虑患"的"产品"，即使是"非典型"儒士乃至"非儒"之人，其作品仍然表达了对理想社会及完满人生的关切。就像鲁迅所说，真正的隐士——如长沮、桀溺以及荷蓧丈人之类——是没有著作的，既然著书，就不是真隐。诸如《道德经》《庄子》中的思想内容只能说反映了他们及一派学者的思想观点和政治态度，他们像是消极，而实际上十分关心社会与政治，只不过用另一种形式表达自己的主张而已。②

---

① 参见赵希斌：《中小学古诗词评点及教学建议》中"蕴藉与寄情自然"部分，华东师范大学出版社2019年版，第17—26页。

② 参见郭预衡：《中国散文史（上）》，上海古籍出版社2011年版，第29页。

一个人能实现《论语》《孟子》所倡导的儒家理想很不容易，他们为何要过这样"不容易"的生活？因为要面对和解决其人生中的重要"虑患"——做一个怎样的人、过怎样的一生。孟子说，"从其大体为大人，从其小体为小人"，这种"虑患"就是"识大体"的体现。士人将对内完满自己的人生与对外经济天下统一起来，这对士人来说是极具吸引力的大追求、大成就。孟子说人之"四端"非外铄而固有，这激发了士人的使命感与自豪感，同时也增强了士人的紧迫感。他们意识到，如果懈怠或自暴自弃而埋没了"人皆可为尧舜"的天性是非常可惜的，士人因此而自律、克制、努力、奋进。

综上所述，儒家思想是所有中国士人最重要的精神指南，塑造了中国士人总体上刚健、进取、达观的精神面貌，决定了他们的信念与追求、自信与荣耀、悲伤与失落、困惑与愤怒，也决定了出自士人之手的古文的基本形态与气质。《论语》《孟子》是儒家思想的核心载体与表现，其内容大都是孔子和孟子的话，娓娓道来，形象生动，非常接地气。我们应当熟悉、理解、记住这些文字，将其作为理解儒家思想、理解古文及其评点的背景材料，从而在赏析古文时生发真正的感动与共鸣。

二、儒家思想之渊源

基于上面的内容，我们看到儒家思想对士人的重大影响，这为我们理解其作品提供了重要参考。进一步需要分析的问题是：儒家思想的根源与发展是怎样的？回答这个问题，有助于我们澄清儒家思想中最富有生命力的元素，揭示儒家思想在发展过程中保留了什么，又摈弃了什么，从而更深刻地把握儒家思想和儒士精神的本质，并将此作为理解古文价值与魅力的重要线索。

冯友兰指出[①]：

> 照我们现在的说法，儒家与儒两名，并不是同一的意义。儒指以教书相礼等为职业的一种人，儒家指先秦诸子中之一派。儒为儒家所自出，儒家之人或亦仍操儒之职业，但二者并不是一回事。

儒士和儒不同又有关联，从职业之儒发展到秉持儒家思想的"士"，这个过程

---

① 冯友兰：《原儒墨》，《三松堂学术文集》，北京大学出版社 1984 年版，第 305 页。

值得分析，有助于我们体会儒家思想在形成和发展过程中保留、加强了什么，又抛弃、弱化了什么，而这是解释儒家思想何以具有不朽生命力的关键。

东汉许慎在《说文解字》中说："儒，柔也，术士之称。"《史记·儒林列传》里将秦始皇焚书坑儒称作"焚诗书、坑术士"。颜师古注《汉书·司马相如传》时说："凡有道术皆为儒。"那么，儒具有怎样的"道""术"呢？冯友兰综合了傅斯年的教书说和胡适的相礼说，指出儒是殷商早期从劳动者中分化出来的一个阶层，他们最初的职业多是为人们办理丧葬等事务①，即《论语》所谓"出则事公卿，入则事父兄；丧事不敢不勉"。胡适提出广义的"儒"：他们除了治丧相礼之外，还要从事其他的宗教事物，如繁重的"祝"的职务，即《论语》所说"乡人傩，朝服而立于阼阶"，《檀弓》记"天久不雨"时"国君也得请教于儒者"。对此胡适评论道②：

> 这可见当时的儒者是各种方面的教师与顾问。丧礼是他们的专门，乐舞是他们的长技，教学是他们的职业，而乡人打鬼，国君求雨，他们也都有事，他们真得要无所不知无所不能的了。

由此看来，"儒"当时确实是"职业人"，用自己的劳动和技艺谋温饱，其中一些人则想尽一切办法牟利。他们在当时的社会地位并不高，甚至受人鄙视。如《墨子·非儒》有言："五谷既收，大丧是随，子姓皆从，得厌饮食""富人有丧，乃大说喜"。《史记·日者列传》有载，西汉初年，中大夫宋忠和博士贾谊和卖卜的司马季主相逢，宋、贾二人对司马季主很佩服，对他说："吾望先生之状，听先生之辞，小子窃观于世，未尝见也，今何居之卑，何行之污？"司马季主听后"捧腹大笑"，要他们解释什么是"卑""污"。二人说：

> 尊官厚禄，世之所高也，贤才处之。今所处非其地，故谓之卑。言不信，行不验，取不当，故谓之污。夫卜筮者，世俗之所贱简也。世皆言曰："夫卜者多言夸严以得人情，虚高人禄命以说人志，擅言祸灾以伤人心，矫言鬼神以尽人财，厚求拜谢以私于己。"此吾之所耻，故谓之卑污也。

这段对话说明当时操持卜筮的"职业儒"低下的形象和社会地位。儒家思想会生发于职业儒这样现实、世俗甚至有时唯利是图的群体中吗？职业儒有可能转变为

---

① 参见庞朴主编：《中国儒学（第一卷）》，东方出版中心 1997 年版，第 8–9 页。

② 《说儒》，《胡适文集（第五卷）》，北京大学出版社 1998 年版，第 26，30 页。

求仁重道的"士"吗？对此陈来说[1]：

> ……儒家思想的起源是有迹可寻的。但这不能仅从春秋末期的职业儒去了解，……各种职业说都只是把儒看作一种传授某种知识的人，视儒为一种"艺"，而没有把儒作为一种"道"，把儒家作为一种思想体系来把握。……即使商代已有求雨祭祀的术士称为儒，孔子的儒家思想如何能跨越六百年的历史而直接从商代的术士得到说明，特别是，巫术、巫师如何可能产生出相当程度上理性化和"脱魅"了的儒学来，是有着根本的困难的。

"巫术、巫师如何可能产生出相当程度上理性化和'脱魅'了的儒学？"这个问题很重要，是理解儒家思想何以产生的关键，也是理解职业儒向秉持儒家思想的儒士转变的关键。下面的分析显示，"君神气质""忧患意识""由礼致仁"是促成这一转变的三个关键因素。

君神气质

马王堆汉墓帛书《周易》之《要》第三章有云[2]：

> 子曰：《易》，我后其祝卜矣！我观亓德义耳也。幽赞而达乎数，明数而达乎德，又仁守者而义行之耳。赞而不达乎数，则亓为之巫；数而不达于德，则亓为之史。史巫之筮，乡之而未也，好之而非也。后世之士疑丘者，或以《易》乎？吾求亓德而已，吾与史巫同涂而殊归者也。

这段话很重要，说明儒与巫史存在密切关联，如陈来所说："这正指出了巫、史、儒的进化序列：巫者赞而不知数，史官知数不达德，儒家既知于数，又达于德。"[3]梁启超指出，先秦学术盖源于周与先周时代的巫祝和史官。依《诸子略》，儒、道、阴阳三家溯其源俱出于羲和之职，职掌天文星历、数术占筮。[4]由此可

---

[1] 陈来：《古代宗教与伦理：儒家思想的根源》，生活·读书·新知三联书店1996年版，第342页。

[2] 邓球柏：《帛书〈周易〉校释（增订本）》，湖南出版社1996年版，第481页。

[3] 陈来：《古代宗教与伦理：儒家思想的根源》，生活·读书·新知三联书店2017年版，第12页。

[4] 参见李若晖：《幽赞而达乎数，明数而达乎德——由《要》与《诸子略》对读论儒之超越巫史》，《文史哲》2013年第5期，第33–34页。该文对"儒、道、阴阳俱出于羲和之职"进行了较为详细的梳理分析。

见，儒起源于巫史，巫史传统对于儒家思想形成的作用值得关注。李泽厚指出，可以用"巫史传统"统摄诸多概念来话说中国文化思想："'中国上古思想史的最大秘密'——'巫'的基本特质通由'巫君合一''政教合一'途径，直接理性化而成为中国思想大传统的根本特色，成为了解中国思想和文化的钥匙所在。"[1]"巫君合一"对儒家思想的形成很重要。宋兆麟区分了两种巫——君神巫和职业巫。二者的一个重要职责都是沟通天人，占卜福祸。不同之处在于：职业巫表现出更多的事务性，有"术士"的特点；君神巫则与最高的王权相联系，朝向整个邦国的生死存亡。[2]殷商时期，王本身就是群巫之首，常主持占卜和祭祀活动，神权与王权紧密结合，甲骨文中常有"王卜曰"就是证明。"王""君""天子"即是最大的巫，卜辞中"巫"与"帝"常相关连，如"帝于巫""帝东巫""帝北巫"等等。

君王巫这一存在对儒家思想及"士"的形成起到了重要作用，儒家思想的开创者继承了君王巫的思想追求与行为特点。《尚书·洪范》有言："天乃锡禹洪范九畴。"意思是天帝把"大法九章"传授给禹，按此治理天下井井有条。这说明天命只传授给特定的人——如禹，这是君王（巫）和一般巫卜重要的不同。我们来看《尚书·大诰》中周公如何做战前动员：

> 弗吊！天降割于我家，不少延。（上天把大祸降到我们国家了。）
> 矧曰其有能格知天命。（担心不能了悟天命。）
> 宁王遗我大宝龟绍天明。（用文王传下来的大宝龟占卜以了解天命。）
> 我有大事，休，朕卜并吉。（打算发兵东征，问吉凶。）

为了战争这一大事而占卜，结果三个龟版全都呈现出吉兆，周公据此向大家宣告战争乃天意：

> 肆予告我友邦君越尹氏、庶士、御事，曰：予得吉卜，予惟以尔庶邦于伐殷逋播臣。（据此，告知各邦君和各位官员：我得到了吉利的卜兆，我要率领你们属邦的军队，去讨伐那些殷商叛逃之徒。）

邦君提出了许多困难，劝周公不要出兵。周公对此予以反驳，指出发动战争乃不违天命：

① 李泽厚：《历史本体论·己卯五说》，生活·读书·新知三联书店 2008 年版，第 156 页。
② 宋兆麟：《巫与巫术》，四川民族出版社 1989 年版，第 10 页。

已！予惟小子，不敢替上帝命。天休于宁王，兴我小邦周，宁王惟卜用，克绥受兹命。今天其相民，矧亦惟卜用。呜呼！天明畏，弼我丕丕基。（周公说，我不敢废弃上天的命令。上天庇佑文王，使我们这个小小的周邦兴盛起来。文王就是由于懂得遵照占卜行事才能继承天命，不违天命，老天才能降福于民。你们还是辅佐我成就基业吧。）

由此可见，君王（巫）与职业儒都求神问卜，但他们卜筮的目的不同。《史记·龟策列传》说："自古圣王将建国受命，兴动事业，何尝不宝卜筮以助善。"《左传·成公十三年》说："国之大事，在祀与戎。"君王的巫卜往往朝向国家大事，关系到国家和人民的安危。君王在巫卜活动中负责天人沟通，是引领者、鼓动者，还是参与者。他们占卜的目的不是售卜以获酬，而是以遵天命、行天道的信念去灾趋福、固邦安民——这与士人精神不是已经非常接近了吗？

儒士脱胎于以巫祝换取温饱的职业儒，他们中的一部分人继承和发扬了"君王巫"的使命与气质，自命了解"天意"、遵循"天命"、贯彻"天道"，其行动遂成为"天之经、地之义"（《汉书·艺文志》），即如《易·系辞》所说："有天道焉，有人道焉，有地道焉""天地变化，圣人效之"。基于巫史传统，中国的"宗教性道德"以"天道""天意"的名义出现，而"天道""天意"又经常与"人道""人意"相连，成为中国士人的基本信仰和道德准则。千百年来，儒士就是在这条道路上安身立命，而不必另找精神安宁、灵魂寄托。[1]

秉承儒家思想的士人自认获知"天道""天命"而天生具有"良知""良能"，这是士人使命感和自豪感的来源。《尚书》有言："惟天降灾祥在德""惟天无亲，克敬惟亲""天作孽犹可违，自作孽不可逭"，把"天道""天命"对人和世界的影响与个人的道德努力联系起来。[2]对士人而言，他们把先天的天赋、使命与后天的自律、自强协调起来，战战兢兢，如履薄冰，注重人格修养，珍视自我的操守，在儒家思想的引领下追求"内圣外王"的人生，追求实现自己的天性责任，并且愈发自尊自信。

---

[1]　李泽厚：《历史本体论·己卯五说》，生活·读书·新知三联书店 2008 年版，第 57 页。
[2]　陈来：《古代宗教与伦理：儒家思想的根源》，生活·读书·新知三联书店 1996 年版，第 167 页。

忧患意识

我们在第一章最后以孟子所言"独孤臣孽子,其操心也危,其虑患也深,故达"对儒士精神作结,其核心是"忧患意识"——对实现人生价值的忧患、对经世济国的忧患,这是推动儒家精神生成、发展、壮大的核心动力。徐复观对比了古希腊和古代中国不同的文化传统[1]:

> 古代希腊的文化,是建在商业相当发展的基础之上,这些"文化人",不感到生活的压力,而对宇宙自然感到惊异……所以希腊古代的哲学首先要解答的是自然的问题……中国古代的文化则不是如此,不是从惊异或好奇心而来的,而是感到人的灾祸——这些灾祸都是由政治上来的,所以中国古代文化,首先想到怎样才能解除这些灾祸——这些由人与人相互关系而来的灾祸。所以中国文化的动机便不是对自然的惊异,而是《易传》所说的"作《易》者其有忧患乎"的忧患。

"忧患"!春秋以降,孔子已对整个社会礼崩乐坏极为不满,克己复礼成为其一生的追求:"克己复礼为仁。一日克己复礼,天下归仁焉。"(《论语·颜渊》)中国两千多年的封建社会充斥着战争、剥削、专制、奸佞、权争、暗算、倾轧等等,这些都是各个时代士人们所忧患的"礼崩乐坏",他们处心积虑于构建一个充满仁义的的社会。士人不仅忧患社会道之不存,而且忧患自己的人生,担心自己在离开这个世界的时候能否称得上君子,可谓"君子疾没世而名不称焉"!

因忧患意识而朝向个体价值的确立,这是儒家思想的核心价值,对士人来说有非常重大的感召力和吸引力。儒家思想的创立者由此脱离了职业儒"喻于利"而"谋食"的生存状态,成为"喻于义"而"谋道"的心怀天下的士人。士人追求超功利的"道",并由此形成内在的人生信念与道德准则。对此徐复观在《中国知识分子的历史性格及其历史的命运》中说[2]:

> 中国文化所建立的道德性格,是"内发"的、"自本自根"而无待于外的道德。由孔子所说的"为仁由己""我欲仁,斯仁至矣"的这一精神,发展至宋明儒的言心言性,都是在每一人的自身发掘道德的根源,发掘每一人自身的

---

① 李维武编:《徐复观文集(第一卷)》,湖北人民出版社2002年版,第4页。

② 同上,第131页。

神性，使人知道都可以外无所待的顶天立地底站起来。这完全是人格主义底人文宗教。……在我国的道德文化中，人是真底参天伍地而成为万物之灵。因此，"自天子以至于庶人，壹是皆以修身为本"，人各以其一身挑尽古往今来的担子，以养成涵盖万汇的伟大人格。

对自我价值的重视与肯定，是士人一生努力、奋斗、牺牲的动力。这动力不仅朝向社会——平天下，而且朝向自身——修身以实现自己的价值、完满自己的人生。修己治世是紧密结合的一体两面，由此而实现内圣外王，最终解答对个体来说最重要的问题——如何成就有价值、有意义的人生。对此牟宗三说[①]：

> 中国人的忧患意识特别强烈，由此种忧患意识可以产生道德意识。忧患并非如杞人忧天之无聊，更非如患得患失之庸俗。只有小人才会长戚戚，君子永远是坦荡荡的，他所忧的不是财货权势的未足，而是德之未修与学之未讲。……我们可从《易经》看出中国古代的忧患意识。《系辞下》说："易之兴也，其于中古乎？作《易》者，其有忧患乎？"又说："易之兴也，其当殷之末世，周之盛德耶？当文王与纣之事耶？"可见作《易》者很可能生长于一个艰难时世，而在艰难中熔铸出极为强烈的忧患意识。……他所抱憾所担忧的，不是万物的不能生育，而是万物生育之不得其所。这样的忧患意识，逐渐伸张扩大，最后凝成悲天悯人的观念。

忧患意识产生道德意识，进而激发士人的责任感和使命感。士人的忧患在于：如果自己努力不够，或走错人生方向陷入不仁不义之中，从而无法完成自己的使命、绘就光彩的生命蓝图，就会成为孟子所说的"保护了小拇指而丢掉了肩背"啊！正是对于人生没有完成、治世未得圆满的忧患，激励士人坚持忍耐、奋然前行，不断向人生及社会的"光明顶"攀登，一路留下闪耀着理想主义和浪漫主义光芒的足迹。

由礼致仁

周灭殷之后，殷代遗民被分而治之，作为新兴统治者的周人在夺取政权之后需要规范制度、重建秩序，西周初年便有周公制礼作乐的现象。殷遗民中的儒者（职

---

① 牟宗三：《中国哲学的特质》，上海古籍出版社1997年版，第12—13页。

业儒）承担了这项任务，协助周公制作礼乐。周的礼乐制度，便明显带有殷商文化的痕迹，这就是《论语》所说"周因于殷礼，所损益可知也""周监于二代，郁郁乎文哉"。以巫祝活动为核心的职业儒操持许多程式化的礼仪，随着社会的发展，方方面面需要的礼仪越来越多，越来越复杂，可谓"礼经三百，威仪三千"（《大戴礼记·本命》）。如《檀弓》有载："孔子之丧，公西赤为志焉。饰棺墙，置翣，设披，周也。设崇，殷也。绸练设旐，夏也。""子张之丧，公明仪为志焉。褚幕丹质，蚁结于四隅，殷士也。"在《论语》中也可以看到"礼"被高度重视：

> 君使臣以礼，臣事君以忠。（《八佾》）
> 恭而无礼则劳，慎而无礼则葸，勇而无礼则乱，直而无礼则绞。（《泰伯》）
> 兴于诗，立于礼，成于乐。（《泰伯》）
> 克己复礼为仁。一日克己复礼，天下归仁焉。（《颜渊》）
> 子张问："十世可知也？"子曰：殷因于夏礼，所损益可知也；周因于殷礼，所损益可知也。其或继周者，虽百世，可知也。"（《为政》）

"礼"作为一套习惯法规、仪式、礼节，对人在行为层面具有外在约束力，但它必须发生转换与升华，才能上升到思想层面并形成士人遵循的信念。孔子实现了这一点，将"礼"与"人性"紧密关联起来。我们从孔子对宰我问"三年之丧"的回答可以看到这种转换：

> 宰我曰："三年之丧，期已久矣。君子三年不为礼，礼必坏；三年不为乐，乐必崩。旧谷既没，新谷既升，钻燧改火，期可已矣。"子曰："食夫稻，衣夫锦，于女安乎？"曰："安。""女安则为之！夫君子之居丧，食旨不甘，闻乐不乐，居处不安，故不为也。今女安，则为之！"宰我出，子曰："予之不仁也！子生三年，然后免于父母之怀。夫三年之丧，天下之通丧也。予也有三年之爱于其父母乎？"（《论语·阳货》）

孔子把"三年之丧"的传统礼制，直接归结为亲子之爱的生活情理，把"礼"的基础直接诉之于心理依靠，从而把"礼"以及"仪"从外在规范约束转换成人心的内在要求——与人性相关的心理原则。这一转变在中国古代思想史上具有划时代的意义，基于人性的、体现心理原则的"仁"成为比"礼""仪"更本质的东西，如《论语》所言："人而不仁如礼何，人而不仁如乐何""礼云礼云，玉帛云乎哉，乐云乐云，钟鼓云乎哉""礼与其奢也宁俭，丧与其易也宁戚""今之孝者，是谓能养，至于犬马，皆能有养，不敬，何以别乎"。关于儒家的"礼"与"仁"，李泽厚说[①]：

> 它来源于远古至上古（夏商周）的氏族群体的巫术礼仪，经周公而制度化，经孔子而心灵化，经宋明理学而哲学化，但始终保存了原始巫术的神圣性，成为数千年来中国传统社会的行为准则、生活规范，即所谓"礼教"。"礼教"正是被论证和被相信为"放之四海而皆准，历时古今而不变"的中国人的"宗教性道德"。

"礼教"——一套行为准则、生活规范——儒家思想外化的形式，它们经过心灵化而上升到思想层面，进而具备塑造士人人生观、价值观的可能性。从前面《论语》《孟子》中我们可以看到许多对个体行为进行规范的内容，这样的内容也大量体现在古文中，教师要引导学生从这些行为规范看到背后的儒家思想的核心——"仁"。

《礼记·儒行》载孔子的感慨："今众人之命儒也妄，常以儒相诟病。"而基于由礼致仁的转变，职业儒完成向儒士的蜕变，秉持儒家理念的士人阶层成为中国社会的中坚力量。《礼记·儒行》中，鲁哀公曰："敢问儒行？"孔子论述了"儒者"的人格形态，包括自立、容貌、备豫等诸多方面：

> 儒有席上之珍以待聘，夙夜强学以待问，怀忠信以待举，力行以待取，其自立有如此者。

> 儒有衣冠中，动作慎，其大让如慢，小让如伪，大则如威，小则如愧，其难进而易退也，粥粥若无能也。其容貌有如此者。

> 儒有居处齐难，其坐起恭敬，言必先信，行必中正，道涂不争险易之利，冬夏不争阴阳之和，爱其死以有待也，养其身以有为也。其备豫有如此者。

> 儒有不宝金玉，而忠信以为宝；不祈土地，立义以为土地；不祈多积，多文以为富。难得而易禄也，易禄而难畜也，非时不见，不亦难得乎？非义不合，不亦难畜乎？先劳而后禄，不亦易禄乎？其近人有如此者。

> 儒有委之以货财，淹之以乐好，见利不亏其义；劫之以众，沮之以兵，见死不更其守；鸷虫攫搏不程勇者，引重鼎不程其力；往者不悔，来者不豫；过言不再，流言不极；不断其威，不习其谋。其特立有如此者。

① 李泽厚：《历史本体论·己卯五说》，生活·读书·新知三联书店 2008 年版，第 55 页。

儒有可亲而不可劫也；可近而不可迫也；可杀而不可辱也。其居处不淫，其饮食不溽；其过失可微辨而不可面数也。其刚毅有如此者。

儒有忠信以为甲胄，礼义以为干橹；戴仁而行，抱义而处，虽有暴政，不更其所。其自立有如此者。

儒有一亩之宫，环堵之室，筚门圭窬，蓬户瓮牖；易衣而出，并日而食，上答之不敢以疑，上不答不敢以谄。其仕有如此者。

儒有今人与居，古人与稽；今世行之，后世以为楷；适弗逢世，上弗援，下弗推，谗谄之民有比党而危之者，身可危也，而志不可夺也，虽危，起居竟信其志，犹将不忘百姓之病也。其忧思有如此者。

儒有博学而不穷，笃行而不倦，幽居而不淫，上通而不困；礼之以和为贵，忠信之美，优游之法，举贤而容众，毁方而瓦合。其宽裕有如此者。

儒有内称不辟亲，外举不辟怨，程功积事，推贤而进达之，不望其报；君得其志，苟利国家，不求富贵。其举贤援能有如此者。

儒有闻善以相告也，见善以相示也；爵位相先也，患难相死也；久相待也，远相致也。其任举有如此者。

儒有澡身而浴德，陈言而伏，静而正之，上弗知也；粗而翘之，又不急为也；不临深而为高，不加少而为多；世治不轻，世乱不沮；同弗与，异弗非也。其特立独行有如此者。

儒有上不臣天子，下不事诸侯；慎静而尚宽，强毅以与人，博学以知服；近文章，砥厉廉隅；虽分国，如锱铢；不臣不仕。其规为有如此者。

儒有合志同方，营道同术；并立则乐，相下不厌；久不相见，闻流言不信；其行本方立义，同而进，不同而退。其交友有如此者。

温良者，仁之本也；敬慎者，仁之地也；宽裕者，仁之作也；孙接者，仁之能也；礼节者，仁之貌也；言谈者，仁之文也；歌乐者，仁之和也；分散者，仁之施也；儒皆兼此而有之，犹且不敢言仁也。其尊让有如此者。

儒有不陨获于贫贱，不充诎于富贵，不慁君王，不累长上，不闵有司，故曰儒。

这些文字从行为层面非常鲜明地标示出儒士应具备的操守，它有礼仪规范的意味，更有以"仁"为核心的内涵。正如哀公听了孔子的话感慨道："闻此言也，言加信，行加义。""终没吾世，不敢以儒为戏。"行为、礼仪因为有了仁义的加持而有了不朽的生命力与影响力，职业儒转化为儒士，他们真正成为一个有理想、有追求的阶层，其社会形象变得清晰、高大，他们的自尊、自信也真正焕发出来。

黄宗羲在《孟子师说》中说：

> 《六经》皆先王之法也。其垂世者，非一圣人之心思，亦非一圣人之竭也。虑民之饥也，为之井田；虑民之无教也，为之学校；虑民之相侵也，为之兵车；虑民之无统也，为之封建。为之丧葬，恐其恶死也；为之祭祀，恐其忘远也。为之礼以别其亲疏，为之乐以宣其湮郁。诗以厚其风俗，刑以防其凌夺。圣人明见远，虑患深，盖不可以复加矣。

中国儒士的"明见"投射到社会生活的方方面面并形诸古文，要想理解古文中的人事、政治、情感，就要理解士人思想深处的追求及虑患。士人用文章无数次地诠释他们信奉的儒家思想，这样的诠释镌刻在屈原的汨罗江畔、陶渊明的五柳园田、陈子昂的幽州高台、杜甫的风雨茅屋、白居易的浔阳江头、刘禹锡的德馨陋室、柳宗元的清幽石潭、苏轼的明月赤壁，还有欧阳修的醉翁亭、范仲淹的岳阳楼、宋濂的冰坚砚、张溥的五人碑、归有光的项脊轩……

中国士人坚守以儒家思想为核心的"道"，他们写文章的一个重要目的是"传道""护道""行道"，这使得中国古文有一个明显的特征——"文以载道"。士人充实自己的学识而做好经世济国、传道行道的准备，但他们要发挥自己的能力、实现自己的追求还需要一个平台——出仕。中国封建社会中的士人只有获得某个职务才能实现其经济理想，从而形成官吏作家化与作家官吏化的现象，这使得他们的文章往往带有职业特点——针砭时弊、匡正世风、明义守道，进而强化了古文"文以载道"的意味。

所有带有文学性的、被选入中小学课本中的古文都蕴含着情意。基于语文教学的视角，解读古文应注重其文学性，这意味着我们要有意识地凸显和关注古文中的情意，发掘古文所蕴含的文学美感。政治制度、经济条件、行为准则都会随着时代而变化，可是古文中的情意却有可能永恒不变。[①] 基于此，我们将在下一章分析古文赏析的出发点和落脚点——聚焦古文中的情意，帮助学生生发源自古文的感悟与感动，真切地体验古文之美。

---

① 参见赵希斌：《正本清源教语文：文本的内容分析》，华东师范大学出版社 2014 年版，第 69—129 页。

第二章

古文之美

第一章探讨了古文的"根"——儒家思想与儒士精神。这是中国古文乃至中华文明的核心,塑造了古文独特而恒久的生命力。同时我们应意识到,任何一篇入选语文课本的古文都有文学性,即使是一篇政论文,也一定含有情意的成分。一篇古文表达动人的情感是其不朽的一个重要原因,聚焦文章的情意、引发学生的感悟与感动是古文解读非常重要的切入点。

古文的价值在于思想性和艺术性兼具,第一章分析的儒家精神即是古文的思想性。如何看待思想性和艺术性的关系?如果一篇古文并不是作者有意的文学创作,我们又如何感悟和挖掘文章的艺术之美?从李泽厚的几段文字中也许能得到启发[1]:

> 本世纪初的好些留学生知识分子曾不惜个人生命,献身革命,其中有好几位知名人士蹈海自杀。他们之选择死亡,不是因为"不值得活下去",也不是为了在自我的毁灭中求欢乐的疯狂,而是为了要把自己的死与民族国家的生联结起来。他们不是如现代海德格尔所说只有在死面前才知道生,而仍然是传统的"未知生,焉知死"(孔子),因为知道了生的价值才去死,即以一己的死来唤醒大众的生。
>
> 所以,尽管这批第一代中国近现代知识分子已经在政治上、思想上接受了西方的自由、民主和个人主义,但他们的心态并不是西方近现代的个体主义,而仍然是自屈原开始的中国传统的承续。在中国这一代近现代意义的知识分子身上所体现的,倒正是士大夫传统光芒的最后耀照。
>
> "……吾至爱汝,即此爱汝一念,使吾勇于就死也。吾自遇汝以来,常愿天下有情人都成眷属;然遍地腥云,满街狼犬,称心快意,几家能够?司马春衫,吾不能学太上忘情也。语云:仁者'老吾老以及人之老,幼吾幼以及人之幼'。吾充吾爱汝之心,助天下人爱其所爱,所以敢先汝而死,不顾汝也……"
> (林觉民:《与妻书》)

---

① 李泽厚:《中国现代思想史论》,东方出版社 1987 年版,第 210—211 页。

这是一封在起义前夕写在白布方巾上的真实的家书，并不是有意创作的文学作品。但是，今日读来，却仍然比许多文学作品要感人得多。作者果然在起义中被捕就义。它本是血泪凝成的文字，其中有好些细节描述是极其亲切精致的。那种在选择死亡面前凝聚着的夫妇伦常的真实情感，仍以一种传统的光辉感染着人们。

"士大夫传统光芒的最后耀照"，这即是《与妻书》蕴含的儒士精神，体现了这篇文章的思想性。同时，这篇文章有着"极其亲切精致的细节描述"，充满了真挚、细腻的情意，因而非常感人。也正是因为这样的情意，使得《与妻书》虽然不是有意创作的文学作品，但它具有了深刻的文学之美。因此，正是聚焦于情感——作者在文章中投入情感而读者形成共鸣——这一元素，我们得以欣赏文章的文学之美。笔者曾分析过语文教学中如何赏析韩愈的《原道》，其写作目的、内容和形式都是在说理，语文课教这样的文章，同样应聚焦、凸显文本的情感，而这实际上体现了如何处理好文章"文""道"之间的关系。① 总的说来，语文教学应关注古文的情意，而文章之"道"（文章蕴含的思想尤其是儒家思想）是我们理解文章情意的基础，这也是本章和第一章的关系。

本章包括两部分，第一部分阐明如何追根溯源以明晰古文中的情感发展与关联的脉络，从而深刻理解文章情感的生命力及其动人之处；第二部分分析各类型古文独特的审美意蕴，揭示其审美关键。

一、情意溯源　声韵动人

随着时代的变化，政治经济制度在变，人们面对的问题和挑战在变，但古人和今人共同的情意反应却可能恒久不变，可谓"不同的世界，共同的情感"。傅庚生说："人类之思想，固与时俱进，向之所以为新奇者，旋已变为陈腐；而人类之感情则今古终无大异，枝节之处虽小有变迁，其大本大源，未见歧背也。"② 从语文教学、文学赏析的角度，古文解读要将其中千古不变、永远动人的情感提炼出来，进而引

---

① 关于《原道》的文学解读及如何处理"文""道"关系，参见赵希斌：《追根溯源教语文：文本的背景分析》，华东师范大学出版社 2017 年版，第 82–96 页。

② 傅庚生：《百年经典文学评论（1901—2000）》，长江文艺出版社 2004 年版，第 347 页。

发学生的情感共鸣。

如何理解古文中的情感？我们将通过下面的例子说明，以追根溯源的方式发现文章情感的来龙去脉是关键。一篇文章中的情感会被不同时期的文章反复刻画，其内涵与表现形式往往有内在关联，审视这一脉络使我们得以对古文中的情感形成多层次、多角度、更深刻的理解。例如，解读《归去来兮辞并序》《陋室铭》《小石潭记》《岳阳楼记》《醉翁亭记》《赤壁赋》等课本中的名篇，我们会发现它们有共同的"情感基因"——士人因"不遇"而生发的苦闷、彷徨、愤怒、释然等等，这即是傅庚生所说的"大本大源"。那么，这样的情感的源头在哪里，它是如何发展演进的，不同文章中的情感又有怎样的关联？下面我们以追根溯源的方式，对表现"士不遇"这一主题的诸多文章中的情感进行梳理，呈现其发展、关联的脉络，体会这种方式对于理解和感悟文章的价值。

屈原的《离骚》

《离骚》可谓最早的士人表达面对逆境乃至灾厄时情意的文字。屈原在《离骚》中表达了苦闷与彷徨，更表现了其坚持理想、绝不妥协、战斗到底、付出生命的代价也在所不惜的坚强意志。作者以香草美人比拟自己高洁的人格，还构建了一个由天界、神灵、日、月、风、雷、鸾凤、鸟雀所组成的超现实时空，借此对比黑暗污浊、奸佞当道的现实世界。《离骚》表达的情意极其重要，对后世文学产生了两方面的重大影响：一是抒发面对黑暗官场、奸佞小人、昏庸君王、美政落空、怀才不遇的痛苦与绝望，这成为后世文章"士不遇"主题的滥觞；二是构建了一个驱使神灵、驾龙驭凤、远走高飞、乐舞娱兴、自适惬意的超现实理想世界，这成为后世文章中"桃花源""园田""林泉"的先嚆。《离骚》在这两方面构建的情意模型，被后世作家从不同角度和层面予以反复刻画。

贾谊的《鵩鸟赋》

《鵩鸟赋》是贾谊谪居长沙时"谊自伤悼，以为寿不得长"时写的一篇赋。文章以听天命、安造化、去"我执"应对人生困境，借此消解困惑与苦闷。"野鸟入室兮，主人将去"，《鵩鸟赋》虚拟了一只鵩鸟并与其对话，藉鵩鸟所言表达自己的想法，勾勒出一个"天地为炉兮，造化为工；阴阳为炭兮，万物为铜"的世界。

《离骚》中的香草、日月、风雷、鸾凤都是人格化的，是现实的映照和作者高洁人格的象征，而《鵩鸟赋》中的世界则是终极之道的体现。因此，相比具有神话特征的《离骚》，《鵩鸟赋》则更具寓言的特征。

贾谊借鵩鸟之思劝慰自己，"万物变化兮，固无休息"，因而无需为生留恋、为死悲伤。它举了历史上的三个例子：夫差国强而败、勾践势弱而称霸，李斯游说成功而被五刑，傅说胥靡乃相武丁。比照历史上的兴衰悲喜，贾谊在困顿之中产生了迷茫无措之感——"命不可说兮，孰知其极""天不可与虑兮，道不可与谋"。既然天道深不可测、无从探究，则不如顺应自适，在齐同万物、泯灭生死之中逍遥自得——"忽然为人兮，何足控抟。化为异物兮，又何足患"；更因去除了"我执"甚至好恶——"纵躯委命兮，不私与己"——而获得宁静与超脱。这篇赋引用了很多道家思想，如物相转化、福祸无常等，其中"天地为炉"的典故来自《庄子·大宗师》中的寓言：

> 今大冶铸金，金踊跃曰"我且必为镆铘"，大冶必以为不祥之金。今一犯人之形，而曰"人耳人耳"，夫造化者必以为不祥之人。今一以天地为大炉，以造化为大冶，往而不可哉！

此典故蕴含精妙、深刻的思想，作者借此体认"自以为是""自命不凡"的"我执"是烦恼的重要来源。贾谊可谓是一个儒士，此文章却表达了道家思想，但二者并不矛盾。如前所述，儒家思想是士人人生的底色，而在人生的某个时刻如遭贬抑或不得志，道家思想则为其营造一处栖身和解脱（往往只是暂时的解脱）之地。《鵩鸟赋》最后有"德人无累兮，知命不忧"之语，这是儒家"知天命"理念的体现，恰恰成为与道家思想的接合点。从写作技法上看，《鵩鸟赋》开汉赋主客问答体式之先河，一个内心苦闷、充满疑惑的人总是希望被理解、被倾听，贾谊谪居独处，他只能向这只带来死亡之兆的鸟儿诉说，更凸显出悲怆凄凉的情意，苏轼著名的《赤壁赋》也使用了这种写作手法。

严忌的《哀时命》

贾谊之后，严忌写了《哀时命》，其中有"哀时命之不及古人兮，夫何予生之不遭时。往者不可扳援兮，徕者不可与期。志憾恨而不逞兮，抒中情而属诗"之言，蕴含生不逢时之感，表达了"士不遇"的情意。《哀时命》说："下垂钓于溪谷兮,上要求于仙者,与赤松而结友兮,比王侨而为耦。"这个观念和意象值得重视,"求仙"之地既是虚幻之所在,同时也是超脱现实之寄托,此意象上接屈原创设的超现实仙界,下启陶渊明的"园田"之境。"下垂钓于溪谷""与赤松而结友"等意象无疑对解读《归去来兮辞并序》之类的作品有启发意义。

董仲舒的《士不遇赋》

董仲舒的《士不遇赋》是晚年失意之作,以"士不遇"之主题明确勾勒了士人遭遇困厄时典型的情感模式。此赋先表达了自己的困境:

> 时来曷迟,去之速矣。屈意从人,非吾徒矣。正身俟时,将就木矣。悠悠偕时,岂能觉矣。……努力触藩,徒摧角矣。不出户庭,庶无过矣。

作者感慨自己生不逢时:"生不丁三代之盛隆兮,而丁三季之末俗。"进而表达出深深的无奈与迷茫:

> 鬼神不能正人事之变戾兮,圣贤亦不能开愚夫之违惑。出门则不可与偕往兮,藏器又蚩其不容。退洗心而内讼兮,亦未知其所从也。

作者回想历史,发现很多人都深陷和自己类似的窘境,可谓"廉士亦茕茕而靡归":

> 殷汤有卞随与务光兮,周武有伯夷与叔齐。卞随、务光遁迹于深渊兮,伯夷、叔齐登山而采薇。使彼圣贤其𬣙周遑兮,矧举世而同迷。若伍员与屈原兮,固亦无所复顾。亦不能同彼数子兮,将远游而终慕。

面对困境怎么办?"遁迹于深渊"还是"登山而采薇"?董仲舒提出自己的看法:

> 惮君子之于行兮,诚三日而不饭。嗟天下之偕违兮,怅无与之偕返。孰若返身于素业兮,莫随世而轮转。虽矫情而获百利兮,复不如正心而归一善。纷既迫而后动兮,岂云禀性之惟褊。昭同人而大有兮,明谦光而务展。遵幽昧于默足兮,岂舒采而薪显。

此赋表达的情意非常复杂,既无奈、沮丧,又心有不甘,进退取舍间表达出深深的迷惑与彷徨之情，为后世表达"士不遇"主题的文章抒发多样化的情感提供了参考。

司马迁的《悲士不遇赋》

董仲舒后，司马迁写了《悲士不遇赋》，此文不长，录之如下：

> 悲夫！士生之不辰，愧顾影而独存。恒克己而复礼，惧志行而无闻。谅才韪而世戾，将逮死而长勤。虽有形而不彰，徒有能而不陈。何穷达之易惑，信美恶之难分。时悠悠而荡荡，将遂屈而不伸。
>
> 使公于公者，彼我同兮；私于私者，自相悲兮。天道微哉，吁嗟阔兮；人理显然，相倾夺兮。好生恶死，才之鄙也；好贵夷贱，哲之乱也。昭昭洞达，胸中豁也；昏昏罔觉，内生毒也。
>
> 我之心矣，哲已能忖；我之言矣，哲已能选。没世无闻，古人惟耻。朝闻夕死，孰云其否。逆顺还周，乍没乍起。理不可据，智不可恃。无造福先，无触祸始。委之自然，终归一矣！

此文既有表现道家思想的"无造福先，无触祸始。委之自然，终归一矣"，也有表现儒家思想的"没世无闻，古人唯耻；朝闻夕死，孰云其否"。情感方面有表达哀叹的"悲夫！士生之不辰，愧顾影而独存"，有表达不平的"虽有形而不彰，徒有能而不陈"，有表达愤慨的"好生恶死，才之鄙也；好贵夷贱，哲之乱也"。因此，此赋虽然不长，但表达的思想和情感却是多元、细腻的。

扬雄的《逐贫赋》

扬雄的《逐贫赋》剖析了贫穷对士人来说意味着什么，以及如何看待贫穷。首先，扬雄称自己"终贫且窭"：

> 人皆文绣，余褐不完；人皆稻粱，我独藜餐。贫无宝玩，何以接欢？宗室之燕，为乐不槃。徒行负笈，出处易衣，身服百役，手足胼胝。或耘或耔，露体沾肌。

扬雄生动描写了总也摆脱不掉的贫穷，遂对其下"逐贫令"：

舍汝远窜，昆仑之颠，尔复我随，翰飞戾天。舍尔登山，岩穴隐藏，尔复我随，陟彼高岗。舍尔入海，泛彼柏舟，尔复我随，载沉载浮。我行尔动，我静尔休。岂无他人，从我何求？今汝去矣，勿复久留！

可是"贫"竟然"教训"了扬雄一番：

贫曰："唯唯。主人见逐，多言益嗤。心有所怀，愿得尽辞。昔我乃祖，崇其明德，克佐帝尧，誓为典则。土阶茅茨，匪雕匪饰。爰及季世，纵其昏惑，饕餮之群，贪富苟得。鄙我先人，乃傲乃骄，瑶台琼榭，室屋崇高。流酒为池，积肉为崤。是用鹄逝，不践其朝。三省吾身，谓予无愆，处君之家，福禄如山。忘我大德，思我小怨，堪寒能暑，少而习焉。寒暑不忒，等寿神仙。桀跖不顾，贪类不干。人皆重蔽，子独露居。人皆怵惕，子独无虞。"

扬雄听了这番话，醒悟过来，向"贫"道歉：

余乃避席，辞谢不直："请不贰过，闻义则服。长与汝居，终无厌极。"

"贫"理直气壮地认为自己继承了前辈的优良品质，辅佐先贤，而且给扬雄带来了好运，让他生活得安宁又安全。"君子固穷""箪食瓢饮"是儒家关于士人如何处穷的经典阐释。扬雄这样写，无论是无奈的黑色幽默，还是浪漫的理想主义，都对人们如何看待穷困提供了新的视角。此赋对后世产生了重要影响，如宋代洪迈在《容斋续笔》中说："韩文公《送穷文》、柳子厚《乞巧文》皆拟扬子云《逐贫赋》。"我们解读后世士人对"穷""困"的感慨——如柳宗元在《愚溪诗序》中对"愚溪"反覆曲折的情感变化——往往需要"回望"扬雄的这篇文章。

张衡的《思玄赋》和《归田赋》

张衡在《思玄赋》中自陈追慕前贤，表达洁身自好之意："伊中情之信修兮，慕古人之贞节。竦余身而顺止兮，遵绳墨而不跌。志团团以应悬兮，诚心固其如结。"痛陈自己无法得到认可，"奋余荣而莫见兮，播余香而莫闻"；秽乱之人却得意当道，"行陂僻而获志兮，循法度而离殃"。作者为此感到孤独悲哀："何孤行之茕茕兮，孑不群而介立。感鸾鷖之特栖兮，悲淑人之希合。"他来到岐山脚下向文王陈情，文王为其占卜："利飞遁以保名。历众山以周流兮，翼迅风以扬声。"作者听从文王的指引，"且余沐于清原兮，晞余发于朝阳。漱飞泉之沥液兮，咀石菌之流英""翾鸟举而鱼跃兮，将往走乎八荒""过少皞之穷野兮，问三丘于句芒。何道真之淳粹兮，去秽累而飘轻"。作者决定"回驾乎蓬庐""纵心于物外"。

从思想内容和艺术手法来看，《思玄赋》就是《离骚》的再写版。相较而言，张衡的《归田赋》艺术性更强，而且对后世作品有非常大的影响。此赋语言非常优美，辑录如下：

> 游都邑以永久，无明略以佐时，徒临川以羡鱼，俟河清乎未期。感蔡子之慷慨，从唐生以决疑。谅天道之微昧，追渔父以同嬉，超埃尘以遐逝，与世事乎长辞。
>
> 于是仲春令月，时和气清，原隰郁茂，百草滋荣。王雎鼓翼，鸧鹒哀鸣，交颈颉颃，关关嘤嘤。于焉逍遥，聊以娱情。
>
> 尔乃龙吟方泽，虎啸山丘，仰飞纤缴，俯钓长流，触矢而毙，贪饵吞钩，落云间之逸禽，悬渊沈之鲨鳋。
>
> 于时曜灵俄景，系以望舒，极般游之至乐，虽日夕而忘劬，感老氏之遗诫，将回驾乎蓬庐。弹五弦之妙指，咏周孔之图书，挥翰墨以奋藻，陈三皇之轨模。苟纵心于物外，安知荣辱之所如。

张衡所归之田，不就是陶渊明之"园田"吗？将《归田赋》与陶渊明的《归园田居》等作品进行关联赏析，无疑会让我们对他们描述的园田之美和表达的归田之切有更深刻的感悟。

陶渊明的《感士不遇赋》

陶渊明在《感士不遇赋》中慨叹："自真风告逝，大伪斯兴，闾阎懈廉退之节，市朝驱易进之心。怀正志道之士，或潜玉于当年；洁己清操之人，或没世以徒勤。"他遥想故人："故夷皓有'安归'之叹，三闾发'已矣'之哀。悲夫！寓形百年，而瞬息已尽，立行之难，而一城莫赏。此古人所以染翰慷慨，屡伸而不能已者也。夫导达意气，其惟文乎？"他指出无论隐居还是出仕都合乎本分："或击壤以自欢，或大济于苍生；靡潜跃之非分，常傲然以称情。"陶渊明坦陈为何要归隐山林："密网裁而鱼骇，宏罗制而鸟惊。"他表明自己的心志："宁固穷以济意，不委曲而累己。既轩冕之非荣，岂缊袍之为耻？诚谬会以取拙，且欣然而归止。拥孤襟以毕岁，谢良价于朝市。"

陶渊明在此赋中表达了多么丰富和细腻的情感,这对解读陶渊明其他的作品无疑是很有价值的。

在呈现和分析了上述文章之后,我们需要面对一个问题:这些文章都不是语文课本中的篇目,对语文教学中的文章赏析的意义何在?

陶渊明读董仲舒的《士不遇赋》时称"抚卷踌躇,遂感而赋之",他在该文的序中说:

> 昔董仲舒作《士不遇赋》,司马子长又为之。余尝以三余之日,讲习之暇,读其文,慨然惆怅。

可以想见,董仲舒的《士不遇赋》一定对陶渊明的作品——如《归去来兮辞并序》——产生了深刻影响,感悟陶渊明作品中的情意,《士不遇赋》必然是一个不可忽视的线索。同样,刘禹锡、柳宗元、范仲淹、欧阳修、苏轼,他们在写《陋室铭》《小石潭记》《岳阳楼记》《醉翁亭记》《赤壁赋》的时候,一定也是看着前人"士不遇"的文章而"抚卷踌躇,遂感而赋之"。解读这些文章,同样有必要分析前人在这一情感主题上的相关文章,这样我们才能明了课本中的文章继承了什么、强化了什么、又放弃了什么,从而对其中的情意形成更加鲜明和深刻的认识。在"士不遇"这样一个基本的情感主题上,不同时代的作者一方面对前人表达的情感产生共鸣,另一方面也作出新的阐释,从而使得这一情感主题的表达越来越丰富、越来越深刻。此外,面对某种情意,不同作者有不同的侧重点,一篇文章中可能没有前因,可能隐含后果;有可能言而未尽,还有可能抒而不发。这要求我们必须将多篇文章关联起来,以互相参照的方式对文章进行解读。举例来说:

《归去来兮辞并序》:远离"矫厉"的官场,告别"违己交病""口腹自役"的生活,"鸟倦飞而知还""聊乘化以归尽",回归田园而见本性、见自我、见自然。

《陋室铭》:既有儒家"君子固穷"的体认,箪食瓢饮的遗风,又有道家返璞归真的追求、顺其自然的放达。

《小石潭记》:作者是"被弃之人",小石潭是"被弃之地",士不遇的悲鸣在小石潭的幽闭冷峭中更显凄怆。

《岳阳楼记》:人生起伏如自然之阴晴转换,有"霪雨霏霏""阴风怒号",也一定会有"春和景明""一碧万顷",顺应命运与造化而"不以物喜,不以己悲"。

《赤壁赋》:人生似乎充满了失意与无奈,但"一世之雄今安在",接受人的渺小与世事不居，去除"我执"——除了造物者无尽藏之江上清风、山间明月而不取，从而"物我浑一"，去往"遗世独立""羽化而登仙"的境界。

《醉翁亭记》：乐民之乐，这自是"后天下之乐而乐"的儒家情怀。"野芳发而幽香，佳木秀而繁阴"，政治失意、仕途坎坷在自然美景中被消解——"四时之景不同，而乐亦无穷也"。美景悦目更悦心，其中的自然之道让作者体验大快乐。醉，不仅是身体的醉，更是心灵的醉，让作者移换至一个超脱现世的美妙世界。

由上述分析可见，我们在讲解课本中的《归去来兮辞并序》《陋室铭》《小石潭记》《岳阳楼记》《醉翁亭记》《赤壁赋》时，都要回归"士不遇"这个基本情感主题。事实上，所有经典古文的解读都需要在情意层面追根溯源，因为它一定蕴含经过时间考验的、永远动人的情意，这些情意也必然在早期文章中已经出现。我们以追根溯源、横纵关联的方式理解此情意的源起与发展，从而对要解读的古文中的情意形成更深刻、更细腻的理解。上述分析显示，多篇文章构成了一个有关"士不遇"主题的情感花园，其中的每一篇文章都是花园中的一朵花，它们相互关联、相互映照，构成了一个富有生命力的生态系统。教师讲解一篇古文，就像带着学生欣赏一朵花，有必要引导学生对整个"情意的花园"形成认识。这样的学习方式也契合了当前语文教学提倡的"专题学习"——虽然教学目标是一篇文章，通过专题整合而优化教学效果，学生会有更多的收获。

上面以"士不遇"这一情感主题为例，整合了若干篇文章以显现其发展脉络。目前整合的文章以汉代的赋为主，事实上可整合的资料还有很多，教师可根据教学的需要，不断积累有助于学生理解和感悟文章情感主题的相关资料。当然，教学时不应将这些素材一股脑儿"灌"给学生，而应当根据教学目标以及学生的基础、兴趣、认知水平、生活经验等有选择地使用。

情感是古文之美的重要载体，经典古文因蕴含永远动人的情感而千年不朽。教师要让学生被古文中的情意感动，除了上述追根溯源、横纵关联的情感分析之外，还要注重古文的音韵美而"以声动人"，因为古文情感的表达与文字的音韵关系密切。王夫之评杜甫《登岳阳楼》有"皆不知诗者，以耳食不以舌食之论"之说。"耳食"，一个形象的说法，提醒我们文字的音韵能够带来美好的听觉感受，进而激发情感共鸣。刘师培在《论文章之音节》中专论古文的音韵："凡古之名家，自蔡伯喈以至建安七子、陆士衡、任彦昇、傅季友、庾子山诸人之文，诵之于口无不清浊通流，唇吻调利。即不尚偶韵之记事文亦莫不如是，例如《史记》叙事每得言外之神，尝有词在于此而意见于彼之处，以其文中抑扬顿挫甚多，故可涵咏而得其意味。"①

张中行指出，句法整齐是造就古文音韵美的一个重要因素②：

> 所谓句法整齐指字数相同（少数只是相近）的语句的重复。又可以分为三种情况。一是散行，如"寺西有园，多饶奇果，春鸟秋蝉，鸣声相续。中有禅房一所，内置祇园精舍，形制虽小，巧构难加。"（《洛阳伽蓝记》）二是对偶，如"遥衿甫畅，逸兴遄飞。爽籁发而清风生，纤歌凝而白云遏。睢园绿竹，气凌彭泽之樽；邺水朱华，光照临川之笔。"（《滕王阁序》）三是排比，如"今陛下致昆山之玉，有随和之宝，垂明月之珠，服太阿之剑，乘纤离之马，建翠凤之旗，树灵鼍之鼓……则是夜光之璧不饰朝廷，犀象之器不为玩好，郑卫之女不充后宫，而骏駃騠不实外厩，江南金锡不为用，西蜀丹青不为采。"（《谏逐客书》）这样运用整齐的句式表情达意，我们读了会感到内容更切实，更显豁，而且形式上有回环往复之美（其中有音韵美的因素）。

除了句法整齐，古文作者也常用押韵而使文章具有音韵美。对此张中行在《文言的特点》中指出："文人作诗词、写韵文习惯了，成为癖好，有时写照例应该用散体的文章，也会忽而兴之所至，用几句韵语。最突出的例子是范仲淹的《岳阳楼记》'若夫霪雨霏霏'一段。"③押韵是文言的一种重要修辞方法，其作用就是让文章读起来好听，使文字具有音乐性、歌唱性，不同的音韵还为文字赋予不同的情感色彩，唤起读者不同的情意反应。

句法整齐、押韵的文字能够互相衬托、互相照应，使得所表达的情感更加充沛，更加明朗。这些表情达意的形式与手段，都是由情感驱动的，我们也因这些形式所负载的情感而生发感动。对此刘师培说："文之音节本由文气而生，……有作汉魏之文而音节甚佳，亦有作以下之四六文而不能成诵者，要皆以文气疏朗与否为判。庄子云'阒谷生风'，此之谓也。"④ 文气，即文章所表达的情感和气韵，要将感受文章音韵与理解文章情感紧密结合以使二者相互促进。感受文章的音韵，必需且有效的方法是加强古文的吟诵。周振甫在《因声求气》中说⑤：

---

① 刘师培：《中国中古文学史讲义》，上海古籍出版社 2006 年版，第 117 页。

② 《张中行作品集（第一卷）》，中国社会科学出版社 1995 年版，第 368 页。

③ 同上，第 81 页。

④ 刘师培：《中国中古文学史讲义》，上海古籍出版社 2006 年版，第 118 页。

⑤ 《周振甫文集（第三卷）》，中国青年出版社 1999 年版，第 77—78 页。

从前人讲究诵读，从诵读声调的高下、缓急、顿挫、转折里面，可以体会到原文的声情，所以听了读书的声调，就可测知读者对原文的理解程度。……古文的写作讲气，词句的短长与声调的高下，说话时的婉转或激昂，都是由气势决定的。读者则从言之短长与声之高下中去求气，得到了气，就能体会到作者写作时的感情，这就是因声求气。作者用文辞来表达情意时，需要凭着说话时的气势或语气的声情来表达，自然地形成高下、缓急、顿挫、转折的声调。

曾国藩在《曾文正公家训》中说："如'四书'、《诗》《书》《易经》《左传》诸经，《昭明文选》，李杜韩苏之诗，韩欧曾王之文，非高声朗诵则不能得其雄伟之概，非密咏恬吟则不能探其深远之韵。"因此，教师在教学中要加强古文诵读的指导，根据文章不同的主旨、内容、风格在"因声求气"中体验文字中的情感律动。如近人唐文治评诸葛亮《出师表》："曾文正论文，重一'茹'字，余谓读此等文，当得一'咽'字诀。惟其凄入心肺，故处处咽住，切忌读之太速。"这就要求教师一方面帮助学生深刻理解诗词的情感内涵，因"感而后动"而在诵读时展现富有情感的声音节奏；另一方面要勤于朗诵，反复琢磨如何把握字句的轻重、缓急、高下、虚实，从而将自己的共鸣与感动调动起来、表达出来。

二、精彩纷呈 各有其美

古文有不同的形态，因为古文作者运用多样的技巧达到不同的写作目的。我们据此对古文进行分类，包括议论文、明志文、记叙文、山水文、小品文等，进而探讨不同类型文章独特的审美意涵。需要指出的是，这个分类是相对的，很多时候一篇文章兼具多种形式，如夹叙夹议、藉山水以明志等等。如前面的分析，语文教学应关注文本中的抒情元素，抒情必须有载体，因而往往与其他文学形式相生相伴，如情感驱动议论，明志必然抒情等等，因此，下面的分类中没有抒情文，但对任何古文的分析都要关注其中的情感内涵。

山水文

中国古文中的山水文值得被高度重视，它承载了中国人独特的审美意志，蕴含着深邃的哲学思想。这里所说的山水文，不是对某地自然风光的介绍或纯粹的游记，而是诸如《岳阳楼记》《赤壁赋》《小石潭记》《醉翁亭记》这样寓情于山水的文章。寓情于山水，这是山水文的核心特点，也是其独特价值。以《岳阳楼记》为例，它探讨了一个非常重要的问题——如何面对人生的低谷和磨难？范仲淹刻画了自然的阴晴转换："霪雨霏霏，连月不开，阴风怒号，浊浪排空；日星隐曜，山岳潜形。""春和景明，波澜不惊，上下天光，一碧万顷；……岸芷汀兰，郁郁青青。"以此比照人生的起起落落，为处于人生低谷的自己和他人打气、壮志。这样的山水描写能给我们带来深刻的感动与启发，并得以了悟有关人生重大问题的答案。

王国维在《人间词话》说："一切景语皆情语。"赏析山水文，要将焦点置于作者倾注在山水自然中的情意。郦道元在《水经注·江水注》中写道："既自欣得此奇观，山水有灵，亦当惊知己于千古矣！""山水有灵"，这是讲解山水文应当把握的关键。山水文中的自然不是纯客观的、外在的、被欣赏的对象，它有灵魂并且与人进行深情的对话与互动。元代欧阳玄在《听雨堂记》中写道：

> 人生俯仰穹壤间，耳目之所触，心志之由生。士君子仕而慕君，则见日而思长安；出仕而思亲，则见云飞而思亲舍；索居而思朋友，则见明月而思故人；兄弟友爱，一日而远别，则听夜雨而思同气。……嗟夫！君也亲也弟兄也朋友也，人之于纲常一也。日也云也月也雨也，人之于见闻一也。其感于外而动于中，有浅深焉。此士君子之所存异乎常人者也。雨注于霤，其声鞈鞈；滴于阶，其声渐沥；驰于竹松，其声屑窣。春而听之，有发生之意，兄弟之和气怡愉以之；秋而听之，有寂静之容，兄弟之神凝虑远以之。所以然者，岂有外至哉？

这段话非常感人，极为深刻地说明作者写怎样的山水、怎样写山水，取决于他的所思所想、所感所念。"士君子仕而慕君，则见日而思长安；出仕而思亲，则见云飞而思亲舍；索居而思朋友，则见明月而思故人"，漫漫人生旅途，很多时候我们孤身一人走过黑暗、走过风雨、走过荒原……幸运的是，我们还有日月、风云、山河的陪伴与倾听。自然之雨声，"春而听之，有发生之意，兄弟之和气怡愉以之；秋而听之，有寂静之容，兄弟之神凝虑远以之。"文学作品中的自然风景与作者的情意浑然一体，是"君亲朋友人之纲常"和"日月云雨人之见闻"的统一协调——感于外而动于中。

"山林皋壤，实文思之奥府"（《文心雕龙·物色》），自然负载着终极的"道"，蕴含着美妙的、人不具备或已丧失的品质。它的永恒、无限、淡然、无争、无辨都会让人感到惊羡和向往，给人以安慰、启发和力量。对此宗白华说[1]：

> 空中荡漾着"视之不见、听之不闻、搏之不得"的"道"，老子名之为"夷""希""微"。在这一片虚白上幻现的一花一鸟、一树一石、一山一水，都负荷着无限的深意、无边的深情。

因自然之象而感动或获得启示，这在中国文化中早已有之。《易经》的卦爻辞即是人们基于对自然现象的观察，提出对事物未来发展状况的判断。例如：

> 履霜，坚冰至。（坤·初六）
>
> 龙战于野，其血玄黄。（坤·上六）
>
> 羝羊触藩，不能退，不能遂。（大壮·上六）
>
> 鸿渐于陆，夫征不复，妇孕不育，凶。利御寇。（渐·九三）

这样的文字蕴含着对人生、世界的观察和思考，与人们的生活和命运密切关联。"天地有大美而不言"（《庄子·知北游》），植物、动物、天象都是某种"道"的体现，古文作者借无言的山水表达了世间最深刻的道理，《周易·系辞》里就有"观物取象"的说法：

> 古者包牺氏之王天下也，仰则观象于天，俯则观法于地。观鸟兽之文与地之宜，近取诸身，远取诸物，于是始作八卦，以通神明之德，以类万物之情。
>
> 圣人有以见天下之赜，而拟诸其形容，象其物宜，是故谓之象。
>
> 子曰："书不尽言，言不尽意；然则圣人之意，其不可见乎？"子曰："圣人立象以尽意，设卦以尽情伪……"

"人法地，地法天，天法道，道法自然。"（《道德经》）自然之象给人以深刻的启发。如《赤壁赋》中的"清风与明月"，《归去来兮辞并序》中的"倦鸟与松菊"——蕴含丰富而深刻的信息，给人以感动和启悟。源自山水自然的感悟付诸文字形成特定的文学手法——早在《诗经》中出现的"比""兴"。对此叶嘉莹指出[2]：

> 首先就"心"与"物"之间相互作用之孰先孰后的差别而言，一般说来，

---

[1]　宗白华：《美学散步》，上海人民出版社 2005 年版，第 144 页。

[2]　叶嘉莹：《迦陵文集（三）》，河北教育出版社 1997 年版，第 10–13 页。

"兴"的作用大多是"物"的触引在先，而"心"的情意之感发在后；而"比"的作用，则大多是已有"心"的情意在先，而借比为"物"来表达则在后。其次再就其相互间感发作用之性质而言，则"兴"的感发大多由于感性的直觉的触引，而不必有理性的思索安排，而"比"的感发则大多含有理性的思索安排。……即如《诗经》中《周南·关雎》与《魏风·硕鼠》二篇，前者由"关关雎鸠，在河之洲"的水边沙洲上雎鸠鸟的"关关"的叫声，而引发出"窈窕淑女，君子好逑"的情意，……自然应该是听到雎鸠鸟的叫声在先，而引发起君子想求得淑女为偶的情意在后……而且感发之性质也是以感性的直接感受为主，而并非出于理性的思索安排，因此我们对于《关雎》这首诗，便一定要将之归入于"兴"的作品。……至于《硕鼠》一诗……虽然似乎也是由外物肥大的老鼠的形象写起，可是从下文的叙述来看，则其全诗所写的原来乃是对于剥削者的怨刺……而其开端所写的"硕鼠"的形象，则正是诗人对于剥削重敛者的拟比，也就是说当诗人写出"硕鼠"的形象时，他心中早已就有了要将之比拟为剥削重敛者的这种情意……所以尽管此诗也是从"硕鼠"之外物的形象开端，我们却要将之归入于"比"的作品。

叶先生将"比""兴"的内涵与特点分析得很清楚。总的看来，"兴"导向因自然而抒情，"比"则导向因自然而议论。正如人教版高中必修二第三单元对"古代山水游记散文"的提示："山水游记一般不只是对自然风物的客观描绘，它往往包含着抒情和说理的成分；在记叙游览的同时，或表达物我两忘的喜悦，或抒发时不我待的忧思，或倾诉怀才不遇的愤懑……正所谓'登山则情满于山，观海则意溢于海'，在景物的描述中倾注了作者个人的情感和志趣。"

因山水自然而"兴"，即是陆机在《文赋》中所说："遵四时以叹逝，瞻万物而思纷。悲落叶于劲秋，喜柔条于芳春。"刘勰在《文心雕龙·物色》中更细腻地说明了情与景的关系：

> 春秋代序，阴阳惨舒，物色之动，心亦摇焉。……是以献岁发春，悦豫之情畅；滔滔孟夏，郁陶之心凝。天高气清，阴沉之志远；霰雪无垠，矜肃之虑深。岁有其物，物有其容；情以物迁，辞以情发。一叶且或迎意，虫声有足引心。况清风与明月同夜，白日与春林共朝哉！

"情以物迁，辞以情发"，这即是"兴"。山水自然引发了人们多种多样的情感,《岳阳楼记》《赤壁赋》《小石潭记》《醉翁亭记》都蕴含基于"兴"的情意表达。下面有关议论文的分析中,我们会提及古文议论文有一种重要的写作手法——基于"取象"的"譬喻",其本质则是"比"。有趣的是,"兴"和"比"所关联的山水自然是不同的。引发"兴"的山水自然是具象的"那一个",是感官直接接触的(或是基于记忆的表象)。相较而言,议论文中用作譬喻论证的山水自然则往往有一定的抽象性(这一点在后面再做分析)。"兴"是先触目而感怀,也即叶嘉莹所说"'兴'的作用大多是'物'的触引在先",如《关雎》中的鸟儿以及《赤壁赋》《小石潭记》《醉翁亭记》中的山水。吴小如在点评《岳阳楼记》时说①:

> 有人问:范仲淹自己并未到过洞庭湖,他怎么会把湖上景物写得如此有声有色?答案很简单:作者虽未到过洞庭湖,却到过太湖和鄱阳湖。作者是苏州人,对太湖熟悉自不必说,1036 年作者因反对吕夷简而被贬出知饶州(今江西上饶),曾在鄱阳湖上流连了不少时日,当然对这一类景物还是具有足够的感性知识的。因此作者对洞庭湖景物的描写并非纯属主观虚构。

范仲淹很有可能将其对太湖和鄱阳湖的记忆"移植"到了洞庭湖,以感性、形象的记忆为基础而"触目感怀""情以物迁"。作者所抒发的情感是"兴"的结果,是实在、具体的山水自然引发的。因此,讲授山水文要引导学生对山水自然的具体形象形成充分的感性认识,让学生也"看到"作者曾面对的那一座山、那一片水,使其因"物色之动"而"心亦摇焉",与作者寄寓山水自然的情感形成真挚的共鸣。同时要注意,山水文不能讲成"旅游攻略",教师可以让学生想象作者描述的风景,或者用声光再现它,但最重要的是引导学生体会作者笔下的山水蕴藉了怎样的情意。

议论文

由第一章的分析可知,士人源于忧患意识和入世治世的儒家精神,再加上绝大多数作家的官吏身份,文章成为其"载道""明道""贯道"的工具,议论文因此是中国古文最常见、最具分量的一种文字形式。议论文赏析应关注两点:第一,把握议论文中的"根柢之道";第二,关注古文议论文取舍譬喻的写作手法。

---

① 吴小如:《古文精读举隅》,天津古籍出版社 2002 年版,第 242 页。

我们先来看议论文的"根柢之道"。清代潘耒在《毛氏家刻序》中说：

> 文章品格，万有不同，语其大凡，略有三种：有花叶之文，有条干之文，有根柢之文。竞华泽、尚藻采，纂组雕镌，标新领异，是谓花叶之文——辞工矣，而未深乎义也。考典制，论事理，辨博而不浮，疏通而致用，是谓条干之文——义畅矣，而未几乎道也。若夫穷天人之渊源，阐心性之闳奥，羽翼经传，综贯百家，此则根柢之文——道备而辞与义无不该焉。

枝叶之文、条干之文、根柢之文的关键特征分别是辞工、义畅、道备，这显示出文章不同的境界。此论适用于所有形式的文章，而在议论文中表现最为突出。作者借议论文表达对世界、社会、人心的看法，一个人的性情、眼界、价值观会充分体现在议论文中，是否有"根柢"是评判文章高下的关键标准。文章因"道备"而有"根柢"，议论文中的"道"决定了其优劣高下。

议论的本质是"辩"，孟子承认自己"好辩"，他说：

> 扬墨之道不息，孔子之道不著，是邪说诬民，充塞仁义也。……我亦欲正人心，息邪说，距诐行，放淫辞，以承三圣者。岂好辩哉？予不得已也。(《孟子·滕文公下》)

由孟子之言可知议论文的价值——因为某些问题太重要而不得不辩。澄清、解决这些问题是古文作者要表达和申张的"道"，也即议论文的"根柢"。赏析议论文，最重要的就是帮助学生分辨和欣赏文章所依据、表达的"道"，理解作者要阐明的"道"是什么，其意义如何。这个"道"愈重要，议论文的价值愈大，愈体现文之"根柢"。

承载、蕴含"道"的"重大问题"，包括世界的真相与本质，社会的健康与和谐，人生的价值与荣辱等等。这些问题之所以重要，是因为其决定了人们对真和善的认识，最终关系到人们能否安然地、满足地、有尊严地生活在这个世界上。举例来说，主要记述战国时期游说之士的政治主张和言行策略的《战国策》，其中《燕策一》里有这样一段议论：

> 苏代谓燕昭王曰："今有人于此，孝如曾参、孝己，信如尾生高，廉如鲍焦、史鰌，兼此三行以事王，奚如？"王曰："如是足矣。"对曰："足下以为足，则臣不事足下矣。臣且处无为之事，归耕乎周之上地，耕而食之，织而衣之。"

王曰："何故也？"对曰："孝如曾参、孝己，则不过养其亲；信如尾生高，则不过不欺人耳；廉如鲍焦、史鰌，则不过不窃人之财耳。今臣为进取者也。臣以为廉不与身俱达，义不与生俱立，仁义者，自完之道也，非进取之术也。"

"廉不与身俱达，义不与生俱立""仁义者，自完之道也，非进取之术也"，这是对传统儒家信念的颠覆。仁义与"进取之术"成为对立的因素，择取某个方面就意味着损害另一个方面。这当然是一个关乎人生的大问题、真问题，让我们重新思考"义""利"的关系，以及"取义"要付出的代价。这就像前面分析的表现"士不遇"主题的文章，它们都超越了辞藻和义理，触及了人生和社会永恒而重大的问题，因而有无尽的魅力和生命力。

议论文蕴含"根柢之道"不是入选语文课本的唯一理由，它还必须有文采。中国古文中的议论文，尤其是先秦的议论文有一个艺术手法值得关注，即清人章学诚所说的"深于比兴""深于取象"：

战国之文，深于比兴，即其深于取象者也。《庄》《列》之寓言也，则触蛮可以立国，蕉鹿可以听讼。《离骚》之抒愤也，则帝阍可上九天，鬼情可察九地。他若纵横驰说之士，飞箝揣阖之流，徙蛇引虎之营谋，桃梗土偶之问答，愈出愈奇，不可思议。（《文史通义·易教下》）

除了章学诚所举的例子，中国很多古文如《孟子》《墨子》《荀子》《韩非子》等也都有这样的特征。如前所述，"深于取象"源远流长，是一种极重要的认识世界的方式，在文学中表现为"比""兴"的写作技法，其中"兴"导向抒情，而"比"则导向议论。韩愈的《马说》，以千里马和伯乐这样的形象作譬喻，论证人才不出的症结，痛陈世上如伯乐一样知人善任的人太少。这样利用"取象"和譬喻的论证方式，早在《诗经》中的《硕鼠》一文中就已经出现。议论文中譬喻的对象涉及植物、动物、山水，它们具有一定的抽象性和符号化特征，某一类事物共同、本质的特征被抽取出来。如《马说》中的"千里马"并不是哪一匹具体的马，《硕鼠》中的"硕鼠"也不是哪一只具体的老鼠，而是具有某些特质的一类事物的概称，"千里""硕"这样的定语即表现了被抽象出来的特质。基于此，在语文教学时，对于议论文中的山水自然，可以示以具体形象，更重要的是引导学生理解具体形象背后抽象的特质。

从文学的角度来看，"深于取象"的议论——如《战国策》中运用譬喻而创设的鹬蚌相争、画蛇添足、狐假虎威等形象——不仅使文章格外生动而富有文采，而且大大增强了说服力和感染力。下面我们以《楚策四》为例，来看"深于取象"的手法对于议论文的价值。这篇文章中，庄辛规劝楚襄王不能毫无节制地寻欢作乐，奢侈浪费，不理朝政，否则鄢郢将面临危亡。襄王却认为庄辛妖言惑众，庄辛无奈去赵国避乱。五个月后秦国果然攻下了鄢郢、巫、上庸等地。襄王流亡到城阳，他派车到赵国召回了庄辛。襄王问庄辛该怎么办？庄辛说："臣闻鄙语曰：'见兔而顾犬，未为晚也；亡羊而补牢，未为迟也。'"庄辛进而发表了他的看法：

> 王独不见夫蜻蛉乎？六足四翼，飞翔乎天地之间，俛啄蚊虻而食之，仰承甘露而饮之，自以为无患，与人无争也。不知夫五尺童子，方将调饴胶丝，加己乎四仞之上，而下为蝼蚁食也。
>
> 蜻蛉其小者也，黄雀因是以。俯噣白粒，仰栖茂树，鼓翅奋翼，自以为无患，与人无争也。不知夫公子王孙，左挟弹，右摄丸，将加己乎十仞之上，以其类为招。昼游乎茂树，夕调乎酸咸，倏忽之间，坠于公子之手。
>
> 夫雀其小者也，黄鹄因是以。游于江海，淹乎大沼，俯噣鳝鲤，仰啮蔆衡，奋其六翮而凌清风，飘摇乎高翔，自以为无患，与人无争也，不知夫射者，方将修其碆卢，治其矰缴，将加己乎百仞之上。被磻磻，引微缴，折清风而抎矣，故昼游乎江河，夕调乎鼎鼐。
>
> 夫黄鹄，其小者也，蔡圣侯之事因是以。南游乎高陂，北陵乎巫山，饮茹溪流，食湘波之鱼，左抱幼妾，右拥嬖女，与之驰骋乎高蔡之中，而不以国家为事。不知夫子发方受命乎宣王，系己以朱丝而见之也。
>
> 蔡圣侯之事其小者也，君王之事因是以。左州侯，右夏侯，辇从鄢陵君与寿陵君，饭封禄之粟，而戴方府之金，与之驰骋乎云梦之中，而不以天下国家为事，不知夫穰侯方受命乎秦王，填黾塞之内，而投己乎黾塞之外。

重大的有关人生和社稷的问题，庄辛用譬喻的方法进行了多么形象活泼的议论。层层叠叠、反反复复的文字透露着稚气和天真，形成不朽的艺术魅力。襄王听了这番话"颜色变作，身体战栗"，显然被这番议论强烈地震撼了。为何使用譬喻会有这么好的论证效果？文本前四段是反复譬喻，从小到大递进式呈现不同的现象，但这些不同的现象却体现相同的、本质性的"道"——"其小者自以为无患而终被噬杀"，由此得出第五段"君王不慎"会引发严重后果的结论。这样的譬喻也是"类比"，昆虫、动物的遭遇似乎与君王治国有很大差异，但其中的本质、规律是一样的。重复的现象描述确认并强调了这种本质、规律的普遍性，它必然同样存在于君王治国之中。如果楚襄王认可此类比，就会承认自己"不慎行为"的后果，与蜻蛉、黄雀、黄鹄等"不慎行为"导致的后果同样都是灾难性的，这当然会给其带来深刻的震撼。郭绍虞评《孟子》时说："譬喻之为用，本来重在说明。意义之难知的不能说，则用易知的说明之；意义抽象的不能说，则用具体的说明之。他同当时这些侯王谈话，或和当时一些知识分子辩论，有时要开导他们，有时要说服他们，就不得不多方利用譬喻。"显然，古文多用譬喻，与当时人们的思维水平、思维习惯、论说目的是紧密相关的。

清代刘凤苞评《庄子与惠子游于濠梁》时说："尤妙在濠梁观鱼一段，从寓意中显出一片真境，绝顶文心，原只在寻常物理上体会得来。""濠梁观鱼"是"取象"，是"物理"，基于譬喻的类比是"寓意"，因譬喻而"显出一片真境"，"真境"就是本质与规律。因此，运用"深于取象"以譬喻的议论文，其精彩之处在于用作类比的现象凸显了深刻且颠扑不破的本质与规律，显现了议论的"根柢之道"，从而大大增强了议论的说服力。借助"深于取象"而譬喻的论说非常形象、生动，议论文因此而得以摆脱抽象概念的束缚，变得富有情感和艺术魅力。如元代陈绎曾评《孟子》："孟子善议论，先提其纲，而后详说之。只是见识高，胸中流出论辩，盘根错节处，只以譬喻轻轻解破。"此外，这样的论说多以自然现象为譬喻，使得"自然之道"蕴含于论说之中，文章的论点因此而具有"天道""天命"的意味，带有威严的气息和神秘感，强化了论说的深刻性和感染力。

议论文表达观点往往基于某种立场，不同的立场就会有不同的论点和论据，可谓"横看成岭侧成峰"。对语文学习来说，引导学生体会其议论的立场及背后的情感而不是争论对错很重要。此外，古文议论文的内容离学生的生活很远，这是学生理解古文议论文的一个难点。例如，古文中表达忠于君王、忠于封建制度的文章，对语文教学来说，重要的是聚焦其中"忠诚"的情感。忠诚的对象、内容、表现形式都可能随时代发展而变化，但忠诚的情感却有相对独立性，任何一个时代的人们都需要忠诚、景仰忠诚。例如，孙绍振在评点《出师表》时说[①]：

> 曾有人写信给国家教育部教材司，建议将诸葛亮的《出师表》撤出中学语文课本，以华歆的《止战疏》代之。信中说，在《止战疏》中，华歆认为："战争是在不得已时才发动的，不可以轻启战端，要等待时机的成熟。"（"夫

兵，不得已而用之，故戢而时动"）而诸葛亮的《出师表》发动北伐战争的原因是要报恩于刘禅，表现出的是种愚忠。……但是，不可忽略的是，华歆的思想同样也有愚忠的性质，要在封建时代找出一个当权者，超越忠君观念的代表是不可能的，何况华歆的主张还带有很大的空想性质。……事实证明，后来三国的统一并不是像华歆所设想的那样，是坐在家里等来的，而是通过战争一寸一寸土地打下来的。不要说当时，就是整个中国历史、世界历史上，也从来没有一个分裂的国家不是通过战争来实现统一的。至于华歆的《止战疏》，其思想固然有可贵之处，可是局限也非常明显。第一，他的思想并未影响到历史的进展，因而缺乏历史价值。第二，"疏"中的思想，属于儒家的王道思想，作为一种内在理论，也缺乏起码的论证。在情感上不够深厚，在语言上缺乏文采。总之，作为文章，可以说是比较贫乏的，缺乏生命的光华和艺术的创造。因而，它未能进入我国古典文学的经典宝库。这样的文章，不可能像诸葛亮的《出师表》那样，成为那个时代的人格和文格的典范，在千百年后，仍然如恩格斯说起希腊神话那样，具有"某种不可企及的成就的丰碑"的性质。

孙绍振的这个评点值得重视。学生在其人生中也会有自己的坚持与忠诚，虽然可能与他人不同，或与社会主流价值观有差异，甚至在成长中会被否定，但当下、此刻，忠诚的情感是明确的、不容忽视的，其中的纯粹、真挚是恒久而感人的。总之，学习议论文不仅要注重其论点、论据和逻辑，更要凸显其文学性，聚焦文章的情意，关注文章的"文格"和作者的"人格"，关注文章的文化与历史背景。

明志文

《易传》有言："天行健，君子以自强不息""地势坤，君子以厚德载物。"这是典型的明志之文。中国古文中有大量明志文，蕴含充沛而真挚的情感，具有撼动人心的力量。中国士人通过明志文表达对人生的理解与向往，在坎坷多舛的人生之途中积聚力量、坚定意志、鼓舞信心。

明志文源远流长，《离骚》《庄子》《论语》《孟子》中都有非常动人的明志文字。如屈原在《离骚》中表明自己的志向：

时不我待：老冉冉其将至兮，恐修名之不立。
心系君国：岂余身之惮殃兮，恐皇舆之败绩。

无怨无悔：苟余情其信姱以练要兮，长颇颌亦何伤。

虽死无憾：亦余心之所善兮，虽九死其犹未悔。

不忘初心：咠余身而危死兮，览余初其犹未悔。

洁身自好：謇吾法夫前修兮，非世俗之所服。

卓尔不群：鸷鸟之不群兮，自前世而固然。

作者的人生在"路曼曼其修远兮，吾将上下而求索"的明志中熠熠闪光！还有《论语》中的"一箪食，一瓢饮，在陋巷，人不堪其忧，回也不改其乐。贤哉，回也！"《孟子》中的"富贵不能淫，贫贱不能移，威武不能屈。"《陋室铭》中的"斯是陋室，惟吾德馨。……谈笑有鸿儒，往来无白丁。可以调素琴，阅金经。无丝竹之乱耳，无案牍之劳形。"《岳阳楼记》中的"不以物喜，不以己悲；居庙堂之高则忧其民，处江湖之远则忧其君。"《五柳先生传》中的"黔娄之妻有言：'不戚戚于贫贱，不汲汲于富贵。'其言兹若人之俦乎？衔觞赋诗，以乐其志，无怀氏之民欤？葛天氏之民欤？"这些耳熟能详的明志文字无疑带给我们最深切的启发与感动。

古文明志文大量出现在序跋、书信中，如《太史公自序》中司马迁说：

> 太史公执迁手而泣曰："余先周室之太史也。自上世尝显功名于虞夏，典天官事。后世中衰，绝于予乎？汝复为太史，则续吾祖矣。今天子接千岁之统，封泰山，而余不得从行，是命也夫，命也夫！余死，汝必为太史；为太史，无忘吾所欲论著矣。且夫孝始于事亲，中于事君，终于立身。扬名于后世，以显父母，此孝之大者。……幽历之后，王道缺，礼乐衰，孔子脩旧起废，论诗书，作春秋，则学者至今则之。自获麟以来四百有余岁，而诸侯相兼，史记放绝。今汉兴，海内一统，明主贤君忠臣死义之士，余为太史而弗论载，废天下之史文，余甚惧焉，汝其念哉！"迁俯首流涕曰："小子不敏，请悉论先人所次旧闻，弗敢阙。"

司马迁的父亲希望他成为能辨正《易传》、接续《春秋》、遵奉《诗》《书》《礼》《乐》精义的人。司马迁不敢推辞，表明要继承父亲的遗志，以史立风俗、正天下，奋然以当代周公、孔子自命，立志继《春秋》以兴盛"天下之史文"。在这样的志向之下，司马迁写出了"究天人之际，通古今之变"的《史记》。

再如白居易在《与元九书》中说：

> ……自登朝来，年齿渐长，阅事渐多。每与人言，多询时务；每读书史，

多求理道。始知文章合为时而著，歌诗合为事而作。是时皇帝初即位，宰府有正人，屡降玺书，访人急病。仆当此日，擢在翰林，身是谏官，月请谏纸。启奏之外，有可以救济人病，裨补时阙，而难于指言者，辄咏歌之，欲稍稍递进闻于上。上以广宸聪，副忧勤；次以酬恩奖，塞言责；下以复吾平生之志。岂图志未就而悔已生，言未闻而谤已成矣！

……

微之，古人云："穷则独善其身，达则兼济天下。"仆虽不肖，常师此语。大丈夫所守者道，所待者时。时之来也，为云龙，为风鹏，勃然突然，陈力以出；时之不来也，为雾豹，为冥鸿，寂兮寥兮，奉身而退。进退出处，何往而不自得哉！故仆志在兼济，行在独善，奉而始终之则为道，言而发明之则为诗。

"始知文章合为时而著，歌诗合为事而作"，这是白居易著名的表明心志的文句，非常嘹亮、极为动人！作者经世济国的拳拳之心于此文中表露无遗，其创作的诗文因此而有了清晰的注解。此外，书信是写给亲人或好友的，往往格外真挚与自然，我们要关注和欣赏作者在书信中所表明的人生志向，感受作者内心深处的呐喊，形成深切的共鸣与感动。

中国古人还通过表、家训、遗令等方式表明心志。如诸葛亮在《出师表》中说："臣本布衣，躬耕于南阳，苟全性命于乱世，不求闻达于诸侯。先帝不以臣卑鄙，猥自枉屈，三顾臣于草庐之中，咨臣以当世之事，由是感激，遂许先帝以驱驰。"颜之推在《颜氏家训·终制篇》中说："计吾兄弟，不当仕进；但以门衰，骨肉单弱，五服之内，傍无一人，播越他乡，无复资廕，使汝等沈沦厮役，以为先世之耻。故觍冒人间，不敢坠失。"曹操在《遗令》中嘱身后之事：

敛以时服，葬于邺之西冈上，与西门豹祠相近。无藏金玉珍宝。吾婢妾与使人皆勤苦，使著铜雀台，善待之。于台堂上安六尺床，施繐帐，朝晡上脯糒之属。月旦十五日，自朝至午，辄向帐中作伎乐。汝等时时登铜雀台，望吾西陵墓田。余香可分与诸夫人，不命祭。诸舍中无所为，可学作组履卖也。吾历官所得绶，皆著藏中。吾余衣裘，可别为一藏，不能者兄弟可共分之。

一代枭雄心中竟有如此温情，如此有"烟火气"的文字表现出曹操少为人知的一面。这些明志文，能让我们看到深邃无垠的人心的世界，或明或暗、或幽或显，因而生发感悟与慨叹。

古人观察自己的人生并将其付诸文字形成明志文，如陶渊明在《五柳先生传》中写："常著文章自娱，颇示己志。"很多明志文的作者有着丰富乃至传奇的人生经历，他们通过文章表达对人生的思考，抒发人生感慨，表达对自我的认识与期待。真正理解明志文，需要理解作者最核心的人生追求与价值观，清代黄仁黼评《岳阳楼记》时将其称为"存心"：

> 君子之所以异于人者，以其存心也，心可即境而存，心不可随境而变，其所存于中者大，斯其所遇于外者小矣。……故末以"忧""乐"二字易"悲""喜"二字，归到仁人身上，见得境虽变，心不与之俱变，心所存，道即与之俱存。出忧其民，处忧其君，仁人之心自有其所以异者在也。通幅不矜才，不使气，使自己胸襟显得磊磊落落，正大而光明，非其存于中者大而能若是乎？

"存心"，非常好的解读！这是作者所明之志最稳定、最有力的支撑。"境虽变，心不与之俱变，心所存，道即与之俱存"，明志文以生命直接撼动生命的方式，给人们以最深刻的感动与领悟。经营一个有价值的人生是每个人必须面对的重大课题，任何年龄的学生，无论处于怎样的生活情境，都会有自己的志向，都要思考"我是谁""我在哪里""我要往哪里去"，明志文往往蕴含着这些问题的答案，这是引导学生对明志文产生共鸣的重要切入点。要讲好明志文，教师需要将学生的人生和作者的人生关联起来，让学生真正领悟作者的"存心"，帮助学生真正理解作者的志向是什么，他为何有这样的志向，其意义和价值如何。在理解作者的基础上，教师可启发学生明确自己的志向，反思古人之志的现实意义，引导学生与作者的志向在情感层面形成"共振"。

记叙文

古文记叙文呈现了过去某个时空的景象，对其进行赏析可谓是一次时空的"穿越之旅"。举例来说，《左传·齐晋鞌之战》中有一段记叙：

> 癸酉，师陈于鞌。邴夏御齐侯，逢丑父为右[①]。晋解张御郤克，郑丘缓为

---

① 一般情况下，古人乘车尊者在左，御者在中，另有一人在右陪乘，又叫车右。而兵车情况不同，主帅居中自掌旗鼓，御者在左，车右则是勇武之士。

右。齐侯曰："余姑翦灭此而朝食。"不介马而驰之。邲克伤于矢，流血及屦，未绝鼓音，曰："余病矣。"张侯曰："自始合，而矢贯余手及肘，余折以御，左轮朱殷，岂敢言病？吾子忍之！"缓曰："自始合，苟有险，余必下推车，子岂识之？然子病矣！"张侯曰："师之耳目在吾旗鼓，进退从之。此车一人殿之，可以集事；若之何其以病败君之大事也？擐甲执兵，固即死也；病未及死，吾子勉之！"左并辔，右援枹而鼓。马逸不能止，师从之。齐师败绩。逐之，三周华不注。

这样的记叙多么鲜活生动，让人不禁扼腕惊叹！我们看到了一个古代的战士如何在战场上战斗："伤于矢，流血及屦，未绝鼓音""矢贯余手及肘，余折以御，左轮朱殷，岂敢言病？"两千年前的战争！两千年前的战士！这样一幅画面呈现在我们眼前，挟带着怎样的撼动人心的力量？！

古文记叙文中的人、事、背景往往离我们非常遥远，也几乎不可能再现。因此，记叙文不好讲，学生没有丰厚的背景知识，很难对所记叙的人、事、物产生兴趣。就像中学课文《核舟记》，无论这个果核雕刻得多么精美，对学生来说不就像胡同里叫卖的一项"老手艺"吗？其动人之处在哪里？我们来看何永康如何评点《核舟记》：

> 最后，"通计一舟"，连用九个"为"字，表面上是"算总账"，实际上流露了作者对这一微雕精品的真诚而热烈的赞叹。我们简直可以想见：魏学洢是怎样扳着指头，如数家珍地一一点算啊！

看来，《核舟记》的动人之处在于"满含真情的如数家珍"。"满含真情"——记叙背后的情感驱动，这应当是一篇记叙文最值得被赏析的地方。何永康接着说：

> 这种"记"，容易写成平铺直叙的"说明文"，魏学洢并不回避这一点，他确实是平平稳稳、一板一眼写出来的，似乎只要把核舟介绍清楚了便万事大吉。他犯了文章家的一"忌"，却又"特犯不犯"，通篇显得充实而有光辉，美得很。何以至此？我以为他构思落墨时，胸中有赤壁的如画江山，有苏东坡为之神往的人生佳境，有审视和赞赏"灵技"的灵感，有把这一切浑沌起来加以升华、融入自我的那股子创造力。否则，此《记》便仅仅是一"记"了。

《核舟记》的作者确实写出了记叙文"应有"的"平平稳稳""一板一眼"，这是记叙文的"忌",也是记叙文不好讲、不易吸引学生的重要原因。但是,《核舟记》对于此"忌"却"特犯不犯",有着"美得很"的"充实与光辉",这是因为作者胸中有"如画江山",有"人生佳境",有"灵感"——这些都是记叙文中的情意。因此,语文课中讲记叙文,仍然要聚焦于其中的情意与感动。再以《周礼》中《考工记》①所记"轮人为轮"的一段文字为例:

> 轮人为轮,斩三材必以其时。三材既具,巧者和之。毂也者以为利转也,辐也者以为直指也,牙也者以为固抱也。轮敝,三材不失职,谓之完。望而眡其轮,欲其惇尔而下迤也。进而眡之,欲其微至也。无所取之,取诸圜也。望其辐,欲其掣尔而纤也。进而眡之,欲其肉称也。无所取之,取诸易直也。望其毂,欲其眼也。进而眡之,欲其幬之廉也。无所取之,取诸急也。眡其绠,欲其蚤之正也。察其菑蚤不齵,则轮虽敝不匡。

这样的记叙文怎么教呢?离学生的现实生活那么远,学生会对古代制轮之人及其手艺感兴趣吗?我们来看《考工记》中的几段文字:

> 国有六职,百工与居一焉。或坐而论道,或作而行之,或审曲面埶以饬五材,以辨民器,或通四方之珍异以资之,或饬力以长地财,或治丝麻以成之。坐而论道,谓之王公;作而行之,谓之士大夫;审曲面埶以饬五材、以辨民器,谓之百工;通四方之珍异以资之,谓之商旅;饬力以长地财,谓之农夫;治丝麻以成之,谓之妇功。

> 粤无镈,燕无函,秦无庐,胡无弓车。粤之无镈也,非无镈也,夫人而能为镈也;燕之无函也,非无函也,夫人而能为函也;秦之无庐也,非无庐也,夫人而能为庐也;胡之无弓车也,非无弓车也,夫人而能为弓车也。知者创物,巧者述之守之,世谓之工。百工之事,皆圣人之作也。烁金以为刃,凝土以为器,作车以行陆,作舟以行水,此皆圣人之所作也。天有时,地有气,材有美,工有巧,合此四者,然后可以为良。材美工巧,然而不良,则不时,不得地气也。橘逾淮而北为枳,鸜鹆不逾济,貉逾汶则死,地气然也。郑之刀,宋之斤,鲁之削,吴粤之剑,迁乎其地而弗能为良,地气然也。

---

① 《考工记》据说是汉人补缺的作品。《隋书·经籍志》说汉时有李氏得《周官》,上于河间献王,独缺《冬官》一篇,遂取《考工记》以补其处。

在这以下，作者分别讲述"攻木之工""攻金之工""攻皮之工""设色之工""刮摩之工""抟埴之工"，随后又讲各类工的细目。如前所述，我们要关注作者在这些记叙中蕴藏的情意：百工是"六职"之一，对于整个社会的运转是必要的，也是重要的，其地位与价值丝毫不逊于其他职业——"百工之事，皆圣人之作也"。我们来看陈柱对"轮人为轮"的评论[①]：

> 此记制轮之事，为最机械，最无情之事，而写出工人之为。欲其器之工之情，跃跃如见。可见题材有文学情绪与否，实视作文者主观而异。古今之文人，多不知机械之学，故以机械为无情；而究机械之学者，又无文学之情绪，彼自视其身亦无异于机械也。故机械之为物，遂似终与文学抵牾耳。今若使文学家能精究机械之学，则其视机械之轧轧而鸣，岂遽不如秋虫之唧唧而鸣，足以入诗人之吟咏哉？观《考工记》之记制器，情文俱至，可为例证矣。

"文学家能精究机械之学，则其视机械之轧轧而鸣，岂遽不如秋虫之唧唧而鸣，足以入诗人之吟咏哉？"这就是记叙文背后的情感驱动！也是记叙文能写得"跃跃如见"而让人感动的原因。轮人做工时的一招一式都有情感，作者同样带着深沉的情感细腻地记叙百工的工作。教这样的记叙文，教师要引导学生真正理解作者对记叙和描述的对象到底怀着怎样的情意——"文学之情绪"，这样才能真正感受记叙文的文学之美。

总之，古文记叙文之所以感人，是因为从如此遥远的场景中，我们却分明看到了永恒和熟悉的东西，正是这遥远显现了它的魅力：愈遥远愈鲜活、愈陌生愈熟悉——在剧烈的时空变换中展现永恒不变与生生不息。

当下受到学生热捧的古装剧，实际上是对人物和情节进行了"现代化"改造，其中的很多桥段其实是给现实场景披上了古代的外衣。这为古文记叙文的解读提供了一个思路，可以将记叙文中遥远的人和事与学生当下的生活关联起来。但是，这不应是讲解记叙文最重要的策略。由上面两例分析可见，有时我们恰恰要保留、凸显记叙文的"古色古香"，让学生"在古老中见鲜活""在变迁中见永恒"，而这千百年来永不褪色的鲜活就是文章中荡漾的情意。

除了记事，很多古文记叙文记人，塑造了大量丰满、鲜活的人物形象。在这个世界上，最能让人感动、给人以启发的就是我们的同伴，记叙文给我们宝贵的机

---

① 陈柱：《中国散文史》，吉林出版集团股份有限公司 2017 年版，第 24 页。

会，认识历史长河中熠熠闪光、饶有趣味的人物。我们可从两个方面赏析记叙文中的人物：一是概念的角度，对人物形象进行概括和抽象；二是情感的角度，对人物形成情感共鸣。举例说来，司马迁在《史记·项羽本纪》最后的"太史公曰"中说：

> 吾闻之周生曰"舜目盖重瞳子"，又闻项羽亦重瞳子。羽岂其苗裔邪？何兴之暴也！夫秦失其政，陈涉首难，豪杰蜂起，相与并争，不可胜数。然羽非有尺寸，乘势起陇亩之中，三年，遂将五诸侯灭秦，分裂天下，而封王侯，政由羽出，号为"霸王"，位虽不终，近古以来未尝有也。及羽背关怀楚，放逐义帝而自立，怨王侯叛己，难矣。自矜功伐，奋其私智而不师古。谓霸王之业，欲以力征经营天下，五年卒亡其国，身死东城，尚不觉寤而不自责，过矣。乃引"天亡我，非用兵之罪也"，岂不谬哉！

这是司马迁对项羽的概念化描述，当然是理解人物的必要材料。但语文教学的重点是在学生心目中建立一个丰满的、有血有肉的人物形象，这样的话我们就要感受和欣赏司马迁在《项羽本纪》中对其语言、动作、表情、心理活动等具体细节的描写。我们来看节选自《史记·项羽本纪》的课文《垓下悲歌》，司马迁如何刻画独特而富有不朽魅力的项羽：

> 项王发现四面楚歌，夜里起来，在帐中喝酒。
>
> 悲愤激昂地吟啸："力拔山兮气盖世，时不利兮骓不逝。骓不逝兮可奈何，虞兮虞兮奈若何！"为自己的悲运叹息，为他的骏马无奈，为不知如何安排虞姬惋叹！
>
> 反复歌咏，虞姬在旁附和。项王流下眼泪，周围的人也都在哭泣。
>
> 骑马突围，八百壮士跟随，汉军五千官兵追杀。
>
> 渡过淮河，部下只剩百余人。
>
> 迷路问道，却被农夫欺骗进入沼泽。
>
> 往东至东城，只剩下二十八个部下。
>
> 自认已无生机，跟部下回顾了自己八年来所向披靡、未有败绩的征战经历，决心战死沙场，抱着必死的决心（为部下）痛痛快快打一仗。
>
> 制定周密的战术以突围。以一战多，斩将杀兵，英勇无比。
>
> 赤泉侯追项王，项王"嗔目而叱之"，赤泉侯竟人马俱惊，倒退数里。

突围后再次被围，再战又斩一都尉，杀数十百人，只伤亡两人。与部下会合后问部下"怎么样？"，部下皆叹服"就和您说的一样！"

来到乌江边，乌江亭长建议他速渡江到江东。项王大笑并且拒绝渡江。一方面他认为这是"天之亡我"，另一方面自觉无颜见江东父老。

不忍杀掉自己的坐骑，送给亭长。

与部下下马步行，与敌人短兵相接，又杀敌数百人。

遭遇背楚投汉的旧识吕马童，吕马童不敢看项王。项王说："我的人头很值钱，今天给了你们，也算做了件好事。"话毕自刎而死。

这样的人物刻画显现了司马迁强大的素材组织能力，写出了世上独特而鲜明的"那一个"项羽，一个丰满鲜活、高可信度、富有感染力的人物形象因此而"立起来"了。清代邵长蘅在《答叶荟伯书》中讲"志传"做法：

> 每见时贤作钜公志传，于理学、文章、事功、节义、孝友、乐施，事事缺一不可。一人之身，诸美毕备。子孙得之以为荣，蒙不敢谓然。人苟大贤以下，自贤智豪杰，以至一才一艺之士，其生平必有一二端独到处，如火燥水湿，性不可移，而其人毕生精神亦全注于此，所以可传。作者从此摹画，乃与其人肖。事事笼统，反掩其真。

如此看来，刻画一个生动的人物最重要就是取舍，不可"事事笼统"，要选取独特的、能体现人物关键特点和本质的素材，即"一二端独到处"。再看梁启超对《廉颇蔺相如列传》中廉颇这个人物形象的评点：

> 廉颇的大事，三回伐齐，两回伐魏，一回伐燕，传中前后只用三四十个字便算写过，绝不写他如何作战、如何战胜，因为这些战术、战功是良将所通有，不足以特表廉颇的人格。倒是廉颇怎样的妒忌蔺相如，经相如退让之后怎样的肉袒谢罪，失势得势时候怎么的对付宾客，晚年亡命在外思念故国怎么的"一饭斗米肉十斤，被甲上马示尚可用"，这些小事写得十分详细，读之便可知道廉颇为人短处在褊狭，长处在重意气、识大体。

此评点再次有力地说明，刻画人物形象要选取典型、独特的素材。这些案例的启示在于：记叙文教学中分析人物形象，要以发现人物形象的"独特性"为目标，将分析的重点放在具体的人物言行上，从而对人物的特质、品性形成深刻认识。

小品文

什么是小品文，它有怎样的审美意蕴，如何引导学生感悟小品文的文学之美？我们来看明代王世贞《李于鳞》中的一段文字：

> 萧寺握手，邈若河山，既别之后，意更深矣。舟中忽忽无可与语者。凡所接，类作贵人态，謦折戚施，相寒温而已。近天津，迅雨乍过，波涛人立，远不见天，茫茫尽白，独立舷际，神王气豁，怅然不携于鳞共赏也。已命酌，尽一斗，则取于鳞长篇十绝，为曼声歌之。浮云不流，鱼龙若竦。稍间，复鏖而按之，悲风飒来，不能自禁，泣数行下。嗟乎，俯仰上下，人代河山，倏忽咫尺，得其几何？三十之年，仆垂及矣，肝胆委折，仅一于鳞，又焉别也！

苍茫天地间，舟行江中，人在舟上，与知己聚而又散，自此复孑然一身——思念好友一瞬间的情与景！小品文小则小矣，却有巨大的震撼人心的力量，我们能从文章中感受到作者强烈的情感冲动，读者也会被深深地感动。关于小品文的形态和渊源，吴小如在《读张岱〈湖心亭看雪〉》中分析如下[①]：

> 晚明是小品文最为盛行的时代。……其实小品文渊源很早，甚至可以追溯到先秦时代。《论语》里的三言两语，往往斐然成章。如果换个角度来对待它们，不把这些孔门语录当成儒家经典而作为带有文学意味的口语笔述，未尝不可称之为漂亮而有意义的抒情小品。他如战国时代的《孟子》《庄子》，稍后一点的《韩非子》和《吕氏春秋》，直到汉代的《韩诗外传》《新序》和《说苑》，其中不乏清新隽永之作，似乎都不能排斥于小品传统之外。六朝以来，无论骈散两体，属于小品范畴的文章日益增多。即使是号称"正统"或"正宗"的唐宋八大家的散文，也不无抒写性灵的佳构。特别是北宋苏轼、黄庭坚两家的笔记、题跋和尺牍，南宋范成大、陆游的日记，更开晚明小品之先河。

如此看来，小品文有着源远流长的历史，小品文也有多种多样的形态。魏晋人清谈之《世说新语》，唐代陆龟蒙之《笠泽丛书》，明末袁宏道三兄弟、张岱、钟惺等人之作，都是精美的小品文。我们在此分析最具审美价值的一类——以抒情为核心的诗性小品文。先来看张岱的《湖心亭看雪》：

---

① 吴小如：《古文精读举隅》，天津古籍出版社 2002 年版，第 335 页。

　　崇祯五年十二月，余住西湖。大雪三日，湖中人鸟声俱绝。

　　是日，更定矣，余挐一小舟，拥毳衣炉火，独往湖心亭看雪。雾凇沆砀，天与云、与山、与水，上下一白。湖上影子，惟长堤一痕、湖心亭一点，与余舟一芥、舟中人两三粒而已。

　　到亭上，有两人铺毡对坐，一童子烧酒，炉正沸。见余大喜，曰："湖中焉得更有此人？"拉余同饮。余强饮三大白而别。问其姓氏，是金陵人，客此。

　　及下船，舟子喃喃曰："莫说相公痴，更有痴似相公者。"

此文于天地一隅，人生一瞬，寥寥数语勾勒出几幅画面在我们眼前一一闪过。就是这样的"小文"，却积聚和释放巨大的情感能量。这与物理现象"尖端放电"非常相似——电量不大的电荷密集于导体尖端，瞬间击穿空气形成璀璨耀目的电火花。小品文因其"小"而将情感力量集于一点，从而具有强大的情感穿透力，成为搅动情感之潭的利器。如此看来，古文小品文与古诗词有相通之处——绝大部分抒情古诗词非常短小，却能在方寸之间以有限的几幅画面激发读者强烈的情感共鸣。因此，教授、欣赏小品文和古诗词的方法在很多方面是相通的。[①] 我们来看清代祁彪佳对《湖心亭看雪》的评点：

　　余友张陶庵，笔具化工。其所记游，有郦道元之博奥，有刘同人之生辣，有袁中郎之倩丽，有王季重之诙谐，无所不有；其一种空灵晶映之气，寻其笔墨，又一无所有。为西湖传神写照，政在阿堵矣。

"无所不有"而又"一无所有"！这不就是诗意吗？张岱的文笔有"化工"，《湖心亭看雪》有"化境"，这正是诗词的本质特征。"化"意味着升华，实在、具体之景得以升华至"意境"。明代谢榛在《四暝诗话》中说：

　　予初冬同李进士伯承游西山，夜投碧云寺，并憩石桥，注目延赏。时薄霭濛濛，然涧泉奔响，松月流辉，顿觉尘襟爽涤，而兴不可遏，漫成一律。及早起临眺，较之昨夕，仙凡不同，此亦逼真故尔。

谢榛夜晚和早晨看的是同一处地方，却有着迥异的感受——"仙凡不同"。一

① 关于诗词赏悟可参见赵希斌：《中小学古诗词评点及教学建议》中的"意境与悟"部分，华东师范大学出版社 2019 年版，第 26—34 页。

个是凡间，一个是仙境！体认实际上并不存在的仙境，"看到"了与实景不同、比实景更美的景象，此即为意境，可以使人在超现实、超感官层面生发了无以伦比的美感体验。刘禹锡在《董氏武陵集序》中说："诗者，其文章之蕴邪！义得而言丧，故微而难能，境生于象外，故精而寡和。"因此，"造情取境，古人所难，此是诗家第一义。"（陆时雍《古诗镜》）经典的小品文同样如此，从有限文字勾勒的画面"化"出承载无限情味的意境，作品的意味和境界得以极大地丰富和提升，这使得小品文体量虽小却蕴含巨大情感能量。

意境引发超越性的美感体验有赖于两个机制：由浅入深，直至深不可及；由实入虚，直至虚纳万境。祁彪佳说《湖心亭看雪》"寻其笔墨，又一无所有"，正是因为《湖心亭看雪》构建了一个虚空深邃的情意空间，读者才有机会基于有限乃至虚空的景象生发无限丰富的想象，形成多重多向的审美体验。骆玉明在评点《湖心亭看雪》时写道[1]：

> 张岱笔下的西湖，只有白色的雪同白色的雾气，笼罩了湖山，游漾在天空，除此以外更无一声一色，纯然是个素洁而凝静的世界。那么，人们从中可以体味到什么？也许是：在纷繁多彩光怪陆离的物相背后，宇宙还有一种深邃不可测的虚寂无形的本质？或者想到：一切繁华景象、一切美丽事物，都将销亡净尽？但张岱什么也没有说。

> 其实人生无处不孤独。譬如在万千众中，未尝不觉得周际漠漠；即如亲朋满座，酒酣情浓笑语四起，忽视之恍恍，犹在陌路，自觉彼此了不相干，亦是常事。只有在凝静的自然中，孤独才是充实而平静的。因这种孤独令人体验到自我与天地宇宙之间的某种内在的、神秘的联系。那么，张岱是否因为在他那挥金如土、纵情嬉游的生活中意识了生命的空洞与疲倦，来这凝静的自然探求生命的依归？但他什么也没有说。

> 如果懂得人世无处不孤独，也就懂得人世无处不可亲近。其实，人与人之间，近则有利害之计较，有利害则远；远则无利害之计较，无利害则近。当张氏划船到湖心亭时，见二客对坐，一童子煮酒，自是大出意外，文章忽起波澜。彼此在对方身上，感受到了共同的人生情趣与共同的美感。一时知己，别后不见，浮三大白，挥袖而散，真是难得的机缘。这机缘告诉人们什么？是不

① 汤高才主编：《历代小品大观》，生活·读书·新知三联书店 1991 年版，第 693—694 页。引用时有删节。

是说，人与人，只要脱略利害，同样可以相互感通？是不是说，人世常孤独又常不孤独？但作者还是什么也不说。

骆玉明评得好！骆玉明从《湖心亭看雪》中感悟了那么多！可他却说："张岱什么也没有说""他什么也没有说""作者还是什么也不说"。这样的感受不是与祁彪佳评《湖心亭看雪》"无所不有""又一无所有"一样吗？可是，《湖心亭看雪》一百六十余字，怎么可能什么都没说呢？它的美妙恰在这里！诗性小品文的作者主观上"不想"、客观上"不能"把自己的情意明确或直接说出来，而就是基于这种"不想"和"不能"流淌出来的文字，却"能够"让读者感受那么多、感动那么深！这不是很奇妙吗？这不正显示了小品文的特点与价值吗？

基于诗性小品文的情感表达特征，教学时应注意给学生留置审美空间，可以辅以丰富的背景资料给予学生启发和引导，但不要给学生固定的答案，限制学生情意反应的方向和深度。有一篇《湖心亭看雪》的教案如此写道：

> 此文记叙了作者自己湖心亭看雪的经过，描绘了所看到的幽静深远、洁白广阔的雪景图，体现了作者的故国之思，也反映了作者不与世俗同流合污、不随波逐流的品质以及远离世俗，孤芳自赏的情怀，并寄托了人生渺茫的慨叹。

根据张岱写作此文的背景①，这么说或许不错，甚至这也可能真的是张岱湖心亭看雪时所想。但是，这能让学生感受高级的"无所不有""又一无所有"的美感吗？《楞严经》卷二有云："汝等尚以缘心听法，此法亦缘，非得法性。如人以手指月示人，彼人因指，应当看月。若复观指以为月体，此人岂唯亡失月轮，亦亡其指。"解读富有诗意的小品文，一定要引领学生超越小品文具体的画面，使其情思升华到文字之外的高远处、深邃处。上述教案的解读让学生看到了"手指"，却未能看到更高、更远的美丽的"月亮"。如此具实的理解就像吃饭饱了肠胃，可是我们更希望学生能品味如美酒般的小品文而醉了心灵。清词人谭献说："作者之用心未必然，

---

① 此文是张岱收录在回忆录《陶庵梦忆》中的一篇，写于明王朝灭亡以后。张岱避居浙江剡溪山中，专心从事著述，穷困以终。作者在《陶庵梦忆》的《自序》中说："陶庵国破家亡，无所归止，披发入山，骇骇为野人。故旧见之，如毒药猛兽……饥饿之余，好弄笔墨。……因想余生平繁华靡丽，过眼皆空；五十年来，总成一梦。……遥思往事，忆即书之。……偶拈一则，如游旧径，如见故人。城郭人民，翻用自喜，真所谓痴人前不得说梦矣。"书中所描写的内容，不仅是对过去"繁华靡丽"的豪侈生活的留恋，也渗透着亡国之后作为一个遗民的辛酸沉痛的思想感情。

而读者之用心何必不然。"(《复堂词录序》)叶嘉莹评价温庭筠的作品:"他写美女爱情的小词,能够提高我们的一种品格和修养,那又何必不然?"[①] 同样,张岱怀着某种思绪写下《湖心亭看雪》,我们当然要了解其写作意图,但是经典作品之所以千载流传,就是因为其具有超越作者意图可被后世多重、多向解读的可能性,在文本解读合理性的基础上[②],这种可能性表征了作品的艺术价值与艺术魅力。

骆玉明评点《湖心亭看雪》时说:"在这篇游记中,作者的态度、举止,也只是静静地观赏、静静地体味。凡是情绪比较活跃的地方,都是从他人写出。……他始终是淡然的,似乎深深有会于心而难以言说,亦令读者有会于心而已。""静静地""淡然地",不禁让我们想起清代况周颐在《蕙风词话》中谈其对"词境"的体验:

> 人静帘垂,灯昏香直。窗外芙蓉残叶飒飒作秋声,与砌虫相和答。据梧暝坐,湛怀息机。每一念起,辄设理想排遣之。乃至万缘俱寂,吾心忽莹然开朗如满月,肌骨清凉,不知斯世何世也。斯时若有无端哀怨枨触于万不得已,即而察之,一切境象全失,唯有小窗虚幌、笔床砚匣,一一在吾目前。此词境也。

小品文既然有诗词的特征,读诗性小品文能够也应当获得如况周颐这样的审美体验——"莹然开朗如满月,肌骨清凉,不知斯世何世也",这是典型的超越了智识的"悟"的审美心理,读者因此而进入小品文玄远、深邃的"化境"之中。[③]陆游在《文章》诗中说:"文章本天成,妙手偶得之。粹然无疵瑕,岂复须人为。"富有顶级美感的文学作品都是"天成之作",我们要引导学生用"悟"的方式感受小品文的美。我们要相信每一个学生都有悟性,都有感受至美、大美的条件。小孩子看到某段影片、听到某个声音,他们会突然默默流泪,这不是很常见、很自然吗?如果认为孩子年龄小、经验少而不具备"悟"的能力,他们是从哪一天突然可以开悟了吗?因此,要相信学生因深刻的美而感动的本能,他们只是与成人悟的历程与

---

① 叶嘉莹:《迦陵文集(九)》,河北教育出版社1997年版,第53页。

② 关于文学文本解读的合理性,可参见赵希斌:《中小学古诗词评点及教学建议》,华东师范大学出版社2019年版,第36—42页。

③ 悟有四个特点,第一,超越性;第二,经验的、直觉的、非逻辑的;第三,间接性;第四,刹那获得与不可预知。参见赵希斌:《中小学古诗词评点及教学建议》中的"意境与悟"部分,华东师范大学出版社2019年版,第29—34页。

表现形式不同罢了。这要求教师不能给学生赏析文章的标准答案，而是给学生创造"人静帘垂，灯昏香直"的机会和氛围，让学生把心空下来、静下来，等待与文字中的胜意不期而遇。很多时候机缘未到，学生还不能领悟，那么就把这些带着"化机"的文字种在学生的心田，或许在他未来人生中的某个时刻，蓦然感到眼前有一处风景——上下一白的山水间，有亭一点、舟一芥、堤一痕——似乎在哪里见过。这一刹那，曾经种下的那颗种子发芽了，他将体验"不知斯世何世，若有无端哀怨怅触于万不得已"；也在这一刹那，他将感受"无所不有""又一无所有"的澄明与大充实。

综上所述，把握不同类型古文的审美规律有助于优化古文教学效果。再次强调，相当多的古文是多种文体及写作技法的综合体，我们不仅要关注每种文体独特的写作技法，更要关注这些技法的关联及其相互作用。不能简单将古文类型化，也不能割裂多种写作技法，而要基于创作意图、写作效果总体审视各种写作技法的价值及其相互作用。吴小如在评点王安石的《游褒禅山记》时说①：

> 在古典散文中，游记有多种作法。归纳起来不外两类。一类是史官记录历史事实的写法，比较严肃、郑重；另一类则用小品随笔的方式，即兴命笔，比较轻松、自由。本篇属于前者。记游踪离不开路线、地形和所游的具体地点（包括这个地点名称的由来和所在的位置等），这属于地理学范畴，而在古代，地理学是附属于史学的，因此有的游记写得很像史书里的"地理志"。……王安石这篇游记，第一段说明山名来历，指出褒禅山本名华山，今名乃由于慧褒和尚曾在这里生活并于死后葬在此地而得；接着叙述山洞的位置；然后因见仆碑所记之文考证"华"应作"花"，读第二声可能是错误的（这又成为第四段所发议论的伏根）。这一系列叙述全是史官叙事的写法，虽为记叙体，却像科学论文。最末一段记同游者姓名和写作年月，也是史官叙事的遗风。作者在开头结尾处的这种写法，极见其态度之郑重，给全篇"小"题"大"作、因"小"见"大"的特色带来了十分严肃的气氛，借以渲染烘衬作者对物情事理确乎看得很深远，足以发人深省，不敢对世事掉以轻心。这体现了王安石对经、史之学有湛深的功底，才能把游记也写得如此郑重其事。

《游褒禅山记》不仅包括说明、记叙、议论等多种写作技法，还有一些小品的

---

① 吴小如：《古文精读举隅》，天津古籍出版社 2002 年版，第 297–298 页。

味道。这篇文章的美就在于其"小题大作、因小见大",在于其"严肃""郑重其事"的气息。此外,我们从吴小如的评点中能看到这篇游记的"来龙去脉",能看到其"史官叙事"的"基因"。正是基于这样的梳理,我们看到一篇古文的生命历程,看到它在发展演进的过程中继承、保留的富有生命力的元素,正是这些元素,使得古文在历史长河中保持着美感与魅力。

第一章和第二章分别分析了"古文之根"与"古文之美",这有助于我们以发展的、联系的、审美的视角解读古文,凸显古文的价值与魅力。入选中小学语文课本的古文绝大部分都是经典,从作品自身来说,"古文之根"与"古文之美"——即古文的思想内容与艺术形式——是其成为经典的根本原因。有儒家思想作为内核与支撑,古文成为最富生命力的中华文明的载体与典型表现,与此文明共兴共荣。中国古文不是静态的,更不是抱残守缺的,它通过整合源远流长的、多样化的审美要素而不断发展与自我更新,从而具有恒久而深刻的艺术魅力。从作品外部来看,这些作品能成为经典,还要依赖读者的筛选与接受,而评点是一种重要的筛选与接受的形式,对作品流传的广度和深度影响深远。下面附录的中小学古文集评,集合了历朝历代"高水平读者"对古文作品的评点,语文教学可借鉴其评点的视角、内容、形式,尤其要关注其中蕴含的儒家思想及中国传统审美要素,从而切实优化古文解读的效果,帮助学生更好地领略古文的价值与魅力。

附 录

中小学古文集评

先秦

◎ 孔子

《论语十二章》

1. 子曰："学而时习之，不亦说乎？有朋自远方来，不亦乐乎？人不知而不愠，不亦君子乎？"（《学而》）

【宋】程颐：习，重习也。时，复思绎。浃洽于中，则说也。○以善及人，而信从者众，可乐也。○虽乐于及人，不见是而无闷，乃所谓君子。（《论语说》）

【宋】朱熹：学之为言效也。人性皆善，而觉有先后，后觉者必效先觉之所为，乃可以明善而复其初也。习，鸟数飞也，学之不已如鸟数飞也。说，喜意也。既学而又时时习之，则所学者熟，而中心喜说，其进自不能已矣。○朋，同类也。自远方来，则近者可知。○程子曰："虽乐于及人，不见是而无闷，乃所谓君子。"愚谓，及人而乐者，顺而易；不知而不愠者，逆而难。故惟成德者能之。然德之所以成，亦曰学之正、习之熟、说之深，而不已焉耳。○谢氏（谢良佐）曰："时习者，无时而不习。坐如尸坐，时习也；立如齐立，时习也。"○程子曰："乐由说而后得，非乐不足以语君子。"（《四书章句集注·论语》卷一）

【宋】尹焞：学而时习之，无时而不习也，能有自得，故说。有朋自远方来，其道同而信之也，故乐。学在己，不知在人，何愠之有？故曰君子。（《论语解》）

【宋】张栻：有朋自远方来，则己之善得以及人，而人之善有以资己，讲习相滋，其乐孰尚焉？乐比于说，为发舒也。虽然，朋来固可乐，而人不知亦不愠也，盖为仁在己，岂与乎人之知与不知乎？门人记此首章，不如是，则非所以为君子也。（《癸巳论语解》卷一）

【宋】陈祥道：学所以穷理，教所以通物。学而时习之，则于理有所见，故悦。有朋自远方来，则于物有所通，故乐。于理有所见，于物有所通，宜为人知而不知，宜愠而不愠，然后谓之君子。悦乐，智之事也；不愠，仁之事也。（《论语全解》卷一）

【宋】郑汝谐：此数语盖孔门入道之要，故以为首章。古人之学必有入处，于所入处而用力焉，是之为习。颜子之克己，曾子之三省，皆习也。习曰时习，非曰无时不习也，当其可之谓时也。譬之婴孩，其始无一能焉，已而学言则能言也，已而学步则能步也，已而学揖逊，学数与方名又皆能也。每进一等则一时也，其进之之时，岂不大可说乎？学者日知其所亡，月无忘其所能，其知也，其能也，果何物哉？皆习之而有得也。……一气生春，万物潜动，水必流湿，火必就燥，志气之合相与涵泳于太和之中，其乐顾可量哉？至此则举天下之物不足易吾之乐。人之知不知于我无分毫损益也，犹之八珍之美，虽食焉，而后知味。彼不我知者，盖未尝食也，以其未尝食而愠其不知味，岂理也哉？三千之子所以依依于洙泗之上，虽患难穷困，不肯舍去者，盖深造此境、熟知此味也。（《论语意原》卷一）

【明】李贽：学则有悦乐而无愠，何等快活！何等受用！不学真是小人，一生惟有烦恼而已矣。（《四书评·论语》卷一）

【明】刁包：玩三"不亦"、三"乎"字，都是想像唤醒语气，我辈非终身阅历，未易领会个中也。（《四书翊注·论语》卷一）

【清】刘宝楠：《学记》言学至大成"足以化民易俗，近者说服而远者怀之，此大学之道"。然则朋来，正是学成之验。……《礼·中庸》云："诚者，非自诚己而已也，所以成物也。"此文"时习"是"成己"，"朋来"是"成物"，但"成物"亦由"成己"，既以验己之功修，又以得教学相长之益。〇《礼·中庸》记子曰："正己而不求于人则无怨，上不怨天，下不尤人。"又《论语》下篇子曰："莫我知也夫，不怨天，不尤人，下学而上达，知我者其天乎？"正谓己之为学，上达于天，为天所知，则非人所能知，故无所怨尤也。夫子一生进德修业之大，咸括于此章。（《论语正义》卷一）

【清】崔纪：圣人之学，不外博文约礼两端。〇学而时习之，是成己，有朋自远方来，是成物，朋之所以来自远方者，亦缘人性皆善之故，其来也亦以我为先觉而效我之，明善复初也。〇乐者，乐得天下英才而教育之也。〇人不知是极逆底事，不愠是极难底事，逆难二字体会分明，则君子身分自见。〇人不知而不愠者，君子为己之实学，诚而已矣。时习之说，朋来之乐，必至此方无丝毫虚假。（《论语温知录》）

【清】李颙：开卷第一义，首标"学"字，以为天下万世倡。由是愚以之明，塞以之通，不肖以之贤，犹鱼之于水，无一时一刻而可以离焉者也，离则人欲肆而天理灭，不可以为人矣。（《四书反身录·论语》）

【今】钱穆：本章乃叙述一理想学者之毕生经历，实亦孔子毕生为学之自述。学而时习，乃初学事，孔子十五志学以后当之。有朋远来，则中年成学后事，孔子三十而立后当之。苟非学邃行尊，达于最高境界，不宜轻言人不我知，孔子五十知命后当之。学者惟当牢守学而时习之一境，斯可有远方朋来之乐。最后一境，本非学者所望。学求深造日进，至于人不能知，乃属无可奈何。圣人深造之已极，自知弥深，自信弥笃，乃曰："知我者其天乎"，然非浅学所当骤企也。

孔子一生重在教，孔子之教重在学。孔子之教人以学，重在学为人之道。本篇各章，多务本之义，乃学者之先务，故《论语》编者列之全书之首。又以本章列本篇之首，实有深义。学者循此为学，时时反验之于己心，可以自考其学之虚实浅深，而其进不能自已矣。

学者读《论语》，当知反求诸己之义。如读此章，若不切实学而时习，宁知"不亦悦乎"之真义？孔子之学，皆由真修实践来。无此真修实践，即无由明其义蕴。本章"学"字，乃兼所学之"事"与为学之"功"言。孔门论学，范围虽广，然必兼心地修养与人格完成之两义。学者诚能如此章所言，自始即可有逢源之妙，而终身率循，亦不能尽所蕴之深。此圣人之言所以为上下一致，终始一辙也。（《论语新解》）

2. 曾子曰："吾日三省吾身：为人谋而不忠乎？与朋友交而不信乎？传不习乎？"（《学而》）

【宋】程颐：曾子之三省，忠信而已。（《论语说》）

【宋】朱熹：尽己之谓忠，以实之谓信，传谓受之于师，习谓熟之于己。曾子以此三者日省其身，有则改之无则加勉。其自治诚切如此，可谓得为学之本矣。而三者之序，则又以忠信为传、习之本也。○谢氏曰："诸子之学皆出于圣人，其后愈远而愈失其真，独曾子之学专用心于内，故传之无弊。观于子思、孟子可见矣。惜乎其嘉言善行不尽传于世也，其幸存而未泯者，学者其可不尽心乎？"（《四书章句集注·论语》卷一）

【宋】张栻：为人谋而有不忠，处于己者不尽也；与朋友交而不信，施于彼者不实也；传而不习，则无以有诸躬。曾子以是三者自省焉，可谓为己笃实之功矣。（《癸巳论语解》卷一）

【宋】郑汝谐：为人而谋，忠乃在我；交乎朋友，信乃在我；传业于人，习乃在我。凡与物接者，皆以省诸身，合彼己之道也。执柯伐柯，睨而视之，犹以为远者，二之也；以其成己者而成物，一之也，三省至矣，故以一贯语之。三省者，用力之地；一贯者，悟入之时。（《论语意原》卷一）

【宋】陈祥道：谋贵忠，言贵信，传贵习。谋、交、传者，施诸人；忠、信、习者，存诸己。先忠信而后习，与《易》言"忠信""进德"继之以"修辞，立其诚"、《礼》言"尊德性"而继之以"道问学"同意。季文子三思，则思其所未然者也；曾子之三省，则省其所已然者也。《传》曰："君子三省乎身，则智明而行无过。"此之谓欤？孟子曰："事孰为大？事亲为大；守孰为大？守身为大。"曾子三省其身，可谓善守身矣。（《论语全解》卷一）

【明】冯梦龙：此曾子"毋自欺"之学。人惟认做欺人，所以克治不力。曾子认得自身上病痛，所以日省不容已，"吾身"字最紧切。"日"是日日如此，"省"是提醒此心，看来是当下便省得，才有差便改，非省察已往的事。"三省"是常惺惺法，不在事前事后论。三"乎"字，正问心之词，正是"省"，非自猜自疑之谓。"忠""信""习"要看得细。三"不"字，谓外面已看得过，人与师友亦或信得过，只自己心上有纤毫打不过处便是。(《论语指月》)

【清】崔纪：此章正是曾子诚意之学。〇圣门之学，以忠信为主，所以实吾仁义礼智之德，无事不然。为人谋、与友交，特其一端耳。(《论语温知录》)

【近】李炳南：此章叙曾子为学之工夫，每日以三事省察自身。一省为人办事是否尽忠，忠者尽其全力也。二省与朋友交是否言而有信，信即不欺朋友，亦即不欺自心。三省传习，受师之传，行之也否？传授生徒，先自温习否？忠信传习三事不阙，方能安心就寝。传不习乎之"习"字，与前章"学而时习"相映。忠信是学习之要点。〇(考)《礼·大学》篇：是故君子有大道，必忠信以得之。本篇：主忠信，无友不如己者。《述而》篇：子以四教，文行忠信。〇(按)道德仁义礼乐，以及修齐治平诸端，均须以忠信为主施行之。具此笃纯始得其成。学亦如之，仍与崇仁求学互映。(《论语讲要》)

【今】钱穆："传"字亦有两解。一，师父之于己。一，己传之于人。依上文为人谋与朋友交推之，当谓己之传于人。素不讲习而传之，此亦不忘不信，然亦惟反己省察始知。人道本于人心，人心之尽与实以否，有他人所不能知，亦非他人所能强使之者，故必贵于有反己省察之功。〇今按：此章当属曾子晚年之言。孟子称曾子为"守约"，观此章，信矣。盖曾子所反己自尽者，皆依于仁之事，亦即忠恕之极也。(《论语新解》)

3. 子曰："吾十有五而志于学，三十而立，四十而不惑，五十而知天命，六十而耳顺，七十而从心所欲，不逾矩。"(《为政》)

【宋】程颐：圣人言己亦由学而至，所以勉进后人也。立，能自力于斯道也。不惑，则无所疑矣。知天命，穷理尽性也。耳顺，所闻皆通也。从心，则不勉而中矣。(《论语说》)

【宋】朱熹：古者十五而入大学，心之所之，谓之志。此所谓学，即大学之道也，志乎此，则念念在此，而为之不厌矣。〇有以自立，则守之固而无所事志矣。〇于事物之所当然，皆无所疑，则知之明而无所事守矣。〇天命即天道之流行而赋于物者，乃事物所以当然之故也，知此则知极其精，而不惑又不足言矣。〇声入心通，无所违逆，知之之至，不思而得也。〇从，随也；矩，法度之器，所以为方者也。随其心之所欲而自不过于法度，安而行之，不勉而中也。〇胡氏(胡安国)曰："圣人之教亦多术，然其要，使人不失其本心而已。欲得此心者，惟志乎圣人所示之学，循其序而进焉。至于一疵不存、万理明尽之后，则其日用之闲，本心莹然，随所意欲，莫非至理。盖心即体，欲即用，体即道，用即义，声为律而身为度矣。"又曰："圣人言此，一以示学者，当优游涵泳，不可躐等而进；二以示学者，当日就月将，不可半途而废也。"愚谓，圣人生知安行，固无积累之渐，然其心未尝自谓已至此也，是其日用之闲，必有独觉其进，而人不及知者，故因其近似以自名，欲学者以是为则而自勉，非心实自圣，而姑为是退托也。后凡言谦辞之属，意皆放此。（《四书章句集注·论语》卷一）

【宋】尹焞：孔子生而知之者，而言十五至于七十成德之序如此，其亦勉进学者不躐等也。孟子曰"盈科而后进""不成章不达"，亦此意也。（《论语解》）

【宋】张栻：此章圣人身为之度，使学者知圣可学而至，而学不可以躐等也。夫志学者，其本也，譬诸木之区萌、水之一勺，必有是本而不已焉。曰志学者，心存乎正而不他也，圣人之所以为圣人者，以其有始有卒，常久日新而已，必积十年而一进者，成章而后达也。夫子固生知之圣，而每以学知为言者，明修道之教以示人也。立者，得于己而不失也。不惑者，理明义精无所疑也。知天命者，究极夫天之所为也。耳顺者，入乎耳者无不通也。从心所欲不逾矩者，不勉不思而皆天则也。（《癸巳论语解》卷一）

【宋】郑汝谐：惟圣人心地明白，自志学至于从心，皆能次第言之，至于不逾矩，则与天为一，无适而非天也。是谓自诚而明，是谓至诚无息，是谓诚亦不已。（《论语意原》卷一）

【明】李贽：孔子年谱，后人心诀。（《四书评·论语》卷一）

【明】冯梦龙：此章不重循序，只重一个无息之心，与"发愤"三句同看。要见他自少至老，瞬息存养，日改月化，无有间断处。若必十年而后进一步，则拘矣。……须玩他六个"而"字。○旧说志学，便志此"不逾矩"之学，未妥。志学，志圣学也，不逾矩，特所进之境界耳。假令两楹未梦，必更有一语，夫子岂肯以从心为足乎？《注》中《大学》之说，尤无谓。

"吾十"节：今人谁不学？但不可谓志学，果能立志，自住不得。程伯子曰：志立而学半。○"志"，便是"学"，非空以学为志，此志是彻始终的。《注》谓守之固，便无所事志，谬矣。

"三十"节："立"，是志之坚凝处，学已得手，心体刚健，任他纷华曲学，摇撼不动了。只说立定脚跟，尚浅。

"四十"节："不惑"，不指事物，要就道理上讲得细，剖析既精，心理（里）相信，无从起疑也。（原书批注："立"与"不惑"同是不蔽于欲，但有毅然、畅然之分。）

"五十"节："命"字，勿指气数，亦不可讲得玄幻。圣心就是天命，性宗洞了，全体太极，即所谓穷理尽性以至于命也。"知天命"，觉得日用动静皆属天而不属我。下学上达，一以贯之，到此已非思虑所及。至"耳顺"，更觉快当，故《注》以"不思"属之。"立"，是大界限处拿得定，"不惑"，则精微毕到矣。圣学至"立"，便是到手，至"不惑"，便是了义。下学上达，功夫一并都完了。若说不惑，但知当然而未知所以然，是尚未免惑于所以然也，何言不惑哉？且圣学合下寻源，岂有做两套功夫之理？平日了然无疑惑处，愈加融贯。见粗皆精，遇象皆神，这是"知天命"。"知"，非但识得，如今人忘形之交，谓之相知，直是与天无间耳。"不惑"，小德之川流，是于万殊处见一本，"知天命"，大德之敦化，是于一本处见万殊。

"六十"节：诸体皆以形用，惟耳以神用，听是人最不着力处。圣人此时道理烂熟，更不用停想，才停想，便内外有扞格，不谓之"顺"矣。大舜江河莫御，是这光景。○"耳顺"，不泥闻言，一切有声无声，尽属灵籁。释氏所谓风树钟声皆作佛语是也。

"七十"节：《书》曰"中"，《诗》曰"帝则"，孔子曰"矩"，皆心体也。"从心"，犹云不必着意，不言"无欲"，而曰"所欲"，正见心体活泼流动之妙。"从心所欲"，圆极矣。而"不逾矩"，方的意思自在。所谓如珠走盘而不出于盘，乃见圣学浑然天成处。周季侯云：说个"矩"字，不落玄空；说个"不逾"，见得圣人兢兢不放，非自神之言。"知命"，不徒知其理，实有顺焉安焉之妙在。"耳顺""从心"，俱知命中事。"耳顺"者，事都是理，不知有事也；"从心"者，耳目口鼻都是心，不见心也。"不惑"以上着得力，"知命"以后着不得力，只是久而愈熟，更无增加。○尝以水譬之："志学"如掘井，"立"如得泉，"不惑"，是晓得泉源，向源头浚去了。到"知天命"，则与源通，而水遂汪洋无际矣。"耳顺"，如江海然，百川归之而不吐，雨雪入之而不觉。"从心""不逾"，如江海之水，旁溢即为百川，飞即为雨，凝即为雪，究竟只是此水。（《论语指月》）

【今】钱穆：此章乃孔子自述其一生学之所至，其与年俱进之阶程有如此。学者固当循此努力，日就月将，以希优入于圣域。然学者所能用力，亦在志学与立与不惑之三阶程。至于知天命以上，则非用力所及，不宜妄有希效。知有此一境，而悬以存诸心中则可，若妄以己比仿模拟之，则是妄意希天，且流为乡愿，为无忌惮之小人，而不自知矣。学者试玩《学而》篇之首章与末章，而循循自勉，庶可渐窥此章之深处。盖《学而》篇首末两章，只从浅处实处启示，学者可以由此从入；此章虽孔子之自道，无语不实，其中却尽有深处玄处。无所凭依而安冀骤入，则转成谈空说玄，非孔子以平实教人之本意。（《论语新解》）

4. 子曰："温故而知新，可以为师矣。"（《为政》）

【宋】程颐：温故则不废，知新则日益，斯言可师也。所谓"日知所亡，月无忘所

能”也。（《论语说》）

【宋】朱熹：温，寻绎也。故者，旧所闻，新者，今所得，言学能时习旧闻，而每有新得，则所学在我，而其应不穷，故可以为人师。若夫“记问之学”，则无得于心而所知有限，故《学记》讥其“不足以为人师”，正与此意互相发也。（《四书章句集注·论语》卷一）

【宋】张栻：温故，存其所已能者也，知新，进其所未及者也。此虽两义，而实相通——惟能温故，是以知新也。（《癸巳论语解》卷一）

【宋】陈祥道：温故则月无忘其所能，知新则日知其所亡，如此则学不厌矣，学不厌然后海不倦，故曰“可以为师”。盖师者，人之模范，而学者之贤不肖系焉，故记问之学不足为，而小知之师不足贵，惟温故而知新者，然后可也。（《论语全解》卷一）

【宋】郑汝谐：至理藏于人心，犹渊泉也，浚之而益深，导之而必达，汩之以尘土则洿潦而已。故者，昔之所得也，新者，今之所见也，以昔之所得者紬绎之、温习之，而今之所见者又日新焉，在我者有所觉，斯可以觉他人也。（《论语意原》卷一）

【明】冯梦龙：凡道理见闻一遍尚非吾有，“温故知新”方有真得处。“温”字最妙，忘则冷，助则热，惟“温”乃是一团生气，千红万紫都向这里酝酿出来。所谓“新”也，为学须翻窠倒臼，如医之用方，兵之用法，全依旧样不得。惟因“故”得“新”，则心地圆通，以此为师，必能因病发药，随机指点，保不错引了人。○新说云“故”是良知，似太虚，然《注》作旧闻，又似太浅。愚谓“故”者，已然之迹，所谓天下之故，不论我所闻未闻也。“温故而知新”，就是闻见择识、好古敏求工夫。做得彻时，由问学透入德性，先知先觉不过如此，故曰“可以为师”。（《论语指月》）

5. 子曰：“学而不思则罔，思而不学则殆。”（《为政》）

【宋】程颐：学不思则无得，力索而不问学则劳殆。（《论语说》）

【宋】朱熹：不求诸心，故昏而无得；不习其事，故危而不安。○程子曰：“博学、审问、慎思、明辨、笃行，五者废其一，非学也。”（《四书章句集注·论语》卷一）

【宋】张栻：学者，学乎其事也，自洒埽、应对、进退而往，无非学也。然徒学而不能思，则无所发明，罔然而已。思者研究其理之所以然也，然徒思而不务学，则无可据之地，危殆不安矣。二者不可不两进也。学而思则德益崇，思而学则业益广。盖其所学乃其思之所形，而其所思即其学之所存也。用功若此，内外进矣。（《癸巳论语解》卷一）

【宋】陈祥道：思由中出，学自外入，学而不思则内无自得之明，故不信而罔，思而不学则外无多识之益，故不安而殆。子曰：“博学之，慎思之。”荀子曰：“诵数以贯之，思索以通之。”扬雄曰：“学以聚之，思以精之，是思以学而后得，学以思而后精，

二者谓其可偏废乎哉。"(《论语全解》卷一)

【明】李贽：分言其病，正是对下其药。(《四书评·论语》卷一)

【明】刁包：不求诸心，不致力于方寸也，不致力于方寸，则茫昧而无可悟之理，故曰"昏而无得"。不习其事，不致力于躬行也，不致力于躬行，则游移而无可止之善，故曰"危而不安"。(《四书翊注·论语》卷二)

【明】冯梦龙：凡致知格物，躬行实践，皆是"学"；"思"，即思其所学之理也。"思"与"学"原是一块功夫，开做不得，"不思"原叫不得"学"，"不学"也叫不得"思"。玩二"则"字，可见"学""思"本无病，病由分"学""思"而生。少不竭尽其思、学之力，即是"不思""不学"，须说得细。○"罔""殆"，都在心上说，心上不明白曰"罔"，心上不稳当曰"殆"。"不思"之学，闻见都是糟粕，践履总属冥行，岂不是"罔"？"不学"之思，空想全无印证，胡猜总不着实，岂不是"殆"？(《论语指月》)

【清】焦循：圣人用功之序，先学而后思。盖学为入德之始功，思为入圣之至境。(《论语通释》)

【清】崔纪：学而不思则罔，如行而不著、习而不察，终身由于规矩而不知巧是也。思而不学则殆，如只思其约，不做博学详说工夫，只思其原，不做"深造以道"(按：孟子曰"君子深造之以道，欲其自得之也")工夫，势必流入异端，如何能造无为有、以虚为实。(《论语温知录》)

【今】钱穆：此章言学、思当交修并进。仅学不思，将失去了自己；仅思不学，亦是把自己封闭孤立了。当与"温故知新"章合参。(《论语新解》)

6. 子曰："贤哉，回也！一箪食，一瓢饮，在陋巷，人不堪其忧，回也不改其乐。贤哉，回也！"(《雍也》)

【宋】程颐：颜子之乐，非乐箪瓢陋巷也，不以贫窭累其心而改其所乐也。故夫子称其贤。(《论语说》)

【宋】朱熹：颜子之贫如此而处之泰然，不以害其乐，故夫子再言"贤哉，回也！"以深叹美之。(《四书章句集注·论语》卷三)

【宋】张栻：颜子之乐，箪食瓢饮也。言箪食瓢饮之贫人所不堪，而不足以累其心而改其乐耳。然则其乐果何所乐哉？安乎天理而已矣。学者要当从事于克己，而后颜子之所乐可得而知也。(《癸巳论语解》卷三)

【宋】陈祥道：天下之所重，君子之所轻；天下之所忧，君子之所乐。故衣朱怀金不能重颜子之轻，箪瓢陋巷不能忧颜子之乐。此所以明明在上百官牛羊，舜也，暗暗在下畎亩箪瓢，亦舜也。然则回之乐，人乐也；子之乐以忘忧，天乐也。人乐者能乐而乐也，天乐者又无能乐也，始终言"贤哉，回也"！与《泰伯》篇"禹无间然"章①、《易》"其唯圣人乎"皆两称之同意。（《论语全解》卷三）

【宋】郑汝谐：人欲净尽、天理浑融而又见其高坚前后，见其所立卓尔。其未得也企慕焉，其既得也跃跃焉，举天下之乐，孰有大于此者？"乐"字固当玩味。程子又曰"'其'字当玩味，自有深意"，然则"不改"字尤当玩味。凡可改者，皆非其至也，皆非我有也。既至而为我有，非不可改也，亦自不容改也。（《论语意原》卷二）

【明】郝敬：《论语》开卷言悦乐，惟颜子常有此意，心与大虚同体，清通活泼，一为外物牵累，情识扳缘则生忧。颜子屡空视世上一埏好丑顺逆如过影游尘。虽处贫贱……心境如常，不因穷困改变，非以箪瓢陋巷为乐，直不因箪瓢陋巷改乐耳。（《论语详解》卷六）

【明】李贽：臭味极矣！〇"乐"者"贤"，乃知"忧"者"愚"矣。（《四书评·论语》卷三）

【明】冯梦龙："贤哉"是高其品，对"人不堪其忧""人"字看，不必谓几于圣。〇味一"其"字，他自有乐在，特不因之而改耳。与夫子乐在其中同，不是乐贫，亦非乐道，此亦自人看他见得乐，颜子不自知乐。〇无言不悦，欲罢不能，颜子平日之乐不过如此。故了凡谓此章，夫子实取颜子之精进，非称其安贫。（《论语指月》）

7. 子曰："知之者不如好之者，好之者不如乐之者。"（《雍也》）

【宋】尹焞：知之者，知有是道也；好之者，好而未得也；乐之者，有所得而安之也。（《论语解》）

【宋】张栻：知之者知有是道也，好之者用工之笃也，至于乐之则工夫至到而有以自得矣。譬之五谷，知者知其可食者也，好者食之者也，乐者食之而饱者也。知之而后能好之，好之而后能乐之，知而不能好，则是知之未至也，好之而未及于乐，则是好之未至也。此古之学者所以自强而不息者与！（《癸巳论语解》卷三）

【宋】陈祥道：知之者，为学日益而穷理者也，兴于诗者能之；好之者，为道日损而尽性者也，立于礼者能之；乐之者，损之又损而将以至于命者也，成于乐者能之。《表记》之言仁，强仁不若利仁，利仁不若安仁。《中庸》之言明，善不若诚善，诚善不若至诚，亦若此而已，莫非知也：有生而知之，有学而知之，有困而知之。圣人则生而知之，贤人则学而知之，下于贤人则困而知之。莫非好也，有好之浅者，有好之深者，就有道而正焉。日知其所亡，月无忘其所能，此其浅者也。颜子之好学，孔子之好古，

---

① 子曰："禹，吾无间然矣。菲饮食而致孝乎鬼神，恶衣服而致美乎黻冕；卑宫室而尽力乎沟洫。禹，吾无间然矣。"（《论语·泰伯》）

此其深者也。莫非乐也，有人乐，有天乐，颜子不改其乐，人乐也；孔子乐以忘忧，天乐也。(《论语全解》卷三)

【明】冯梦龙：两个"不如"一步紧一步，欲人必造于"乐"而后已。〇三"之"字俱指理；三"者"字俱自现成说。然非谓三等人而有高下，乃一贯事而有浅深也。〇"知"字浅看，只晓得这件事该做；"好"则不住手做他，到得手而与之相忘才是"乐"。虽重"乐"上，毕竟"乐"得不真处，还是"好"得不真，"好"得不真处，还是"知"得不真，故学以"知"为先。(《论语指月》)

【清】崔纪：知之者不为物欲所蔽，不为他岐所惑也；好之者念念在道而为之不厌也；乐之者行道而有得。凡天地万物之理，反身皆诚，则乐莫大焉。〇"好"似利而行之，"乐"即反身而诚。〇此亦是教学者不可安于小成，当求造道之极致也。(《论语温知录》)

8. 子曰："饭疏食，饮水，曲肱而枕之，乐亦在其中矣。不义而富且贵，于我如浮云。"(《述而》)

【宋】程颐：虽疏食饮水不能改其乐，故云"乐亦在其中矣"，非乐疏食饮水也。不义而富贵，视之轻如浮云也。(《论语说》)

【宋】朱熹：圣人之心浑然天理，虽处困极而乐亦无不在焉。其视不义之富贵如浮云之无有，漠然无所动于其中也。(《四书章句集注·论语》卷四)

【宋】张栻：君子所性"大行不加，穷居不损"，饭疏饮水而乐之在其中者亦莫不然。(《癸巳论语解》卷四)

【宋】陈祥道：贫与贱，人之所恶，不以其道得之，不去也，故饭疏饮水、曲肱而枕，乐亦在其中。富与贵，人之所欲，不以其道得之，不处也，故不义富贵于我如浮云。(《论语全解》卷四)

【宋】郑汝谐：使他人言之，必曰"不义之富贵如粪秽，如涂炭，若将浼我，不可一朝居也"，圣人惟曰"于我如浮云"。不义者如此，义者可知，"素富贵行乎富贵"①，未尝与之立敌也。(《论语意原》卷二)

【明】郝敬：圣人勘人每于贫贱富贵之交。乐者人心天机，恒人为情境牵累不得洒然。圣人物累净尽，元气周流，在富贵有天下而不与，处贫贱乐亦在其中。盖境由外来增添，乐本天性固有，天定则境忘。必据贫贱时言者，富贵佚豫则真乐不分，贫贱忧戚真乐乃见，非圣人偏以贫贱为乐也。(《论语详解》卷七)

---

① 《礼记·中庸》有言："君子素其位而行，不愿乎其外。素富贵行乎富贵，素贫贱行乎贫贱，素夷狄行乎夷狄，素患难行乎患难，君子无入而不自得焉。"

【明】冯梦龙：首二句，只闲闲说，勿执定是设言，是实事，亦不必说个困极，亦无人不堪我独乐话头；"亦"字最活。曰"在"，即有不在；曰"亦在"，斯无不在。凡言"其中"，皆指上文，莫作中心看。"富"与"疏""水""曲肱"对，又增出个"贵"来，故用"且"字。"如浮云"，不但轻也，须看"于我"二字。"浮云"本聚散不常之物，人未有见浮云而动心者，以"于我"无关也。我之视"不义""富贵"者，亦若是而已。或云浮云不染太虚，似圣人以天自况，太夸了。〇富贵浮云，亦只是这个"乐"，勿另截作一层。〇味"不义"字，可见若义的便于"疏""水"无二，此便是用行舍藏无可无不可处。（《论语指月》）

【今】钱穆：本章风情高邈，可当一首散文诗读。学者惟当心领神会，不烦多生理解。然使无下半章之心情，恐难保上半章之乐趣，此仍不可不辨。《孟子》书中屡言此下半章之心情，学者可以参读。（《论语新解》）

9. 子曰："三人行，必有我师焉。择其善者而从之，其不善者而改之。"（《述而》）

【宋】朱熹：三人同行，其一我也，彼二人者一善一恶，则我从其善而改其恶焉，是二人者皆我师也。（《四书章句集注·论语》卷四）

【宋】尹焞：见贤思齐，见不贤而内自省，则善不善者皆我之师，进善其有穷乎？（《论语解》）

【宋】陈祥道：善者吾师也，不善者亦吾师也，师其不善，所以自修，此所以三人行必有我师也。若夫师其善而不师其不善，则内无以自省，外无以自观，其欲至于君子难矣。然则不善之师，其可忽哉？老子以强梁为教父，释氏以邪盗之类为人师，亦此意也。（《论语全解》卷四）

【宋】郑汝谐：善不善在彼，我得之而省察焉，皆我师也。故曰"他山之石可以攻玉"。（《论语意原》卷二）

【明】冯梦龙："我"字极重，见师全在我，我时时有一段思齐内省的念头，则随我所遇，无不关心。然"从""改"得力处，全在"择"上，所谓心师是也。〇通章字字活看。举"三人"以概交接，举"行"以概日用，举"善""不善"以概善恶变态之极。"必有"二字最紧切，"改"只是修省之意。（《论语指月》）

【今】钱穆：不曰三人居，而曰三人行，居或日常相处，行则道途偶值。何以必于两人而始得我师，因两人始彼善于此可择；我纵不知善，两人在我前，所善自见。古代善道未昌，师道未立，群德之进，胥由于此。孟子曰："舜之居深山之中，与木石居，与鹿豕游，及其闻一善言，见一善行，沛然若决江河。"《中庸》亦言："舜善与人同，乐取于人以为善。"皆发挥此章义。孔子之学，以人道为重，斯必学于人以为道。道必通古今而成，斯必兼学于古今人以为道。道在人身，不学于古人，不见此道之远有所自。不学于今人，不见此道之实有所在。不学于道途之人，则不见此道之大而无所不包。子贡曰："夫子焉不学，而亦何常师之有。"可知道无不在，惟学则在己。能善学，则能自得师。(《论语新解》)

10. 子在川上曰："逝者如斯夫，不舍昼夜。"(《子罕》)

【战国】孟子：徐子曰："仲尼亟称于水，曰：'水哉，水哉！何取于水也？'"孟子曰："原泉混混，不舍昼夜，盈科而后进，放乎四海。有本者如是，是之取尔。苟为无本，七八月之间雨集，沟浍皆盈；其涸也，可立而待也。故声闻过情，君子耻之。"[1]《孟子·离娄下》)

【战国】荀子：孔子观于东流之水。子贡问于孔子曰："君子之所以见大水必观焉者是何？"孔子曰："夫水，大徧与诸生而无为也，似德；其流也埤下裾拘，必循其理，似义；其洸洸乎不淈尽，似道；若有决行之，其应佚若声响，其赴百仞之谷不惧，似勇；主量必平，似法；盈不求概，似正；淖约微达，似察；以出以入，以就鲜絜，似善化；其万折也必东，似志。是故君子见大水必观焉。"(《荀子·宥坐》)

【梁】皇侃：逝，往去之辞也。孔子在川水之上，见川流迅迈，未尝停止，故叹人年往去亦复如此，向我非今我，故云"逝者如斯夫"者也。斯，此也，夫语助也。日月不居，有如流水，故云"不舍昼夜"也。江熙云："言人非南山，立德立功，俯仰时过，临流兴怀，能不慨然？圣人以百姓心为心也。"孙绰云："川流不舍，年逝不停，时已晏矣，而道犹不兴，所以忧叹也。"(《论语义疏》卷五)

【宋】朱熹：天地之化，往者过，来者续，无一息之停，乃道体之本然也。然其可指而易见者莫如川流，故于此发以示人，欲学者时时省察，而无毫发之间断也。○程子曰"此道体也。天运而不已，日往则月来，寒往则暑来，水流而不息，物生而不穷，皆与道为体。运乎昼夜，未尝已也，是以君子法之自强不息。及其至也，'纯亦不已'焉。"又曰"自汉以来，儒者皆不识此义，此见圣人之心，'纯亦不已'也。'纯亦不已'，乃天德也。有天德，便可与王道。其要只在谨独。"愚按自此至终篇，皆勉人进学不已之辞。(《四书章句集注·论语》卷五)

【明】王阳明：子在川上曰"逝者如斯夫，不舍昼夜"，此其所以学如不及，至于发愤忘食也。尧舜兢兢业业，成汤日新又新，文王纯亦不已，周公坐以待旦，惜阴之功，宁独大禹为然？(钱德洪《阳明先生年谱》卷下)

---

[1] 本条及下条均说明孔子为何赞美水，在孔子眼中水有着怎样的品德。正是因为这些品德，孔子认为"是故君子见大水必观焉"。这是我们理解孔子在观水时说"逝者如斯夫，不舍昼夜"的一个重要基础。

问："'逝者如斯'是说自家心性活泼泼地否？"先生曰："然，须要时时用致良知的功夫，方才活泼泼地，方才与他川水一般，若须臾间断，便与天地不相似，此是学问极至处，圣人也只如此。"（《传习录·门人黄省曾录》）

【清】刘宝楠：明君子进德修业，孳孳不已，与水相似也。（《论语正义》卷十）

【今】杨伯峻：孔子这话不过感叹光阴之奔驶而不复返罢了，未必有其他深刻的意义。《孟子·离娄下》《荀子·宥坐篇》《春秋繁露·山川颂》对此都各有阐发，很难说是孔子本意。（《论语译注》）

【今】俞志慧：自古以来，人们对《论语·子罕》中的"子在川上曰：逝者如斯夫，不舍昼夜"有着多种理解。第一种理解是在战国到西汉时期，人们依循"君子比德"的思维模式，视"逝者"为一往无前、勇猛精进的态度与精神。这与孔子的勇者精神相契合，是该句的文本义和作者义。第二种理解是在东汉末至六朝时期，"慷慨有余哀"的时代情绪投射到经典解读上，郑玄以后的经师都以"逝者"为时间，川上之叹是伤逝情怀的流露。这是读者义。第三种理解是北宋到清代，道学家们从中读出了力行精神，并由此直追道体。这里有文本义与作者义，同时也内含着道学家的读者义。近代以后，由于经典的浓度被稀释，汉末魏晋时期"逝者"即"时间"的解读又被重新拾起。"时间过得真快啊"之所以成为"逝者如斯夫"的现代通释，除了教科书、工具书的普及作用外，还因为这个义项最大众化。（《孔子在川上叹什么——"逝者如斯夫"的本义与两千年来的误读》，此处引用为该文的摘要）

11. 子曰："三军可夺帅也，匹夫不可夺志也。"（《子罕》）

【宋】朱熹：侯氏曰："三军之勇在人，匹夫之志在己，故帅可夺而志不可夺，如可夺，则亦不足谓之志矣。"（《四书章句集注·论语》卷五）

【宋】张栻：志者，中有所主也。三军虽众，其帅可夺者，资诸人故也；匹夫虽微，有志则不可夺者，存诸己故也。夫使志而可夺，则不得谓之志矣。虽然，此所谓志，谓守其道而不渝，如虞人非其招不往之类是也。若守认私意，而不知徙义，则是失其所主，谓之任意则可耳，非志也。（《癸巳论语解》卷五）

【宋】陈祥道：以匹夫视三军，不若三军之众，以帅视志，不若志之固。故曰三军可夺，匹夫不可夺。盖见善明，然后用心刚，用心刚则心之所之者，其锐不可挫，其固不可攻，此所以可亲而不可劫，可近而不可迫，可杀而不可辱也。夫以死生之大，犹不得与变，又况穷通之小者乎。故首阳之饥不能降伯夷之志，齐之卿相不能动孟子之心，此儒行所谓身可危而志不可夺。孟子曰："志，气之帅也。"气之帅本诸天，三军之帅本诸人。本诸人者易夺，本诸天者难夺。此士所以贵——尚其志也。《礼》曰："言有物而行有格也，是以生则不可夺志，死则不可夺名。"（《论语全解》卷五）

【明】郝敬："志，气之帅也"，志苟立矣，天地鬼神应之，况于人乎？共姜妇人也，誓死靡他，父母不能夺，而况烈丈夫乎？故曰："志士不忘在沟壑。"（按：《孟子·滕文公下》："志士不忘在沟壑，勇士不忘丧其元。"）君子进德修业莫先于立志。（《论语详解》卷九）

【明】李贽："三军夺帅也"非易事，借此以极其人形容耳。如方言"上山擒虎易，开口告人难"之意。"擒虎"岂是易事？（《四书评·论语》卷五）

【清】崔纪：志如志学、志道、志仁之志，便有安饱无求、寝食俱废底光景，夫孰得而夺之？（《论语温知录》）

【今】钱穆：自"子在川上"章起，至此十章，皆勉人为学，然学莫先于立志。有志则进，如逝川之不已；无志则止，如为山亏一篑。故凡学而卒为外物所夺，皆是无志。（《论语新解》）

12. 子夏曰："博学而笃志，切问而近思，仁在其中矣。"（《子张》）

【宋】朱熹：四者皆学问思辨之事耳，未及乎力行而为仁也。然从事于此，则心不外驰，而所存自熟，故曰"仁在其中矣"。〇程子曰"'博学而笃志，切问而近思'，何以言'仁在其中矣'？学者要思得之，了此便是彻上彻下之道。"又曰"学不博则不能守约，志不笃则不能力行，切问近思，在己者，则'仁在其中矣'。"又曰"近思者，以类而推。"〇苏氏（苏轼）曰"博学而志不笃，则大而无成；泛问远思，则劳而无功。"（《四书章句集注·论语》卷十）

【宋】陈祥道：博学以知之，而不能笃志以有之，所知者必失；切问以辩之，而不能近思以精之，则所辩者必惑。博学切问则质诸外，所以穷理笃志，近思则资诸内，所以尽性，此仁行所以在其中也。《易》曰："学以聚之，问以辩之，而终之以仁以行之。"《中庸》曰"博学之"，而终之以"笃行之"，盖学而至于行则可以得仁，学而至于思，则有得仁之道而已，故曰仁在其中。（《论语全解》卷十）

【宋】郑汝谐：学之博，能自反以笃志，问之切，能自反以近思。心不外驰，由是以进，仁在其中矣。（《论语意原》卷四）

【明】郝敬：夫学博则蕴藉深，志笃则精神聚，问切则义理新，思近则神明惺。虽不必别求克己，而己可克，不必别求无欲，而欲可寡。大公无我，万物一体之怀即此存养矣，故曰仁在其中。（《论语详解》卷十九）

【明】冯梦龙：两"而"字是垂重语。从学问收摄到"志""思"上，而"志"又"笃"的不浮游，"思"又"近"的不泛滥。步步反入心来，正求仁之方。〇"博学"，不止闻见，是于事事物物上体认天理。〇"笃志"，是志诚恳切以求之，不要理会不下又掉了。〇"切问"，当随各人切己处问。若将己力量未能到及非目前可行的来问，便不切己。游定夫尝问阴阳不测之谓神，程子曰："公是拣难底问，是疑后问？"此语于"切问"极有会，"近思"意亦如此。○学问思辨，皆所以摄心，而非心也。然舍所摄之心，心更何在？故曰"仁在其中"。只重心不外驰上。（《论语指月》）

【清】崔纪：子夏之意，是教人以致知，非教人以此求仁也。其曰仁在其中者，谓用功于致知，不但吾心之全体大用无不明，兼可收效于力行之仁，正见知之不可不致也。○此章是恐学者忽视致知之功而发。○志者志其所学，思者思其所问，此两"而"字意也。（《论语温知录》）

《子路、曾皙、冉有、公西华侍坐》

【宋】程颐：子路、冉有、公西华皆欲得国而治之，故孔子不取。曾点狂者也，未必能为圣人之事，而能知孔子之志，故曰"浴乎沂，风乎舞雩，咏而归"，言乐而得其所也。孔子之志在于"老者安之，朋友信之，少者怀之"，使万物莫不遂其性，曾点知之，故孔子喟然叹曰："吾与点也。"（《河南程氏外书》卷三）

【宋】朱熹：曾点之学，盖有以见夫人欲尽处，天理流行，随处充满，无少欠阙，故其动静之际从容如此。而其言志，则又不过即其所居之位，乐其日用之常，初无舍己为人之意。而其胸次悠然，直与天地万物上下同流，各得其所之妙，隐然自见于言外。视三子之规规于事，为之末者，其气象不侔矣。故夫子叹息而深许之。（《四书章句集注·论语》卷六）

【宋】邢昺：仲尼祖述尧舜，宪章文武，生值乱时而君不用。三子不能相时，志在为政。唯曾皙独能知时，志在澡身浴德，咏怀乐道，故夫子与之也。（《论语注疏》卷十一）

【宋】尹焞：子路可使治千乘之赋，冉有可为百乘之宰，公西华可与宾客言，孔子固已知之矣。今使之言志者，岂徒欲较其事业？亦以观其自得之深浅，可推于人者厚薄故也。三子者竞言其所能，故夫子不与之。至若曾皙则异乎三子者之撰，方且"鼓瑟希，铿尔，舍瑟而作"，对以浴乎沂水之上、风凉于舞雩之下，吟咏情性以归，非深有所得于中者，其志能于是乎？故夫子叹美而与之也。如点之志叹，圣人何以异哉？然点狂者也，言之则是矣，行之则有不掩焉。（《论语解》）

【宋】黄震：三子皆言为国之事，皆答问之正也。曾皙，孔门之狂者也，无意于世者也，故自言其潇洒之趣，此非答问之正也。夫子以行道救世为心，而时不我予，方与二三子私相讲明于寂寞之滨，乃忽闻曾皙"浴沂咏而归"之言，若有得其"浮海居夷"之云者，故不觉喟然而叹，盖其意之所感者深矣。所与虽点，而所以叹者岂惟与点哉？继答曾皙之问，则力道三子之美，夫子岂以忘世自乐为贤？独与点而不与三子者哉？后世谈虚好高之习胜，不原夫子喟叹之本旨，不详本章所载之始末，单摭与点数语而张皇之，遗落世事，指为道妙，甚至谢上蔡以曾晳想象之言为实有暮春浴沂之事，云三子为曾晳独对春风，冷眼看破，但欲推之使高，而不知陷于谈禅，是盖学于程子而失之者也。程子曰："子路、冉有、公西华言志，自是实事，此正论也。"又曰："孔子与点，盖与圣人之志同，便是尧舜气象。"此语微过于形容，上蔡因之而遂失也。曾晳岂能与尧舜易地皆然哉？至若谓曾晳狂者也，未必能为圣人之事，而能知夫子之志，遂以"浴沂咏归"之乐指为老安少怀之志。曾晳与夫子又岂若是其班哉？窃意他日使二三子盍各言尔志，此泛言所志，非指出仕之事也。今此四子侍坐而告以"如或知尔，则何以哉"，此专指出仕之事，而非泛使之言志也。老安少怀之志，天覆地载之心也，适人之适者也，浴沂咏归之乐，吟风弄月之趣也，自适其适者也。曾晳固未得与尧舜比，岂得与夫子比？（《读论语》）

【明】冯梦龙：以夫子志于用世为主，"如或知尔"与"苟有用我"同意。这一问，夫子一股用世热肠禁遏不住。三子各以志对，人人有"磨砺以须"之意。点独鼓瑟，不是夷然不屑，那三个人的说话，句句耳中听过，心中想过，看他舍瑟后，便应道"异乎三者之撰"，可见亦非忘情于世者。但尔时知己何在？富强礼乐，总是空想，不如吾党相与随时，自适乃是眼前实在受用。夫子一个周公大梦，忽被曾点唤醒，真是哭不得，笑不得，不觉喟然叹曰"吾与点也"，有点头道是之意。及曾点继问，则力道三子之美，乃知夫子终不忘用世也。或以为乐天，或以为素位，或以狂者无意于世，或以为无用之用，总是说梦。（《论语指月》）

【明】张岱：曾点四子言志，当自四子只各就本色信口说出。圣门别无粧点伎俩，只曾点气象在当下日用平常自好。然他却信不过，后来再一问，便觉他胸中走作。若是颜子曾子，自然直下承当，决不再问三子，讨个高下矣。夫子到后应他，亦只说三子为国为邦，绝不把曾点再与较量，此意极微。曾点念念要与三子比量，所以不能信受喟然之意。大凡学问，要当下自己信得，三子若信得只"有勇""知方""足民""为相"，却都是春风沂水，夫子何曾不许他？若信不过，恐怕春风沂水，也是口头三昧，不是性地风光。所以曾点只叫做一个"狂"，不曾用得着。（《四书遇》）

【明】李贽：四子侍坐，英才济济，孔子勃然动当世之想。子路言之凿凿，夫子色喜，所以连问三子，其急于用世可知矣。点乃狂者，竟以目前对。夫子又动一念，曰："富强礼乐，反属空言，睹此春光，令人增感！"其用世之心，于此滋戚。所以"喟然"非关"与点"。点后三子而问，亦疑之也。及夫子说到"为国"上，其不忘当世之心何如，乃犹以求、赤之为邦请也。夫子虽不直言所以，玩其答语自是了然。何从来说此书者之瞶瞶也？特为拈出，想夫子亦含笑于杏坛之上矣。（《四书评·论语》卷六）

【清】袁枚：“如或知尔，则何以哉？”问酬知也。曾点之对绝不相蒙，而夫子何以与之？王充以舞雩为祭，名童子为歌童，未免附会。吾以为非与曾点也，与三子也。明与而何以实不与？曰“沂水春风，即乘桴浮于海也，从我之由，即吾与之点也”，“子路闻之喜”，即点之从而后也。“赤也为之小，孰能为之大”，“安见方六七十，如五六十而非邦也者”，层层驳斥，即由也好勇，无所取材之责也。圣人无一日忘天下，而门下子路能兵，冉有能足民，公西华能礼乐，三子之才虽不言，夫子已素知之。第问之，试其自信否。既自信矣，倘明王复作，天下宗予，与三子各行其志，则东周之复，期月而已可也。无如辙环天下，终于吾道之不行，不如沂水春风，一歌一浴，较浮海居夷，其乐殊胜！盖三子之言毕，而夫子之心伤矣。适曾点旷达之言冷然入耳，遂不觉叹而与之，非果与圣心契合也。如果与圣心契合，在夫子当“莞尔而笑”，不当“喟然而叹”。在曾点当声入心通，“不违如愚”，不当愈问而愈远，且受嗔斥也。盖叹者有悲愤慷慨之意，无相视莫逆之心。（《〈论语〉解四篇》）

【清】崔纪：三子之志，是新民中事业，曾点之志，是明明德本领，故曰异。〇曾点之志，与夫子疏食饮水之乐、颜子箪瓢陋巷之乐、伊尹耕莘之乐，其襟怀正相似，盖非穷达约乐所能累其心也。〇三子之志，事为之末也，曾点之志，则以所性为乐，乃事为之本也。夫子之与，正为其能见道之大本大原也。（《论语温知录》）

【今】顾农：近年来于丹女士在电视台讲《论语》，认为曾点“内心是完满充实的，他以自身的人格完善为前提，以万物各得其所为理想，这就比另外那三个人想从事一个具体的职业，在那个职业上做出成绩要高出一个层次”，这表明孔子认为最重要的是“要从最近的，从内心的完善做起”（《〈论语〉心得》，中华书局 2006 年版，第 91 页）。这样来理解当然也未尝不可，但如果更多地考虑当时的社会生活和孔子的心态，事情尚有进一步深思的余地。孔子早年本是打算从政的，曾经周游列国，但是到处碰壁，晚年心灰意冷，一心教书去了。他对子路等青年的高谈阔论虽不便泼冷水，但也就不会无保留地完全赞成了。最值得注意是曾点的那几句话，他的意思是说自己很愿意参加鲁国春天的求雨祭祀。王充《论衡·明雩》篇云：“鲁设雩祭于沂水之上……冠者、童子，雩祭乐人也。浴乎沂，涉沂水也，象龙之从水中出也；风乎舞雩，风，歌也；咏而馈，咏歌馈祭也。……孔子曰‘吾与点也’，善点之言，欲以雩祭调和阴阳，故与之也。”原文中的“归”字他读如“馈”，指唱歌献给神灵。王充去古未远，他的解释值得我们注意。子路等三人不过想建功立业，此所谓“功利境界”，而曾点上升到调和阴阳的高度去，类乎“天地境界”，这就更高明了。这里并没有强调什么内心完善之类的问题。

孔子很重视用审美的态度生活，尤其重视音乐。“子在齐闻《韶》，三月不知肉味，曰：‘不图为乐之至于斯也。’”（《论语·述而》）《史记·孔子世家》说：“三百五篇，孔子皆弦歌之，以求合于韶、武、雅、颂之音。礼乐至此可得而述。"《论语·阳货》有一段记载说：子之武城，闻弦歌之声。夫子莞尔而笑曰："割鸡焉用牛刀？"子游对曰："昔者偃也闻诸夫子曰'君子学道则爱人，小人学道则易使也'。"子曰："二三子，偃之言是也。前言戏之耳。"可知在孔子的心目中，从事于弦歌就是学道，而"道"乃是天地之本，外之可以用于国家政治，内之可以用于个人修养。所以他又说"兴于诗，立于礼，成于乐"（《论语·泰伯》）。曾点重视音乐，似乎已经参透了天人之际，从这个意义上来说，也是他的境界最高。（《四望亭文史随笔》，引用时有删节）

【今】陆精康：孔子喟然而叹："吾与点也。"孔子缘何"与点"？朱熹《四书集注》的看法最有代表性："其言志，……故夫子叹息而深许之。"（见前录朱熹评点）朱子之说，千载而下许多注家视为圭臬。人教版《教师教学用书》的解说亦不例外：曾皙表示不愿做官，但他所描绘的师生暮春郊游的美好图景，正是儒家所向往的"礼治"社会的景象，是"礼治"的最高境界，集中而形象地体现了儒家的政治理想。孔子对他的话非常感慨，当即表示赞同。"暮春郊游"和"礼治"境界究竟存在多大程度上的联系？上述分析很难令人折服。如果曾皙描绘的果真是什么"礼治"社会，那么孔子的态度应当是欣然而喜，没有理由报以"喟然"之叹。

朱熹"三子之规规于事为之末者"这一评论，认为孔子对三子之志作了否定，显然是看走了眼。三子的回答完全符合儒家的治国标准和治国理想。孔子对子路作了批评，但批评的是"其言不让"。《曲礼》"侍于君子，不顾望而对，非礼也"注："礼尚让，不顾望，若子路率尔而对。"孔子所"哂"不是子路之才具不足当其任，而是子路"不顾望而对"的"非礼"行为。对冉有和公西华，夫子则在对曾皙的训斥中作了充分肯定。特别是肯定了公西华，"赤也为之小，孰能为之大？"用这样的言语高度评价弟子，实不多见。所以，三子的回答是符合儒家"君子之仕也，行其义也"（《论语·微子》）这一入世精神的，也是孔子深为赞许的。

曾皙则答非所问。曾皙浴沂归咏之言，偷换了孔子"如或知尔，则何以哉"这一话题。近人程树德指出，曾皙描绘的沂水春风一歌一浴情境，其实就是古代"三月上巳被禊水滨"的一种游乐活动。（《论语集释》第810页）曾皙的回答所要暗示孔子的，正是脱离仕途无意用世这一思想。三子主张入世济世，曾皙主张出世避世，简直是南辕北辙。所以，曾皙的回答乖违孔子希望弟子实现自身价值为世所用的初衷，孔子不禁大失所望，喟然而叹。

但是，曾皙的回答偏偏触动了孔子的心思。孔子一方面主张积极从政，另一方面，在无法实现自己政治抱负的情况下，又主张"用之则行，舍之则藏"（《论语·述而》），"天下有道则见，无道则隐"（《论语·泰伯》）。孔子与弟子坐而论志之时已是其晚年。

孔子奔走列国，企图复礼，四处碰壁，只得回归鲁国授徒讲学著书立说。此时，孔子为时不我遇道之不行而悲哀，尝言"吾已矣夫"（《论语·子罕》），"吾道穷矣"（《春秋公羊传·哀公十四年》），"道不行，乘桴浮于海"（《论语·公冶长》）。在这样的情况下，曾皙无意用世之言引起了孔子的共鸣。正如南宋黄震《黄氏日钞》所云："夫子以行道救世为心，而时不我与，方与二三子私相讲授于寂寞之滨，乃忽闻曾皙浴沂归咏之言，若有得其浮海居夷之意，故不觉喟然而叹，盖其所感者深矣。""所谓与点者，不过与汝偕隐之意"，"吾与点也"，正是夫子从个人情感际遇出发对曾皙之言作出的反应。换句话说，孔子认为，政治理想难以实现，也只有走"无道则隐"这条路了。这样说，丝毫也不意味着孔子一生坚持的复礼归仁政治理念的改变，丝毫也不意味着孔子对弟子"为国"济世理想的否定。所以，孔子之叹是对自己命运的一种叹息，所谓"与点"，是政治理想难以实现之后，不得已而求其次，无可奈何欲走归隐道路的一种表白。孔子一面叹息，一面肯定，叹息的是自己，叹息其"无道则隐"之念，肯定的也是自己，肯定其"浮海居夷"之心。在这个问题上，明代性灵派文人袁枚《小仓山房文集》中的一段见解极有见地："三子之言毕，而夫子之心伤矣。适曾点旷达之言泠然入耳，遂不觉叹而与之，非果与圣心契合也。如果与圣心契合，在夫子当莞尔而笑，不当喟然而叹；在曾点当声入心通，不违如愚，不当愈问而愈远，且受嗔斥也。"孔子缘何"与点"？下面一则材料引自明代杨慎《升庵全集》，说到晚年朱熹对"与点"这个问题的重新审视："朱子晚年，有门人问与曾点之意。朱子曰：'某平生不喜人说此语，《论语》自《学而》至《尧曰》，皆是功夫。'又易箦之前，悔不改浴沂注一章，留为后学病根，此可谓正论矣。"（《考信录——文言诗文备课札记》，引用时有删节）

◎ 孟子

《天时不如地利》

【宋】赵承谟：其字字爽豁，语语警快，如持利刃，一割两断，毫无留滞。真读书而通世务，不同功利巧智，亦绝不是老生迂谈。（《孟子文评》）

【明】刁包：战国时，日事干戈，一则曰天时，再则曰地利，而人和不与焉，即孙吴之流亦或及此，然不过以智术笼之，非能以德义结之也。故孟子取三者权其轻重，而一一发明其故，仍归结在得道上。盖道得则人和，人和则不必问时于天、问利于地，而胜技在我矣。圣贤兵法端不外是兵家以背孤击虚、因相乘旺为良策，则天时是也，然天时之茫然难凭，岂若地利之显然可据乎？兵家以高城深池、据险扼要为良策，则地利是

也，然地利之块然无为，岂若人和之翕然有用乎？渐次推到人和上，意有所主。(《四书翊注·孟子》卷四)

【明】宋凤翔：环攻不胜中已见人和，方不能胜。不然，便如今日之开门延敌矣。中心悦服曰"助"，就本国之民言；中心愿归曰"顺"，就天下之民言。服遍天下，则助遍天下矣，故曰"至"。(张岱《四书遇·孟子》)

【明】冯梦龙：天时、地利、人和，当时谈兵者亦都晓得，然不知重在"人和"。孟子亦非谓时、利可尽废，只要形容"人和"尤急耳，言"人和"已含"得道"意，人岂有无道而和者？"故曰"二字是承接之词，极言"人和"之要，非又推"人和"本于"得道"也。(《孟子指月》)

【清】洪天锡：首二句立案，以下发明之。归重"人和"，透快论之，亦自然之机势也。"城非不高也"，四"也"字连叠而下，一往飘逸，有云行水流之致。不曰高深，而曰非不高非不深，正中带反，快利中寓有顿挫意，故知用笔之忌平直也。若前"三里之城"平直矣，下却用"夫"字提起跌宕，"然而"字折落转合则有低昂而跳动矣。"故曰"以下一气奔放，其势甚急，如黄河直泻千里，却用"君子有不战"一顿挫之，方不太急。直泻中有回流逆浪，亦造化气机之自然者。(周人麒《孟子读法附记》卷四)

【清】黄宗羲：孟子亦以战国时势而言，后世之所谓天时，当群雄竞起大乱之时是也；所谓地利，如唐失河北而亡，宋都临安而弱是也；至于人和，则万古不易，然如张巡、许远之死守，其下无一人叛者，未尝委而去之，亦可谓之人和矣。而天时地利皆失，不能不累及人和也。(《孟子师说》卷二)

【清】范尔梅：明达透快之至，真足破"七书"之谬。相其笔势，亦古文中所未有，其原则《易》之"豫顺以动"也。(《孟子札记》卷一)

【清】崔纪：读此可见孟子才兼将相，三代而下，惟武侯庶几能之。〇得道者多助，所谓道，仁是也，此章即仁者无敌之谓。〇孔子论行三军，曰"临事而惧，好谋而成"，孟子论战，曰"天时不如地利，地利不如人和"。人和之政在平日，惧成之道在临事。人和，即孔子"民信"之说也。(《读孟子札记》)

《生于忧患，死于安乐》

【宋】朱熹：然所谓性，亦指其气禀食色而言耳。〇此又言中人之性，常必有过，然后能改。盖不能谨于平日，故必事势穷蹙，以至困于心，横于虑，然后能奋发而兴起；不能烛于几微，故必事理暴著，以至验于人之色，发于人之声，然后能警悟而通晓也。(《四书章句集注·孟子》卷十二)

【明】冯梦龙：首二节论圣贤，三节论中人，四节论国家，末节总决其成败之理。

（《孟子指月》）

【明】张岱：天以忧患扮演君相，并非以君相酬谢穷人，个中要看得破。庸人事过困衡，天意薄矣。膏粱豢养，淫享终身，此栽培倾覆外另一种人也，直将尸肉视之，弗得与天意参观。忧患安乐在人，自心上看，方得此章秘旨。焦漪园曰：舜、说六人所以为圣为贤者，虽是天资不可及，然亦未必不是困中来，盖困是进人之基。康节子云：当锻炼时分劲挺，到磨鑢处发光辉。吾人所以成器者，大率如此。华芳候作有一日不敢忘畎亩、版筑等语，是又从既发既举后言也，总是生于忧患真种子。张公亮曰：春草生于和气，故易糜；松柏生于烈霜，故长存。此亦可悟生于忧患之理。徐干《中论》曰：搥钟击磬所以发其声也，煮郁烧薰所以扬其芬也，贤者之穷厄戮辱，此搥、击、煮、烧之意也。徐徽弦曰：无志人受天磨折便倒，有志人受天磨折益奋。天因材而笃，自树者方能承天。李崆峒曰：有恃必坏，恃勇者乱，乱必亡；恃才者凌，凌必伤；恃壮者纵，纵必夭；恃势者骄，骄必戕，孟子所谓"生于忧患而死于安乐也"。（《四书遇·孟子》）

【清】何焯："苦心志"是"动心"，"劳筋骨"三句是"忍性"，"行拂乱"是"益不能"。〇"而后作"，如太甲悔过，自怨自艾，处仁迁义。"后"字对上"先"字。〇"法家拂士"对上"徵色""发声"，"敌国外患"对上"困心""衡虑"。（《义门读书记·孟子》）

【清】吴闿生：通体盘旋，为末二句蓄势，章法极奇。贾生《过秦》所自出。〇千盘百转，厚集其阵，纯用劲折，无波磔痕。（高步瀛《重订孟子文法读本》卷六）

【清】黄宗羲：天降大任，以其动心忍性而知，其降也，天无心而成化，未尝择人而降之，顾不能动忍，死于忧患，便是不降。尝见释氏以"离四句""绝百非"，方有入处。今以境遇穷极锻炼出来，是实受用之地，不徒向语言脱空去也。（《孟子师说》卷六）

【今】吴小如：这四段文章的表现手法也各不相同。第一段用的是铺排写法。这是为了达到以下的目的：一、列举了很多大人物（圣君贤相），一面表示历史上这样的由普通人转化而成的大人物远远不止一个，现今的统治阶级并非不可企及；另一方面表示作者在引经据典，绝非单例孤证，以增强说服力。二、孔、孟是言必称尧舜的，并强调"人皆可以为尧舜""尧舜与人同"的，必须多举例证以起到示范作用。三、必须着力描写承担"大任"者受折磨的具体情况，来加强自己的论点。第二段用的是因果写法，说明犯错误与改正错误（包括"过而能改"和"知过必改"以及改过是坏事变好事等）的辩证关系（这是孟轲从生活经验中得到的朴素辩证法）。第三段在前两段基础上从反面来说，加强了警告作用，这叫反衬法。第四段是总结，为了收束有力，并对上文两正一反三层文字做出相应的概括，所以用对比写法。总之，第一层广，第二层深，第三层因反写而显得锋锐警策，第四层不对比不足以力绾全篇，并且只有对比才显示出本文对当时封建统治阶级有多么重大的利害关系。然而，这样一篇文章还不到一百五十字呢！（《古文精读举隅》）

《富贵不能淫》

【宋】朱熹：广居，仁也；正位，礼也；大道，义也；与民由之，推其所得于人也；独行其道，守其所得于己也。淫，荡其心也；移，变其节也；屈，挫其志也。（《四书章句集注·孟子》卷六）

【明】刁包：吾有道吾自行之，不负此志于天下也。富贵非吾之幸，斯民之幸也，使我徒为富贵中人，不亦鄙乎？何淫焉？贫贱非吾之不幸，斯民之不幸也，我自有不贫不贱者在，何移焉？人以势为威，我以理为威；人以暴为武，我以仁为武，胜负固不侔矣，何屈焉？（朱熹）注：荡其心，变其节，挫其志，三句精甚。昔人云，此节是大丈夫赞，亦是孟子自作赞。信哉！（《四书翊注·孟子》卷六）

【明】冯梦龙："富贵不能淫"是足"得志"句；"贫贱不能移"是足"不得志"句；"威武不能屈"又从富贵、贫贱中推出一层。合而观之，无时无处而不行大道也。道大，则人亦大，故曰"大丈夫"。（《孟子指月》）

【清】崔纪：孟子之所谓大丈夫，非善养浩然之气者不能。（《读孟子札记》）

【清】江逢僧：二段论指大丈夫之实，入后言大丈夫之事，一气滚至末句，笔力雄壮，气概堂皇，俨然为孟子自身写照也。（《孟子论文》卷三）

【清】吴闿生："居天下之广居"以下，光明正大，可以轩天地而质鬼神，退之"文起八代之衰"止是得此等气象耳。看来鼎鼎一段大文，无所依傍，却是从丈夫之冠二句寻根而出，盖既为丈夫，当其冠时父之命之，未尝不望其如此也。此乃篇法奇处。"此之谓大丈夫"又收合景春语。（高步瀛《重订孟子文法读本》卷三）

《鱼我所欲也》

【宋】朱熹：欲生恶死者，虽众人利害之常情，而欲恶有甚于生死者，乃秉彝义理之良心，是以欲生而不为，苟得恶死而有所不避也。〇设使人无秉彝之良心，而但有利害之私情，则凡可以偷生免死者，皆将不顾礼义而为之矣。〇由其必有秉彝之良心，是以其能舍生取义如此。〇羞恶之心人皆有之，但众人汩于利欲而忘之，惟贤者能存之而不丧耳。〇虽欲食之急而犹恶无礼，有宁死而不食者，是其羞恶之本心，欲恶有甚于生死者，人皆有之也。〇万钟于我何加，言于我身无所增益也，所识穷乏者得我，谓所知识之穷乏者感我之惠也。上言人皆有羞恶之心，此言众人所以丧之，由此三者。盖理义之心虽曰固有，而物欲之蔽亦人所易昏也。○言三者身外之物，其得失比生死为甚轻，乡为身死犹不肯受嘑蹴之食，今乃为此三者而受无礼义之万钟，是岂不可以止乎？本心谓羞恶之心。○此章言羞恶之心人所固有，或能决死生于危迫之际，而不免计丰约于宴安之时，是以君子不可顷刻而不省察于斯焉。（《四书章句集注·孟子》卷十一）

【明】刁包：此章以"义"字为主，义者人皆有，而贤者能无丧之，本心也。本心徵于欲恶，欲恶明，则生死关头看的破，取舍路径认的真，坚守吾义，身外皆长物矣。不然，欲恶颠倒，方抗节殉难之时，偷生苟活，甚且遂希一身之富贵，虽宫室辉耀、妻妾显荣、知交称诵，自贤者视之，曾行道乞人之不若也。本心失，而其人足道哉？中间"人皆有之"及"嘑尔""蹴尔"两节，正性善逗露处。故此章大段亦发明此意也，上段只是引起下段耳。（《四书翊注·孟子》卷十一）

【明】李贽：读此样文字，而犹失其本心者，非夫也，乞人不若矣。吾当为之痛哭百千万场。○世间竟有此等文字，大奇，大奇！○全是元气磅礴，此等文字都从浩然气中流出，文人那得有此。（《四书评·孟子》卷六）

【明】张岱：欲海无边，尘心难扫。汗颜顷刻，顽钝终身。填七尺于羶淫，耗须眉于营算。宅畔有宅，田外有田。好利亦复竞名，身荣又祈子富。尝试回头一看，觉得身外俱闲，世短意长，不知埋没了多少血肉男子。孟子"失其本心"一叹，真能使行路、乞人一齐痛哭。沈无回曰：不受呼蹴之心，如电光忽过，景不及搏，稍落第二念，则扰扰万虑，而未必不受矣。此不受呼蹴的人，与下受无礼义之万钟的人作一人看。常人临死，不受箪食豆羹，而不辨于万钟；好名之人，能让千乘之国，而见色于箪食豆羹。于此察之，可见"本心"。（《四书遇·孟子》）

【清】徐与乔：劈空设喻，欻然而来，飘渺恍惚，不可捉摸。然其反覆回环、跌宕顿挫之法有可指者，如"生亦我所欲"六句是反覆法也，如"使人之所欲"八句是跌宕法也，"万钟则不辨"五句是顿挫法也，"乡为身死"六句是回环法也。有一篇之回环，有一章一句之回环；有一篇之顿挫，有一章一句之顿挫；有一篇之反覆跌宕，有一章一句之反覆跌宕。孟子此章空灵幻动，约指四法，虽一字亦彻通篇，辟如牵一毛而头为之动，不得以一章一句言也。（周人麒《孟子读法附记》卷六）

【清】吴闿生：起段委宛详尽。○曲曲证明，见贤哲之舍生取义为人情之至，毫无以异于人。○以下跌出本意，但觉一片至诚，恻怛之衷蔼然纸上，所谓仁人之言循循善诱者也。○就箪豆、万钟两面夹写，文情并臻妙绝。○"万钟於我何加焉"问得恢诡，下更为推出三事，笔情翔舞，意态横绝。以下纵情极意言之，有一泻千里之势。"是亦不可以已乎"乃承得如此宛转，如驭骏马下悬崖而罄控纵送，备极其妙。（高步瀛《重订孟子文法读本》卷六）

【清】黄宗羲：凡人之学问，不著到于生死终是立脚不定，盖世间所最不可忍者只有死之一路，功夫到此都用不著，如欲从生死上研磨，终如峭壁，非人力攀援所及。唯有一义能将生死抹去，死之威力至此而穷，化险阻而为平易。程子曰："能尽饮食言语之道，则可以尽去就之道，能尽去就之道，则可以尽生死之道。"故孟子只将辞受取与之间说得平常，而至烦难者即此，而在佛氏生死事大，终不脱怖心。（《孟子师说》卷六）

《齐桓晋文之事》

【宋】朱熹：王见牛之觳觫而不忍杀，即所谓恻隐之心，仁之端也，扩而充之则可以保四海矣。○此章言人君当黜霸功、行王道，而王道之要不过推其不忍之心以行不忍之政而已。齐王非无此心，而夺于功利之私，不能扩充以行仁政。虽以孟子反覆晓告，精切如此，而蔽固已深，终不能悟是，可叹也！（《四书章句集注·孟子》卷一）

【明】刁包：此章要于"心"字着眼。不忍者心之德也，保民以致王，推恩以保民，制产以推恩，莫不取给于一心。故孟子先以是心挑动之，而宣王一则曰"何心"，再则曰"有心"，曰"吾心"，曰"我心"，反覆言心，终无以自解于心也。○自"发政施仁"以至终篇，其言不惮谆复，要之，使斯民全其恒心而已。致君以心，泽民亦以心，此仲尼嫡传也。齐桓晋文先诈力后仁义，毕竟丧却此心，故其事不足传亦不足道也。至其为文，有开有阖，或操或纵，呼吸变化，各极其妙，读者当自得之也。虽然，试取"哀公问政"章并读之，则浅深、虚实、厚薄固自有辨，此又圣贤之分也。（《四书翊注·孟子》卷一）

【明】冯梦龙：齐王病根在"大欲"二字，故开口便说桓、文，下文"辟土地"云云，正桓、文事，惟志向桓、文，所以兴兵构怨，甘作违心之事而不暇顾。故孟子以王道夺其伯功，而以"保民""不忍"之方药之。"保民"二字是王道大旨，"不忍"二字是"保民"的本原，"推恩"二字又是"不忍"的作用，而"是心足王"句乃一篇之□脉也。此章反复攻击，俱是一难一解。先将"爱"与"不忍"发一难，使王自讶其易牛之故，然后曰"见牛未见羊"，此是第一解。乃王向日真心偶合，而今不能自言者，搔着痒处，不觉欢喜，到此方认着"不忍"二字。然止从一牛起见，却不晓得个"推"字，故又疑足王之说。孟子恐其诿于不能，且不直教以如何推恩，先将他恩及禽兽而功不至百姓又发一难。语气至此一顿，徐说"为不用恩焉"，可见用恩则王，不用恩则不王。是心果足以王，特不为，而非不能也。为之如何？推恩而已矣。此是第二解。然推恩至易，而所以不为者，必有其故。故再将恩及禽兽而功不至百姓重发一难，而使王自度，语气至此又一顿。"抑王"以下，王不度而代为之度也。本知其快心有在，而故尝之以兴兵构怨，本知"大欲"在"辟土地"云云，而故尝之以口体耳目，皆先塞其口，使不能转动。于是极论求大欲之难而无成，"保民而王"之易而有效，而总教之"反本"，以实"是心足王"之说。此又是第三解。篇中"今恩足以"二句，凡二见，是紧要唤醒语；"反其本"亦二见，是紧要提掇语。孟子略道几句，便能使"王笑"，又能使"王悦"；再道几句，王却"笑而不言"。又曰"请尝试之"，此皆其精神鼓弄处，亦一篇中之机关也。（《孟子指月》）

【明】张岱："是诚何心哉？"——不知，最妙！惟不知，所以为仁术，略着意，便是智术。不忍见，不忍闻，君子此心不知其然而然就是仁术。○无罪就死，分明说人，又分明晓得生死，分明晓得有罪、无罪，这就是权心根本，是孟子埋根挑剔处，所以说个"若"字。如若只去牛上寻讨，面墙对壁不可入，辜负东园一片花。○缘木求鱼节，破其埋没，如医人用药，对症而治——他有个快，便儆之以惧；他有个欲，便示之以灾；他有个求得，便惕之以必失。（《四书遇·孟子》）

【明】李贽：合天下之欲，方是大欲。○孟子经济，只是教养二大端，在当时可以行之者，独有齐魏二大国。然魏王根气大是骄浮，故老孟每每拦截之。独于齐王反复接引，亦只为齐王老实耳。看他此处问答，何等老实。圣主，圣主！（《四书评·孟子》卷一）

【清】孙万春：人但知八股始于宋王安石，盛于前明，而不知皆由孟子开端。……《孟子》一书已尽八股之道。（《缙山书院文话》卷三）

【清】黄宗羲：王、霸之分，不在事功，而在心术。事功本之心术者，所谓"由仁义行"，王道也。只从迹上模仿，虽件件是王者之事，所谓"行仁义"者，霸也。不必说到王天下，即一国所为之事，自有王、霸之不同，奈何后人必欲说"得天下方谓之王"也。譬之草木，王者是生意所发，霸者是剪绵作花耳。（《孟子师说》卷一）霸者只在事功上补凑，王者在心术上感动，民之应之，亦截然不同。……王者未必不行霸者之事，而霸者不能有王者之心。（《孟子师说》卷七）

【清】康浚：齐王急欲问明所以然，却被一难一解牵缠不已。○通篇大意谓王在保民，保民全凭有是心，有是心贵能推恩，推恩须是发政施仁，发政施仁莫要于为民制恒产，制恒产则民无不保而可以王。大欲万万不可求，不必枉费心力。一路由虚而实，由浅而深，有无数波澜，无数丘壑，不肯一笔直下，不肯一语直接，跳脱变化，是开首第一篇大文字，而孟子一生黜霸崇王心事已略见于此矣。魏叔子云此章是古今进言妙用，魏郑公李邺侯得其绪余，便已独绝千古。试看撮弄齐王本心处，如弄婴儿，笑一番，啼一番，才啼便笑，才笑便啼，令人绝倒。（《孟子文说》卷一）

【清】崔纪：孟子见梁惠，先明义利之分，见齐宣，先严王伯之辨，所谓"以道事君者"如此。○孟子告梁惠，先言不忍人之政，及王"愿安承教"，而后动其不忍人之心。告齐宣，先发其不忍人之心，及王"愿明以教我"，而后告以不忍人之政。语有先后，意无异同。后面"人皆有不忍人之心"章，详言心所以为行政之本。"离娄之明"章，详言政所以为推心之方，即此篇告梁惠、齐宣之意也。〇此章约言之，只是"以不忍人之心，行不忍人之政"而已。前半所以发王"不忍人之心"，后半所以教王"行不忍人之政也"。〇王不忍觳觫之牛，乃乍见之心，无所安排，天机自然流露，此之谓本心，此之谓良心。〇不忍之心，随感而发，固非依亲、民、物之序而出，但扩充之道，则必循亲、民、物之序而进。试观仁民、爱物，自不孝不弟者行之，便有虚矫迫促气象，自孝弟者行之，便有肫诚悠久气象，此及人之老幼，所以必先"老吾老，幼吾幼"也。〇此章发明亲亲、仁民、爱物之理，察识扩充之功，可谓深切而著明矣，读者详之。（《读孟子札记》）

【清】方宗诚：此章是黜伯尊王，亦书说、奏疏、策论体也。"保民而王"，是一篇主意。作四大段看，先挑不忍，次示推恩，此辨大欲，末明发政施仁。文之开合纵横，奇幻变化，不可端倪。"不忍"是保民根原，故自首至"我心有戚戚焉"，挑拨指点，使王察识。推恩是保民实政，故自"有复于王者"至"推其所为而已矣"，挑拨指点，使王扩充。大欲是不能保民之病根，故自"今恩足以及禽兽"至"邹敌楚"，挑剔驳辩，使王自克。发政施仁，制民恒产，是保民实事实效，故自"盖亦反其本矣"至终篇，极力发挥。"齐桓、晋文之事可得闻乎？"齐王开口，便是大欲所发动。"无以，则王乎？"孟子开口，便含要发政施仁。两语已将通章精神振起，又极浑含。大凡文字发端处须如此。起数节，王将齐桓、晋文说得多大多重，孟子说得极平常；王将"王"字看得太难，孟子说得极容易；王将自己看得太卑，孟子说得极有作为，皆是一味鼓舞。"是心足以王矣"下，原可直接"见其生，不忍见其死；闻其声，不忍食其肉"，"是乃仁术也"，然文境不免直促。"百姓皆以王为爱"以下，用几开几合、几纵几擒而后出仁术，笔力天纵。"此心之所以合于王者，何也"下，原可直接"老吾老"数句，然文境又不免平直矣。"有复于王者"以下，又几开几合，几纵几擒，而后出推其所为，笔力天纵。"今恩足以及禽兽"下，几次挑拨，而后推出大欲，便有奇势，不平直。"王之所大欲可得闻与"下，原可直接"欲辟土地"数句矣，然仍伤直促，故又用"王笑而不言"一句闪开，极力腾挪，总不使一直笔。"可得闻与"下，便可直接"小固不可以敌大"数句矣，乃又用"邹人与楚人战"数语离开，笔笔纵，笔笔横，文境开展，不可测度。"以若所为"三句，已如冷水浇背，"殆有甚焉""后必有灾"数句，是痛上更加一棒，笔笔有力。自"今恩足以及禽兽"至"何以异于邹敌楚哉"一大纵，"盖亦反其本矣"，一笔抱回不忍推恩，何等神力！中间如许开合擒纵，至"其若是，孰能御之？"一笔回应，何等神力！发政施仁，制民恒产，是皆申明首段仁术。篇终"然而不王"，回应章首，神完气固。章首"保民而王，莫之能御"一提，章末"御"字、"王"字，作两处应，全不板样。此章"是心足以王矣"以前，用鼓舞诱掖之笔；自"然后快于心与"以前，用挑拨启发之笔；自"王笑而不言"以下，用腾挪之笔。总之无一直笔、平笔、顺笔，真大文字也。凡文字，设喻须新奇。观此章，又可悟。（《论文章本原》卷三）

【清】吴闿生：此《孟子》中长篇文字，其气度春容，《大雅》章法，顿挫跌宕之妙最可玩。○"保民"二字是全章纲领，直注章末，一意贯串。○"是心"句拍合，随手跌出"不忍"二字生波。○就易牛一事发明王之不忍，末句拍合章旨，便递入第二段。○"今恩"句一篇主脑。止以正意不肯轻落，乃作如许波折，顿宕而出之，"然则"以下才落又提，再加跌宕之笔以尽其势。○"老吾老"句挺接劲峭，以下绝大经纬，堂堂正正而出之光明俊伟，是孟子平生本领踏实发现处。○"今恩"句回顾一笔，以取荡漾之致，神味渊永。○承上"不忍"畅发"推恩保民"之义，是为正面发挥，然尚系虚拟而未著实际，以便让出第四段地步。○转笔奇变不测，绝处逢生。○后世文家阴柔阳刚两派，必有所偏，孟子则兼擅其胜，读此等处可悟。○"肥甘"以下波澜层折，"三代"以上之文最重此等，所以气厚势雄，光色璀璨。《左传》《国语》《国策》无不皆然，后人率意下笔，一泻无余，又质闇而无华采，乃日趋衰飒，无复可观矣。○顿出本怀，特用重笔压下以尽其量。"以若所为"三句随即驳倒，无一隙松懈，所谓搏虎捕蛇急与之角而不敢暇。（高步瀛《重订孟子文法读本》卷一）

◎ 庄子

《逍遥游》

【晋】司马彪：言逍遥无为者，能游大道也。（李善注《文选·秋兴赋》）

【晋】郭象：夫小大虽殊，而放于自得之场，则物任其性，事称其能，各当其分，逍遥一也，岂容胜负于其间哉！（《南华真经注疏》卷一）

【晋】支遁：夫逍遥者，明至人之心也。庄生建言大道，而寄指鹏鷃。鹏以营生之路旷，故失适于体外；鷃以在近而笑远，有矜伐于心内。至人乘天正而高兴，游无穷于放浪，物物而不物于物，则遥然不我得；玄感不为，不疾而速，则逍然靡不适，此所以为逍遥也。若夫有欲当其所足，足于所足，快然有似天真，犹饥者一饱，渴者一盈，岂忘烝尝于糗粮，绝觞爵于醪醴哉！苟非至足，岂所以逍遥乎！（《逍遥论》）

【宋】王安石：此篇直述体。"大、小"二字乃其眼目。鲲鹏大者，学鸠、斥鷃小者，文字一头二证一结，奇崛不伦。（归有光《南华真经评注》卷一）

【明】释德清：此为书之首篇。庄子自云言有宗、事有君，即此便是立言之宗本也。逍遥者，广大自在之意，即如佛经无碍解脱。佛以断尽烦恼为解脱，庄子以超脱形骸、泯绝知巧、不以生人一身功名为累为解脱。盖指虚无自然为大道之乡、为逍遥之境，如下云"无何有之乡，广漠之野"等语是也。意谓唯有真人能游于此广大自在之场者，即下所谓"大宗师"即其人也。世人不得如此逍遥者，只被一个"我"字拘碍。故凡有所作，只为自己一身上求功求名，自古及今，举世之人无不被此三件事苦了一生，何曾有一息之快活哉？独有大圣人忘了此三件事，故得无穷广大，自在逍遥快活。可悲世人迷执拘拘，只在"我"一身上做事。以所见者小，不但不知大道之妙，即言之而亦不信，如文中"小知不及大知"等语，皆其意也。故此篇立意，以"至人无己，圣人无功，神人无名"为骨子，立定主意，只说到后方才指出，此是他文章变化鼓舞处。学者若识得立言本意，则一书之旨了然矣。（《庄子内篇注》卷一）

【明】陆西星：夫人必大其心，而后可以入道，故内篇首之以《逍遥游》。游，谓心与天游也。逍遥者，汗漫自适之义。夫人之心体本自广大，但以意见自小，横生障碍。此篇极意形容出个致广大的道理，令人展拓胸次，空诸所有，一切不为世故所累，然后可进于道。昔人有云"振衣千仞冈，濯足万里流"，士君子不可无此气节；"海阔从鱼跃，天空任鸟飞"，大丈夫不可无此度量。白沙先生亦云"若无天度量，争得圣胚胎"，意盖如此。又恐人疑旷荡而无所用，末复结以大瓠大樗，谓人但不知所以用其大耳。○意中生意，言外立言；綖中线引，草里蛇眠；云破月映，藕断丝连。作是观者，许读此篇。（《南华真经副墨》卷一）

【清】徐廷槐："无待"二字一篇宗旨，即全部宗旨。首段看来还只是有待，然为要形容无待，不得不借有待中之不可名状、不可捉摸者先做一影子，叫人向泰山顶上寻出个不属泰山处。末后数行，不离不即，悠然渺然。○无所可用，以无用为用，所以无待，所以逍遥，此庄子自题行乐。杨龟山曰："《逍遥游》，子思所谓无入而不自得；《养生主》，孟子所谓行其所无事。"廖柴舟曰："绝大道理出以寓言，搥碎虚空另立世界。读之令人骨肉皆轻，便可飞身仙去，真宇宙间第一奇书也。"（《南华简钞》卷一）

【清】胡文英："逍遥游"三字，是庄叟造端托始之意，一经说破，不过枣儿甜，一着议论，已落架子里。因借鲲鹏翻空而入，用"去以六月息"句在云烟有无中略影一笔，层层翻跌，笔笔盘旋，直追至"以游无穷"句，微逗"游"字。"一枝""满腹"，暗折到逍遥。"乘云""御飞"，因逍遥而明带出"游"字。"窅然丧其天下"，所以得逍遥之故；"大樽""浮乎江湖"，所以济逍遥之具。"无用"之言，惠施已说明喻意，而此却只就喻意还答，趁势点醒"逍遥"二字。前段如烟雨迷离，龙变虎跃，后段如风清月朗，梧竹潇疏。善读者要须拨开枝叶，方见本根。千古奇文，原只是家常茶饭也。（《庄

子独见》卷一）

【清】周拱辰：庄文有可解者，有不可解者，若拘牵附会，反成钝置。即如《逍遥》一篇，鲲鹏脩各几千里，犛牛若垂天之云，往见四子，四子毕竟何人，此物之不可解也；立而天下治，凝神而年谷熟，此理之不可解也；汤问棘即前"北冥有鱼"一段，词语重复，且文气似亦可省，此文之不可解者也。（《南华真经影史·条例》）

"至人"三句，正言无待之妙。世上一切待己而生，待功而成，待名而尊，犹之大鹏，化为鹏矣，即己也；击三千、搏九万，即功也；有羡之者，有忌之者，有笑之者，即名也。然而己役我形，功弊我神，名毒我身，遗己、去功、铲名，壹返诸浑冥，是谓出入造化，而妙无待者耶！○篇中"誉不加劝""毁不加沮""内外""荣辱"四句，便是《逍遥》第一关捩子，亦是第一重枷杻。若从此处打破关头，便如蜣螂脱壳，直上空半矣。○吾谓庄首《逍遥》，非耑为高旷人作画稿，亦非仅仅自写心胸，奇人著书以训世耳。南华老人盖欲以快活散，度尽蚁国中人也。今夫逍遥游者，何游乎？游乎天下也，又必丧其天下，乃可以善其游而无困。若乃乡国六宇者，游之场也；大小、修短、荣辱、非笑者，游之态也；聚培厚积，有待无待者，游之资粮也；纵横出入，我能用一世而世无能用我者，游之渊识、游之魄力与游之远神也。（《南华真经影史》卷一）

【清】王夫之：寓形于两闲，游而已矣，无小无大，无不自得而止。其行也无所图，其反也无所息，无待也。无待者，不待物以立己，不待事以立功，不待实以立名。小大一致，休于天钧，则无不逍遥矣。逍者，向于消也，过而忘也；遥者，引而远也，不局于心知之灵也。故物论可齐，生主可养，形可忘而德充，世可入而害远，帝王可应而天下治，皆吻合于大宗以忘生死，无不可游也。（《庄子解》卷一）

【清】钱澄之：《易》之道尽于时，《庄》之学尽于游；时者入世之事也，游者出世之事也；惟能出世，斯能入世；即使入世，仍是出世。古德云："我本无心于事，自然无事于心。"斯妙得游之旨乎！七篇以《逍遥游》始，以《应帝王》终，谓之"应"者，惟时至则然也，又曰"应而不藏"。此其所以为游、此其所以逍遥欤？（《庄屈合诂·庄子内篇》）

【清】林云铭：逍遥，徜徉自适之貌，游，即所谓"心有天游"是也。此三字是庄叟一生大本领，故以为内篇之冠。然欲此中游行自在，必先有一段海阔天空之见，始不为心所拘，不为世所累，居心应世，无乎不宜矣。是惟大者方能游也，通篇以"大"字作眼。○篇中忽而叙事，忽而引证，忽而譬喻，忽而议论，以为断而非断，以为续而非续，以为复而非复。只见云气空濛，往返纸上，顷刻之间顿成异观。陆方壶云：统中线引，草里蛇眠。讝得之矣。（《庄子因》卷一）

【清】方人杰：此一篇是一书大意，此一题是一篇大意，而庄子全身之纲领也。故先要见得大，乃前一节鲲鹏引喻之意；然不能用大，亦未为真见，乃中两处鸠、鴳相形之意。而后叠举事功之大，而尧所以用之者，一节深一节，一节净一节；而后叠举瓠、树之大，而我所以用之者，一节阔一节，一节高一节，而即结出通篇大意。末二句，指点亲切，精神活现，正实透快之中，而有淋漓飞舞之致。世之目以荒忽杳渺者，非惟不达其旨，并亦未知其文。（《庄子读本·逍遥游》）

　　【清】宣颖：《逍遥游》主意，只在"至人无己"，"无己"所以为逍遥游也。然说与天下人皆不信，非其故意不信，是他见识只到得这个地步。譬如九层之台，身止到得这一层，便不知上面一层是何气象，然则非其信之不及，乃其知之不及耳。前大半篇只为此故，特地荡漾出"小知不及大知"一语，以抹倒庸俗，然后快展己说焉。〇前半篇，只是寄喻大鹏所到，蜩与莺鸠不知而已。看他先说鲲化，次说鹏飞，次说南徙，次形容九万里，次借水喻风，次叙蜩鸠，然后落出二虫何知。文复生文，喻中夹喻，如春云乍起，层委叠属，遂为垂天大观。真古今横绝之文也！〇点"小知不及大知"，便可收束，却又生出"小年不及大年"作一配衬，似乎又别说一件事者，令读者不能捉摸。真古今横绝之文也！〇以小年大年衬明小知大知，大势可收束矣，却又生出汤问一段来，似乎有人谓《齐谐》殊不足据，而特以此证之者。试思鲲鹏蜩鸠都是影子，则《齐谐》真假有何紧要耶？偏欲作此诞谩不羁，洸洋自恣，然后用"小大之辨也"一句锁住。真古今横绝之文也！〇中间一段，是通篇正结构处，亦止得"至人无己，神人无功，圣人无名"三句耳，却先于前面隐隐列三项人次第，然后顺手点出三句，究竟又只为"至人无己"一句耳，"神人无功，圣人无名"，都是陪客。何以知之？看他上面，宋荣子誉不劝、非不沮是无名，列子于致福未数数然是无功，"乘天地、御六气"四句是无己，一节进似一节，故知"至人"句是主也。〇借宋荣子为"圣人无名"作影，借列子为"神人无功"作影，至"乘天地之正"四句为"至人无己"作影也，独不借一人点破之。庄生之意何为哉？读至篇末方知之。（《南华经解》卷一）

　　【清】徐退山：此庄子之文也，非庄子之文也。天之下，地之上，随目所见，随口所言，随耳所闻，随手所触，皆庄子之文也。来不知其所自来，去不知其所自去，节奏呼吸，不知其所自节奏呼吸，此坡公所谓"虽我亦不能知也"。其字法之淡艳，句法之工峭，章法之离合变化，则又后代之人千锤百炼所不能及。（徐廷槐《南华简钞》卷一）

　　【清】刘凤苞：老子论道德之精，却只在正文中推寻奥义，庄子辟逍遥之旨，便都从寓言内体会全神。同是历劫不磨文字，而缥缈空灵，则推《南华》为独步也。其中逐段逐层，皆有逍遥境界，如游武夷九曲，万壑千岩应接不暇。起手特揭出一"大"字，乃是通篇眼目。大则能化，鲲化为鹏，引起至人、神人、圣人，皆具大知本领，变化无穷。至大瓠、大树，几于大而无用，而能以无用为有用，游行自适，又安往而不见为逍遥哉！一路笔势蜿蜒，如神龙天矫空中，灵气往来，不可方物。至许由、肩吾以下各节，则东云见鳞，西云见爪，余波喷涌，亦极恣肆汪洋，读者须处处觑定"逍遥游"正意，方不失赤水元珠，致贻讥于象罔也。（《南华雪心编》卷一）

【近】吕思勉：盖世间之境，贫富贵贱，智愚勇怯，一若两端相对者然；语其苦乐，实亦相同。然世多以彼羡此，故借大小一端，以明各当其分，大者不必有余，小者不必不足，郭《注》所谓"以绝羡欲之累"也。"列子御风而行"一段，为《庄子》所谓逍遥者，其义主于"无待"。夫世间之物，无不两端相对待者，欲求无待，非超乎此世界之外不可，则其说更进矣。此篇文极诙诡，然须知诸子皆非有意为文，其所以看似诙诡者，以当时言语程度尚低，抽象之词亦少，专供哲学用之语，更几于绝无。欲说高深之理，必须取譬于实事实物；而眼前事物，欲以说明高深之理极难，故不得不如是也。此等处宜探其意而弗泥其辞，苟能心知其意，自觉其言虽诙诡，而其所说之理，实与普通哲学家所说者无殊矣。至于世俗评文之家，竟谓诸子有意于文字求奇，其说更不足论。此凡读古书皆然。（《论学集林·经子解题》）

【近】胡朴安：庄子之学，以虚无为体，以静寂为用，以自然为宗，以无为为教。逍遥游者，游于虚无之乡，寂静一任其自然，无为而无不为也。……《庄子》全书，皆是虚无、寂静、自然、无为之递演。此篇为第一篇，统括全书之意，逍遥物外，任心而游，而虚无、寂静、自然、无为之旨随在可见。能了解此意，《庄子》全书即可了解。（《庄子章义·逍遥游》）

《庖丁解牛》

【唐】成玄英：惠君既见庖丁因便施巧，奏刀音节远合乐章，故美其伎术一至于此者也。〇始学屠宰未见间理，所睹唯牛，亦犹初学养生，未照真境，是以触途皆碍。〇经乎一十九年，合阴阳之妙数，率精神以会理，岂假目以看之？亦犹学道之人妙契至极，推心灵以虚照，岂用眼以取尘也？〇既而神遇不用目视，故眼等主司悉皆停废，从心所欲，顺理而行。善养生者其义亦然。〇间郤交际之处，用刀而批戾之，令其筋骨各相离异，亦犹学道之人，生死穷通之际，用心观照令其解脱。（《南华真经注疏》卷二）

【宋】林希逸：世事之难易皆有自然之理，我但顺而行之，无所攘拂，其心泰然，故物皆不能伤其生，此所以为养生之法也。〇盖言人之处世，岂得皆为顺境，亦有逆境当前之时，又当委曲顺以处之。人行顺境甚易，到境逆处多是手脚忙乱，自至丧失，安有不动其心者乎？〇解牛既了，则提起其刀而立，从容四顾。"踌躇"者，从容也，即自得意也，"满志"者，如意也，非曰其志自满也，言此乃满我之意也。何以如意？不用力而解牛，虽解而刀无伤，所以如意也。"善刀"者，言好好收拾其刀而藏之也，此意盖喻人处逆境自能顺以应之，不动其心，事过而化，其身安于无为之中，一似全无事时也。"为善无近名"以下，正说养生之方，庖丁一段乃其譬喻。到此末后，遂轻轻结"以得养生"焉，四字便是文势操纵省力处，须仔细看。（《庄子口义》卷二）

【宋】李士表：奏刀䚄然，而无应物之劳；动刀甚微，而无竞物之心；释刀而对，而无留物之累；提刀而立，而无逐物之逝。其用之终，又将善刀而藏之，复归于无用矣。此刀之所以未尝伤也。虽然至道无在而在，妙用非应而应。在手应触而触不知手；在肩应倚而倚不知肩；在足应履而履不知足；在膝应踦而踦不知膝；在天机自张而各自不知。大用无择而咸其自尔，此其刀所以恢恢乎有余地矣。一将有见牛之心，则有解牛之累，而卫生之经亦已伤矣。此良庖以其割，故岁更刀，族庖以其折，故月更刀也。○切原庄周之意，托庖丁以寓养生之主，次《养生》于《齐物》《逍遥》之后，夫何故？物物皆适，囿于形体之累者不能"逍遥"；物物皆一，列于大小之见者不能"齐物"。以是宾宾然与物靡刃于胶扰之地，其生鲜不伤矣。惟内无我者，故能逍遥于自得之场；惟外无物者，故能齐物于至一之域。（《新添庄子十论》）

【明】杨慎："中音"者，鼓刀之音节合拍也，刀声亦合乐府之板眼，俗谚所谓"打出个令儿来"也。乃知天地间，物无非乐也。贾人之铎，谐黄钟之律；庖丁之刀，中桑林之舞；至于牧童之吹叶，闺妇之鸣砧，无不比于音者，乐何曾亡也哉？（《丹铅总录》卷八）

【明】陆西星：夫物各有理，顺其理而处之，则虽应万变而神不劳，故以庖丁寓言。事譬则牛也，神譬则刀也，所以不至于劳且伤者，则何故哉？各得其理而已矣。○初学道时，人间世务看不破、觑不透，只见万事丛挫，摆脱不开。功夫纯熟之后，则见事各有理，理有固然，因其固然，顺而应之，大大小小全不费力。○通篇模写庖人情状，宛然画笔。末结一语，有万钧之力。（《南华真经副墨》卷一）

【明】释德清：此《养生主》一篇立义。只一庖丁解牛之事，则尽《养生主》之妙，以此乃一大譬喻耳，若一一合之，乃见其妙。庖丁喻圣人，牛喻世间之事，大而天下国家，小而日用常行，皆目前之事也。解牛之技，乃治天下国家用世之术智也。刀喻本性，即生之主，率性而行，如以刀解牛也。言圣人学道妙悟性真，推其绪余以治天下国家，如庖丁先学道而后用于解牛之技也。初未悟时，则见与世龃龉难行，如庖丁初则满眼只见一牛耳。既而入道已深，性智日明，则看破世间之事，件件自有一定天然之理，如此则不见一事当前，如此则"目无全牛"矣。既看破世事，则一味顺乎天理而行，则不见有一毫难处之事，所谓"技经肯綮之未尝"也。以顺理而行，则无奔竞驰逐以伤性真，故如刀刃之十九年若新发于硎，全无一毫伤缺也。以圣人明利之智，以应有理之事务，则事小而智钜，故如游刃其间，恢恢有余地矣。若遇难处没理之事，如筋骨之盘错者，不妨小心戒惕，缓缓斟酌于期间，则亦易可解，亦不见其难者。至人如此应世，又何役役疲劳，以取残生伤性之患哉？故结之曰"闻庖丁之言，得养生焉"，而意在至人率性顺理，而无过中之行，则性自全而形不伤耳。善体会其意，妙超言外。此等譬喻，惟佛经有之，世典绝无而仅有者，最宜详玩，有深旨哉。（《庄子内篇注》卷二）

【清】林云铭：通段发"缘督以为经"之义。○庖丁解牛以无厚入有间，批郤导窾，技之神而不劳，虽有族之难为，微动刀而已解，此亦缘督为经之术，无他谬巧也。养生之道，岂有殊欤？然或有不得其道，如右师之厕身宠禄胎祸刖危，似为恶而近刑者，乃雉之饮啄维艰而樊笼不愿，则何也？故知善形之不如善神矣。（《庄子因》卷一）

【清】宣颖：由道通技，神行虚中。人止知道精技粗，今曰"进乎技"，妙！妙！试想志道境界与游艺境界孰浅孰深？（《南华经解》卷三）

【清】周拱辰：通篇谈技，恰是通篇谈道。○解牛全作道理会，故曰"臣之所好者道"也。所见无非牛，功之执而未化也；未尝见全牛，功之执化半也；神遇不以目视，忘乎牛矣，忘乎牛而后可以解牛，此全是养刀工候，非仅解牛法也。○牛子（按："子"通"慈"，此为爱护之意）我以有余之地，而我不敢以有余之地自子，刀子我以有余之地，而我不敢以有余之地子刀。怵为戒，小心也；视为止，收视也；行为迟，钦迟不敢遽也。其动刀也，不以力，不以巧，全是一片精神迎送，而以兔起鹘落之势追之。故曰"动刀甚微，謋然已解"，不知其为我欤？牛欤？刀欤？我不负刀，刀不负我，我与刀不负牛。刀乐为有道之用而不倦，牛死于有道之技而无憾。真有神理，纵横淋漓，兴尽之致，善刀而藏，我还无我，牛还无牛，刀还无刀矣。直是不以我养生也，而以生养生，养还无养而已。○《列子》纪昌学射，妙于贯虱，技神矣。人知解牛之巧与贯虱同巧，不知解牛之难与贯虱同难。见虱如车轮，而后纪射无虚的；未尝见全牛，而后庖刀无晋刃。未尝见全牛者，见其间之谓也，间为众理之凑，即空也。○善刀而藏，非藏刀也，庖丁自为藏也。藏庖丁于无何有之乡，而泯有用于不用，功成名遂身退，天之道，已将英雄后一着子赠人矣。（《南华真经影史》卷三）

【清】刘凤苞：庖丁一段，处处摹写好道，却处处关会养生，其对文惠君并无一语涉及养生，煞尾只将养生轻轻一点，便已水到渠成，山鸣谷应，寻常挑剔伎俩，无此玲珑也。○起处摹写神情意态，栩栩欲生；合于桑林二句，虚空落笔，绘影绘声，尤为入化。文惠只赞其技，庖丁却以"好道"二字跌进一层，此下句句说技，句句皆是道之真际。所见无非牛，喻向道之初，道有万殊，所见无非道也，几于无处下手；未尝见全牛，喻道之万殊者，渐归于一致，然犹有道之迹存也；至以神遇而不以目视，官止神行，全是道之化境，依乎天理，则批隙导窾皆理之所固然，而无矜心作意之劳。肯綮大軱，均为刀之所未经，喻道之分肌析理，小大均无窒碍也。良庖、族庖又划出造、道两种人。岁更刀是技经肯綮者，月更刀是技经大軱者，虽各有浅深，而其不能游刃有余则一也。○至人之功用，亦不过因其固然者而已。如土委地，直以土还土焉耳。迨至踌躇满志，道已成矣。提刀而立者，即善刀而藏，收敛神功，漠然不见成名之迹。与道大适，而道返于虚；与物相忘，而物莫能害，则生理已随处充周矣。趁手点睛，著墨无多，能使通身灵动，尤为超妙入神也。（《南华雪心编》卷一）

【今】高若海："道"高于"技"，"技"从属于"道"。只有"以天合天"（《达生》），以人的内在自然去合外在自然，才可达到"技"的最高境界。反过来，"技"中又有"道"，从"技"中可以观"道"，"技兼于事，事兼于义，义兼于德，德兼于道，道兼于天"（《天地》）。养生，即养护生之主——精神，其根本方法乃是顺应自然，"缘督以为经（顺着自然的理路以为常法）"（《养生主》）。此则寓言立意在阐明"养生"，实则还阐述了一个深刻的美学命题，即艺术创造是一种自由的创造。庖丁解牛的动作，就颇具艺术的观赏性。他的表演，犹如一场优美绝伦的音乐舞蹈，其舞步合于典雅的《桑林》舞曲，其韵律合于辉煌的《咸池》乐章。而庖丁解牛后"提刀而立，为之四顾，为之踌躇满志"的神情，又使人们看到创造者在作品完成后内心满足的喜悦。这种美的创造，必须实现合规律（"因其固然"）与合目的（"切中肯綮"）的统一，以达到自由自在（"游刃有馀"）的境界。"以神遇而不以目视，官知止而神欲行"，则是创作必备的心境，强调要排除一切感官纷扰，全神贯注。这与《达生篇》中梓庆削鐻时所说的"斋以静心""忘吾有四枝形体"是一致的。此种"心斋""坐忘"境界，与近现代西方美学注重的"静观""观照"殊途而同归，不过却早于叔本华、尼采二千一百多年。（陈振鹏、章培恒《古文鉴赏辞典（上）》，引用时有删节）

《庄子与惠子游于濠梁》

【唐】成玄英：若以我非鱼不得知鱼，子既非我何得知我？若子非我尚得知我，我虽非鱼何妨知鱼？反而质之，令其无难也。○夫物性不同，水陆殊致，而达其理者体其情，是以濠上彷徨知鱼之适乐。鉴照群品，岂入水哉？（《南华真经注疏》卷六）

【宋】罗勉道：夫鱼游于濠中，庄子游于濠上，乐意相关，有不期然而然者，浴乎沂、风乎舞雩之气象也。（《南华真经循本》卷十六）

【宋】李士表：物之所同者同乎一，一之所同者同乎道，道之所致无所从来，生者自生而生，本无生，形者自形而形，本无形，凡流布于貌象声色之间者，无不具此道，我于物奚择焉？一性之分，充足无余，一天之游，逍遥无累，物与我咸有焉？惟契物我之知者，于此盖有不期知而知，其妙冥契，其理默会，神者先受之，有不能逃于其先者，此庄子所以知鱼乐于濠梁之上也。夫出而扬，游而泳，无濡沫之涸，无网罟之患，从容乎一水之中者，将以是为鱼之乐乎？以是为乐，《齐谐》且知之矣，又奚待于周而后知？盖鱼之所乐，在道而不在水；周之所知，在乐而不在鱼。惟鱼忘于水，故其乐全；惟周忘于鱼，故其知一。至乐无乐，鱼不知乐而乐；真知无知，周不期知而知。〇眼如耳，耳如鼻，鼻如口，无不同。在我者盖如也；视生如死，视富如贫，视周如鱼，视人如豕，视我如人，在物者盖如也。如则物物皆至游，无非妙处，奚独濠梁之上也哉？如则物物皆真乐，无非天和，奚独儵鱼之乐也哉？吾知夫周与鱼未始有分也，然则《秋水》之篇，始之以河伯、海若相矜于小大之域，次之以夔、虫、蛇、风相怜于有无之地，又安知物之所以一，则乐之所以全。故周托儵鱼之乐，以卒其意，而至乐之说，因是而作也。古之明乎至乐无有者，常见于其言矣，曰：奚乐？奚恶？（《新添庄子十论》）

【明】陆西星：我居濠之上而逍遥，则濠之下者不言可知，是以不待与鱼同类而后能知其乐也。盖庄子善通物情，故一体同观。若此后来者，若茂叔之观窗草，子厚之听驴鸣，皆得此意。（《南华真经副墨》卷四）

【清】刘凤苞：濠梁观鱼，知鱼之乐，即以濠上之乐印证得之，活泼泼地物我同此真机。至惠、庄问答，止就本词捩转机关，愈转愈灵，愈折愈醒。绝妙机锋，全身解数，真飞行绝迹之文。〇尤妙在濠梁观鱼一段，从寓意中显出一片真境，绝顶文心，原只在寻常物理上体会得来。末二句更为透彻圆通，面面俱到。内篇庄化为蝶，蝶化为庄，可以悟齐物之旨。外篇子亦知我，我亦知鱼，可以得反真之义，均属上乘慧业，不能有二之文。〇现身说法，濠上之乐如此，濠下之乐可知，物我同是一片天机。然则子亦知我、我亦知鱼，面面都得印证，圆通极力，又一解神妙不可思议。（《南华雪心编》卷四）

【清】周拱辰：此全是两人悠然会心，机锋相凑语，不应作痴语看。今夫乐之写言融融泄泄，若有物焉，快然于中，悠然不容己，而己得之，人得之，物亦得之，各妙不言之喻，而同乎玄畅，斯深于知乐者也。〇鱼化而为庄，而乐无庄；鱼化而为惠，而乐无惠；庄、惠复化而为鱼，而乐无鱼。答者忘答，问者忘问，知者忘知。〇此段妙处，不在庄知鱼乐，妙在惠子故意作庄、鱼，两边撮合中挑出乐之灵骨。"子非鱼，安知鱼之乐？"此一语，几令人麻木，欲寻庄乐，杳不可得，以寻之者夺之也。我非子，固不知子，此语还他喷地一醒。言我知子乐，亦如子之知鱼乐，如是而已。如忠国师将他暗地一掴，便自通身汗出，复以夺之者还之也。然而庄子未始有乐也，岂惟庄子元无乐，鱼之乐亦在何处？或曰，鱼已化为鹏飞入南溟；或曰，鱼已化为蝶缩入梦中。嗟乎！寻孔颜之乐，惟留窗草；遡庄、惠之乐，只剩濠梁。昔铁脚道人爱赤脚走雪中，朗诵《南华·秋水》篇，嚼梅花满口，和雪咽之，曰"吾欲寒香，沁人肺腑"。试读一过，觉庄、惠一肚皮冷雪寒香狼藉濠上。〇鱼乐一段，正不须重将道理攉入，闲闲冷结，使人穆然

自远。（《南华真经影史》卷八）

【今】朱光潜：庄子看到鯈鱼"出游从容"便觉得它乐，因为他自己对于"出游从容"的滋味是有经验的。人与人，人与物，都有共同之点，所以他们都有互相感通之点。假如庄子不是鱼就无从知鱼之乐，每个人都要各成孤立世界，和其他人物都隔着一层密不透风的墙壁，人与人以及人与物之中便无心灵交通的可能了。这种"推己及物""设身处地"的心理活动不尽是有意的，出于理智的，所以它往往发生幻觉。鱼没有反省的意识，是否能够像人一样"乐"，这种问题大概在庄子时代的动物心理学也还没有解决，而庄子硬拿"乐"字来形容鱼的心境，其实不过把他自己的"乐"的心境外射到鱼的身上罢了，他的话未必有科学的谨严与精确。（《子非鱼，安知鱼之乐？——宇宙的人情化》）

◎ 列子

《愚公移山》

【晋】张湛：俗谓之愚者，未必非智也。○必其不已则山会平矣。世咸知积小可以高大，而不悟损多可以至少。夫九层起于累土，高岸遂为幽谷，苟功无废舍，不期朝夕，则无微而不积，无大而不亏矣。今砥砺之与刀剑，相磨不已，则知其将尽，二物如此，则丘壑消盈无所致疑。若以大小迟速为惑者，未能推类也。○夫期功于旦夕者，闻岁暮而致叹；取美于当年者，在身后而长悲。此故俗士之近心，一世之常情也。至于大人，以天地为一朝，亿代为瞬息，忘怀以造事，无心而为功。在我之与在彼，在身之与在人，弗觉其殊别，莫知其先后。故北山之愚与嫠妻之孤，足以哂河曲之智，嗤一世之惑，悠悠之徒可不察欤？（《列子注》卷五）

【唐】邱鸿渐：止万物者艮，会万灵者人。艮为山以设险，人体道以通神。是知山之大，人之心亦大，故可以议其利害也。昔太行耸峙，王屋作固，千岩纠纷，万仞回互。冰霜蓄而居夏凝结，源流联而飞泉积素。爰有谆谆愚叟，面兹林麓，怆彼居之湫隘，惩祁寒之惨毒。激老氏之志，且欲移山；当算亥之年，宁忧就木。乃言："日月无私照也，山则蔽之；春夏无伏阴也，山则藏之。倾阻我比屋，拥隔我通逵。我将拔本塞源，使无孑遗。得则为功之美，否则为身之耻。终当贻厥孙谋，施于翼子。"

于是协室而一乃心力，荷担而三夫杰起。畚斫斯备，其功聿修，于涧于沼，爰始爰谋。一之日土垦石凿，二之日崩崖陨崿，三之日夷峰弥壑。云林摧以盖偃，火石迸而星落。尔其洞突埋塞，阴阳交错。飞禽走兽，魄褫气慑，而不复巢居穴讬；王乔偓佺，低徊频蹇，而无所骖鸾驾鹤。山神操蛇闻之，乃壮其功，深其计，将惧不已，先谒于帝。命夸娥二子，发神威，振猛厉，始将怒目决眦，终欲飙举电逝。遂乃斡砀莽，挟崔嵬，下拔乎三泉，上冲乎九垓，突兀云动，磅礴天回，遽投雍朔而不复来。世人始知愚公之远大，未可测矣；夸娥之神力，何其壮哉！

倘若不收遗男之助，荷从智叟之辨，则居当困蒙，往必遇蹇，终为丈夫之浅。今者移山之功既已成，河冀之地又以平，则愚公之道行。客有感而叹曰："事虽殊致，理或相假。多岐在于亡羊，齐物同于指马。我修词而忘倦，彼移山之不舍。吾亦安知夫无成与有成，谅归功于大冶。"（《愚公移山赋》）

【宋】林希逸：此章其言似迂阔，然以形容不已之意却甚有味。释氏言：补陀大士初修行时，穷苦而无所见，将下山。遇人于水边，磨一铁尺，问之曰："磨此何用？"曰："将以为针。"大士笑之曰："汝岂愚邪？铁尺可磨为针乎？"其人曰："今生磨不成，后生亦磨不成？"大士大悟，再归补陀，而后成道。似此之言甚迂，某尝以为有味，有益于学者。若人皆存此心，何事不可为？何学不可成也？东坡曰："徐徐而为之，十年之后，何事不立？但恐此意不坚，行之不力耳。"东坡此语似甚浅近，若研究得来，尧之兢兢，舜之业业，汤之又日新，文王之纯亦不已，即此一念也。（《列子鬳斋口义》卷下）

【宋】杨亿：夫诚不果者物不应，志不笃者事不集。故霜陨燕地，风击齐台，诚之谓也；精卫填海，愚公移山，志之谓也。（《处州龙泉县金沙塔院记》）

【明】冯时可：昔人云，宇宙可臻其极，性情不知其穷。以有涯之身，驰无涯之念，其何异于夸父逐日，愚公移山也？（《雨航杂录》卷上）

【明】朱得之：拟名愚公、智叟，而本其所出，曰北山，曰河曲，皆所以表诚伪之端也。昔人有磨铁尺欲为针者，意亦类此。（《列子通义》卷五）

【今】王宇：愚公的突破不单单在于坚持与毅力，更重要的是愚公把空间限制和时间限制一一打破，以最卑微的人力来完成壮举。在天地之中人的确渺小，欲以人力突破时空的限制，如此平凡的念头却造就了顶天立地的超凡人格。〇移山是空间上的，山这么大，这么高，不可能移走；人生也没有这么长的时间去完成移山的任务。愚公率领子孙世世代代去做，是突破空间及时间的限制的做法。他的"愚"正是他的坚持和智慧。渺小的人力，突破时空的限制，皆源于顶天立地的人格。（余党绪，张广录《中学语文批判性思维教学案例》）

【今】孙绍振：在强调人的意志的决定作用上，《愚公移山》和《精卫填海》《夸父逐日》属于同个母题。但《愚公移山》是寓言，而《精卫填海》《夸父逐日》是神话，二者虽同为虚构的想象，但寓言系个人创造，而神话为民族集体的想象。神话比寓言情节的幻想成分更为自由。《精卫填海》《夸父逐日》情节的因果关系，每每有一点幼稚。……这里有两点值得注意。第一，神话中的人物所遇到的困境，都不是个人的，而是与整个人类生存紧密相关的，如水和太阳给人类带来的灾难。第二，人类与之斗争，往往是失败的，但是并没有认输，相反总是以曲折的方式，显示其征服自然的理想。所以马克思说："人类借助神话在幻想中征服自然。"同时，不同民族的神话，又蕴藏了不同民族的精神密码。拿炎帝少女填海的故事和《圣经》中的洪水故事相比，就可以看出希伯来人在灾难中，以诺亚方舟来表示对主宰人类命运的上帝（全能全智的神）的期待。而在我们民族的神话中，对付洪水的是人，他们并没有超人的力量，也不指望超人的神来救助。……至于民间谚语中的"时日曷丧，予及汝偕亡"和《二郎担山赶太阳》的民间故事，也都是对和大自然搏斗精神的歌颂。（《孙绍振解读经典散文》）

◎ 屈原

《渔父》

【汉】王逸：《渔父》者，屈原之所作也。屈原放逐在江湘之间，忧愁叹吟，仪容变易，而渔父避世隐身，钓鱼江滨，欣然自乐。时遇屈原川泽之域，怪而问之，遂相应答。楚人思念屈原，因叙其辞以相传焉。（《渔父章句》）

【唐】刘知几：自战国以下词人属文，皆伪立客主假相酬答。至于屈原《离骚》辞，称遇渔父于江渚；宋玉《高唐赋》，云梦神女于阳台。夫言并文章，句结音韵，以兹叙事，足验凭虚。（《史通·杂说》）

【宋】朱熹：渔父盖亦当时隐遁之士，或曰亦原之设词耳。（《楚辞集注》卷五）

【宋】洪迈：自屈原词赋假为渔父、日者问答之后，后人作者悉相规仿。司马相如《子虚（赋）》《上林赋》以子虚乌有先生、亡是公，扬子云《长杨赋》以翰林主人、子墨客卿，班孟坚《两都赋》以西都宾、东都主人，张平子《两都赋》以凭虚公子、安处先生，左太冲《三都赋》以西蜀公子、东吴王孙、魏国先生，皆改名换字，蹈袭一律，无复超然新意稍出于法度规矩者。（《容斋诗话》卷二）

【宋】楼昉：渔父，盖古巢、由之流，荷蒉、丈人之属，或曰亦原托之也。（《崇古文诀》卷一）

【明】孙鑛：撰语俱奇峭直切，在楚骚中最为明快。（七十二家集评朱熹《楚辞集注》卷五）

【明】李贽：细玩此篇，毕竟是有此渔父，非假设之词也。观其鼓枻之歌，迥然清商，绝不同调，末即顿显拒绝之迹，遂去不复与言，可以见矣。如原决有此见，肯沉汩罗乎？实相矛盾，各执一家言也。但为渔父则易，为屈子则难，屈子所谓"邦无道则愚"以犯难者也。谁不能智？唯愚不可及矣。渔父之见，原亦知之，原亦能言之，则谓为屈原假设之词亦可。（《李温陵集》卷十六）

【明】李廷机：随流扬波者，不至于俱浊，亦不必独清；餔糟啜醨者，不至于俱醉，亦不必独醒。正所谓"与世推移"者。（七十二家集评朱熹《楚辞集注》）

【明】陆时雍：渔父数言，如寒鸦几点，孤云匹练，疏冷绝佳，至语标会，总不在多也。（《楚辞榷》卷八）昔人谓醒难醉尤难，余谓醉醒一也。醒不厌世尘，醉非耽世味，非善醒者曷善醉哉？（《楚辞榷》卷五）

【明】蒋翚：结语冷甚，有月照寒潭，雨侵疏竹之致。（七十二家集评朱熹《楚辞集注》卷五）

【唐】李贺：读此一过！居然觉山月窥人，江云罩笠。（七十二家集评朱熹《楚辞集注》卷五）

【清】王符曾：皓月当空，万籁俱寂，取此文朗吟三遍，令我飘然有遗世之想。（《古文小品咀华》卷一）

【清】孙琮：只就渔父口中，翻出一段至理可参，有情有态，可咏可歌，词家风度。（《山晓阁古文全集》卷十五）

【清】吴景旭：古来三渔父，一出庄子，一出屈子，一出《桃花源记》，皆其洸洋迷幻，感愤膠葛，因托为其辞以寄意焉，岂必真有其人哉？（《历代诗话》卷十）

【清】邵长蘅："与世推移"颇似庄老家言。屈子谓非不知此，有所不忍为耳。上篇（按：指《卜居》）亦是不能变心从俗之意，此篇用意则更深矣。（于光华《评注昭明文选》卷八）

【清】屈复：渔父，见举世无可语之人也，宁赴湘流，声情俱痛，志决矣！我与我周旋久，聊语我耳。太史公次《怀沙》于此篇之后，有以夫。○通篇四段。前两段两"何故"字、两"皆"字、两"独"字、两"何不"字，作呼应。后两段，两"必"字，两"安能"字，两"去"字，作呼应。章法井然。○孔子曰，殷有三仁焉，此后遂无完人。三闾若豫知后世之鄙夫迂儒，必有过论者，嗟乎！汉唐后论人，严于仲尼，吾不知其自视居何等也。○通篇之意，言我非不知与世推移可以苟生，但志不受污，宁葬江鱼腹中耳。○志不受污，宁死不回也，一篇正意。（《楚辞新集注》卷六）

【清】过珙：通篇借渔父问答，发泄一腔忠愤。"浊、醉"两字，明画出当日仕楚诸臣真面目。然原清醒之身体，磨不磷，涅不缁，宁葬江鱼腹中，不肯与时为俯仰，又何其烈也！（《古文评注》卷二）

【清】林云铭：《史记》载，灵均此辞之后即作《怀沙》之赋，自投汨罗。篇中有葬于江鱼腹中之语，意已决矣！故借渔父问答发明己意。"浊、醉"二字，画出当日仕楚群臣真面目。在原，非不知和光同尘可以免于罪，但自惟得此清醒之体，费却许多洗濯工夫，原非易事。若人于浊醉之中，何异新沐浴者复受衣冠垢污，与未沐浴同矣，是渔父以不入耳之谈来相劝勉也。及自言其志，而渔父亦以为不然，长歌而去。此时举世绝无一可语之人，虽欲不自沉，不可得矣！（《增订古文析义合编》卷六）

【清】贺贻孙：《渔父》亦寓言，《史记》引为实录，盖子长特爱其文，借以作叙事波澜耳。"不凝滞于物，而能与世推移"八句，有真有假、有佛有魔、有仙有鬼、有圣人有乡愿、有柳下惠东方朔在此托迹，亦有冯道胡广在此藏身。"遂去不复与言"六字，指示先着，高甚俊甚。渔父真大导师也。（《骚筏》）

【清】王萌：屈子，古狷者，流其志，行必则。彭咸（按：王逸《楚辞章句》有云："彭咸，殷贤大夫，谏其君不听，自投水而死。"）本不必有合大中之行，然屈子亦未尝以自讳也。其述渔父之规以圣人不凝滞于物而能与世推移，及鼓枻而歌沧浪云云，明明道出不以见笑而或改其志。盖孔之所谓杀身成仁、孟之所谓舍生取义者，夫固即大中之行矣，如曰别有所谓大中以善死道，将天下无复有杀身舍生之人矣。其孰肯切切以仁义为事哉？（《楚辞评注》卷七）

【近】林纾：两篇（按：指《卜居》和《渔父》）皆主客易位，詹尹、渔父之意皆非屈原之意，乃反客而为主，实则屈原亦自知其愤激，故托此二人用以自解，盖孤愤已极，自分万无生理。若照己意而行，不几以一己之激烈，遗后人以无可转旋之地？故我自死忠，人自涉世。用心之忠厚，千载之下，当能喻之也。（《林纾选评古文辞类纂》卷十）

◎《左传》

《烛之武退秦师》

【宋】金履祥：晋文报怨而喜功，故邀秦以伐郑；秦穆恃功而嗜利，故私郑以倍晋。此一役也，结怨交兵者数世。晋主夏盟，失秦之援，而为楚所抗，自是役始。《春秋》之所忧在楚，《史记》之所忧在秦，二者居天下之大势矣。（徐乾学《古文渊鉴》卷二）

【清】康熙（帝）：晋之伐郑，本以其无礼。贰于楚，特借辞耳，故是役也晋主而秦客。烛之武之言，易入者以此。（徐乾学《古文渊鉴》卷二）

【清】徐乾学：秦、晋协和以图郑。烛之武数言能使秦伯反为郑守，此种已开战国策士之风。（《古文渊鉴》卷二）

【清】林非斋：晋乃秦之敌也。郑近于晋而远于秦，则郑又秦之唇，唇亡而齿有不

寒者乎？故秦伯不但不围而且戍郑也。（韩菼《春秋左传句解》卷二）

【清】魏禧：如此辞令，真无一字不妙，无一著不老靠圆密。春秋时祖此者甚多，此不特千古辞命之祖，亦千古处难济变之师也。拜服，拜服！（《左传经世钞》卷四）

【清】金圣叹：分明一段写舍郑之无害，一段写陪晋之有害，而其文皆作连锁不断之句，一似读之急不得断者。妙在其辞愈委婉，其说愈晓畅。（《天下才子必读书》卷一）

【清】林云铭：晋文修怨于郑，与秦何涉？秦会兵围之，自是过举。但既同围郑矣，乃听烛之武之言，中变而与郑盟，且舍戍焉，晋岂有不憾者。后此，晋枢牛吼，西师暴骨于二陵，结衅不休，皆自此始，此尤失策之大者也。但烛之武为国起见，说秦之词句句悚动，有回天之力，其中无限层折，犹短兵接战，转斗无前，不虑秦伯不落其彀中也。计较利害处，实开战国游说门户，佚之狐当受荐贤上赏矣。（《增订古文析义合编》卷一）

【清】俞宁世：秦、晋外合而内离，晋之霸，秦之忌也。不见晋君，反见秦君，已得要领。故烛之武口中反反覆覆，只在利害上讲，使秦伯不惟释郑，反欲拒晋。秦、晋构隙，则郑免矣。文公不欲因郑失霸为天下笑，决然去之，以为后图，此霸主之略也。文章快利，已开战国策士之风。（于光华《古文分编集评·三集》卷一）

【清】吴楚材、吴调侯：郑近于晋而远于秦，秦得郑而晋收之，势必至者。越国鄙远，亡郑陪邻，阙秦利晋俱为至理。古今破同事之国，多用此说。篇中前段写亡郑，乃以陪晋，后段写亡郑，即以亡秦，中间引晋背秦一证，思之毛骨俱竦。宜乎秦伯之不但去郑，而且戍郑也。（《古文观止》卷一）

【清】余诚：秦晋同围郑，郑独遣武说秦者，以师出自晋，秦特助之耳。去其羽翼，兵势自孤，故秦军退而晋军自退也。此篇起首一段叙出围郑之故并两军驻扎之地，便见郑原未尝得罪于秦，而乘间可以进说，意是为下文伏案也。"佚之狐"段叙遣武事，却用一"辞"作波，是行文纡徐有致处。武"见秦伯"之段，前一段就秦与郑说，后一段就秦与晋说，皆从利害上立言。反反复复，似深为秦筹者，委婉入情，令人自为心折，极是辞令妙品。后段末以"乃还"二字结"秦军氾南"句。"子犯"一段，又另将晋作一波，以"去亦之"三字结"晋军函陵"句，章法尤为精密。○说秦伯语虽分两段，其实一气相生。先以"有益"反起"君之薄"，次以"无所害"反应"君之薄"，再次以"阙秦"反应"无所害"。（《重订古文释义新编》卷二）

【清】过琪：得势全在"秦、晋围郑""郑既知亡"二语，先令人气平了一半。以后纡徐曲折，言言刺入秦伯心窝里去。词令之妙，一至于此！其悦而且戍也，固宜。（《古文评注》卷一）

【清】冯李骅：大旨只极言亡郑之无益，开口提明一句，以下分作两半读。前半先申言亡郑之无益，又翻转来极言舍郑之无害；再挟进一步，先言晋旧背秦，再言并当阙秦，都是一层紧一层。前半亡郑以陪邻，后半阙秦以利晋，两两相对，一反一复，写得不惟无益，竟大有损。直截痛快，却步步用一顿一跌，以挑拨之笔舌之妙，真为《国策》开山。然《国策》有其圆警，无其简洁隽逸也。（《左绣》卷五）

【清】李绍崏：此是第一篇反间文字。凡用间，必得间而后入。起首一行，写得围郑与秦全无干涉，便伏一篇立说之根。又，用间不外利、害两端，而极言如此之利不如极言如彼此害。篇中说利只一层，说害却用三层是也。用间，不可说成为己之学，须借箸而陈，居然忠爱。篇中凡九提"君"字，写得句句是为秦谋，不为己谋。吾舌尚存[①]，虽隋、陆复生，何以易此。（《左传快读》卷六）

【清】周大璋：最妙是"郑既知亡矣"一语，将郑撇开不顾，许多议论都是为秦而不为郑。教他退师，只是闲谈逗出，在有意无意之间，真善于立言者也。战国策士大半祖此，然词气凌厉，多露圭角，不如此浑脱和婉耳。（《左传翼》卷十一）

【近】林纾：天下求文字之紧凑，用"利、害"两字，辖辚为用，移步换形，言简词悚，能使人不得不听者，此篇是也。……全篇重在"阙秦利晋"四字，使秦伯不能不听。匪特烛之武敏给，非左氏文字曲曲传写，敏给亦无从见。文无他妙巧，但极紧极灵，代他体贴、代他估量、代他不平、代他计较、代他抱屈，一一若贡忠诚，实一一皆关利害。"利、害"两字，或平列，或侧重，或挪移抽换，但觉一步紧似一步。行文能解此法，殊游刃有余。（《左孟庄骚精华录》卷上）

【近】吴曾祺：城濮之后，晋人得志，秦人未必毫无忌心，其相与伐郑者，乃牵率使来，非其心之所欲也，故烛之武得以乘其机。不然岂有与人有成谋，而听一说士之言，遽翻然变计之理？后来张孟谈之说，合韩魏以覆智氏[②]，与此相类。（韩席筹《左传

---

① 《史记·张仪列传》有载：张仪游说诸侯，楚相怀疑其盗璧，执之，掠笞数百。其妻曰："嘻！子毋读书游说，安得此辱乎？"张仪谓其妻曰："视吾舌尚在不？"其妻笑曰："舌在也。"仪曰："足矣。"

② 此说源于著名的"三家分晋"。"三家分晋"被视为春秋之终、战国之始的分水岭，司马光将其列为《资治通鉴》的开篇之作。晋国大权落到智、赵、魏、韩四卿手中。智伯独揽朝政大权，他分别向魏桓子和韩康子要了土地，当他要求赵襄子割地时遭到拒绝。智伯要魏韩一起出兵攻赵。张孟谈建议赵襄子到晋阳抗智。智伯水淹晋阳，围困其三年。《战国策·赵策一》载："张孟谈于是阴见韩、魏之君曰：'臣闻唇亡则齿寒，今知伯帅二国之君伐赵，赵将亡矣，亡则二君为之次矣。'二君曰：'我知其然。夫知伯为人也，麤中而少亲，我谋未遂而知，则其祸必至，为之奈何？'张孟谈曰：'谋出二君之口，入臣之耳，人莫之知也。'二君即与张孟谈阴约三军，与之期日，夜，遣入晋阳。"赵、魏、韩三家联合攻智，智伯被擒，三家瓜分了晋国的领地。

分国集注》卷五)

《曹刿论战》

【明】林云铭：齐师压境，正鲁国君臣戒严之日，若论不在其位，不谋其政，曹刿以局外之人忽欲插身庙算，何等唐突！且不直陈应敌急策，却闲闲发问，把庄公平日所行政事较论一番，何等迂阔！迫既入战场，死生存亡定在呼吸矣，乃应鼓而偏不鼓，应逐而偏不逐，何等乖方失宜！时庄公既不解其故，而在位诸臣亦寂无一言掣肘于其间，直待成功之后方请解说，俱成希有仅事。细玩通篇，当分三段。以"远谋"二字作眼，总是一团慎战之意。惟知慎战，故于未战之先，必考君德；方战之时，必养士气；既胜之后，必察敌情。步步详审持重处，皆成兵机妙用。所谓"远谋"者，此也。肉食辈能无汗浃！（《增订古文析义合编》卷一）

【明】钱希声：茅屋中信有知兵之将，肉案上那得识气之人。知己知彼，百战百胜。曹刿之论可谓"惧而好谋"①者矣。文亦步伐严整。（韩菼《批注春秋左传句解》卷上）

【明】孙鑛：一节照应一节，句句典实。未审狱一段似出别调，仍归本格，所以为佳。曰"请见"，自荐甚奇；曰"肉食者鄙"，憨直得妙；问"何以战"，便不是一剑伎俩。而《公羊》《国策》皆记其他日劫盟事，胡氏于此又以诈谋讥之，何刿之多不幸乎！据左氏前后所记刿本末，真古大臣器识，岂止一将之任有余哉！（孙琮《山晓阁左传选》卷一）

【清】康熙（帝）：兵法贵知彼知己，此篇约略尽之。（徐乾学《古文渊鉴》卷一）

【清】孙琮：曹刿持重周密，大将才也。曰"请见"，突然自荐；曰"肉食者鄙"，目空一时；曰"问何以战"，直恁细心；曰"战则请从"，毅然自任。从"惠"与"信"直说到"忠"，可见能用其民；从"三鼓"直等到"辙乱""旗靡"，可见能制其敌。通篇自首至尾，步步有精神，着着有定算。曹刿妙用，得此为之写生。（过珙《古文评注》卷一）

【清】冯李骅：此是左氏一首极有心结构文字，又整齐，又变化，开后人无数局法。通篇叙议兼行，大概是两截格。而前一个"将战"，后两个"将鼓""将驰"又是一头两脚格。然上截一事却分说，下截两事却合说，则一变。上截先解后做，下截却先做后解，则又变。四"不可"、三"可"上实下虚，上暗下明，则又变。上"公曰""刿曰"，一递一换，下单写四"刿曰"，则又变。其实下二事，即从上一事中分出，而中间总叙

---

① 《论语·述而》有云：子路曰："子行三军，则谁与？"子曰："暴虎冯河，死而无悔者，吾不与也。必也临事而惧，好谋而成者也。"

实事，解说安在两头，又是鹤膝蜂腰格。并两截及一头两脚局法，不足以拘之，而变化极矣。（《左绣》卷三）

【清】唐德宜："远谋"二字是一篇之骨，前后一问一对，及战时之审量，总莫非"远谋"也。通篇一冒三截，其中自具起伏照应之妙，如"何以""可以""未可""可矣""故克""故逐"等句，章法极细。（《古文翼》卷一）

【清】余诚："远谋"二字一篇眼目，却借答乡人语，闲闲点出。入后层层写曹刿远谋，正以见肉食者之未能远谋也。通体不满一百二十字，而其间具无限事势，无限情形，无限问答，急弦促节，在《左传》中另自别是一词。（《重订古文释义新编》卷一）

【清】王源：谋者战之本也，未能远谋何以战乎？曹刿深衷，两言揭尽。厥后度己度彼，审情审势，莫非"远谋"。妙在"远谋"二字藏而不露，而通篇文情甚折，使读者惝恍情移，忘却先谋后战者，曹子之略也，但觉如往如复者，左氏之文也。（《文章练要·左传评》）

【清】浦起龙：显语见微，爽语见奥。政本军机皆具，孙、吴不能出乎其宗，左氏所以为言兵之祖也。层节对举，章法矜练。（《古文眉诠》卷一）

【清】吴楚材、吴调侯："肉食者鄙，未能远谋"，骂尽谋国偾事一流人，真千古笑柄。未战考君德，方战养士气，既战察敌情，步步精详，着着奇妙，此乃所谓"远谋"也。左氏推论始末，复备参差错综之观。（《古文观止》卷一）

【清】毛庆蕃：齐师伐我，无衅而动，败之机也。虽然小敌大、弱敌强，不可不惧也。问何以战，盖以人心为本也。曹氏其知兵乎！（《古文学余》卷二）

【清】刘继庄：曹刿格外奇人，生于藜藿，未谙军国之事，乃其识力全从天性中流出，不假学问历錬，天下固有此一种人，未可以常理论也。及其临事出语，每能见人所不能见，言人所不能言。此一辈人，遇乱时便能出头作事，太平时淹蠥菜瓮中，死者何可数计，可叹也！左氏之传曹刿，妙在写出一草野粗粝人，举动轻佻，不谙规矩，却又龙跳虎卧，不可捉搦。左氏之文，信与化工争巧矣。（《左传快评》）

【清】周大璋：突然请见，自荐，甚奇。论战而究战之本，临战而讲战之法，知己知彼，总非肉食者所能谋也。是时管仲已经相齐，而长勺一战，败于曹刿之手，岂内政军令尚未及行，故曹子得以施其所长乎？独惜刿有远谋，而鲁不能用，不克与齐代兴也，其谓之何？齐狃于乾时之胜而来，举朝无应敌之策，曹子所以越俎而代也。料敌致胜，兵将之常，而刿先探其本，设使无察狱以情之忠，则小惠小信，皆难一战，必不以战为尝试矣。文虽分两段看，而要紧尤是前段。盖有战之本而后讲战之法也。不取小惠小信而取忠，犹谓其为"忠之属"仅可一战，可知曹子胸中尚有绝大本领在，不得谓远谋已尽此也。（《左传翼》）

【今】孙绍振:"曹刿论战"的"论"可能给人一种错觉,以为这是一篇议论文,其实这是一篇记叙文。对于涉及战争的历史来说,最重要的当然是事实,尤其是决定胜负关键的战争过程,而文章对于战争取胜的过程则写得相当简洁。这样的处理透露出作者的匠心:文章的中心不是战争,而是决定这场战争并取得胜利的人;而且也不是这个人的一切,而是这个人的战争理论。有赏析文章说,这篇文章的好处在于"从各个角度映照出他(曹刿)的性格特征",这混淆了文学和历史之间的区别,在史传和散文中,是不以性格塑造为最高目标的。例如,曹刿问了三次战争的准备,前两次他都表示不满意,第三次,他的回答也只是"忠之属也"。后来到了战场上,面对鲁庄公的询问和要求,他只回应了极其简短的四句话:"未可""可矣""未可""可矣",这真是太精炼了!表情、语气、姿态全都省略了,全文就是讲曹刿的"战争论",与此无关的感性形象则一概省略。《左传》的这种写法曾经得到西方一些受到叙述学熏陶的学者激赏。其中一位把这种写法和西方现代派小说中的叙述潮流甚至与海明威的电报文件冰山风格联系起来。从艺术的角度这当然有一定道理,但《左传》的叙述却是我国传统的"实录""史家笔法"所决定的。《春秋》作为国史,对人物的肯定或者否定是不能从文字上直接露出来的。史家的原则是秉笔直书,"寓褒贬"于字里行间。比如,鲁庄公会不会给读者产生毛毛草草、胸无城府的感觉呢?或者说,作者的目的是让读者感到鲁庄公这个人虽然不一定很会打仗,但是对正确的意见能够言听计从,用人不疑,因此还算是个不错的君主?这一切,都可以从"公将鼓之""公将驰之"与曹刿的几个"未可"和"可矣"中去分析其中的"微言大义"。这种手法后来就成了史学写作的传统——"春秋笔法"。这个办法太厉害了,不管是国君还是大臣,都免不了要受到当世和后来的检验。所以有孔子订《春秋》而"乱臣贼子惧"之说。(《孙绍振解读经典散文》,引用时有删节)

◎《战国策》

《唐雎不辱使命》

【宋】叶适:秦王言"天子之怒,伏尸百万,流血千里",尽客气也。故唐雎得以客气胜之,曰"伏尸二人,流血五步,天下缟素",挺剑而起,秦王色挠长跪而谢也。然荆轲事,言"秦法,群臣侍殿上者,不得持尺寸兵",或者他国使客不禁耶?孟子谓"文武,一怒而安天下之民",《诗》称"肆不殄厥愠,亦不陨厥问",当与秦王、唐雎并看。史疾治列御寇之言曰"贵正",楚王疑正不可以治国,不可以御盗。春秋之末此论已行。故孔子曰"子率以正，孰敢不正"，又曰"子为政，焉用杀，子欲善而民善矣"。时人亦疑之，虽其高弟固不尽信也。（《习学记言》卷十八）

【宋】鲍彪：诸刺劫之士，自曹沫以至荆轲，皆未闻道，惟若唐雎者可也。为其激而发，而不专志于此也。（《战国策注》卷七）

【元】吴师道：愚谓，此《策》文甚明，而事多难言。以始皇之兵威，何惮于安陵而易以五百里地？是特为之辞而使之纳地耳！唐雎之使愚矣。虽抗言不屈，岂终能沮之乎？荆轲之见也，匿匕首于图。秦法，侍者不得操兵，此云"挺剑而起"，何也？其辞固多夸矣！（《战国策校注·魏卷》）

【清】林云铭：篇内有灭韩亡魏之语，似在始皇二十二年以后之事。时三晋皆属秦，何处更容得安陵五十里之地？且荆轲事在先，彼时犹以督亢图藏匕首而进，兹何独许唐雎带剑上殿耶？纵令此日安陵尚存，唐雎果有劫秦之事，始皇亦未必肯学齐桓，不背曹沫[①]也。但其文摹写入神，大为孱弱吐气。（《增订古文析义合编》卷六）

【清】余诚：以吕政之暴横而雎仗剑数语，至使竦惧谢罪，妙人妙事妙文！〇按《通鉴》始皇十七年灭韩，二十二年灭魏，篇中有灭韩亡魏等语，唐雎之使自应在二十二年之后，其事之有无，殊不可考。或曰：此辩士之寓言。（《重订古文释义新编》卷四）

【清】高嵣：凛凛有生气，读之快意，不必论其事之有无。（《国策钞》）

【清】金圣叹：俊绝、宕绝、峭绝、快绝之文。（《天下才子必读书》卷四）

【清】俞桐川：秦王多少咆哮，渐渐消歇下去。一句狠一句，一步逼一步，雄古奇峭，读之快心。（高嵣《国策钞》卷下）

【清】唐德宜：气撼五岳，妙于有体。称先王不涉迂阔，言士怒非徒刚狠。慷慨而谈，令人心开目爽。（《古文翼》卷三）

【清】浦起龙：逶迤引局，斗然换境。如行坦途者，怪峰忽起于前也。六国破灭得此差强人意。（《古文眉诠》卷十五）

【清】储欣：可与曹沫并传，文亦大有生气，不减荆、聂[②]二事手笔。（《古文菁

---

① "不背曹沫"，见《史记·刺客列传》："曹沫者，鲁人也，以勇力事鲁庄公。庄公好力。曹沫为鲁将，与齐战，三败北。鲁庄公惧，乃献遂邑之地以和。犹复以为将。齐桓公许与鲁会于柯而盟。桓公与庄公既盟于坛上，曹沫执匕首劫齐桓公，桓公左右莫敢动，而问曰：'子将何欲？'曹沫曰：'齐强鲁弱，而大国侵鲁亦甚矣。今鲁城坏即压齐境，君其图之。'桓公乃许尽归鲁之侵地。既已言，曹沫投其匕首，下坛，北面就群臣之位，颜色不变，辞令如故。桓公怒，欲倍其约。管仲曰：'不可。夫贪小利以自快，弃信于诸侯，失天下之援，不如与之。'于是桓公乃遂割鲁侵地，曹沫三战所亡地尽复予鲁。"

② 《史记·刺客列传》写了曹沫、专诸、豫让、聂政、荆轲五个刺客。荆、聂指荆轲和聂政。

华录》)

【清】吴楚材、吴调侯：博浪之椎 [1]，唐雎、荆卿之剑虽未亡秦，皆不可少。（《古文观止》卷四）

【清】王符曾：须知此文有数样声口，数样气色。秦王使人谓安陵，第一样；安陵对秦使，第二样；秦王谓唐雎，第三样；唐雎对秦王，第四样；秦王怫然怒，第五样；唐雎挺剑起，第六样；秦王长跪谢，第七样。要写秦王装模作样，便活画出一恣睢暴戾之秦王；要写秦王心惊胆战，便活画出一低声下气之秦王；要写安陵受制于人，便活画出笑啼不敢之安陵；要写唐雎声势狞恶，便活画出一怒容可掬之唐雎。种种奇妙，何处得来？"专诸之刺王僚"一段，并不如荆卿所云"左手把袖，右手揕胸"也。只从四面八方盘旋烘染，而纸上已炭炭摇动，令人一读一击节，真奇笔也。（《古文小品咀华》卷一）

《邹忌讽齐王纳谏》

【宋】鲍彪：邹忌尝以诈走田忌，则其人亦倾险士耳。唯此言者，万世之言也。（《战国策注》卷四）

【明】茅坤：通篇俱用三叠，凡七层，而文法变换令人不觉。如水上波文，起伏变幻，只一水耳，文章之妙极矣！（高嵣《国策钞》卷上）

【清】林云铭：此篇专为好奉承者说法。人苦不自知，自知则人莫能蔽。篇中所云"臣诚知不如徐公美"一句，便是去蔽主脑。威王下令，亦止是欲闻过耳。结言"战胜"即自克之意。其行文自首至尾俱用三叠法。《国策》中最昌明正大者。（《增订古文析义合编》卷五）

【清】俞桐川：闺门起，朝廷结，小中见大。思议不到，写来却成名理。文多三叠，间用单句提缀，转折收煞，笔力斩然。（高嵣《国策钞》卷上）

【清】余诚：此文大有惜墨如金之意。前五段不过是引入讽齐王伏笔。"王曰善"以下，又皆写齐王之能受善。其讽王处，惟在"臣诚知不如徐公美"数语。即此数语中，亦并无讽齐王纳谏字句，只轻轻说个"王之蔽甚矣"便住。何等蕴藉，何等简峭！至其通体文法，每一层俱用三叠。变而不变，不变而变，更如武夷九曲，步步引人入胜。（《重订古文释义新编》卷四）

【清】金圣叹：一段问答孰美，一段暮寝自思，一段入朝自述，一段讽王蔽甚，一

---

① 又称"博浪一椎"，见《史记·留侯世家第二十五》："良尝学礼淮阳。东见仓海君。得力士，为铁椎重百二十斤。秦皇帝东游，良与客狙击秦始皇博浪沙中，误中副车。秦皇帝大怒，大索天下。"

段下令受谏，一段进谏渐稀。段段简峭之甚！（《天下才子必读书》卷四）

【清】钟惺：千古臣谄君骄局面，从闺房小语逗出。妙，妙！（高嵣《国策钞》卷上）

【清】吴楚材、吴调侯：邹忌将己之美、徐公之美细细详勘，正欲于此参出微理。千古臣谄君蔽，兴亡关头，从闺房小语破之，快哉！（《古文观止》卷四）

【清】王符曾：假令予未读此文之先，有来告者曰"《国策》载邹忌拟形貌与徐公孰美而入朝见威王"，予当笑而不应，谓其说太矜奇而炫异矣。及得此文，自首至尾，密咏恬吟，为之三复焉，为之留连焉！诧其前半之凭空结撰，能令后半如云收雾散也；诧其后半之妙手空空，偏令前半如霞蔚云蒸也；诧其中间界限分明，划沙印泥而又天然斗笋，痕迹尽化也。而后知邹忌之拟形貌与徐公孰美而入朝见威王，乃古今来绝妙之文，所谓奇者何奇，而所谓异者何异也。噫！今人作文，病蛙徐步，蝜蝂缘木；古人作文，凤凰翔舞，龙文耀目。(《古文小品咀华》卷一)

【今】吴小如：如果按照正规的文章结构，这篇作品一开头应该这样写：邹忌为齐威王相，入朝见威王，曰："臣尝朝服衣冠而窥镜……"接着把他的故事叙述完毕，然后接下去再说"臣诚知不如徐公美"那一段。但如果真如此写，便索然寡味，毫无艺术特色。照目前的这种写法，是作者故弄狡狯，把虚构的情节提到文章的开头来叙述，俨然煞有介事。然后在叙述以后骤接"于是入朝见威王"那一段，既活泼生动又水到渠成，这就是所谓的"虚处实写"。

这篇文章的结构层次也很别致，从头至尾一直用三层排比的手法来写。妻、妾、客是三层；"私我""畏我""有求于我"是三层；"宫妇左右""朝廷之臣""四境之内"的百姓，又是三层。上、小、下赏，是三层；"令初下""数月之后""期年之后"，又是三层。再看，邹忌自以为美于徐公这一事件的发展在时间上是三层："朝""旦日""明日"是也。邹忌的思想转变过程也是三层："熟视之自以为不如"是第一层，"窥镜而自视，又弗如远甚"是第二层，然后到"暮寝而思之"是第三层，找出了矛盾的焦点。全部事态的发展也是三层：邹忌现身说法进行讽谏是第一层，齐威王"下令"广泛征求意见是第二层，最后使邻近的诸侯国都来入朝，"此所谓战胜于朝廷"是第三层。总之，文章的结构层次很重要，没有层次不行，层次太多也不行。一般地说，总要注意到结构层次的对称美，排比作用和递进作用。(《古文精读举隅》，引用时有删节)

《荆轲刺秦王》①

【汉】司马迁：（太史公曰）世言荆轲，其称太子丹之命，"天雨粟，马生角"也，太过。又言荆轲伤秦王，皆非也。始公孙季功、董生与夏无且游，具知其事，为余道之如是。自曹沫至荆轲五人，此其义或成或不成，然其立意较然，不欺其志，名垂后世，岂妄也哉！（《史记·刺客列传》）

【汉】扬雄：政也，为严氏犯韩，刺相侠累，曼面为姊，实壮士之靡也，焉可谓之义也？轲也，为丹奉於期之首、燕督亢之图，入不测之秦，实刺客之靡也，焉可谓之义也？（《法言·渊骞》）

【晋】陶渊明：萧萧哀风逝，淡淡寒波生。商音更流涕，羽奏壮士惊。心知去不归，且有后世名。（《咏荆轲》）

【唐】李翱：荆轲感燕丹之义，函匕首入秦劫始皇，将以存燕宽诸侯。事虽不成，然亦壮士也。惜其智谋不足以知变识机。始皇之道，异于齐桓；曹沫功成，荆轲杀身，其所遭者然也。及欲促槛车驾秦王以如燕，童子妇人且明其不能，而轲行之，其弗就也非不幸。燕丹之心，苟可以报秦，虽举燕国犹不顾，况美人②哉！轲不晓而当之，陋矣！（《题燕太子丹传后》）

【宋】朱熹：轲匹夫之勇，其事无足言，然于此可以见秦政之无道，燕丹之浅谋，而天下之势已至于此。虽圣贤复生，亦未知其何以安之也。（吴师道《战国策校注·燕卷》）

【宋】鲍彪：太子丹不忍一朝之愤，轻亡其国，其谋悖矣。夫以二夫行劫刺于大国，出于仓卒不意，或幸以中，而欲从容质责，使悉反侵地，取契以归，此岂持匕首之所可待？鞠武初谋似矣，太子不用，不能力争，妾妇之明也。数士之死，燕国之亡，皆武实

---

① 课文选自《战国策·燕策三》，荆轲刺秦也见《史记·刺客列传》，这部分集评包括了对两篇文字的评点。关于二文之间的关系，杨宽在《战国史料编年辑证》中说："《汉书·艺文志》著录有《荆轲论》五篇，注云'轲为燕刺秦王，不成而死，司马相如论'。可知荆轲刺秦王盛传于秦、汉之际，汉初文学家司马相如尝为专论五篇。《燕策三》与《刺客列传》所载荆轲之事迹当有所本。司马迁谓'公孙季功、董生与夏无且游，具知其事'，当指荆轲上殿上刺秦王时所经历亲见之惊险过程。司马迁据以描写，因而《刺客列传》所述极为生动而细致，并特意叙述夏无且掷药囊而得赏之事。《燕策三》第五章所载燕太子丹使荆轲刺秦王之事，当采自纵横家之原有记载，《刺客列传》则采自策文而略有增饰，如鞠武对答太子之言。惟有末段所叙殿上行刺经过，则依据公孙季功等所述夏无且所说。今本《战国策》所以与《刺客列传》全相同者。盖后人又据《史记》以增补《战国策》。"

② 据《燕丹子》载，太子丹置盛宴于华阳台，并令美女弹琴助兴。荆轲称赞女子琴弹得好，还说喜欢她的手，太子丹就砍下美女的手，用玉盘装着送给荆轲。

为之。荆轲之事，甚似曹刿，其所不可者，刿发愤于一朝，而轲蓄谋于积岁。且白衣祖送者系路，其不漏露而先败，抑亦幸矣。轲不足道也。厥后留侯亦袖椎窃发，此其人岂愚哉？盖积志仇秦，不知所不可。使其不逢汉帝，则亦死以为期，不能一日而忘秦也。豫子、高渐离、张留侯三人者，皆孝子忠臣至一之行也，唯轲于此则无处焉。（《战国策注》卷九）

【明】凌稚隆：此传叙燕多慷慨之士，因荆卿而波及田光、樊於期、高渐离辈，其一时意气所激而成风欤？○卿既欲有所待矣，丹乃强之使行，而卿亦竟从其强卤莽，如是安得不取败哉？（《史记评林》卷八十六）

【明】茅坤：（荆轲既至燕……已而相泣，旁若无人者）无故之乐，无故之悲，无限深情，令人断肠。（凌稚隆《史记评林》卷八十六）

【明】王世贞：《荆卿传》曰其"为人智深而勇沉"，有味乎言之也。凡智不深则非智，勇不沉则非勇。深所以藏智，而出之使不测；沉所以养勇，而发之使必遂。（《弇州四部稿》卷一百三十九）

【明】何孟春：秦虎狼之国，燕太子丹所使荆轲，乃欲为曹沫劫齐桓之事，不可，则因而刺杀之，岂不谬哉？昭王尝仇齐矣，乐毅尝为燕用矣，丹不知效法先王之礼贤，而轲非其人也。函於期之首为使秦之资，是燕仇未报，而先为秦报仇也。轲之事成，不足贤也，燕之患固在也，矧事不成而累丹以不义，乃坠燕之社稷邪！马迁传刺客五人，轲其至拙者。或曰：子房用沮击，事不成，与轲何异？子房报君仇之大义，则震动乎天下矣，其不成天也。以秦之法令，大索十日，而力士与良竟不能得，良之智深矣。博浪沙中，祖龙无完魄矣。卒之相汉灭秦，帷幄筹策，皆沙中一击之馀耳。轲也何敢望良！（《余冬录》卷十五）

【清】汤谐：刺客事本奇特，传中写得风神勃发，笔墨淋漓，固是文与事称也。大意只士为知己者死。史公一生重知己之感，故其文尤极慷慨悲歌之胜矣。○（年十三，杀人，人不敢忤视）此非写舞阳，乃极写荆轲。如此之人，到荆轲队中，只如无有也。有待，与俱，紧接舞阳为副下。妙甚！虽百舞阳，犹算不得一副也。○（秦舞阳色变振恐，群臣怪之。荆轲顾笑舞阳）荆轲神勇。只此写出两人本领迥若天渊。可知后文若叙久舞阳结局，便是辱杀荆轲也。（《史记半解·刺客列传》）

【清】郭嵩焘：《刺客传》五人，曹沫、豫让始于激烈，成为坚忍，专诸椎鲁；荆卿有心计，以义却金，以忠许人，一往不顾其他，而为人谋仍计万全，若聂政者，庶几懔懔烈士之风，惜哉其不达于用也。○史公之传刺客，为荆卿也，而深惜其事之不成；其文迷离开阖，寄意无穷。首叙荆卿之能忍，不以小愤撄心，而中录盖聂之言，意若讥之。○荆卿胸中尽有抱负，尽有感发，与游侠者不同。○荆轲意谓凡事当出万全，故

"有所待，欲与俱"，岂能为竖子之行，一往而不顾哉？（《史记札记》卷五）

【清】林云铭：荆轲刺秦王，论者皆谓太子丹爱客之殷，能得人之死力，其事不成，则荆轲剑术之疏所致，似轲负丹矣。愚以丹实不能用轲，轲之疏亦无关于剑术也。当日秦以贪暴流毒，海内共愤，莫不欲剚刀于其腹中，故苟可以逞，虽碎首糜躯，亦有志者所不惜，不特丹抱马角之痛而始然也。轲与狗屠高渐离日饮燕市，相乐相泣，旁若无人，试问乐者乐何事，泣者泣何事，其为志岂易量乎？丈夫处世磊磊落落，片语相契，便割头颅如弃土芥。若田光、樊於期等，方称知己，乃肯向不相谅之胃介。受其虚礼笼络，猜疑迫促，必不然矣。在田光亦知丹必不能用轲，但欲借丹成轲之志，把七尺躯做出惊天动地大买卖来照耀千古，原不为丹。惟是轲当许诺之后，若丹肯求轲客，同轲入秦，则图穷之顷，突奔上殿，并力或劫或刺，自当别论。奈丹既遣虚名之秦武阳为副矣，孤掌难鸣，万不宜听丹所引曹沫故事，认真生劫，此则其谋之疏也。玩篇中所云，把袖而后，持匕首，是只欲擒捉，未忍径刺。既环柱而逐之时，秦王以手共搏，又不肯以试人濡缕之锋触伤其腕，使之立死，是只欲得其袖而把之，亦未忍径刺。迨断股不能前逐，方掷匕首，是"倚柱"数语，断非故作欺人话头。愚故曰：轲之疏无关于剑术也。然轲事虽不成，亦可以褫暴秦之魄，与高渐离之筑、张子房之椎鼎峙千古，岂论成败哉？（《增订古文析义合编》卷六）

【清】牛运震：刺客，侠武之流，太史公极歆艳其事，故悉力写之，淋漓尽致，光景动人。〇叙太子从武得光、从光得轲极有节次，摹画其接见光景，问答口吻，详悉宛至，情状溢出。〇"秦之遇将军可谓深矣"，旧评云此"遇"字下得妙，"深"字尤妙，妙在不情。〇刺秦王身势，不在对太子语中叙出，却于语樊於期点之，笔法活变。〇荆卿有所待而云"居远未来"，则非狗屠、高渐离也，其人何人哉？故掩其名而令千载悬想，此史笔之妙也。〇"且提一匕首入不测之强秦，仆所以留者，待吾客与俱"，妙在说不尽，尤妙在上下语意不甚承接，傲岸纡折，此《史记》最难学处。〇写渐离击筑，荆轲和歌，又绝妙一幅"易水悲歌图"，方知前写燕市悲歌，不为空设，正为此处引照耳。妙在用两层写，情状淋漓，音节凄古，真绝调也。极激昂慷慨事，却写得幽飒萧瑟，不是一味壮浪。〇"终已不顾"四字，怆澹入神。〇荆轲逐秦王一段，本可整齐叙之，偏用极历乱之笔；亦本可简约叙之，偏用极详细之笔。盖不历乱则情景之仓皇扰乱不见，不详细则事迹之节次曲折不出，节次曲折出，则情景之仓遽见矣。极详细处，正其极历乱处，极历乱处，正其极整齐处也。此中摹画叙次，有绝大神通，太史公出力写来，后人当悉意求之。〇插"未至身"三字，险极，细极，与《左氏传》"未绝鼓音"一样神理。〇"袖绝。拔剑，剑长，操其室。时惶急，剑坚，故不可立拔。"峭句促节，错出入妙，如说口伎人一时作数等声，口急语杂，逼成奇态。〇陈子龙谓以鲁句践之言结荆轲，为不满荆轲。窃谓不然，按句践之言，惜轲剑术不精，而未尝不重其人。太史公缀此语于篇末，正其爱重荆轲处，篇中于轲之举止、言词、气概、风度摹画极工，不遗余力，何谓短轲哉！待客与俱，太子迟之，遂发；事不成，乃曰"以欲生劫之，必得约契以报太子"，此正太史公为荆轲出脱回护处。○赞语"立意较然，不欺其志"，便不以市井侠少目刺客矣。○《史记》摹写荆轲刺秦王一段，极酣肆生动。《国策》亦全载此文，窃意此太史公之文，非《国策》之文也。《国策》他处记叙文字，不见有此等笔法，况太史公自称得之公孙季功等所口道，则非《国策》之旧文，决矣。方望溪苞以为后人以《史记》文窜入《国策》，当是也。（《空山堂史记评注》卷九）

　　【清】高嵣：前云田光知深虑沉，后云自刎而死，须着眼"欲自杀以激荆轲"七字。前人诗云"荆乡原不识燕丹，止为田光一死难"，是非丹之能用轲也，用轲者，乃光耳，其死处，正其智深虑沉处。○第三段入正文，先叙定谋，储云：说客之穷，变为刺客。当时太子有此一段意见，所以不纳鞠武。鞠武亦窥及此，所以进光以及轲。此段自是一篇根柢，极写无可奈何之势，以见太子计无复之，无聊而为此一掷耳。后人不细心究之，每言其愚。○第六段叙促行，"未发""遂发"，分两层写。"未发"与前"未有行意"，轲意求事之有济耳，无如丹之欲速何。○祖道易水，击筑和歌，淋漓悲壮，千古生色。○第八段叙至秦，叙蒙嘉言，叙秦王喜，叙武阳恐，写得闲暇，乃故作缓局以聚其势。○第九段正叙行刺完本事，此段"图穷"一句开下，荆轲迅疾，秦王卒惶，群臣惊愕，一路摹写急势，忽于百忙中着"而秦法"三字，原叙细叙，一时情事明白，又生出无限烟波，奇妙不可思议。事极忙乱，文极清析，时极仓卒，笔极次第，妙手圣手。○末以渐离事作结为余波。中幅伏、掉尾应，有文情、有章法。○叙聂政行刺极略，叙荆轲行刺极详。聂政篇以姊嫈为附传，荆轲篇以渐离为附传。前人言荆轲行刺，反促燕亡。然此时秦势已成，即无荆轲之事，燕亦必亡。观鞠武与太子反复议论，皆自觉势已不支，而计无复之不得已，为此一掷以几俸于万一，即荆轲许之勉强、行之迟濡，亦未敢必事之有济，因激于田光之死，不惜以身尝试耳。或谓太子之愚，荆轲之疏，尚未悉此中情事也。（《国策钞》卷下）

　　【清】吴见思：刺客，是天壤间第一种激烈人，《刺客传》是《史记》中第一种激烈文字。故至今浅读之而须眉四照，深读之则刻骨十分。史公遇一种题便成一种文字，所以独雄千古。此文逐段脱卸，如鳞之次，如羽之压，故论事则一人胜一人，论文则一节更深一节。曹沫有桓公包容，故身名俱全，不然则不成死，成亦死。夫以性命赠人，决非孟浪之事，故写豫让、聂政、荆轲，其感恩知己之际，再四踌躇，不得已而后应，否则，非愚则狂，一莽男子耳。史公于此，不知费几许心思，幸弗轻易读过。（《史记论文》）

【清】李景星：《刺客传》共载五人：一曹沫，二专诸，三豫让，四聂政，五荆轲。此五人者，在天地间别具一种激烈性情，故太史公汇归一处，别成一种激烈文字。文用阶级法，一步高一步，刺君、刺相，至于刺不可一世之王者，刺客之能事尽矣。是以篇中叙次，于最后荆轲一传独加详焉。其操纵得手处，尤在每传之末用钩连之笔，曰："其后百六十有七年，而吴有专诸之事""其后七十余年，而晋有豫让之事""其后四十余年，而轵有聂政之事""其后二百二十余年，秦有荆轲之事"。上下钩绾，气势贯注，遂使一篇数千言大文，直如一笔写出。此例自史公创之，虽后来迭经袭用，几成熟调，而兰亭原本，终不为损，盖其精气有不可磨灭者在也。（《史记评议·刺客列传》）

【今】韩兆琦：本篇所写五人，以曹沫、荆轲二人的意义为大，而荆轲之事尤为精彩。他的活动远远超出了专诸、豫让、聂政等人的那种完全出自个人恩怨的"借友报仇"，而具有了一种见义勇为、急人之难，反侵伐，反强暴的政治意义。一个国家面临山穷水尽、灭亡在即之时，一群勇士不甘心为虏，起而做最后的抗争，尽管不能挽救危局，其气节是感人的，是可歌可泣的。当然，以今天观点看来，秦统一六国在历史上有进步意义，但我们也不能由此引出结论说，当时被吞并的国家就不该再进行任何抵抗，而应该自甘亡国。文章也写得有感情，有气势，其艺术结构完全像一篇文言小说。（《史记选注集评》）

秦 汉

◎ 李斯

《谏逐客书》

【宋】李涂：李斯上秦始皇书论逐客，起句即见事实，最妙。中间论物不出于秦而秦用之，独人才不出于秦而秦不用。反覆议论，痛快，深得作文之法，未易以人废言也。（《文章精义》）

【宋】楼昉：此先秦古书也。中间两三节，一反一覆，一起一伏，略加转换数个字，而精神愈出，意思愈明，无限曲折变态。谁谓文章之妙不在虚字助词乎！（《崇古文诀》卷一）

【明】归有光：文章用意庸，易起人厌，须出人意表，方为高手。如李斯《谏逐客书》，借人扬己，以小喻大，另是一种巧思。能打破此等关窍，下笔自惊世骇俗矣。（《文章指南》仁集）

【明】王守谦：若李斯者，《逐客书》及《上二世书》，翻转极文之变，与篆玺文而龙翔凤翥，同一开山手段。盖文字不翻则无波澜，不转则少情致，后来多少名家皆祖于此，其先秦古气又何竢言。（《古今文评》）

【清】金圣叹：自首至尾，落落只写大意。初并无意为文，看他起便一直径起，住便一直径住，转便径转，接便径接。后来文人无数笔法，对此一毫俱用不着，然正是后来无数笔法之祖也。（《天下才子必读书》卷五）

【清】林云铭：秦之逐客，以宗室大臣谓诸侯人来事秦者，皆为其主游间耳。李斯既在逐中，其上书似不便作谏止语。故第一段以秦往事藉客成功动之，第二段以秦所宝诸物皆出异国，而用人独否驳之，第三段以古帝王能广收众益而秦不然形之，第四段以客为诸侯用，能害秦国恐之。利害凿凿可睹，不必请除其令而令自除，乃不谏止之谏止也。细玩行文，落笔时胸中必有一段无因见逐不能自平之气，故不禁其拉杂错综，忽而正说，忽而倒说，忽而复说，莫可端倪，如此所以为佳。李斯人品本不足道，然是篇犹可节取者，以持论近正，所谓不以人废言也。（《增订古文析义合编》卷六）

【清】浦起龙：旁罗处，层叠敲击；到正写，又妙在不黏。风雨发作，光怪变现，笔势如生蛇不受捕捉。（《古文眉诠》卷四十）

【清】孙琮：六国皆不能存，无可仕者，谏逐客乃斯尽头之着，却无寒窘乞怜态，自是胆智绝人。为文更复风华掩映，开汉魏多少法门。（《山晓阁选古文全集》卷八）

【清】余诚：李斯既亦在逐中，若开口便直斥逐客之非，宁不适以触人主之怒，而滋之令转甚耶？妙在绝不为客谋，而通体专为秦谋。语意由浅入深，一步紧一步，此便是游说秘诀。看他起首只用一笔揭开题面，随即就秦言秦，艳称秦之历代，极力歆动一番。其曰"求"、曰"取"、曰"得"、曰"迎"、曰"来"，皆与"逐"字对针。至于商鞅、张仪皆曰"用"，于范雎独曰"得"，或变或不变，用意亦在即离间。此四段平铺顺衍，惟至"此四君"段方略作一反，次以秦宝异国诸物，而独不用异国一人，极力辩驳一番，则忽正忽反，忽倒忽复，忽转忽结，变幻不拘，莫可端倪，视前平铺顺叙，笔法迥乎不同。"臣闻地广"以下，复陈帝王不逐客之盛以相形，然后言秦逐客之非利，然后言秦逐客之致害，不过数语，且兼收拾全文，绌然而止，已极尽恐吓之意。意最真挚，笔最曲折，语最委婉，而段落承接，词调字句，更无不各具其妙。昔人谓不以人废言，洵哉！千古有数之文，不可以人而废之也。（《重订古文释义新编》卷五）

【清】过珙：斯论逐客，起句便见实事，最妙在中间，言物不出于秦而秦用之，独人才不出于秦而秦不用。一反一覆，略加转换，而意思愈明。其通篇为顺为逆，为连为续，为正为喻，为整为散，无法不备。（《古文评注》卷二）

【清】朱宗洛：凡行文，入手处要振得起，如此文首二句是也；顿束处要收得住，如此文"此四君者"云云是也；过接处要便捷，如此文"取人则不然"句是也；结尾处要开宕，又要完足，如此文"地广者"一段，何等开宕，"物不产于秦"四语，何等完足。至通篇反正相足，顺逆相生，长短相间，整散相错处，尤见笔法之变。（《古文一隅》卷上）

【近】林纾：何氏义门，谓此文只"昔"字、"今"字对照两大段，前举先世之典，以事证；后就秦王一身，以物喻。即小见大，于人情尤易通晓，可谓道着。所以称"昔"者，就秦之先世言也，然语语不脱"利、益"两字之意。其利也，客利之也；其益也，客益之也。总结一语曰："此四君皆以客之功。"提醒秦皇，请其回头一看，即急急落到客之不负于秦。不负于秦，即不必逐，亦不可逐。然尚不简直说出，但说他名实两空，此由"利"字落到"害"字矣。

忽大声疾呼曰"今陛下"三个字，且不说他背祖宗之训、失国家之利，但以所服御之物，一切皆取诸外来为譬喻，则客亦外来者，外来之物可宝，而外来之人才则不必宝。试思物小也，才大也，一时且不必校量，但极力驰骋渲染，说他一切宝物之物，秦无一焉。物且鲜少，何况人才！又数用"不"字，作一反振，语语针对逐客说话。犹言若不用客，犹不用外来之物，则陛下一切服用，皆形缺乏。自"夜光之璧"起，至"赵女不立于侧"止，均言排外之非利，无一不在客之身上着眼。此处忽提起秦之所本有者，不过击瓮叩缶之窭陋，作决断一语曰："真秦之声也。"读者不可看作鄙薄之意，此正为"客"字蓄势。然且不说到客，但举韶虞舞象之乐与之校。韶虞舞象者，外客也；击瓮叩缶者，土著也。贵贱一衡，刺眼之至。于是轻轻将色乐珠玉一撇，见得秦之所重在此不在彼，不惟忘客之利益，且并忘其祖宗得客之利益矣。粟多人众数语，是从容说理，作醒悟之言。至于藉寇兵赍盗粮，则危悚无极，说他逐客，而客为人用，便大不利于秦，此是正意。(《林纾评选古文辞类纂》卷三)

【今】吕思勉：此篇与邹阳《狱中上梁王书》参看，章实斋所谓实系赋体也。铺张之文字在美学上亦自占一位置。(《古文观止讲评录》)

【今】隋树森：文章词藻丰富，对偶排比很多，声调色彩也较讲究，为后来辞赋开了门径。(吴孟复、蒋立甫《古文辞类纂评注上》)

【今】陈兴芜：这篇文章中，李斯吸取了战国纵横家和荀子、韩非总结的游说经验。荀子认为善说者应该做到"远举而不缪，近世而不佣，与时迁徙，与世偃仰，缓急赢绌，府然若渠匽，櫽括之于己也，曲得所谓焉，然而不折伤"(《非相》)。荀子指出，劝谏的时候，不能直截了当，必须由远及近，但列举远古的事要确定不误，列举近世的事又要避免平庸，要随时变迁，无论从容、急迫地说，还是多说少说，都要能像堤坝控制水流，像矫正弯木那样控制自己，使各方面都说得恰当，而又不挫伤别人。韩非著《说难》，总结向君主进言的困难"在知说者之心"，才不至触动君主的"逆鳞"。李斯做到了"知说者之心"，善于远举、近举，"曲得所谓"。他劝谏秦王取消错误的逐客令而广纳人才，不直接说出，而是从秦国的历史说到秦国的现实，处处从秦国的利害出发。始终抓住秦王有"成帝业，为天下一统"之心，绝不谈个人的得失。特别是文章末尾强调的"物不产于秦，可宝者多；士不产于秦，而愿忠者众"，笔带感情，是很能打动秦始皇之心的。……刘勰评论此文说："范雎之言事，李斯之止逐客，并烦情入机，动言中务，虽批逆鳞，而功成计合，此上书之善说也。"(《文心雕龙·论说》)《谏逐客书》在散文发展史上是一篇承先启后的作品。它既有战国纵横家铺张扬厉的论辩之风，又有荀子、韩非子排比扬厉、征引故事的特点，而辞藻更加华美，是一篇趋向骈偶化的政论文，被认为汉代辞赋的先声、骈体文的初祖。(《中国古代散文研究》)

◎ 李密

《陈情表》

【唐】李善：《华阳国志》曰："李密字令伯，父早亡，母何氏更适人。密见养于祖母，事祖母以孝闻。侍疾，日夜未尝解带。蜀平后晋武帝征为太子洗马。诏书累下，郡县逼迫，密上书。武帝览其表曰'密不空有名者也'。嘉其诚款，赐奴婢二人，使郡县供其祖母奉膳。祖母卒，服终徙尚书郎，为河内温令，左迁汉中太守，一年去官，卒。"（李善注《文选》卷三十七）

【宋】安子顺：读诸葛孔明《出师表》而不堕泪者，其人必不忠；读李令伯《陈情表》而不堕泪者，其人必不孝；读韩退之《祭十二郎文》而不堕泪者，其人必不友。[1]（赵与时《退宾录》卷九）

【宋】李涂：乐毅《答燕王书》，孔明《出师表》，不必言忠而读之可想见其忠；李令伯《陈情表》，不必言孝而读之可想见其孝。（《文章精义》）

【宋】李格非：诸葛孔明《出师表》、刘伶《酒德颂》、陶渊明《归去来词》、李令伯《乞养亲表》，皆沛然如肺肝中流出，殊不见斧凿痕。……是知文章以气为主，气以诚为主。（张镃《仕学规范·作文》）

【明】杨慎：李密《陈情表》有"少仕伪朝"之句，责备者谓其笃于孝而妨于忠。尝见佛书引此文，"伪朝"作"荒朝"，盖密之初文也，"伪朝"字盖晋改之以入史耳。（《丹铅总录》卷十三）

【清】林云铭：纯是一片至性语，不事雕饰，惟见天真烂漫。唐陈子昂《为人陈情》，全借此作粉本，便成妙篇。但"伪朝"二字，动为后儒訾毁其谬，人皆惜焉，有曲为之说曰"令伯欲辞职终养，故不惜卑辞婉语以动之"。殊不知当年三国，自陈寿作《志》以来，二千余年皆以魏为正统，涑水《通鉴》亦因之。魏既为正，则蜀、吴为伪，不待言矣。至紫阳《纲目》，方改蜀为后汉，此千古特笔也。令伯在晋武时，何以知后世有帝蜀之说乎？使紫阳仍涑水之旧，则至今正伪尚未能明，吾知后儒必无此责备之论矣。吾有读书，此等落人牙后之见，当以为戒。（《增订古文析义合编》卷十）

【清】江山渊：语浅而情深，事曲而笔达，一字一句，皆由心曲中流出而来，墨痕泪渍，狼藉行间，千载读之，亦且感泣。古今言情之文，未有若兹之深挚者。（王文濡《南北朝文评注读本》）

---

[1] 有文献称此为苏轼语，但笔者在已搜寻的资料中未能确认。

【清】浦起龙：情真则文真，真则至。何处著一字粉饰？（《古文眉诠》卷四十一）

【清】余诚：层次说来，无一语不委婉动人。固是至性至情之文。而通体局势浑成，步骤安雅，更极尽结构之妙。读者须细玩其词旨及其转落承接，方不辜负作者苦心而得此文之益。若徒随人道好，何以读为！通体俱是陈情，而前两段是陈其已往之情，乃题前文字；中三段是陈其现今之情，乃题中文字；末段是陈其日后之情，乃题后文字。曲折委婉，所以可传。尤妙在不急出题，层层次次，直说得情理透足，方才点出题面，煞住末段。余情惓惓，亦觉哀音堪听，真是千古绝调。（《重订古文释义新编》卷七）

【清】过珙：直攄真情，声泪俱下。读《十二郎文》而为之呜咽，读《出师表》而为之感悟。呜咽，其动乎情者也；感悟，其发乎性者也。斯文则历叙生平辛苦，亦呜咽，亦感悟，其殆入人之性情者深欤！（《古文评注》卷二）

【清】唐德宜：情真语挚，绝无粉饰之迹，读之令人感动。盖《出师》，一忠心所注；《陈情》，一孝思所迫，文章根忠孝中来，自足不朽千古。（《古文翼》卷八）

【今】屠建民：这篇文章与诸葛亮的《出师表》、韩愈的《祭十二郎文》并列为古代抒情散文三大杰作。咸熙二年（265 年），司马昭的儿子司马炎逼曹奂禅位，自然羞于言"忠"，必然要将国家政治伦理的天平向"孝"倾斜，推出"以孝治天下"的纲领。晋泰始四年（268 年），晋武帝司马炎颁诏："士庶有好学笃道，孝悌忠信，清白异行者，举而进之。有不孝敬于父母，不长悌于族党，悖礼弃常，不率法令者，纠而罪之。"（《晋书·武帝纪》）"圣朝以孝治天下"为李密拒绝出仕提供了充足的理由。李密面对朝廷的召唤有三次。第一次太守选拔他为孝廉，刺史推荐他为秀才，他巧妙周旋。第二次朝廷诏他为"郎中"，不久又授职"太子洗马"，被他挡了回去。第三次诏书催、官府逼，圣旨不可违抗，如果再不上表说清楚，要引起皇帝猜疑，李密因此撰《陈情表》。最后李密对天发誓，如能侍奉祖母享尽天年，活着当拼命效忠朝廷，死了也要结草报答皇恩。晋武帝吃到"定心丸"后可能也在算计，既然刘氏祖母大限临头，再等他几天又有何妨？成全了李密，可以树立"以孝治天下"的典型；又可以笼络民心，感动神灵；更不怕李密食言。何乐不为！（朱义禄《中国古代人文名篇鉴赏辞典》，引用时有删节）

【今】王开东：《陈情表》是否是一篇悲恻千古的文章？我们从两方面来看。一、晋武帝为什么非要让李密做官不可？第一，司马氏夺取曹魏天下后，内部政权并不稳固，还没有到大开杀戒的时候。第二，灭蜀后，为了笼络西蜀人才，加强对蜀地的统治，李密作为蜀国的郎署，有相当大的号召力。第三，晋武帝想通过安抚蜀国大臣的方式，诱降东吴。第四，晋朝以"孝"治天下，而李密恰好"孝"名远扬，是搞宣传的不二人选。那么，李密为什么不肯应诏？仅仅是因为祖母无人奉养吗？其原因很复杂。第一，确实是奉养祖母。第二，孝忠总是不分家的，大孝子李密作为蜀国旧臣，不可能没有忠君之想，故国之思。第三，李密认为司马氏阴险毒辣，难以琢磨。第四，晋朝是北方氏族为基础的政权，对南方人向来非常轻视，李密是"亡国贱俘，至微至陋"，况且又要充当太子洗马，李密不想做政权倾轧的牺牲品。第五，晋国名不正言不顺，李密觉得这个时候出山风险太大。很多人认为李密文章写得高明，打动了司马炎。我却觉得作为冷血动物的政治家司马炎不会如此简单。为什么李密在蜀时就能做官，到晋时就不能做官了？这个逻辑很难说得通。晋武帝重用李密，只不过是在利用他，李密不过是一个工具，一个筹码，一个道具，后来晋武帝不同意李密到朝廷做官就是例证。晋武帝的孝道宣传已经是如火如荼，更何况还能显示自己的英明和大度，这场戏如此圆满，晋武帝何乐而不为？（《深度语文》，引用时有删节）

◎ 司马迁

《报任安书》

【汉】班固：呜呼！以迁之博物洽闻，而不能以知自全，既陷极刑，幽而发愤，书亦信矣。迹其所以自伤悼，《小雅·巷伯》之伦 ①。夫唯《大雅》"既明且哲，能保其身"，难矣哉！（《汉书·司马迁传》）

【梁】刘勰：及七国献书，诡丽辐辏；汉来笔札，辞气纷纭。观史迁之《报任安》，东方朔之《难公孙》，杨恽之《酬会宗》，子云之《答刘歆》，志气槃桓，各含殊采，并杼轴乎尺素，抑扬乎寸心。（《文心雕龙·书记》）

【宋】楼昉：反覆曲折，首尾相续，叙事明白，读之令人感激悲痛，然看得豪气犹未尽除。（《崇古文诀》卷四）

【明】林希元：子长之救李陵本不是，又不能自引决而甘戮辱，明是怕死，书中却说他是托古人自解，皆强分疏。然一言之失，遂罹横祸，情亦可哀。而词气悠扬，反覆曲折，豪宕疏通，诚汉文之巨擘也。（凌稚隆《汉书评林》卷六十二）

【明】卢舜治：书以一"辱"字为眼目，昌黎法之，《送孟东野》以一"鸣"字为眼目。（凌稚隆《汉书评林》卷六十二）

【明】王世贞：气雄而语劲，隐然有虎豹在山之势。词意虽谦，然其气概昂激，若高渐离击筑燕市中，慷慨悲歌，旁若无人。（朱之蕃《百大家评注史记》卷十）

【明】孙矿：粗粗卤卤，任意写去，而矫健磊落，笔力真如走蛟龙、挟风雨，且峭

---

① 《诗经·小雅·巷伯》是西周王朝寺人（即宦官）孟子（官名巷伯）因遭人谗毁而发泄怨愤之诗。

句险字往往不乏。读之但见其奇肆，而不得其构造锻鍊处。古圣贤规矩准绳文字，至此一大变，卓为百代伟作。○凡文字贵鍊贵净，此文全不鍊不净；《中庸》称"有余，不敢尽"，此则既"无余"矣，犹哓哓不已，于文字宜不为佳。然风神横溢，读者多服其跌宕不群，翻觉鍊净者之为琐小。意态豪纵不羁，其所为尽而有余，此所由笔力超越，故此等文字最不易学，学之须多读书，养得一气充足，据案一挥，庶几仿佛，先借古人以发作书之意。（于光华《评注昭明文选》卷十）

【清】李景星：司马迁生平事业在于《史记》，而能括《史记》全书者惟叙传一篇；司马氏生平伤心在于受辱，而备载受辱由来者，惟《报任安书》一篇。得此二篇，而司马氏一生之本末具矣。此外虽多，皆不必言也。（《汉书评议》）

【清】储欣：激昂悲愤，自有文字以来第一书。刑余之人，不可以推贤荐士，此正答少卿意也。中间序得罪之由，明所以得罪而不引决自裁、忍耻苟活之故。数千言一气条贯，变化万端，大约以"辱"字为骨，以著书立名为归宿。此岂《小雅·巷伯》所能仿佛耶？班史文人相轻之言，而后人奉为定论，则过矣。（《古文菁华录》卷十九）

【清】林云铭：史迁盛推陵功，或为上起见，或为陵起见，姑置勿论，总与贰师无涉也。乃指为诬罔，坐其沮军，置之腐刑，自是千古冤狱。是书反覆数千百言，其叙受刑处，只点出"仆沮贰师"四字，是非自见。所谓"舒愤懑以晓左右"者，此也。结穴在受辱不死、著书自见上。通篇淋漓悲壮、如泣如诉，自始至终似一气呵成。盖缘胸中积愤，不能自遏，故借少卿"推贤进士"之语，做个题目耳。读者逐段细绎，如见其慷慨激烈，须眉欲动。班掾讥其不能以智自全，犹是流俗之见也夫！（《增订古文析义合编》卷九）

【清】吴楚材、吴调侯：此书反覆曲折，首尾相续，叙事明白，豪气逼人。其感慨啸歌大有燕赵烈士之风，忧愁幽思则又直与《离骚》对垒，文情至此极矣。（《古文观止》卷五）

【清】过珙：曲护李陵亦有强为分疏处，如"得当报汉"岂可轻许？然言"无可奈何，其所摧败，功亦足以暴于天下"，自是千古平心之论。其自述处感慨悲壮，并无全非君上之心，可谓怨悱不乱者矣。（《古文评注》卷二）

【清】浦起龙：答书大致在自白罪由、自伤惨辱、自明著史，而以谢解来书位置两头，总纳在"舒愤懑"三字内。盖缘百三十篇中，不便放言以渎史体，特借报书，一披豁其郁勃之气耳，岂独为任少卿道哉！沉雄激壮，如江海之气，横空上出，摩荡六虚。（《古文眉诠》卷三十四）

【清】孙琮：史迁一腔抑郁，发之《史记》；史迁作《史记》一腔抑郁，发之此书。识得此一篇文字，便识得一部《史记》；识得一部《史记》，便识得子长一生心事。○作无数跌顿，方说出作《史记》本意，笔意何等迂回、何等郁勃！○连用"不辱"字，笔法凡四变，一书扼要处。（《山晓阁古文全集》卷十一）

【清】方苞：如山之出云，如水之赴壑，千态万状，变化于自然，由其气之盛也。后来惟韩退之《答孟尚书书》类此，柳子厚诸长篇词意醲郁，而气不能以自举矣。（徐树铮《诸家评点古文辞类纂》卷二十七）

【清】金圣叹：学其疏畅、再学其郁勃；学其迂回，再学其直注；学其阔略，再学其细琐；学其径遂，再学其重复。一篇文字，凡作十来番学之，恐未能尽也。（《天下才子必读书》卷八）

【清】凌稚隆：情辞幽深，委蛇逊避，使人读之为之伤恻，可以想见其抑郁无聊之况。（唐德宜《古文翼》卷八）

【清】余诚：大意不过谓刑余之人难以荐士，况当日原为荐士受刑？其所以不死者，只为要著书以偿前辱，故且隐忍苟活耳，尚何能荐士？以复少卿书中推贤进士之语，但胸中一段不平之气，触之而动，遂不觉言之长矣，而行文亦极纵横驰骤之至。（《重订古文释义新编》卷六）

【清】李晚芳：此篇与《自序》俱原作史之由。《自序》重承先继圣，此重惜死立名，《自序》悲婉，此则沉郁雄健。其操纵起落，俱挟浩气流行，如怒马奔驰，不可羁勒，与《史记》之雅洁稍异，是史公另一种豪放激宕之文。盖因救友陷刑，满肚皮怫郁不平之气，借此发泄。书中"舒愤懑"是此本旨，故篇中处处皆愤懑之辞。纵横跌宕，慷慨淋漓，转折提接虽多，却如一气呵成。挣眉裂眦而写之，骤读无不为之惋惜。（《读史管见》）

【近】林纾：此书愤懑极矣。幸任安得书后，秘之不出，迁死始传于世，不然如杨子幼矣。迁被刑后，为中书令，颇尊宠任职，似可进言之时，而任安适以事下狱。然虽以书劝其推贤进士，乃不知此书适足发迁之牢骚。

迁之始念，固以李陵为贤士，而代之辨诬。乃因此一言，遂下蚕室，迁之恨极矣。其云闻长者遗风，则其心亦愿荐士也，至大质亏缺，则万念全灰，尚何荐士之云，点之为言辱也，以不信于人，故不论荐耳。此一段语气斩截，似无转旋地步。顾书辞不能不答，而任安又在狱中，果罹不测而死，则迁延不报，适负故人盛意。

君子者，迁自况也。世岂有名为君子，而遭此屈辱，况宫刑又辱之最甚者也！因引雍渠、同子之事，谓中材者犹不屑与宦者同事，况一身为刀锯之余，乌能当荐贤之任。把宦者仰得愈卑，则见以君子之身屈为宦者，自伤且不之暇，矧能责以荐贤耶！名为自嘲，而伤心之状，已一一溢于言表。于是闲闲将家世叙入，此是放松文势之法。然仍照顾到欲参末议，是此心亦欲稍稍建白，非无意于荐士者。忽又念及亏形，则虽欲荐士，适足为朝廷之辱，亦且为贤士之耻。仍回顾来书责备之意，关锁至为精严。

上半言厕下大夫之列，职宜言也，此是撇笔；此处言一心营职，以求亲媚于上，即《诗》所云"蔼蔼多士，媚于天子"之意。心欲言也，不惟职分宜言，心志欲言，且果有言矣，所言则为李陵辨诬也。心既以陵为贤，则辨之上前，即是推贤进上。"大谬不然"四字，似半空起一焦雷，将满盘高兴打断矣。首叙与陵无素，但重其为人，继叙李陵之功，因无援而见虏。迁欲陈无路，幸以召对建言，竟下于理。呼吁无门，则荐贤进士之劾，收局如是而已矣！佴，次也，人志切。言陵坠家声，已遭宫刑。陵既不为贤士，己则因进士而成罪人，为天下观笑，则辱上增辱，尚何理之足言，何冤之可辨邪！究竟以下臣受枉，实朝廷不甚爱惜之人。然身为大夫，而加宫刑，昏暗至于今日，因不足言节概。因引古人无罪受囚之处，自周、秦及汉，不乏其人，则区区一身，亦不为枉。然无端见辱，在法宜死，所以不死者，为文采不表于后世，所以隐忍苟活于粪土之中耳。复引古人穷愁著书之故，以明本意。然处处提出难为俗人言者，以来书中有用流俗人语，不肯进士荐贤，故文中处处驳辨其不能之故。又万万不能为俗人言之，正以辱甚冤深，无可告语也。末幅仍归到所以不肯荐士之故，若为一身而言，实则一眼全注李陵。其初固以陵为贤，陵降乃使己不直于朝议，则世士之不可信，又何必荐？然终不显露不满李陵之意，但躬自咎恨。咎恨愈深，则牢骚益甚。锋棱虽露，仍不尽露。行文之蓄缩变化，真不可扪捉也！（《林纾选评古文辞类纂》卷四）

【近】梁启超：由是观之，其著书最大目的，乃在发表司马氏一家之言，与荀卿著《荀子》、董生著《春秋繁露》性质正同，不过其一家之言，乃借史的形式以发表耳。故仅以近世史的观念读《史记》，非能知《史记》者也。（《要籍解题及其读法》）

【今】钱钟书："太上不辱先"云云，每下愈况，循次九而至底，"不辱"四，"受辱"五，事归一致而词判正反，变化以避呆板，得不谓为有意为文耶？○孟荀泛论德慧心志，马迁始以此专论文词之才，遂成惯论。撰述每出于侘傺困穷，抒情言志尤甚，汉以来之所共谈……莫不滥觞于马迁"《诗》三百篇大抵发愤所作"一语。轗轲可激思力，牢骚必吐胸臆；穷士强颜自慰，进而谓己之不遇正缘多才，语好词工乃愁基穷本，文章觑天巧而抉人情，足以致天仇而招人祸。（《管锥编》）

《陈涉世家》

【汉】司马迁：桀、纣失其道而汤、武作，周失其道而《春秋》作，秦失其政而陈涉发迹，诸侯作难，风起云蒸，卒亡秦族，天下之端，自涉发难，作《陈涉世家》。（《史记·太史公自序》）

【唐】刘知几：司马迁之记诸国也，其编次之体与本纪不殊，盖欲抑彼诸侯异乎天子，故假以他称，名为"世家"。其为义也，岂不以开国承家，世代相续？至于陈胜，起自群盗，称王六月而死，子孙不嗣，社稷靡闻，无"世"可传，无"家"可宅，而以"世家"为称，岂当然乎？夫史之篇目皆迁所创，岂以自我作古，而名实无准乎？（《世家》，《史通》卷二）

【宋】王懋：（《陈涉世家》）首曰"涉为人佣农，辍耕而叹曰'苟富贵，无相忘'"，及作《项籍本纪》又曰"秦始皇东游会稽，梁与籍观，籍曰'彼可取而代也'"。匹夫而敢为此语，益以见天亡秦之兆果不可遏，然后知高祖之起，所以应天顺人者也。（凌稚隆《史记评林》卷四八）

【明】郝敬：孔子无尺土而为之世家，以其为百世师也；陈涉举事不效，身死族灭，亦为世家；项羽图王不成，亦为本纪。盖三人以匹夫起义，为民取残，为六王报怨，无论成败，皆足以不朽。英雄利钝有时，作史者扬励，慰人心一快耳。子长绝无世情，故可喜，倘尺尺寸寸，则失子长矣。（《史汉愚按》卷三）

【清】刘光蕡：以陈涉与汤武、《春秋》并言，此理最精深，以其功同也。汤武有德，力能达于一时之天下，故功在一时；孔子有德，力不能达于一时之天下，而能传于万世之天下，故功在万世；陈涉无德，力亦不能为天下之功，而能为天下之有力者发端，故功即在发端也。世家者，见凡可以为治世安民所必需者，皆可以世其家。如泰伯之让，太公之谋，金縢之忠君，甘棠之治民皆是。故陈涉之发难，亦可为世家，见天子之位，世及不择贤，则陈涉之事，亦救民之一端，而戢暴君之焰，使之有所惕也。（《史记太史公自序注》）

【明】邓以赞：头绪极多，而叙得一一有条理，犹有左氏遗法。（茅坤《史记钞》卷二十五）

【明】杨慎：既叙陈涉发难之颠末，又原其所以败之故而申言之，叙事之法也。（《史记题评》卷四八）

【明】茅瓒：不略不冗，叙事之妙也。（凌稚隆《史记评林》卷四八）

【明】茅坤：陈涉自王而四出兵徇地，殊多草草无纪律，或强不用命辄自立，或击走即散。而太史公叙陈涉始末，亦只为纪首乱处，故自此以下无章法脉络。（《史记钞》卷二十五）

【清】牛运震："怅恨久之"，极有光景可想。"今亡亦死"云云，连用四"死"字，句法练。陈胜曰"天下苦秦久矣"云云，至"宜多应者"，按：此段屡用"吾闻""或闻""多闻其贤，未知其死也""或以为死，或以为亡"，约略闪忽，确是草泽人口气。"然足下卜之鬼乎"，语特隐妙。"念鬼"，字法好。"固以怪之矣"，极有顿挫。"广故数言欲亡"云云，至"激怒其众"，许多委曲情事一一道出。"且壮士不死即已"云云，数语亦极亢爽。"从民欲也"，应前作小收，笔法好。"袒右，称大楚"云云，至"号为张楚"，正叙陈涉略地称王之事，以下乃叙陈涉分遣侯王将相、将兵徇地之事。内中点葛婴，点武臣、张耳、陈徐，点周文，点韩广、周市、田臧、秦嘉等，节次脉络分明。又以"当此时，诸郡县苦秦吏者，皆刑其长吏，杀之以应陈涉""当此时，楚兵数千人为聚者，不可胜数""当此之时，诸将之徇地者，不可胜数"，三段提纲挈领，结构紧严，叙事繁而不杂、长而不懈。茅鹿门以为太史公纪陈涉始末竟无章法脉络，殆未细读世家者也。

先于陈涉口中点明"为天下唱，宜多应者"，后又云"号令召三老、豪杰与皆来会计事"，又云"征国之豪杰与计"，又以"诸郡县苦秦吏者""楚兵数千人为聚者""诸将之徇地者"三段节节照应，而总以"其所置侯王将相竟亡秦，由涉首事也"数语结束之，何等笔力！"周文，陈之贤人也"，点法变。"周文自到，军遂不战"，截住，极冷峭。"且以楚之强，不敢害赵王将相之家"云云，句拙而老、长而劲，正太史公句法不可及处。"将军田臧等相与谋曰'周章军已破矣'"，此遥接"周文自到，军遂不战"，断续有情。"陈王初立时"云云，至"谥曰隐王"，叙陈涉兵败身死之事。"陈王故涓人将军吕臣"云云，至"会项梁立怀王孙心为楚王"，叙陈涉身后事。叙陈涉分遣侯王将相、将兵略地、擅立相杀，虽极拉杂繁碎，究以陈涉为主，纲领眼目，犁然分明，是其叙次有法处。"陈胜王凡六月"，总收一语老，又暗与篇首两"陈胜王"关应。叙陈王故人尝与佣耕者之陈见陈王一段，回应篇首佣耕时事，质鄙琐碎，却自恢宏，生动有情。"诸陈王故人皆自引去，由是无亲陈王者"，过下陈王信用朱房等，"诸将以故不亲附"一段，融合无迹。末段叙陈王所以致败之故，详而有法，正自回复，痛惜不尽。"陈胜虽已死，其所置遣侯王将相竟亡秦，由涉首事也"，断数语，一篇结案，正自明其所以列陈涉于世家也。断数语作收，又带点高祖为涉置守冢事作余波，括事无遗，含情无尽，正不必更作赞语矣，此变调也。（《空山堂史记评注》卷六）

【清】汤谐：此文前后之妙易知，中间之妙难知；中间提笔之妙犹易知，零叙之妙难知。盖陈胜王凡六月，一时多少侯王将相，起者匆匆而起，立者匆匆而立，遣者匆匆而遣，下者匆匆而下，畔且匆匆而畔，据者匆匆而据，胜者匆匆而胜，败者匆匆而败，失者匆匆而失，复者匆匆而复，诛者匆匆而诛，散者匆匆而散。有六月内结局者，有六月内未结局者，有六月后续出者。种种头绪，纷如乱丝，详叙恐失仓卒之意，急叙又有挂漏之患，岂非难事？乃史公却是匆匆写去，却已一一详尽，不漏不支不躐不乱，岂非神手！若于此等妙处不能潜心玩味、真见其然，犹为枉读《史记》也。（《史记半解·陈涉世家》）

【清】曾国藩：怀王入秦不返，天下之公愤，屈原之私愤，而太史公亦自引为己愤也。"楚虽三户，亡秦必楚"，子长时时不忘此二语，故于陈涉之张楚，项羽之楚，皆所

向慕，即于襄疆之楚，吕臣之楚，景驹之楚，黥布之楚，怀王孙心之楚，亦缕叙而不敢忽。（《求阙斋读书录》卷三）

《廉颇蔺相如列传》

【宋】苏辙：蔺相如非战国之士也，以死行义，不屈于强秦，以礼为国，不校于廉颇。其处刚柔进退之际，类学道者，使居平世，可以为大臣矣，非战国之士也。廉颇、李牧，皆以将亡之赵，抗方兴之秦，其为力艰矣！卒以其用舍为赵之存亡，赵能用之而不能终，悲夫！（《古史》卷五十一）

【宋】朱熹：和氏璧也，是赵国相传，以此为宝，若当时骤然被人将去，则国势也解不振。古人传国，皆以宝玉之属为重，若子孙不能谨守便是不孝。当时秦也是强，但相如也是料得秦不敢杀他后，方恁地做，若其它人则是怕秦杀了便不敢去。相如岂是孟浪？恁地做它须是料度得那秦过了。战国时如此等也多。○（黄）义刚曰："蔺相如其始能勇于制秦，其终能和以待廉颇，可谓贤矣。但以义刚观之，使相如能以待廉之术待秦，乃为善谋，盖柔乃能制刚，弱乃能胜强，今乃欲以匹夫之勇恃区区之赵而斗强秦，若秦奋其虎狼之威，将何以处之？今能使秦不加兵者，特幸而成事耳。"（《朱子语类》卷一三四）

【宋】黄震：蔺相如庭辱强秦之君而引车避廉颇，廉颇以勇气闻诸侯而肉袒谢相如，先公后私，分弃前憾，皆烈丈夫也！勇怯各得其所矣，然先之者相如也。（《黄氏日钞》卷四十六）

【元】戴表元：世言相如持空言与秦争璧，璧还而终不免赵，于璧何益哉！余曰不然。秦吞诸侯非皆以其能也，诈胁之所得较于兵取者，往往十居六七，则夫今之视赵，其意岂止于区区之璧哉！秦计既然，则相如之抗秦，固有不在于区区之璧矣。且国之以人为存亡，无以异于人之以脉为生死也，有一脉之不绝者，人虽危而不即死，有一贤之可奋者，国虽败而不即亡。秦诚积强之国，见诸国皆畏而有不畏者在焉，则其不敢易者必其不畏者也，岂为一璧之重轻乎？吾观相如，盖战国豪俊有谋之士，近古曹沫之徒也已，故能横躯受命而知秦刃之不敢加，强辞临盟而保赵驾之必可返，不然，秦昭王之无道，叛神明欺骨肉，何忌于赵，何爱于相如哉！盖尝考之，相如之为赵，不但外以口舌折秦，盖诸将之与赵始终而能为秦畏者有三人焉：廉颇固相如之所逊，赵奢晚而与之同位，李牧知名进用，计当亦在相如之时。使相如但以空言为强而无待秦之实，则秦之加于赵必不若是恕矣。故曰：相如者，战国豪俊有谋之士也。独怪赵以相如之贤，所推将皆适一时名杰，自不可谓为无人之国，再传之后，相如未死已不救于长平之事，奢以子败，颇废牧诛，然后昔之所恃以待秦者皆尽而赵亦亡，虽曰废兴使然，观国者可不为寒

心乎！（《史论·蔺相如列传》）

【明】凌稚隆：相如渑池之会，如请秦王击缶，如召赵御史书，如请咸阳为寿，一一与之相匹，无纤毫挫于秦。一时勇敢之气，真足以褫秦人之魄者。太史公每于此等处更著精神。（《史记评林》卷八十一）

【明】钟惺：以廉颇、蔺相如主名，中间赵奢、李牧周始穿插，断续无痕，而赵之兴亡，节目全在于此。数人共一传，只如一人。贤才关系国家，从文字章法中错综中写出，此史之识也。〇岂有十五城易一璧者，分明是豪夺局耳，亦欺赵之无人也。一相如持璧入秦，而秦始畏相如并畏赵，意不在璧矣。〇渑池之会，相如从廉颇守，可见二人在赵缺一不可，已伏二人引车负荆之案，二人皆古大臣，颇以勇掩，相如以智掩耳。（《钟惺评史记》卷八十一）

【明】王世贞：蔺相如之完璧，人人皆称之，余未敢以为信也。夫秦以十五城之空名，而诈赵而胁其璧，是时言取璧者，情也，非欲以窥赵也。赵得其情则弗予，不得其情则予；得其情而畏之则予，得其情而弗畏之则弗予。此两言决耳，奈之何既畏之而复挑其怒也？且夫秦欲璧，赵弗予璧，两无所曲直也。入璧而秦弗与城，曲在秦；秦城出而璧归，曲在赵。欲使曲在秦，则莫如弃璧；畏弃璧，则莫如弗予。夫秦王既按图以予城，又设九宾，斋而受璧，其势不得不予城。璧入而城弗予，相如则前请曰："臣固知大王之弗予城也。夫璧非赵璧乎？而十五城秦宝。今使大王以璧故，而亡其十五城，十五城之子弟皆厚怨大王以弃我如草芥也。大王弗予城而绐赵璧，以一璧故，而失信于天下，臣请就死于国，以明大王之失信！"秦王未必不返璧也。今奈何使舍人怀而逃之，而归直于秦？是时秦意未欲与赵绝耳，令秦王怒而僇相如于市，武安君十万众压邯郸而责璧与信，一胜而相如族，再胜而璧终入秦矣。吾故曰，蔺相如之获全于璧也，天也。若其劲渑池，柔廉颇，则愈出而愈妙于用。所以能完赵者，天固曲全之哉！（《史论二十首·蔺相如》）

【清】张裕钊：廉颇为赵宿将，任用最先而最后死，故以廉颇为经，而以蔺相如、赵奢、赵括、李牧为纬。于诸人事反详，而于颇反略，最见意匠之妙。然叙次诸人，在以廉颇缠络其间，则前后一线相承，不致散漫。至李牧最晚出，而后颇死，故先与颇相绾，而后乃附于其末，又得参差之法。（吴汝纶《桐城吴先生点勘史记读本》卷八十一）

【清】李晚芳：人徒以完璧归赵、渑池抗秦二事艳称相如，不知此一才辩之士所能耳，未足以尽相如。惟观其引避廉颇一段议论，只知有国不知有己，深得古人公尔国尔之意，非大学问人，见不到，亦道不出，宜廉将军闻而降心请罪也。人只知廉颇善用兵，能战胜攻取耳，亦未足以尽廉颇。观其与赵王诀，如期不还，请立太子以绝秦望之语，深得古人社稷为重之旨，非大胆识不敢出此言，非大忠勇不敢任此事。钟伯敬谓，二人皆有古大臣风，斯足以知廉蔺者也。篇中写相如智勇，纯是道理烂熟胸中，其揣量秦王情事，无不切中者，理也；措辞以当秦王，令其无可置喙者，亦理也。卒礼而归之，非前倨而后恭，实理顺而人服耳。观其写持璧睨柱处，须眉毕动；进缶叱左右处，声色如生。奇事偏得奇文以传之，遂成一段奇话，琅琅于汗青糜间，千古凛凛。廉将军居赵，事业甚多，《史》独纪其与王诀及谢如二事而已，非略之也，见此二事，皆非常事，足以概廉将军矣。读此可悟作史去取之法。（《读史管见》卷二）

【清】高嵣：秦赵交关是此传主笔，以四人系赵之存亡，直至秦灭赵，乃一篇归宿处，亦千古任将得失之林也。以赵之世次年月为线索，故忽尔廉、蔺，忽尔赵、李，极断续离合而无些子痕迹，彼以串插云者陋矣。太史公列传中，其法无所不有，真千古妙文。（《史汉合钞·史记》卷三）

【清】曾国藩：廉颇为赵将最久，战功最多，故以廉颇为主。叙蔺相如、赵奢父子皆以廉颇经纬其间，即叙李牧亦插入"廉颇已入魏"句，此子长裁篇之本意也。惟功绩虽以廉颇为最，而子长所佩仰者则以相如为最，故赞中专美相如，且以廉、蔺目其篇。（《求阙斋读书录》卷三）

【清】牛运震："拜为上卿，以勇气闻于诸侯"，伏案。"蔺相如者，赵人也"，即入蔺相如，妙。"赵王与大将军廉颇诸大臣谋"，插入廉颇。"其人勇士，有智谋，宜可使"，就缪贤口中括相如生平，语亦敦重简峭。"相如曰：'秦以城求璧'"云云，相如语殊侃侃，亢朗之极。"宁许以负秦曲"，句练劲。○"传以示美人及左右，左右皆呼万岁"，写秦王骄玩，有景有态。"相如因持璧却立，倚柱，怒发上冲冠"，写相如英气勃勃。相如对秦王语，亢爽高雅绝妙词令，非一味激烈也。"何者？严大国之威以修敬也"，顿挫节奏极妙。"臣头今与璧俱碎于柱矣"，语激壮之极，"今"字响，如闻其声。"相如持其璧睨柱，欲以击柱"云云，至"指从此以往十五都予赵"一段，拉杂匆急神情，写来如画。"持其璧"下添"睨柱"二字，"案图"下着"从此以往"四字，真写生手，此颇上添毫法也。○"秦自缪公以来"云云，此又侃侃正论，明目张胆得体。"赵立奉璧来"，句锐峭如持马拔剑。"今以秦之强"云云，此又申明上句，意更剀透。"秦王与群臣相视而嘻"，写秦君臣神沮景态冷妙，真白描手；"秦王因曰"，写秦王转关亦有神。○一璧耳，变出"易璧""奉璧""完璧""授璧""得璧""求璧""取璧""持璧""破璧""送璧""归璧""留璧"字，虽非经意，却有多少生情处。○"廉颇、蔺相如计曰"，代入廉颇，妙手，合说尤妙。○"相如张目叱之，左右皆靡"，写相如英悍如生，一相如耳，直以写项王之笔写之。鼓瑟、击缶本极雅事，渑池之会，一"鼓瑟"、一"击缶"，写来直觉杀气抢攘。○"相如闻，不肯与会"云云，至"引车避匿"，相如避让廉颇处，亦用三层叠写。平常摹叙，不肯轻过如此。"顾吾念之"歇顿一笔，深细含蓄。"强秦之所以不敢加兵于赵者，徒以吾两人在也"，此太史公廉、蔺合传本旨，却借相如口中说出。"廉颇闻之，肉袒负荆"云云，至"为刎颈之交"，此廉、蔺佳话盛事也。太史公最得意此等事，故不觉摹写酣畅尽致。"鄙贱之人，不知将军宽之至此也"，语极沉着缠绵，有咨嗟，有血泪。〇传蔺相如只叙"完璧""击缻"二事，而以廉、蔺交欢终之，至廉颇战功，则于首末见之，极得错综轻重之法。(《空山堂史记评注》卷八)

【近】梁启超：记蔺相如完璧归赵及渑池之会两事，从始至末一言一动都记得不漏，这是详记大事之法。因为这两件大事最足以表现相如的个性，所以专用重笔写他，其余小事都不叙。廉颇的大事，三回伐齐，两回伐魏，一回伐燕，传中前后只用三四十个字便算写过，绝不写他如何作战、如何战胜，因为这些战术、战功是良将所通有，不足以特表廉颇的人格。倒是廉颇怎样的妒忌蔺相如，经相如退让之后怎样的肉袒谢罪，失势得势时候怎么的对付宾客，晚年亡命在外思念故国怎么的"一饭斗米肉十斤，被甲上马示尚可用"，这些小事写得十分详细，读之便可以知道廉颇为人短处在褊狭，长处在重意气、识大体。(《作文教学法》)

那知道《史记》，写他八次胜仗，不到二十字，反噜噜嗦嗦的写他如何与蔺相如吃醋呕气，如何负荆请罪。后来在异国又如何对赵使者表示没有老，想赵王用他。一气写上几百字，这是什么缘故呢？因为若写他的战功，那时战法总是一样；要写他的智勇，那吴起、王翦也是一样的忠勇，从此处都不能表现出他的整个人格，写他几件小事便可看出，他老人家是一位极忠诚的军人，气量很小，然而很知大体，待人很厚。(《中学以上作文教学法》)

【今】钱钟书：此亦《史记》中迥出之篇，有声有色，或多本于马迁之增饰渲染，未必信实有徵。写相如"持璧却立睨柱，怒发上冲冠"，是何意态雄且杰！后世小说刻划精能处无以过之。〇赵王与秦王会于渑池一节，历世流传以为美谈，至谱入传奇。使情节果若所写，则樽俎折冲①真同儿戏，抑岂人事原如逢场串剧耶？武亿《授堂文钞》

---

① 《孔子集语》载：晋平公欲伐齐，使范昭往观焉。景公觞之。饮酒酣。范昭曰："请君之弃樽。"公曰："酌寡人之樽，进之于客。"范昭已饮，晏子曰："彻樽，更之。"樽觯具矣，范昭佯醉，不说而起舞，谓太师曰："能为我调成周之乐乎？吾为子舞之。"太师曰："冥臣不习。"范昭趋而出。景公谓晏子曰："晋大国也，使人来将观吾政。今子怒大国之使者，将奈何？"晏子曰："夫范昭之为人也，非陋而不知礼也。且欲试吾君臣，故绝之也。"景公为太师曰："子何以不为客调成周之乐乎？"太师对曰："夫成周之乐，天子之乐也，调之，必人主舞之，今范昭人臣欲舞天子之乐，臣故不为也。"范昭归以报平公曰："齐未可伐也，臣欲试其君，而晏子识之，臣欲犯其礼，而太师知之。"仲尼闻曰："夫不出于尊俎之间而知千里之外，其晏子之谓也，可谓折冲矣，而太师其与焉。"

卷四《蔺相如渑池之会》深为赵王危之，有曰："殆哉，此以其君为试也！"又曰："乃匹夫无惧者之所为，适以成之，而后遂啧然叹为奇也。"其论事理甚当，然窃恐为马迁所弄而枉替古人担忧耳。（《管锥编》）

《鸿门宴》

【宋】李清照：生当作人杰，死亦为鬼雄。至今思项羽，不肯过江东。（《夏日绝句》）

【宋】叶适：古书之于圣贤，皆因事以著其人，未尝以人载事。项籍虽盗夺，然文字以来，以人著事最信而详，实始于此。如"初起时二十四""少学书不成，去学剑又不成""书足记姓名，剑一人敌不足学，学万人敌""乃教籍兵法，不肯竟学"。〇太史公言"羽非有尺寸，乘势起陇亩之中，三年，将五诸侯灭秦，分裂天下而封王侯，政由羽出，号为霸王"，近古所无。不知古人之治，未尝崇长不义之人。《左氏》载傁瞒三人皆为诸侯所诛，盖是时先王之余政犹存，负力桀悍者终不得自肆。如项羽，气力不过长狄，而不幸遭世大坏，遂横行至此。迁以畏异之意，加嗟惜之辞，史法散矣。（《习学纪言》卷十九）

【金】王若虚：《项羽传·赞》云："吾闻之周生，舜目盖重瞳子，又闻项羽亦重瞳子，羽岂其苗裔耶？何兴之暴也！"陋哉此论！人之形貌容有偶相同者，羽出舜后千有余年，而独以此事遂疑其为苗裔，不亦迂乎？……夫舜以元德升闻，四岳荐之，帝尧试之，上当天心，下允众望，然后践天子之位，其得之固有道矣，岂专以异相之故而暴兴者哉？使舜果由此而兴，则羽之成功亦应略等，奚其不旋踵而剿灭也？迁轻信爱奇，初不知道，故其谬妄每如此！后世状人君之相者类以舜瞳为美谈，皆史迁之所启，而后梁朱友敬自恃重瞳，当为天子，因作乱而伏诛，亦本此之误也。悲夫！（《史记辨惑·议论不当辨》）

【明】郝敬：羽与高帝并起，灭秦之功略相当，而羽以霸王主盟，尤一时之雄也。秦灭六国，楚灭秦，秦既纪矣，可绌楚乎？故并尊羽于秦汉间，不欲以成败论英雄也。（《史汉愚按》卷二）

【明】钟惺：司马迁以项羽置本纪，为《史记》入汉第一篇文字，俨然列汉诸帝之前，而无所忌，盖深惜羽之不成也。不以成败论英雄，是其一生立言主意，所以掩其救李陵之失也。然可见汉世文网一途禁忌甚宽。（《钟惺评史记》卷七）

【清】吴敏树：此纪世之喜文字者，无不读而赞之，究其所以喜者，起事一段，救赵一段，鸿门一段，垓下一段，其他所知者盖仅矣。此由以粗心读古人书，正如逢场观剧，取其搬演热眼者而已。其实一部大曲，经营巧拙，非深于其事者不知也。史家原只依事实录，非可任意措置，然至事大绪繁，得失是非之变，纷起其间，非洞观要最，扫除一切旁枝余蔓，未得恣意详写，使其人其事、终始本末真实发露。读者惊动悲慨，千载下如昨日事也。……从来良史记事，第一论识。而柳子之评史公曰"洁"，真是高眼看透。（《史记别钞·项羽本纪》）

【清】郭嵩焘：项羽英雄，史公自是心折，亦由其好奇，于势穷力尽处，自显神通。钜鹿、鸿门、垓下三段，自是史公《项羽纪》中聚精会神，极得意文字。○鸿门之宴，写得子房如龙，樊哙如虎，是史公极得意文字。钜鹿之战写得精彩，鸿门之会却处处写得奇绝、陡绝，读之使人心摇目眩。（《史记札记》卷一）

【清】王鸣盛：秦始皇帝游会稽，项梁与籍俱观。籍曰："彼可取而代也！"高祖由咸阳，纵观秦皇帝，喟然太息曰："嗟乎！大丈夫当如此也！"项之言悍而戾，刘之言则津津然不胜其歆羡矣。陈胜曰："壮士举大名耳，王侯将相宁有种乎！"项籍口吻正与胜等，而高祖似更出其下。（《刘项俱观始皇》）

【清】牛运震：《史记》叙事善用虚字，极顿挫开阖之妙。《项纪》每于事情极难着笔处，略用一二虚字点逗，精神眼目俱出。（《空山堂史记评注》卷二）

【清】王又朴：鸿门一段文字，写得极紧簇生动。人见其热闹，便谓史公着意在此——以羽不杀沛公为羽之大错。何所见之浅也。夫以羽之残暴不仁，即使沛公可得而杀，亦必不能有天下。此理也、势也。史公之意，盖自受邯降至烹说者，总写羽不以仁亲为宝，而以货财为宝，至失其亲而为他人所用也。盖羽急于入关，其志原利秦之财耳。何以见之？吾于两写大怒及后特书收其货财妇女而束一笔，则羽之情事固灼然可知也。盖羽惟利其财，故一闻沛公"珍宝尽有"之谤，即大怒，已而又知沛公之封府库而未取其财也，其怒已平矣。是以范增曰"急击"而羽未应，项伯曰"不义"而即许诺也。至对沛公曰"此司马曹无伤言之"一语尤觉分明。不然，羽止以沛公先入关见忌，而急欲击杀以洩其忿，则伯之言正触其忌者也，奈何反听而释之乎？乃沛公封府库，于财物无所取，却不于羽处写出，而点于范增口中，此笔法变化之妙。然史公犹恐后人不喻其意也，又写献璧一事以提醒之，下又写"富贵归故乡"一语以点明之。夫史公文字明白易见如此，而后之人犹多惝惝然者，则以文字之妙迷离灵变，人但于热闹中求之，而不知于闲冷处求之耳；人但于有字句处求之，而不能于无字句处求之耳。○鸿门一事，凡三见《史记》，然高纪与哙传皆略，而独详于此者，史公固以羽之失诸项心。此事最为明白显著，而羽即坐此以失天下，故特借范增之言以明之。一则言沛公当为天子，再则言若属皆为所虏，三则言夺项王天下者必沛公。盖败王之征，智者先见，而"亚父者，范增也"句，又特为提醒读者，使之着眼，非以不杀沛公即为项羽失天下之故也。读者莫为所欺。夫此一事也，为项羽一生得失之大机括；而此事之文，亦为本纪中一篇前后之大枢纽。看他自始至终细细描写，将一时各人心事、各人面目、各人身段脚步方向，无一不逼真活现，如好梨园子弟搬演杂剧，遂使观者心头眼底如亲见其人，亲见其事，昔人谓史迁为写生手，信然也。（《项羽本纪读法》）

【清】李晚芳：羽之神勇，千古无二。太史公以神勇之笔，写神勇之人，亦千古无二。迄今正襟读之，犹觉喑哑叱咤之雄，纵横驰骤于数页之间，驱数百万甲兵，如大风卷箨，奇观也。○羽天怀坦率，性虽暴而无诡诈之心，所短者在自视太高而待人寡恩。太高则自恃而不下人，寡恩则士不乐附，此亚父所以疏，韩信、陈平所以亡也。但其行事较高帝为近正，高帝纯用谲，而羽则快直。直故不听范增，以陷高帝于险，使鸿门之甲兵化为樽俎。谲故狗良、平之谋，而不守鸿沟之约，卒制羽于死命。呜呼！一兴一亡，若出人事，岂非天命哉！不然，睢水之三匝，何以得大风而遁？荥阳之诳楚，何以得纪信而代？微天命虽数高帝，其不为羽所歼者几希矣。故羽自谓"天亡我，非战之罪"。吾则谓：天兴汉非谲之功，亦非羽直之过也。或曰：羽之亡，在弑义帝固也。愚细思之，即不弑义帝而羽亦亡。何也？帝王应运必多佐命景从，汉不独三杰也，张良之下有陈平，萧何之下有曹参，韩信之下有彭越、英布等。而楚阃之间，概可见矣，只有一范增，亦不能用。徒欲争天下于拔山扛鼎之雄，左矣，是则羽之所以败也。苏子瞻尝谓：增不去，羽不亡。盖亦惜羽之不能用增也哉。（《读史管见》卷一）

【今】钱钟书：《高祖本纪》于刘邦隆准龙颜等形貌外，并言其心性："仁而爱人，喜施，意豁如也，常有大度。"《项羽本纪》仅曰："长八尺余，力能扛鼎，才气过人"，至其性情气质都未直叙，当从范增等语中得之。"言语呕呕"与"喑噁叱咤"；"恭敬慈爱"与"慓悍滑贼"；"爱人礼士"与"妒贤嫉能"；"妇人之仁"与"屠阬残灭"；"分食推饮"与"玩印不予"，皆若相反相违，而既具在羽一人之身。有似两手分书，一喉异曲，则又莫不同条共贯。科以心学性理，犁然有当。《史记》写人物性格，无复综如此者。谈士每以"虞兮"之歌，谓羽风云之气而兼儿女之情，尚粗浅乎言之也。（《管锥编》）

【今】李长之：这真是一个天马横空的人物，他少时学书不成，去学剑，又不成。因为剑是一人敌不足学，要学是学万人敌，那就是兵法。学兵法大喜，可是略知其意，又不肯竟学。他身长八尺余，力能扛鼎，才气过人。他的作战完全以气胜。他可以带三万精兵，就打败了汉高祖的五六十万大军。他是道地的英雄色彩，他要与汉高祖决战，他说："天下匈匈数岁者，徒以吾两人耳，愿与汉王决雌雄！"只要他一出马，让交战的人目不敢视，手不敢发，只有逃走。到了失败的时候，他爱的只有美人和名马，他会对美人和名马唱歌，慷慨悲泣，一洒英雄之泪。最后他会以二十八匹马还摆作阵势而突围，仍然以少胜多，证明自己之不败。他爱的名马，他送了好汉，他自己的头颅，也送给老朋友。他是自杀，他不能受辱。这一个叱咤风云的英雄在起事时，才二十四岁；到拔剑自刎时，也才三十一岁。他所代表的是狂飙式的青年精神，他处处要冲开形式。他是浪漫精神的绝好典型。他的魄力和豪气就是培养司马迁的精神的氛围，他的人格就是司马迁在精神上最有着共鸣的！（《司马迁之人格与风格》）

《周亚夫军细柳》

【宋】刘子翚：周亚夫彊直自信，当文帝而显名，遇景帝而杀身，非有幸不幸，其操术然也。方匈奴寇边，文帝遣亚夫屯细柳，细柳在长安西，当时非临敌之地，文帝以万乘临之，先过棘门、霸上，则军中岂不预知哉？万弩持满向帝先驱，帝至又不得入，既入又禁驰驱，此亚夫欲以军威示文帝耳，如穰苴之斩贾庄，孙武之斩吴姬，有意为之也。文帝因此重之，亚夫之名遂显。后屡谏景帝，帝怒下吏，又不对，竟杀之。夫行已恭，事上敬，此大臣之节也，亚夫不知遵此，姑以彊直自信不移。文帝宽仁，故推成其美，景帝忌刻，故陷于戮辱。然则景帝之杀亚夫，虽曰滥刑，固有以招之矣。（凌稚隆《史记评林》卷五十七）

【明】郝敬：勃父子不学无术，文帝宽假，幸而免，景帝刻深，遂及于祸，七日不食，呕血以死，悲夫！名与身孰重？君子不成仁不杀身，愤忿自用，何至此极！子长谓其"足己""守节不逊"，然哉。（《史汉愚按》卷三）

【明】董份：细柳营，亚夫为真将军，不侯外戚，亚夫为真宰相。（茅坤《史记钞》卷三十一）

【清】牛运震：写细柳营劳军一段，安详整饬，古雅严肃，一时贤主良将，精神俱出。○"景帝甚重之""景帝由此疏之""景帝以目送之""景帝骂之"，屡用此等句调，映带成文法。"请得与丞相议之""丞相议之"，叠句好，叙述中有口吻。"景帝视而笑""景帝以目送之"，写出杀机。"此怏怏者非少主臣也！"悒怒语，却以风韵出之。○《绛侯世家》两次写狱吏惨横处，悲酸痛切，千古伤心。正坐李陵幽囚之后，一触此事，即为笔底怆绝耳。"条侯果饿死。死后，景帝乃封王信为盖侯"，低徊条侯之死，为许负相法作应，又补侯王信事作结，深重之，深怜之，缭绕顿挫，无限感伤。此太史公绝笔也。（《空山堂史记评注》卷六）

【清】林云铭：亚夫备边细柳，必广侦伺。天子自行劳军，且既历霸上、棘门二处，岂有不知，直待诏使持节而来，方传言开壁耶？评者谓其欲示整肃于天子，使天子知其能。余以为非也。亚夫虽续绛侯后，从未典兵，此番以河内守初管虎符，士不相习。况大敌在前，尤难轻视，实欲借天子劳军一节，以示将权之重，使战士用命。即司马穰苴请庄贾监军，斩而为徇遗意。① 其后击吴、楚军，坚壁不奉诏，皆此一副本领。龙门步步写生，千载如见，此文字中化工也。（《增订古文析义合编》卷八）

【清】吴汝纶：此篇以功臣遭祸为主，"吾尝将百万军，然安知狱吏之贵乎！"语绝沉痛，与条侯下狱事相影响，亦借以自寓感叹。（《桐城吴先生点勘史记读本》卷五七）

【清】储欣：功名威望居之最难，惟谦逊退让可以善始善终耳，然此非不学者所知也。太史公望淮阴以学道谦让，责绛侯、条侯以"足己不学，守节不逊"，旨哉言乎！（《史记选》卷三）

【今】赖汉屏：扬雄《法言·君子篇》说："子长多爱，爱奇也。"司马贞《史记索隐后序》也说："太史公纪事……或旁搜异闻以成其说，然其人好奇而词省。"苏辙评《史记》谓"其文疏荡，颇有奇气"。"奇"是《史记》的基本艺术特色，其事奇而信，其文奇而雄。这种艺术特色，在《周亚夫军细柳》一节文字中，得到充分的印证。

文章第一句，就大书特书"匈奴大入边"，"大入边"三个字，顿觉烽火烛天，胡尘匝地，一派紧张气象。司马迁让周亚夫在这严峻的时刻出场，一起便有激荡雄奇之气。大战迫在眉睫，周亚夫如何部勒士卒，经营防务，自是题内应有之义。司马迁于此只字不说，却突然转出"上自劳军"大段精雕细刻的文字，真是起落无端，奇变莫测。待劳军车驾来到周亚夫大军驻地细柳，迎接天子车驾的竟是披甲执刀、张弓搭箭的军士，劳军的先行队伍马到门前，军士闭门不纳。这情况就透着奇。卫士传呼天子将至，谁知守门军将严正回答："军中闻将军令，不闻天子之诏。"连皇帝的命令也行不通了，又是一奇。等到文帝亲至，同样被拒于门外，更是奇中之奇。直到文帝派人手持符节以诏亚

① 此说出自《史记·司马穰苴列传》：司马穰苴（又称田穰苴）是田完的后代子孙。齐景公时，晋国和燕国均进犯齐国领地，齐国军队大败。晏婴向齐景公推荐田穰苴："穰苴虽说是田家的妾生之子，可是他文武兼备，希望君王能试试他。"齐景公召见穰苴并与其共商军国大事，对其很满意，任命他做了将军，率兵去抵抗晋、燕的军队。穰苴说："我人微权轻，君王把我从平民中提拔起来，置于大夫之上，士兵们不会服从，百姓也不会信任。希望能派一位君王宠信、国家尊重的大臣来做监军。"齐景公即派庄贾去做了监军。穰苴辞别景公后和庄贾约定第二天正午在营门处汇合。第二天穰苴率先赶到营门等待庄贾。庄贾一向骄纵，认为率领的是自己的军队，自己又做监军，不必守时，接受亲戚朋友的饯行并饮酒。到了正午，穰苴摔破计时的漏壶，进入军营整饬军队，宣布了各种规章号令。日暮时分庄贾才来。穰苴说："为什么约定了时间还迟到？"庄贾表示歉意并解释说："亲戚朋友给我送行，所以耽搁了。"穰苴说："身为将领，从接受命令的那一刻起，就应当忘掉自己的家庭；来到军队宣布规定号令后，就应忘掉私人的交情；擂鼓进军，战况紧急的时刻，就应当忘掉自己的生命。如今敌人侵略已经深入国境，国内骚乱不安，战士们已在前线暴露，国君寝食难安，全国百姓的生命都维系在你的身上，还谈得上什么送行呢！"于是把军法官叫来，问道："对迟到的人怎么惩处？"军法官说："应斩首。"庄贾很害怕，派人飞马报告齐景公请他搭救。报信的人还没来得及返回，穰苴就把庄贾斩首并巡行示众。

夫,他才传令打开防御工事的大门;但自己依然稳居中军,不来接驾。这更是一种奇异现象。天子车驾进了壁门,守门士吏居然传亚夫将令:"军中不得驱驰",使文帝只好"按辔徐行",这在中国封建时代恐怕是绝无仅有的奇事。直到文帝进入中军营帐,周亚夫才出来接驾,却又不跪拜山呼,而是介胄戎装,持刀而揖,以军中之礼见当今天子,就不止令人感到奇,而且不能不为之一惊。更奇怪的是,这位汉文帝不但不责怪亚夫,反而俯下身躯,抚着车前横木表示敬意。这节劳军文字,其事则曲折起伏,变化迭起;其文则奇峰间出,波诡云谲。无怪乎劳军完毕车驾走出军门后"群臣皆惊";而识将才、赏奇士的汉文帝,却嗟然而叹,称赞周亚夫是"真将军"。

"奇"是司马迁《史记》的主要艺术特色。但司马迁决非猎奇自炫、取媚流俗的作家。他的《史记》向称"实录",决非小说家言。《史记》之奇,乃在善于在曲折奇特的情节中显示人物性格。他笔下的历史人物,性格统一,有血有肉,因此读之者感到文虽奇而事可信。这就是刘勰在其《文心雕龙·辨骚》中说的:"玩华而不坠其实,酌奇而不失其真。"(陈振鹏、章培恒《古文鉴赏辞典(上)》,引用时有删节)

◎ 贾谊

《过秦论》

【魏】曹丕:余观贾谊《过秦论》发周秦之得失,通古今之制义,洽以三代之风,润以圣人之化,斯可谓作者矣。(李昉《太平御览》)

【宋】欧阳修:然观其用意,在于策论。此古人之所难工,是以不能无小阙。其救弊之说甚详,而革弊未之能至。见其弊而识其所以革之者,才识兼通,然后其文博辩,而深切中于时病,而不为空言。盖见其弊,必见其所以弊之因。若贾生论秦之失,而推古养太子之礼,此可谓知其本矣。(《与黄校书论文章书》)

【宋】楼昉:秦始终兴亡之变,尽在此书。(《崇古文诀》卷二)

【宋】李涂:文字有终篇不见主意,结句见主意者,贾谊《过秦论》"仁义不施,而攻守之势异也",韩退之《守戒》"在得人"之类是也。(《文章精义》)

【宋】张耒:贾生论秦曰:"仁义不施,而攻守之势异也。"世以为确论,予独谓之不然。夫攻守殊而事相关,异施设而同利害,其守之安危,观其攻之善恶,其报应如表影声响之不差也。譬如人之殖产也,耕我之田,尽力以事之,岁收千石,封之仓廪而食之;贾百金之货于邻国,而赢千金马,邻里不我怨,有司不我罪。如是乃安坐享其福,而贻之子孙,则安乐而无后患。今有人侵人之田,夺人之产,又杀人于道而夺之金,如是乃欲封之仓廪，藏之厩库，而守之以君子长者之事，冤仇百作，而披攘之矣。故如是而取之，必如是而失之，安有以盗贼所以取之，而能以君子之道守之欤？秦王始灭韩齐，大率十年间耳，灭人之国，虏人之君，其毒至惨也。夫此六国诸侯者，其上世皆有功于民，又皆据国数百年，其本根深而结于人心者固。一旦艾夷荡覆之，其势必不帖然而遂已。如塞大水，伐大木，其渐渍之末流，播散之余种，将且复涨而暴兴，不得其寂寥气尽则不止。秦虽欲反其所以取之道守之，而其机已成，其势必复矣。故秦之事不可为也。呜呼！秦灭六国，不十余年而六国并立，秦以不祀其效，岂不然欤？故贾生之论，戏论也。乐毅贤将，一战胜齐，下城七十，齐不能支。曾未三年，七十城者翻然为齐，乃无一城为毅守者，以是得之，以是失之，岂不然哉？毅贤尚然，况于暴秦乎？（《张右史文集》卷五十七）

【宋】真德秀：贾生论秦成败千有余言，而断之曰"仁义不施，而攻守之势异也"。文字甚妙，但非至当之论，盖儒者以攻尚谲诈，而守尚仁义故耳。（凌稚隆《史记评林》卷六）

然谊之意，以攻、守为二途，用权谋以攻，而用仁义以守，然后为得。汉初豪杰所见大抵如此。故陆贾有"逆取""顺守"之言，而谊亦为"攻守异势"之说。岂知三代之得天下与守天下，初无二道乎？此谊之学所以为杂于申韩也。〇谊所谓"天下嚣嚣，新主之资。此正孟子饥渴易饮食之说也"，然桀纣之虐，必有如汤武者代之，然后可以慰斯民之望。若二世者，以始皇为之父，赵高为之师，所习见者，非斩刈人则夷人之三族也。谊乃以任忠贤、忧海内望之，何异责盗跖以伯夷之行乎？且国于天地，必有以为之根本者，根本不摇，然后扶植之功有所措。彼秦皇者，徒以力吞天下，而非有凭借扶持之素也，天命人心之去也久矣。借使嗣君有庸主之行，欲以区区小善，挽而回之，是犹以杯水救舆薪之火耳，焉能大有益哉？昔有谓太甲苟不能改过，则商必亡；秦能立扶苏，则秦必祀。先贤非之曰："以成汤之圣德，天必不使太甲终于桐宫；以始皇之暴虐，天必不使扶苏得嗣守其业。"斯言当矣。如谊所云，真书生之论也，今姑以其文而取之。（《文章正宗》卷十二）

【宋】叶适：贾生论，专指险塞设攻守，殊不然。周在岐、邠，何尝用险？自诸侯叩关攻秦不胜，汉人因之，遂衍为百二之势。谊亦以一时习尚言之耳，然西汉既亡之后，历代所都亦未闻有能以全制天下者，至唐以后遂泯然无称矣，司马侯谓"九州之险不一姓"。贾生本用纵横之学，而并缘以仁义，固未能知其统也。（《习学记言》卷十九）

【宋】陈模：《周易》："潜龙勿用，阳在下也""或跃在渊，自试也"，下面"也"字皆是解上面一句。欧阳《醉翁亭记》"也"字深得其体，虽只是叠"也"字，却落落地一气相属，不觉藏得许多功夫。《公羊》之"也"字亦然，如"王正月者何？王正月也"，此等极简古。贾谊《过秦论》"呜呼！仁义不施，攻守之势异也"，与退之《柳子厚墓志》云："其文字辞章，必不能力以传于后，如今无疑也。"皆是收拾许多之意，决断而顿挫于此两个"也"字，其斤两甚重。（《怀古录》）

【明】王世贞：贾长沙《过秦论》末所云"仁义不施而攻守之势异"，为宋儒所笑，不知其原出于《丹书》也——曰"以仁得之，以仁守之，其量百世；以不仁得之，以仁守之，其量十世；以不仁得之，以不仁守之，必及其世。"（《弇州四部稿》卷一五九）

【明】陈与郊：秦之强盛莫如孝公，故首揭以立论起。"六国之士"以下三段是一套事。"为之谋""通其意""制其兵"词意相应。"以愚黔首"管到上"废先王之道"，"以弱天下之民"管到上"隳名城，杀豪俊"，"以为固"管到上"斩华为城"，而"谁何"管到上"良将劲弩"。此古人文法，须要识得。后五段长短相兼，文势起伏，二节"也"字，相次而下，有文法。末结"仁义不施"句，是至终篇方见主意，是精神命脉聚处也。（张鼐《评选古文正宗》卷四引）

【清】康熙（帝）：文势一步紧一步，如回风澈水，蠥蠥生漪，末乃其归墟处也。（徐乾学《古文渊鉴》卷十一）

【清】储欣：叙事雄浑，结尾特翻一波。（《古文菁华录》卷十八）

【清】姚鼐：固是合后二篇义乃完，然首篇为特雄骏闳肆。（《古文辞类纂》卷一）

【清】孙琮：古人之文，有开口即提出主意，后乃层折澜翻者，李斯《逐客书》是也。有全篇不点主意，层次敲击，至末方跌出者，贾生此论是也。自起至"拱手而取西河之外"为一段，言秦之初盛。自"孝公既没"至"诸侯已困矣"为一段，言秦人并吞之始。自"于是从散约解"至"万世之业也"为一段，言秦并天下及功成废古诸事。自"始皇既没"至"并起而亡秦族矣"为一段，言陈涉以轻微之人而败秦。然数段只叙事，尚未着议论。自"且夫天下"至末一大段，则以"且夫"二字拈起，长短错综，低徊诘难。忽用"试使"宕开一笔，然后以"仁义不施而攻守之势异"结出通篇主意。前数段叙事，妙于用实，实处气劲；后一段议论，妙于用虚，虚处神远。格律精整，使读者有一唱三叹之致。（《山晓阁古文全集》卷九）

【清】金圣叹：《过秦论》者，论秦之过也。秦过只是末句"仁义不施"一语便断尽。此通篇文字，只看得中间"然而"二字一转，未转以前，重叠只是论秦如此之强，既转以后，重叠只是论陈涉如此之微。通篇只得二句文字：一句只是以秦如此之强，一句只是以陈涉如此之微。至于前半有说六国时，此只是反衬秦，后半有说秦时，此只是反衬陈涉，最是疏奇之笔。（《天下才子必读书》卷六）

【清】林云铭：《过秦论》乃论秦之过，三篇中而此篇最为警健。秦之过，止在结语

"仁义不施而攻守之势异"二句。通篇全不提破，千回万转之后，方徐徐说出便住。从来古文无此作法。尤妙在论秦之强处，重重叠叠，说了无数，才转入陈涉，又将陈涉之弱处，重重叠叠，说了无数，再转入六国。然后以秦之能攻不能守处作一问难，迫出正意。段段看来，都是到水穷山尽之际得绝处逢生之妙。此等笔力，即求之西汉中，亦不易得也。（《增订古文析义合编》卷七）

【清】浦起龙：俗解通篇四分之三，笼统说作秦强，全无曲势；末句"攻守"二字，又如赘疣，予自少疑之。岂知前要托高九国，与后捺低陈涉相照。托高则以一当九，难矣，而秦反远攻；捺低则以暴击弱，易矣，而秦惟恃守。恰将九国之众、陈涉之微，分头激射，两路拶逼。如此夹出后段，加倍精采。藏曲于直，故得势。而结尾两言，更字字实落矣。神物无方，固未易识。（《古文眉诠》卷三十二）

【清】余诚：其文平铺直叙中自具纵横驰骋、向背往来。"且夫"以上是叙事，"且夫"以下是议论。其实叙事内原带有议论，议论内亦兼有叙事，变化错综，不可端倪。至段落之长短相间、承接之虚实相生、句调之整齐参差相杂，更觉笔墨到处皆妙，难尽述，读者当一一细心领取。○篇内"当是时"凡两见，"于是"凡四见，"然后"字、"然而"字亦各两见，似复非复，亦足见文家老横，细心人当自辨之。（《重订古文释义新编》卷五）

【清】章学诚：排比之文，欲使顿挫抑扬，得诗人一唱三叹之意。如贾长沙《过秦》之论，有何深刻之意？而文有赋心，气如河海，诵读一过，而过秦讽汉之意溢于言外。屈氏《离骚》上称帝喾，下道齐桓，中述汤武，以刺世事，即一理也。（《文史通义（外篇）》卷三）

【近】唐文治：《论语》"子语鲁太师乐"翕、纯、皦、绎之法，此即始终条理，文章构局，要不外是。余以之律古文，大家之中多有相合者。此文自"秦孝公"起，至"拱手而取西河之外"，振摄全篇之局，所谓"翕如"也。"当是时"以下，连接"于是"数段，所谓"从之纯如皦如"也。末段"且夫"以下，八音齐奏，络绎不绝，所谓"绎如以成"也。"文章本天成，妙手偶得之"，若有心造作，则浅妄可笑矣。文气雄骏，大波澜中伏无数小波澜，千回百折，朝宗于海。汉唐以后，未有能及之者。袁爽秋先生云："仁义不施言失政，攻守不同言失势，图穷见匕首只一寸铁，老吏断案只一两语定谳耳，使上文层层笔墨，化为烟云，可称极至之作。"（《国文经纬贯通大义》卷七）

【近】林纾：《过秦论》三篇，合成只一篇耳。第一篇专讲气势，说得极高兴处却露出败兴样子，着眼在"仁义不施，攻守势异"一语，为画龙之点睛。然初不说明，只说他前胜后败，一个闷葫芦中贮了无数机关，使人扪索不得。难在一层后，又是一层，只不说秦之所以失天下之故，但言关中形胜如此，兵力如此，诸侯败衄又至于此，宜在万不可败之列，何以竟至一败涂地？及到"山东豪俊，遂并起而亡秦族矣"一语，在文势似成结穴，忽又振起"且夫天下非小弱也"句，似有百倍之神力，从积压在万钧之下，忽然以扛鼎之力打挺而起，真非贾生力量不及此也。

通篇自"秦孝公据殽函之固"至"合从缔交，相与为一"，作一段读。"当此之时"四字，太史公亦常用之，最为便利。"当此之时"者，是文中之插笔，或旁引他事以为证，或取证本事之利病，无所不可。文引四公子及六国之士，意其财力武节，皆足以困秦。即使秦势高张，插入此句，似秦之猛势，亦当少缓。乃云"秦无亡矢遗镞之费，而天下诸侯已困矣"，见得列国虽有人才，一切无用。"于是从散约解"至"国家无事"，又是一段，足成上段之意，愈见得秦势之坚固。"及至秦王"四字起，则全秦大局已定，直至"胡人不敢南下而牧马，士不敢弯弓而报怨"，作一小顿。方望溪以为以上论战，以下论守是也。惟其有此战功，所以敢废先王之道，焚百家之书，至于良将信臣，皆为之用。秦王之心，固自以能守，且守之至密也，此时若猝入陈涉，便近突。"天下已定"至王殂而余威尚存，则真写到极美满地位。"然而陈涉"四字则破空前来，似陡出不意，有此变局者，至秦已族灭，似为文中收局矣。忽振起"且夫天下非小弱也"一句，见到雍、殽万万可守，而陈涉小丑，亦万万不能攻。中间将陈涉之兵势，与九国比较，又回眸盼到上文。不惟是文字照应之法，正斥言其战有余而守不足，战时举天下莫之能御，一失守势，则攻之易如反掌。然而所以不能守之故，未尝明言也。但淡淡作冷语曰："仁义不施，而攻守之势异也。"留下无数表明之意，于第二篇发之。真能悬空立论，而又踏实也。（《林纾选评古文辞类纂》卷一）

【今】钱钟书：名家名篇，往往破体，而文体亦因以恢弘焉。……贾生作论而似赋，稼轩作词而似论，刘勰所谓"参体"，唐人所谓"破体"也。○《过秦论》："有席卷天下，包举宇内，囊括四海之意，并吞八荒之心。"按晋后人当曰："有席卷天下、包举宇内之意，囊括四海、并吞八荒之心"，倘"四海""八荒"词不俪妃，则句法无妨长短错落，今乃读之只觉横梗板障，拆散语言眷属，对偶偏枯杌陧。"席卷天下""包举宇内""囊括四海""并吞八荒"四者一意，任举其二，已已畅足，今乃堆叠成句，词肥义瘠，无异《杨公笔录》所嘲诗句"一个孤僧独自行"，《广笑府》卷一所嘲诗句"关门闭户掩柴扉"，或《两般秋雨庵随笔》卷三所嘲"墨派"八股"天地乃宇宙之乾坤，吾心实中怀之在抱"，即对偶整齐，仍病"合掌"。在词赋中铺比如斯，亦属藻思窘俭所出下策。此论自是佳文，小眚不掩大好，谈者固毋庸代为饰非文过也。○贾谊《过秦论》结句："仁义不施，而攻守之势异也"，即全文之纲领眼目，"片言居要"，乃"众词"所"待而效绩"者，"一篇之警策"是已。顾就本句而论，老生之常谈，远不如"叩关而攻秦，秦人开关而延敌""斩木为兵，揭竿为旗"等伟词也。（《管锥编》）

【今】吴小如：归纳大多数评论者的意见，主要说这篇文章气势充沛，一气呵成，是古今第一篇气"盛"的文章。气盛的文章多用排比句或对偶句，本篇固不例外。但孔稚圭的《北山移文》，造句或排或偶比比皆是，然而读起来并不感到很盛。本篇之所以气盛，我以为有三个原因。第一个是最主要的，即这篇文章用了十之七八的篇幅来叙事。作者用千把字的篇幅概括了从秦孝公到秦亡国这一百多年来的历史。这个特点为什么就能使文章读起来有气势呢？关键在于：一、让读者感到短短一篇文章竟然包涵了这许多东西，自然觉得文章饱满充沛，那当然会显得气"盛"了；二、贾谊对秦国由盛而衰、由兴而亡的叙述是很有条理的，使人不仅看到"线"，还看到"线"上的一个个用浓墨重彩着重描述的"点"。于是你不由自主地会顺着作者所安排的次序往下读，他不中断你就不能中断，他不节外生枝你就不能旁及其余，因此这也给人带来了气盛的感觉。第二个使读者感到文章气盛的原因是贾谊运用了铺张和夸大的写赋的手法。如第一段"有席卷天下"四句，"席卷""包举""囊括""并吞"等词，基本上都同义；"天下""宇内""四海"和"八荒"，也都是同一个意思。同一个意思一连写上好几句，既有排比又有对仗，这就是写赋的夸张手法。下面第二、第四、第五等段中，都有类似的句子，不胜枚举。所谓"铺张扬厉"，主要就是指的这一类句子。这样气势自然就充沛了，自然让读者感受到作者的笔锋锐不可当，咄咄逼人，而且有欲罢不能之感。第三个原因，作者用了全篇对比到底的手法写出了他的论点。作者用了四个方面的对比，即秦国本身先强后弱、先盛后衰、先兴旺后灭亡的对比；秦与六国的对比；秦与陈涉的对比；陈涉与六国的对比。几种对比交织在一起，结构自然宏伟，气势也自然磅礴，话也显得更有分量了。（《古文精读举隅》，引用时有删节）

【今】陆精康：贾谊《过秦论》开史论之先河。鲁迅先生《汉文学史纲要》在高度评价其为"西汉鸿文""沾溉后人，其泽甚远"的同时，也不无遗憾地指出，该文"沉实则稍逊"。笔者认为，这种评价是十分公允的。《过秦论》之有欠"沉实"，主要表现于铺陈战国史实语多舛误。下面试举三例说明之。一、孝公之时未行连横之策，该策由惠王始用。二、"叩关"未集"九国"师。三、始皇未曾"吞二周"。何以会出现这些明显的失误呢？笔者认为，这与该文强烈的辞赋化倾向不无关系。注重辞章之华美而叙事则不求密合，作者有意无意同历史开着小小的玩笑。若与同为史论的《六国论》比较，其"沉实则稍逊"更是显而易见。这虽为白璧微瑕，无损《过秦论》的思想光辉，但是，于教学中作适当说明似乎也不是多余之举。（《考信录——文言诗文备课札记》，引用时有删节）

◎ 班固

《苏武传》

【唐】李白：苏武在匈奴，十年持汉节。白雁上林飞，空传一书札。牧羊边地苦，落日归心绝。渴饮月窟冰，饥餐天上雪。东还沙塞远，北怆河梁别。泣把李陵衣，相看泪成血。（《苏武》）

【唐】杜甫：莽莽万重山，孤城山谷间。无风云出塞，不夜月临关。属国归何晚，楼兰斩未还。烟尘一怅望，衰飒正摧颜。（《秦州杂诗二十首》其七）

【清】赵翼：叙次精采，千载下犹有生气，合之《李陵传》，慷慨悲凉，使迁为之恐亦不能过也。魏禧谓固密于体，而以工文专属之迁，不知固之工于文盖亦不减子长耳。（《汉书增传》，《廿二史札记》卷二）

【明】茅坤：武之仗节为汉绝盛事，而班掾亦为汉绝世文。（凌稚隆《汉书评林》卷五十四）

【明】凌约言：武骂律数语，迄今读之犹凛凛有生气。（凌稚隆《汉书评林》卷五十四）

【清】李慈铭：如以后世史法论图画麒麟阁①功臣事，必当属之霍光传后矣。此知班氏犹得《春秋》"微而显""志而晦"之旨也。○苏武唯画麒麟阁一事足以伸眉身后，故班氏特以此事系之传后，以慰千载读史者之心。良史用心之苦，非晋宋以后史家所知。（《汉书札记》卷五）

【今】邓乔彬：李陵长于骑射，谦让下士，汉武帝以其有乃祖李广之风。陵以五千步卒深入匈奴，杀败单于所将三万骑兵，单于又召八万骑兵攻李陵军。正当汉军且战且退之时，叛徒降匈奴并道出汉军窘况，致使李陵矢尽粮绝，不得已而降。后来汉武帝派公孙敖领兵入匈奴，迎还李陵，但公孙敖无功而还，将李绪教匈奴为兵误为李陵，致使李陵全家被杀。李陵与苏武在汉时俱为侍中，相处素厚。他原来愧见苏武，受单于之使，先晓之以"空自苦无人之地，信义安所见"之理，再动之以情，陈述了苏武出使以来所未知的家庭变故：兄弟屈死、母亲亡故，妻子改嫁，子女走失，继而将心比心，陈述自己初降时的心情，最后又指出汉武帝年事已高、喜怒无常、大臣安危难卜的朝中实况。所说的这些情理俱在，虽心如铁石亦不能不为所动。但是，苏武却置家中命运和个

---

① 甘露三年（公元前51年），汉宣帝刘询因匈奴归降大汉，回忆往昔有功之臣，令人画十一名功臣图像于麒麟阁以示纪念和表扬。后世往往将他们和云台二十八将、凌烟阁二十四功臣并提，有"功成画麟阁""谁家麟阁上"等诗句流传，以为人臣荣耀之最。

人恩怨于不顾，他所说的"臣事君，犹子事父也"，虽不无愚忠色彩，但为君国甘赴汤镬，杀身自效，坚贞不屈，却闪烁着夺目的光芒，终使李陵赞叹与自责并作，喟然叹曰："嗟乎，义士！陵与卫律之罪，上通于天！"在这样的对照中，更见苏武胸襟之广、信念之坚。（陈振鹏、章培恒《古文鉴赏辞典（上）》，引用时有删节）

魏晋南北朝

◎ 诸葛亮

《出师表》

【梁】刘勰：魏初表章，指事造实，求其靡丽，则未足美矣。至于文举之荐祢衡，气扬采飞；孔明之辞后主，志尽文畅。虽华实异旨，并表之英也。（《文心雕龙·章表》）

【唐】杜甫：出师未捷身先死，长使英雄泪满襟。（《蜀相》）

【宋】陆游：出师一表真名世，千载谁堪伯仲间。（《书愤》）凛然出师表，一字不可删。（《感秋》）

【宋】苏轼：诸葛孔明不以文章自名，而开物成务①之姿，综练名实之意自见于言语。至《出师表》，简而尽，直而不肆，大哉言乎！与《伊训》《说命》相表里，非秦汉以来以事君为悦者所能至也。（《乐全先生文集叙一首》）

【宋】楼昉：规模正大，志念深远，详味乃见。吴魏二国未识有此人物、有此文章否？（《崇古文诀》卷七）

【宋】真德秀：三国非无文章，独取武侯一表者，以其发于至忠也。（《文章正宗》卷十一）

【宋】文天祥：臣尝读诸葛亮《出师表》，辄捲卷哀愤，悲其用心。（《巳未上皇帝书》）

【元】方回：诸葛武侯之烈不幸星陨，《出师表》不与星俱陨也。（《宣抚朱参政南山遗集序》）

【明】朱元璋：古人为文章，或以明道德，或以通当世之务。如典、谟之言，皆明白易知，无深怪险僻之语。至如诸葛孔明《出师表》，亦何尝雕刻为文？而诚意溢出，至今使人诵之，自然忠义感激。近世文士，不究道德之本，不达当世之务，词虽艰深，意实浅近，即使过相如、扬雄，何裨实用？自今翰林为文，但取通道理、明世务，无事

_____

① 指通晓万物的道理并按其行事而得到成功。《易·系辞上》："夫《易》开物成务，冒天下之道，如斯而已者也。"

浮藻。(《道学问》,《皇明政要》卷一)

【明】杨士奇:每酒酣,则歌诸葛孔明《出师表》,反覆咏叹,已而怅然若自失者。(《赠承德郎左春坊左中允张君墓表》)

【明】王维桢:人君以大臣之能为能,则心逸而功集;大臣以天下之能为能,则事治而名高。名高则获在我,事治则劳在人;功集则获在上,心逸则劳在下。在昔,明君之所以抚世、贤相之所以获福,皆不出此,亦其大体固若此止矣。愚盖尝读孔明《出师》二表焉,彼其尽瘁之忠、敌忾之气,即"鹰扬"不过也;其词感愤,其文瑰壮,即《伊训》不过也。○(《出师表》)一出则俶傥之士、修词之子皆扪心退矣。(《相业策》)

【明】薛瑄:尝谓义利二者,不能并立。古之君子能建大功、立大业、垂大名于万世者,未尝不重义而轻利也。如诸葛武侯,自昭烈枉顾,即以身许驰驱。其所以劳心焦思,谟画规图者,曷尝顷刻而不以讨贼兴汉为义哉!至其为子孙衣食之计者,不过成都之桑八百株、薄田十五顷而已,外此则别无丝毫取于人而益其家也。其重义轻利如此,故能嘘炎光于已烬之日,续汉统于既绝之秋。虽弗克遂其"攘除奸凶,兴复汉室,还于旧都"之志,而大义固已伸于天下。宜其伟烈洪名,垂诸万世而不泯也。窃怪后之君子建功立业者,莫不慨然以古人自期。然其为义之公,或有不胜其计利之私,故其正大光明之业,有不及古人远矣!愚因读武侯《出师表》有感,而书此于其后云。(《书诸葛武侯出师表后》)

【清】金圣叹:此文自来读者皆叹其矢死伐魏,以为精忠,殊不知此便是了没交涉也。看先生自云"临表涕泣",夫伐魏即伐魏耳,何用涕泣为哉?正惟此日国事实当危急存亡之际,而此日嗣主方在醉生梦死之中。"知子莫如父",惟"不才"之目,固已验矣;岂"知臣莫如君",而"自取"之语,乃遂敢真蹈也。于是而身提重师,万万不可不去;心牵钝物,又万万不能少宽。因而切切开导,勤勤叮咛,一回如严父,一回如慈妪。盖先生此日此表之涕泣,固自有甚难甚难于嗣主者,而非为汉贼之不两立也!后日杜工部有诗云:"干排雷雨犹力争,根断泉源岂天意?"正是此一副眼泪矣。哀哉,哀哉!(《天下才子必读书》卷九)

【清】林云铭:表为出师而作,而出师语却只在末段点过,前后惓惓,惟以君德为词。按史称后主初立,政事无巨细,咸决于孔明,则其无能为也可知。此番帅诸军北驻汉中,势难在朝匡救,除却荐人自代之外,别无他法也。篇中段段提出先帝,大旨以兴复汉室,必当追先帝之遗德,欲追先帝遗德,止在用贤纳谏、刑赏无私一著,贤臣用则小人自远矣。若自安于不逮,虽有贤臣亦不肯为用也。中段以贤臣、小人并提,……大抵后主为人,狎昵嬖近是其素性,此乃防微杜渐之说。可谓格君心之非者矣。髯翁谓与《伊训》《说命》相表里,谅哉。(《增订古文析义合编》卷九)

【清】吴楚材、吴调侯：大意只重亲贤远佞，而亲贤尤为远佞之本。故始以"开张圣听"起，末以"谘诹""察纳"收。篇中十三引"先帝"，勤勤恳恳，皆根极至诚之言，自是至文。(《古文观止》卷六)

【清】过珙：恳恳恻恻，是君臣语，亦是父子语。看其叙宠遇，则曰三顾臣、曰谘臣、曰寄臣以大事；叙报效，则曰许先帝、曰受任、曰恐付托不效；当年心事，自有耿耿不可磨灭处。(《古文评注》卷二)

【清】余诚：上匡主德，下昭平明，一片忠心，千古如见。其文笔之古茂，亦且突过西京。昔人谓诸葛君真名士也，自是定评。(《重订古文释义新编》卷六)

【清】唐德宜：亲贤远佞，是通篇主意。说到叹息痛恨处，千古而下为之扼腕。前后"先帝"凡十三见，忠爱勤恳，此心可贯金石。循环讽咏，不忍释手。(《古文翼》卷五)

【清】浦起龙：提笔便能使嗣主感泣。○收局讨贼兴德双缴，而侧重自见。○临行八字，忠诚沾洒。○伊尹频称先王①，武乡频引先帝，具圣贤气象，兼骨肉恩情，似老家人出外，丁宁幼主人，言言声泪兼并。而一时外攘内顾，双管并下，于事则主行师，于情则主居守，平侧自见也。(《古文眉诠》卷三十七)

【清】方苞：孔明早见后主躬自菲薄，性近小人，恐其远离师保，志趣日迁，故宫、府、营、阵，悉属之贞良，以谨持其政柄。又恐不能倾心信用，故首言国势危急，使知负荷之难；中则痛恨桓、灵，以为倾颓之鉴；终则使之自谋，以警其昏蒙。而皆称先帝以临之，使知沮忠良之气，必隳先帝之业；蹈桓灵之辙，必伤先帝之心；弃善道，忽雅言，是悖先帝之遗命。其言语气象，虽不能上比伊、周，而绝非两汉文士之所能近似矣！○东汉之文滞而繁，惟孔明此表高朗切至，实《尚书》陈戒之苗裔，故曰"言者，心之声也"。惟其有之，是以似之。谓文章限于时代，特俗子之鄙谈耳。(徐树铮《诸家评点古文辞类纂》卷十五)

【清】曾国藩：以区区蜀汉一隅，而欲出师关中，北伐曹魏，其志愿之宏大，事势之艰危，亦古今所罕见。而此文不言其艰巨，但言志气宜恢宏，刑赏宜平允，君宜以亲贤纳言为务，臣宜以讨贼进谏为直而已。故知不朽之文必自襟度远大，思虑精微始也。(《求阙斋读书录》卷四)

---

① "伊尹频称先王"见《尚书·商书·太甲三篇》。商朝第四位国君太甲继位之初暴虐昏庸，四朝辅国大臣伊尹将他放逐到桐宫。三年后太甲悔过反善，伊尹将其迎回到都城，伊尹作《太甲三篇》以示嘱托和训诫。伊尹表明自己受先王所托，忠信诚恳辅佐先王并取得了成就，有责任辅佐后继君王。伊尹歌颂了先王的品德、威望、修养、勤政，告诫太甲要尽君道，增进德行，效法先王，不能辱没自己的祖先，不要忘记先祖的教导以自取灭亡。

【清】吴闿生：至性缠绵，字字从肺腑中流出，可铭金石，可泣鬼神，此天地之元气也。○东汉文字渐趋靡弱，无复西京朴茂之美，而诸葛所为乃独追三古而还之，诚于中，形于外，文岂以时限哉！抑文之为道，岂可仅求之于语句间哉！（章樵《古文苑》）

【近】林纾：此表非相臣之告幼主也，直仁慈之父兄诏其子弟，忠实之师傅诏其弟子之言也。篇中用三"不宜"、两"以为"、两"必能"字，即足以见其心。曰"不宜菲薄""不宜异同""不宜偏私"者，箴其愚，导其正，望其公也。"以为宫中之事""以为营中之事"两语，似宫中、营中后主均不能作主，悉当咨此数人。"以为"者，专断之词，亦命令之词也，口吻神似父师临行之告诫。必如此始当，不如此便不当也。曰"必能裨补阙漏""必能行阵和穆"，又是自信之词，不管后主听与不听，一味摅其忠悃，坚嘱一番，使之必信者。

然语气之间，又自疑过专，故处处称先帝。称先帝者凡十二处，见得己之所言，悉先帝之言也。口吻似伊尹，而处处皆挟哀音。追先帝殊遇者，自责之词也；光先帝遗德者，责望后主也。先帝简拔以遗陛下者，此旧人之不宜妄黜也。先帝称能者，明向宠非己之私人也。先帝痛恨桓、灵者，即箴后主不可效桓、灵举动也。先帝不以臣卑鄙者，欲后主信托己身也。许先帝以驰驱者，誓以死报国也。先帝知臣者，亦欲责望后主知之也。恐伤先帝之明者，不敢负诺责也。报先帝者，感恩也；告先帝者，矢誓也；追先帝遗诏者，以孝望后主也。一味和平，和中带肃，平中寓直。其处置国事，如处家事，先说人才难得，次言任人宜专，观人宜明，以下力保贤才，贤为内守。又恐后主信任不坚，故谆谆坚嘱。其下言三顾，言渡泸，始言其感恩，后言其报国。"尔来二十有一年"一语，是老臣与国同休戚之口吻。并不着意为文，而语语感自血性中流出。精忠之言，看似轻描淡写，而一种勤恳之意，溢诸言外。视郭忠武之自陈，尚觉郭言少激，而公文则纯是一腔热血也。（《古文辞类纂选本》卷三）

【近】唐文治：哀感恻楚，读之如闻临表涕泣之声，其精诚之至，可以配《鸱鸮》《东山》之诗矣。"先帝"凡十三见，冀唤醒后主之心也。"亲贤臣"一段，盖不敢明言黄皓等之奸，故为"匣剑帷灯"之语，其用心可谓苦矣。天才惟有真性情者，乃有真才具，故孟子以情与才并称，而俗语亦称才情，未有无情而能有才者也。人谓无才者不可用，吾谓无情者更不可用。如此文方可谓之真性情文字。曾文正论文，重一"茹"字，余谓读此等文，当得一"咽"字诀。惟其凄入心肺，故处处咽住，切忌读之太速。（《国文经纬贯通大义》卷三）

【今】孙绍振：不管诸葛亮有多么大的历史局限性，也不应该妨碍我们把《出师表》当作宝贵的文学经典来继承。……曾有人写信给国家教育部教材司，建议将诸葛亮的《出师表》撤出中学语文课本，以华歆的《止战疏》代之。信中说，在《止战疏》中，华歆认为："战争是在不得已时才发动的，不可以轻启战端，要等待时机的成熟。"（"夫兵，不得已而用之，故戢而时动"）而诸葛亮的《出师表》发动北伐战争的原因是要报恩于刘禅，表现出的是种愚忠。……但是，不可忽略的是，华歆的思想同样也有愚忠的性质，要在封建时代找出一个当权者，超越忠君观念的代表是不可能的，何况华歆的主张还带有很大的空想性质。"民以衣食为本。使中国无饥寒之患，百姓无离土之心……二贼（按：蜀、吴）之衅，可坐而待也。"事实证明，后来三国的统一并不是像华歆所设想的那样，是坐在家里等来的，而是通过战争一寸一寸土地打下来的。不要说当时，就是整个中国历史、世界历史上，也从来没有一个分裂的国家不是通过战争来实现统一的。至于华歆的《止战疏》，其思想固然有可贵之处，可是局限也非常明显。第一，他的思想并未影响到历史的进展，因而缺乏历史价值。第二，"疏"中的思想，属于儒家的王道思想，作为一种内在理论，也缺乏起码的论证。在情感上不够深厚，在语言上缺乏文采。总之，作为文章，可以说是比较贫乏的，缺乏生命的光华和艺术的创造。因而，它未能进入我国古典文学的经典宝库。这样的文章，不可能像诸葛亮的《出师表》那样，成为那个时代的人格和文格的典范，在千百年后，仍然如恩格斯说起希腊神话那样，具有"某种不可企及的成就的丰碑"的性质。（《孙绍振解读经典散文》）

◎《世说新语》

《咏雪》

【唐】白居易：送君何处展离筵，大梵王宫大雪天。庾岭梅花落歌管，谢家柳絮扑金田。（《福先寺雪中饯刘苏州》）

【唐】刘禹锡：萦回谢女题诗笔，点缀陶公漉酒巾。何处好风偏似雪，隋河堤上古江津。（《柳絮》）

【宋】苏轼：渔蓑句好应须画，柳絮才高不道盐。（《谢人见和雪后书台壁二首》之一）

【宋】陈善：撒盐空中，此米雪也；柳絮因风，此鹅毛雪也；然当时但以道韫之语为工。予谓《诗》云"如彼雨雪，先集维霰"，"霰"即今所谓米雪耳。乃知谢氏二句，当各有所谓，固未可优劣论也。（《扪虱新话》）

【宋】刘辰翁：有女子风致，愈觉撒盐之俗。（《批释校注世说新语补》）

【明】李贽：真堪笑乐。（周兴陆《世说新语汇校汇注汇评》）

【清】李伍汉：谢公谓"柳絮才高不道盐"，余谓雪势骤集时，正似撒盐，后乃悠漾

似絮耳。赋物各有所工也，荐荚微末事也。（《瑶湖剩语》）

【近】余嘉锡：二句虽各有谓，而风调自以道韫为优。（《世说新语笺疏》）

【今】骆玉明：谢安对儿辈并非只是无言之教，在各种家族聚会的场合，谈论文章，发挥玄义，评说人物，谢安都以各种方式诱导儿辈，使他们朝着自己所希望的方向发展。他的教育似乎很少带有生硬的成分，让人不知不觉地就受到感染。譬如上面所选的一节，正在"讲论文义"，一会儿雪下大了，便让众人试着咏雪。侄女谢道韫的诗句好，他便"大笑乐"，很愉快地给出了评价而并不令他人难堪。谢安的提问是对诸人想象能力的考验，想象力的活泼表现出创造力的活泼。对白雪的比喻重要的不在于比拟的相似性，而在于给人在心理感受上所带来的快乐和美感。（《世说新语精读》第十讲）

【今】顾农：谢道韫的比方打得真好。从此"咏絮才"成了一个著名的典故。但是后来也曾有过一点异议。宋朝人陈善《扪虱新话》卷三云：……（见前面陈善评点）。他的这一段议论实在迂腐，论证尤为似是而非。如果一般地谈雪，则盐与柳絮确实可以说言各有当，难分优劣；问题在于那一天所下的只能是具体的雪，如何形容，优劣还是可以比较的。既然称"雪骤"，又说"纷纷"，看来正是鹅毛雪而非米雪。其实谢朗本人已经意识到自己的比喻可能不是那么太恰当，所以说"差可拟"，而道韫答案中的"未若"二字正对此而发，她才思敏捷而又毫无火气，风度极好。（《四望亭文史随笔》）

◎ 陶渊明

《桃花源记》

【唐】王维：初因避地去人间，及至成仙遂不还。……春来遍是桃花水，不辨仙源何处寻。（《桃源行》）

【宋】王安石：望夷宫中鹿为马，秦人半死长城下。避时不独商山翁，亦有桃源种桃者。此来种桃经几春，采花食实枝为薪。儿孙生长与世隔，虽有父子无君臣。渔郎漾舟迷远近，花间相见因相问。世上那知古有秦，山中岂料今为晋。闻道长安吹战尘，春风回首一沾巾。重华一去宁复得，天下纷纷经几秦。（《桃源行》）

【宋】唐庚：唐人有诗云"山僧不解数甲子，一叶落知天下秋"，及观陶元亮《桃花源》诗云"虽无纪历志，四时自成岁"，便觉唐人费力。如《桃花源记》言"尚不知有汉，无论魏晋"，可见造语之简妙。盖晋人工造语，而元亮其尤也。（强行父《唐子西文录》）

【宋】晁迈：陶渊明所记桃花源，人谓桃花观即是其处，不知公盖寓言也。（《纪

谈录》)

【宋】施德操：正夫曰，人言陶渊明隐，渊明何尝隐？正是出耳。(《北窗炙輠录》卷下)

【宋】洪迈：陶渊明作《桃源记》云："源中人自言，先世避秦时乱，率妻子邑人来此绝境，不复出焉，乃不知有汉，无论魏、晋。"系之以诗曰："嬴氏乱天纪，贤者避其世。黄绮之商山，伊人亦云逝。愿言蹑轻风，高举寻吾契。"自是之后，诗人多赋《桃源行》，不过称赞仙家之乐。惟韩公云："神仙有无何渺茫，桃源之说诚荒唐。世俗哪知伪为真，至今传者武陵人。"亦不及渊明所以作记之意。按《宋书》本传云："潜自以曾祖晋世宰辅，耻复屈身后代。自宋高祖王业渐隆，不复肯仕。所著文章，皆题其年月。义熙以前，则书晋氏年号，自永初以来，惟云甲子而已。"故五臣注《文选》用其语。又继之云："意者耻事二姓，故以异之。"此说虽经前辈所诋，然予窃意桃源之事，以避秦为言。至云"无论魏晋"，乃寓意于刘裕，讬之于秦，借以为喻耳。近时胡宏仁仲一诗，屈折有奇味，大略云："靖节先生绝世人，奈何记伪不考真？先生高步窘末代，雅志不肯为秦民。故作斯文写幽意，要似寰海离风尘。"其说得之矣。(《容斋诗话》卷一)

【宋】吴子良：渊明《桃花源记》，初无仙语，盖缘诗中有"奇踪隐五百，一朝敞神界"之句，后人不审，遂多以为仙。如韩退之诗云："神仙有无何渺茫，桃源之说诚荒唐。"刘禹锡云："仙家一出寻无踪，至今流水山重重。"王维云："初因避地去人间，及至成仙遂不还。"又云："春来遍是桃花水，不辨仙源何处寻。"王逢原亦云："惟天地之茫茫兮，故神仙之或容。惟昔王之致治兮，恶魑魅之人逢，逮后世之陵夷兮，因神鬼之争雄。"此皆求之过也，惟王荆公诗与东坡《和桃源诗》所言最为得实，可以破千载之惑矣。(《林下偶谈》卷二)

【明】张自烈：或谓渊明借此发挥胸次，非真述其事，大抵渔人不近俗，故讬言渔人。"缘溪"一段，行止自如，懒懒散散，须看他是何等人品。"开朗"一段，是说萧野气象即在人间，故曰"悉如外人"。独言避泰，秦之先三代也，明明自谓与三代相接，是即所谓"羲皇上人"之意。此语殊不呆滞，但本《记》字字可悟，更须言外遇之，如"缘溪行，忘路远近，忽逢桃花林"，此数句须看一个"忘"字，一个"忽"字，隐然说人到忘处，百虑都尽，便忽有会意处也。"屋舍俨然"以下缀一语云："见渔人，乃大惊，问所从来。"此正文字绝处逢生法。惝恍变幻，另开一逗，才转出"设酒作食"一段光景。末段云"太守遣人随其往，寻向所志，遂迷，不复得路"，又寓言凡人事境阅历，以无意适遭为至，着意便迷惑矣，与庄氏"异哉！象罔"乃得同旨。结句"后遂无问津者"，冷讽世人，悠然不尽。(《笺注陶渊明集》卷五)

【明】张师绎：桃花源以五柳先生故，最盛传。世之至桃源者少，而梦寐慕悦、冀得一当者多，即世之真能问津与至而真见桃源之面目者少。而因五柳之诗之记，神游其良田、美池、桑竹、阡陌，迥绝人世。盖文字之权其重也久矣。（《花源大社序》）

【明】张岱：以无历，故无汉无魏晋；以无历，故见生树生，见死穭死，有寒暑而无冬夏，有稼穑而无春秋；以无历，故无岁时伏腊之扰，无王税催科之苦。（《桃源历序》）

【明】罗其鼎：诗中农桑作息等语，志其风土淳茂，民俗古朴云。记所载鸡黍饷客，自是田家风味。此中光景，不足外人道也，犹曰各不相为云尔。曾有"神仙"两字为来世口实否？韩苏两君子扶微言，醒惑俗，遂以渺茫荒唐目之。且借太守公迷路一段怪事，认作神仙公案，"莫须有"三字宁足服天下耶？余尝笑谓同人，渊明读书不求甚解，两君子读渊明记亦未求甚解。古人心眼，亦时有粗略不到处，何怪我辈考古论世、草草看过也。今曩殊时，见闻异状，以轮蹄沓来，方之足音空谷则有间；以羽檄频警，方之桑麻熙嬉则有间。谓秦人洞为平常人径，遂谓渊明记中事为荒唐幻说，此何异井蛙之不可语于海，夏虫之不可语于冰也？向使洞云常锁，磴道未开，东断白马之津，南谢滇黔之使，泉涓涓而时流，俗闷闷而古处，安知洞天胜地不如昔所云云？何必蹑危桥而悚息，抚空杉而盘桓，诧瀹鼎之轶事，寻丹台之往躅哉！（《渊明祠序》）

【清】沈德潜：此即羲皇之想也，必辨其有无，殊为多事。（《古诗源》卷八）

【清】马璞：作者言外之意不可不知。渊明一生心事总在"黄唐莫逮"，其不欲出之意盖自秦而决，故此诗一起即曰"嬴氏乱天纪，贤者避其世"，其托避秦人之言，曰"乃不知有汉，无论魏晋"，是自露其怀确然矣。其胸中何尝有晋，论者乃以为守晋节而不仕宋，陋矣。燕雀安知鸿鹄之志哉！至于其地、其人其事之有无，真不可问也。（《陶诗本义》卷四）

【清】方塈：考《博异记》以桃花神为陶氏，则篇中"夹岸桃花"盖隐言"陶"；"沿溪水源"盖隐言"渊"；"小口有光"盖隐言"明"。渊明旷世相感，故述古以自况，谓之寓言可也，谓之为仙幻不可也。夫渊明天资高朗，其学几于大贤，为东晋一代人物。读《归去来辞》，直与《采薇歌》《出师表》同意，岂屑为后世之游仙诗哉？论者不察，见其辞意有出尘之想，遂以《子虚》《大人》赋等量而齐观，误矣。甚且为附会之说，穿凿之论。试思一丘一壑，何地无桃源境，避世正在世中，奚怪夫迷不得路者，今且为通衢也。善哉！陶诗云"心远地自偏"，又何事为穿凿附会之论哉？仙之有无，吾不敢论，如颜之箪瓢陋巷，不改其乐；点之春风沂水，物我同适，近于仙矣，其可以仙论乎？特恐世之惑于求仙者，其弊不可胜言，每托于吾儒之记载，故为申其辨以祛其惑。明夫汩于利欲者，尚可以清虚之说救，而汩于仙幻者，终不能以圣贤之说化也。六经无仙字，实为人心风俗防也。（《桃源避秦辨》）

【清】吴楚材、吴调侯：桃源人要自与尘俗相去万里，不必问其为仙为隐。靖节当晋衰乱时，超然有高举之志，故作记以寓志，亦《归去来辞》之意也。（《古文观止》卷七）

【清】邱嘉穗：设想甚奇，直于污浊世界中另辟一天地，使人神游于黄、农之代。公盖厌尘网而慕淳风，故尝自命为无怀、葛天之民，而此记即其寄托之意。如必求其人与地之所在而实之，则凿矣。（《东山草堂陶诗笺》卷五）

【清】黄仁黼：写得历历分明，无不以为真，及至后问津不得，咸以为仙矣。谁知此乃寓言其所得也。《辑评》云：分明胸次里别有洞天，故幻出一篇奇文。尝著文章自娱，颇示己志，先生固已自解矣。以文论，清洁高远，渺无尘氛，隐现空虚，全无半点沾滞，亦飘飘乎仙笔矣。予尝言文未有无为而作者，如何又有无中生有之文？不知情意是实有，而事与境不必尽有。如此首，桃源是有，渔人之遇所未有，乃作者添出为文之波澜，以寄托其意耳。消息全露在"不足为外人道"一句，读者得之章句之外可矣。○色、空两念，非参禅者不明；真、妄两途，非见道者不悟。靖节以不禅不儒之概，作非仙非隐之谈，此桃花源所以有记也。故其始终往来，只一渔父，忽迷忽得，若即若离，鸡犬相闻，男女共话。谓以为真，而迹无可验；谓以为妄，而事若可凭。致使无色不空，无空非色。虽其此中人语，着墨无多，而夹岸桃花，半村屋舍，不啻以画工之笔传化工之神。令人读之如入蜃楼蛟室，不见云雾但见青天。倘非参透禅机，窥破道旨，无尘氛半点之扰，有高出一世之情，而能构此绝境，为世俗纷华之子一破迷途哉？（李扶九、黄仁黼《古文笔法百篇》卷八）

【清】林云铭：唐舒元舆《桃源画记》，谓武陵之源，分灵洞三十六之一支。似渔人所遇，实有其处矣。愚以为元亮生于晋宋之间，遐思治世，不欲作三代以下人物，为此寓言寄兴。犹王绩之醉乡，不必实有是乡；白玉蟾之寂光国，不必实有是国也。且其中皆见道之言，其曰"桃花夹岸"，非所谓"三十六宫都是春"乎？其曰"山口仿佛有光"，非所谓"性之初，见圆陀陀光烁烁"乎？其曰"童叟怡然自乐"，非所谓"游心于物之初，至美至乐"乎？其曰"不知有汉，无论魏晋"，非所谓"道无始无终无古无今"乎？其曰"不足为外人道"，非所谓"如人饮水，冷暖自知"乎？始得之无心，终述于有意，非所谓"赤水玄珠，象罔得之，离朱不得"①乎？（《增订古文析义合编》卷十）

【近】梁启超：这篇记可以说是唐以前第一篇小说，在文学史上算是极有价值的创

---

① 此说出于《庄子·天地》：黄帝游乎赤水之北，登乎昆仑之丘而南望，还归，遗其玄珠。使知（按：寓才智出众）索之而不得，使离朱（按：寓善于明察）索之而不得，使喫诟（按：寓善于闻声辩言）索之而不得也，乃使象罔（按：寓无智、无视、无闻），象罔得之。黄帝曰："异哉！象罔乃可以得之乎？"

作。至于这篇文的内容，我想起他一个名叫做东方的 Utopia（乌托邦）。所描写的是一个极自由极平等之爱的社会。(《陶渊明之文艺及其品格》)

【今】周啸天：桃花源的故事有它的历史的现实背景，也有文化传统的背景。盖自汉末以来，国内屡经战乱，人民往往自动起来归附于某一有威望的大姓，筑坞壁以自保，此即所谓坞堡。晋宋时代的江南也有类似事件发生，《宋书·夷蛮传》谓刘宋时民有逃入夷蛮以避征徭的事。而传统儒家经典《礼记·礼运》关于大同世界的描绘，道家经典《老子》中小国寡民的思想，以及由此发展而成的魏晋时稽、阮、鲍敬言等人的无君论，则给这一构想提供了理论依据。然而，本篇中具有浓厚生活气氛的农村情景及桃源中人纯朴的精神世界，则是源于陶渊明本人田园生活的体验。○《桃花源诗并记》展示的桃源社会，其主要特点，在于人人劳动，自食其力，没有剥削，没有压迫，自由和平。这是对充满动乱、篡夺、杀戮，民不聊生的现实社会的根本否定。……桃源模式对传统文化思想有所继承，也有所扬弃，它吸取了《礼记·礼运》大同社会"天下为公""人不独亲其亲，不独子其子，使老有所终，壮有所用，幼有所长"等思想，而扬弃了其"选贤举能"的成分；吸取了《老子》"小国寡民，虽有什伯之器而不用""甘其食，美其服，安其居，乐其俗"等思想，而扬弃了其"民至老死不相往来"及"绝仁弃义（指古礼）"的成分，因而在思想上是推陈出新的。本篇由记与诗组成，它们在同一个题目下自成起讫，读起来毫无重复感。记是散文，以渔人经历为线索，有曲折新奇的故事情节，有人物，有对话，也可以归属于短篇小说；诗则用概括性的叙述，由诗人撮述桃源社会梗概，着重在制度的交代，从而赞美之。故两者珠联璧合，相互补充，为一整体。后来唐代举子投卷及元白叙事诗，文备众体，既见诗笔，议论，又见史才，其体制亦可肇源于此。(《大风起兮云飞扬——啸天说诗》)

【今】谭家健：(《桃花源记》)古人认为，在于追求神仙，逃避乱世；今人认为，在于反对剥削，批判现实。在我看来，其最可贵之处在于否认君权，宣扬此地无君胜有君的社会理想。"乃不知有汉，无论魏晋"，没有王朝更替；"秋熟靡王税"，不用向朝廷交纳赋税。至于内部是否存在租佃之类剥削，文章没有讲。桃花源里人人劳动，生活美好，风俗淳厚，和平宁静，一片生机。它不像《列子》的终北国，不劳而获，靠天赐神酒过日子；也不是老子的小国寡民，无知无识，老死不相往来。这里"俎豆犹古法"，保存传统文化，崇尚礼义；"衣裳无新制"，没有晋时吃五石散故意穿破衣服的时髦；懂得观察自然现象来判断时令，安排农业生产，而不是像老子那样连舟车、度量衡也不用。不少历史资料表明，桃源理想是当时存在于北方的"堡坞"的折射和升华。……由于思想性艺术性都达到时代的最高点，以致终北国的无君神话，鲍敬言的无君言论，皆不能与桃花源比美。至于后世模拟发挥之作，从唐宋元明清到当代，从诗歌、散文到小

说，一直不断，成为文学史上罕见的奇观。(《谭家健讲古代散文》)

《五柳先生传》

【宋】朱熹：圣人更不问命，只看义如何。贫富贵贱，惟义所在，谓安于所遇也。如颜子之安于陋巷，它那曾计较命如何？陶渊明说尽万千言语，说不要富贵，能忘贫贱，其实是大不能忘它，只是硬将这个抵拒将去。然使它做那世人之所为，它定不肯做，此其所以贤于人也。或云，看来渊明终只是晋宋间人物。曰，不然。晋宋间人物，虽曰尚清高，然个个要官职，这边一面清谈，那边一面招权纳货。渊明却真个是能不要，此其所以高于晋宋人也。(《朱子语类》卷三十四)

【元】赵孟頫：志功名者，荣禄不足以动其心；重道义者，功名不足以易其虑。何则？纡青怀金，与荷鉏畎亩者殊途；抗志青云，与徽倖一时者异趣。此伯夷所以饿于首阳，仲连所以欲蹈东海者也。矧名教之乐，加乎轩冕，违己之病，甚于冻馁，此重彼轻，有由然矣。仲尼有言曰，隐居以求其志，行义以达其道。吾闻其语，未见其人。嗟乎！如先生近之矣！(《五柳先生传论》)

【清】林云铭：昭明作陶公传，以此传叙入，别此传乃陶公实录也。看来此老胸中，浩浩落落，总无一点粘着。既好读书亦不知有章句，嗜饮酒亦不知有主客。毋论富贵贫贱，非得孔、颜乐处，岂易语此乎？赞末"无怀""葛天"二句，即夷、齐、神农、虞、夏之思，暗寓不仕宋意。然以当身即是上古人物，无采薇忽没之叹，更觉高浑也。后人仿作甚多，总无一似。(《增订古文析义合编》卷十)

【清】吴楚材、吴调侯：渊明以彭泽令辞归，后刘裕移晋祚，耻不复仕，号五柳先生。此传乃自述其生平之行也。潇洒澹逸，一片神行之文。(《古文观止》卷七)

【清】浦起龙：起句袭用已多，独先生此语，包孕全神。○好书之趣如此，忘怀一征。○嗜酒之趣如此，忘怀又一征。○于客难诸体后，别开畦埒，超绝。昭明为渊明作传，录此一篇，又序其集，称其文章不群，独超众类。而如上两篇(按：指《桃花源记》《五柳先生传》)，皆不入选。意选体藻缋纷披，不欲令藐姑射之仙下溷脂泽耶？(《古文眉诠》卷四十二)

【清】黄仁黼：不矜张，不露圭角，淡淡写去，身分自见，文亦与其诗相似，非养深者不能，此在文中乃逸品也。前辈元文，颇有似此者。《辑注》评不肯仕宋，自是先生大节，然读此文，不必计此。但看他突然而起，悠然而结，叙出事迹，了无异人，味之却有大本领在。通篇结构，总画出个"不知何许人"意。若曰：知先生者，先生也。○晋祚百四十年间，学士大夫鲜不以风流相尚。故刘伶、向秀之徒，咸以枕麹承槽，翘然自命，而王戎贪佞，阮籍猖狂，其于竹林七贤之名，多有未副其实者。先生既无荷锄絜楹之苦，又无癖钱钻核之讥，故能衔杯赋诗，以乐其志。然非不慕荣利，得失忘怀，亦能安淡泊自甘若是哉！观传中所载，屡空晏如，既醉而退，以视七贤之优劣何如也？（李扶九、黄仁黼《古文笔法百篇》卷十）

【清】王符曾：不衫不履①中极潇洒风流。（《古文小品咀华》卷三）

【清】刘熙载：陶诗"谁谓形迹拘，任真无所先"，《五柳先生传》大意即此可括。（《游艺约言》）

【今】钱钟书："不"字为一篇眼目。"不知何许人也，亦不详其姓字""不慕荣利""不求甚解""家贫不能恒得""曾不吝情去留""不蔽风日""不戚戚於贫贱，不汲汲於富贵"；重言积字，即示狷者之"有所不为"。酒之"不能恒得"，宅之"不蔽风日"，端由于"不慕荣利"而"家贫"，是亦"不屑不洁"所致也。"不"之言，若无得而称，而其意，则有为而发；老子所谓"当其无，有有之用"，王夫之所谓"言'无'者，激于言'有'者而破除之也"。如"不知何许人，亦不详其姓氏"，岂作自传而并不晓己之姓名籍贯哉？正激于世之卖声名、夸门地者而破除之尔。（《管锥编》）

【今】陈军：陶渊明的《五柳先生传》开创了古代言志抒情自传的先河，他只叙述自我横向静态事实的叙事策略，以"号"命篇、体制精短的特点，故意模糊姓氏与时代的写法，以及破立结合的人物塑造方法对后世自传都产生了深远的影响。（《古代经典自传的回响——〈五柳先生传〉的影响研究》）

【今】赵白生：由于自传事实的这些特征（寓言化、抒情化、静态化），我们说《五柳先生传》还不是现代意义上的自传，它只是一篇优美的自传小品，是自传文学萌芽时的一粒种子，已经冒出了芽，但仍处于胚胎状态。（《传记文学理论》）

《归去来兮辞并序》

【宋】陈知柔：陶渊明罢彭泽令，赋《归去来》而自命曰辞，迨今人歌之，顿挫抑扬，自协声律。盖其词高甚，晋宋而下，欲追蹑之不能。汉武帝《秋风词》尽蹈袭《楚辞》，未甚敷畅，《归去来》则自出机杼，所谓无首无尾，无终无始，前非歌而后非辞，欲断而复续，将作而遽止，谓洞庭钧天而不淡，谓霓裳羽衣而不绮，此其所以超然乎先秦之世而与之同轨者也。（《休斋诗话》）

【宋】欧阳修：晋无文章，惟陶渊明《归去来兮辞》一篇而已。（李公焕《笺注陶渊明集》卷五）

---

① 不穿长衫，不穿鞋子。形容不修边幅的样子。唐杜光庭《虬髯客传》："既而太宗至，不衫不履，裼裘而来。神气扬扬，貌与常异。"

【宋】朱熹：潜有高志远识，不能俯仰时俗，尝为彭泽令，督邮行县且至，吏白当束带见之。潜叹曰：吾安能为五斗米，折腰向乡里小儿耶？即日解印绶去，作此词以见志。后以刘裕将移晋祚，耻事二姓，遂不复仕。宋文帝时特征不至，卒谥靖节征士。欧阳公言两晋无文章，幸独有此篇耳。然其词义夷旷萧散，虽托楚声，而无其尤怨切蹙之病云。（《楚辞后语》卷四）

【宋】苏轼：俗传书生入官库，见钱不识，或怪而问之。生曰："固知其为钱，但怪其不在纸裹中耳。"予偶读《归去来辞》云"幼稚盈室，瓶无储粟"，乃知俗传信而有征。使有储粟，亦甚微矣，此翁平生只于瓶中见粟也耶！（《东坡志林》卷七）

【明】郎瑛：(朱熹)曰："首云'归去来兮'，中又云'归去来兮'，了无端绪，疑为二篇。"此文公或一时未尽看破也。李格非所谓"沛然肺腑中流出"，彼何较其端绪首尾者耶？余细观之，亦有端绪：共有五段，每段换韵，自然纯古，人不觉之，所谓拟"洞庭钧天而不澹""霓裳羽衣而不绮"者也。（《七修类稿》卷三十）

【清】金圣叹：凡看古人长文，莫以其汪洋一篇便阁过。古人长文，皆积短文所成耳。即如此辞本不长，然皆四句一段，试只逐段读之，便知其逐段各自入妙。古人自来无长文能妙者，长文之妙，正妙于中间逐段逐段纯作短文耳。（《天下才子必读书》卷九）

【清】孙人龙：通篇凡五易韵，耿介中仍和而不迫，得风人之遗旨。（《陶公诗评注初学读本》卷二）

【清】林云铭：陶元亮作令彭泽不为五斗米折腰，竟成千秋佳话，岂未仕之先，茫不知有束带谒见之事？孟浪受官，直待郡遣督邮，方较论禄之微薄、礼之卑屈邪？盖元亮生于晋祚将移之时，世道人心，皆不可问，而气节学术，无所用之，徒劳何益。五斗折腰之说，有托而逃，犹张翰因秋风而思莼鲈，断非为馋口垂涎起见。故于词内前半段以"心为形役"一语，后半段以"世与我遗"一语，微见其意也。篇首"田园"两字是通篇纲领，归计既定，即日俶装，所谓见几而作，不俟终日也。从兹而舟行，而陆行，而至门，而入室，而饮酒，而安居，煞有次第。然后以涉园一段，了却园事，而园不就芜矣。再以西畴一段，了却田事，而田不就芜矣。但园在家中，闭门可入，有僮仆稚子先后其间，不必问之外人也。若田去家稍远，陇亩交错，其为耕耜，岂仅一人？势不得不与群农为侣，遂趁此一著，先把息交绝游之意提明，见得舍农人之外无可交游。即与农人从事，亦舍春及之外无他言说矣。然涉园曰"成趣"，非学圃也，耘耔曰"委心"，非学稼也。程明道云"闲来无事不从容……万物静观皆自得"，此意惟有道者知之，不堪喻诸人者。篇首曰"独悲"，篇中曰"自酌"，篇末曰"孤往"，如人饮水冷暖自知，不但世人不能共谅，即僮仆稚子亲戚农人辈，亦不能少窥。及结出"乘化""归尽""乐乎天命"等语，则素位而行，殀寿不贰本领，尽情拈出矣。此篇自首至尾，凡五易韵，为《骚》之变体。细味其中音节，《骚》哀而曲，此和而直。盖灵均于楚为宗亲，宜存一副思君热肠；元亮于晋为遗老，第留一双逃世冷眼。一则为箕比，一则为夷齐，所处不同故也。（《增订古文析义合编》卷十）

【清】余诚：玩"乐夫天命"一语，渊明身份儘高，出处大节，谅所素稔，从前或"不久"或"不就"，固皆不苟于进仕之意。后来不复出仕，则以刘宋兴而非复晋故也。渊明岂是偏于隐遁者，论者每泥其辞，而视若巢、许一流，甚非确评，且如此番之归，亦必有所大不得已，而后乃借不肯折腰以去也。若徒认作一个傲人，便失渊明本来真面目矣。〇开首以"田园"句挈全篇要领，而下面尽本此抒写，是顺提文法；结处以"乐天"句作全篇结穴，而上面尽照此发挥，是倒装文法。然其笔力高超，故无痕迹可寻，读者当细绎之。（《重订古文释义新编》卷七）

【清】吴蔚文：晋时如茂先、太冲、二陆、三张、两潘、景纯、束皙，虽称巨擘，然不免以博溺心，以文减质①，惟渊明之《归去来辞》，气体洒脱，千古不刊②。（《古学记问录》卷十三）

【清】黄仁黼：此文只写田园可乐，不露形迹，极有含蓄，真有道之言。〇曰"以心为形役"是多少箴规，曰"委心任去留"是何等超脱，末云"乐天命"，几入孔、颜门户矣。先生真是东晋第一流人！按先生立身大节，与邵康节先生颇似，谥曰靖节，亦几同矣。（李扶九、黄仁黼《古文笔法百篇》卷十四）

【清】黄本骥：余谓陶公胸怀澹远，妙处尚在语言文字之外。《归去来辞》直是曾点沂水春风一段注脚，即谓之超越秦汉，上接《风》《骚》可也。（《读文笔得》）

【清】钱沣：（孙鑛曰）"风格亦本楚骚，但骚侈此约，骚华此实。其妙处乃在无一语非真境，而语却无一字不琢炼。总之，成一种冲泊趣味，虽不是文章当行，要可称逸品。"前半是归时事，后半是归后情。知几③之哲，寄兴之高，观物之微，达生之妙，逐层写出。（余嘉华《钱南园诗文集校注》卷二）

【今】林语堂：有人也许会把陶渊明看做"逃避主义者"，然而事实上他并不是。他想要逃避的是政治，而不是生活本身。如果他是逻辑家的话，他也许会决定出家去做和尚，彻底逃避人生。可是陶渊明是酷爱人生的，他不愿完全逃避人生。在他看来，他的

---

① 《庄子·缮性》有云："文灭质，博溺心，然后民始惑乱，无以反其性情而復其初。"此为成语"溺心灭质"之源，意为淹没天然的心性，掩盖纯朴的本质。刘勰在《文心雕龙·情采》中说："使文不灭质，博不溺心，正采耀乎朱蓝，间色屏於红紫。"
② 古代文书书于竹简，有误即削除，谓之刊。不刊：不容更动和改变，引申为不可磨灭。
③ "知几"谓有预见，能看出事物发生变化的隐微征兆。

妻儿是太真实了，他的花园，伸过他的庭院的树枝，和他所抚爱的孤松是太可爱了；他因为是一个近情的人，而不是逻辑家，所以他要跟周遭的人物在一起。他就是这样酷爱人生的，他由这种积极的、合理的人生态度而获得他所特有的与生和谐的感觉。这种生之和谐产生了中国最伟大的诗歌。他是尘世所生的，是属于尘世的，所以他的结论不是要逃避人生，而是要"怀良辰以孤往，或植杖而耘耔"。（《人生的爱好者：陶渊明》）

【今】周啸天："欣欣向荣"一语将愉悦之情推向了高潮。与前两段一样，仍然以感喟作结："善万物之得时，感吾生之行休。"朱光潜说得好："《时运》诗序①中的最后一句话是'欣慨交心'，这句话可以总结他（陶渊明）的精神生活。他有感慨，也有欣喜。唯其有感慨，那种欣喜是由冲突调和而彻悟人生世相的欣喜，不是浅薄的嬉笑；唯其有欣喜，那种感慨有适当的调剂，不是奋激伴狂，或是神经质的感伤。他对于人生悲喜剧两个方面都能领悟。"本篇每一段的抒情，实际上都"欣慨交心"，内涵丰富，耐人回味。○全辞四段基本上合于起、承、转、合的节奏，艺术表现上颇具特色，概括起来有以下几点：抒情的欣慨交心；形象的疏朗饱满（自然的和人事的）；结体的反复唱叹（欣与慨的内容于一篇中皆三致意）；行文的骈散有致（骈偶处多为佳句）；语言的平易流畅；风格的自然妍美。它为后世所重是理所当然的。（《大风起兮云飞扬——啸天说诗》）

【今】陆精康：陶渊明《归去来兮辞》之布局谋篇，前人有以为疵病者，金人王若虚之论可代表："凡为文有遥想而言之者，有追忆而言之者，各有定所，不可乱也。《归去来兮辞》，将归而赋耳，既归之事，当想象而言之。今自'问途'以下，皆追录之语，其于畦径，无乃窒乎！'已矣乎'云者，所以总结而为断也，不宜更及'耘耔''啸咏'之事。"（《滹南遗老集》卷三）王若虚完全是看走了眼——将一篇自出机杼的想象之作误识为笔法乖违的"追录"之文！钱钟书先生《管锥编》中引录之且论此抒情小赋之谋篇机杼为"心先历历想而如身正——经"，与《诗经·东山》征人想象抵家情形相似。也就是说，"归园田"诸事是"归去"之急切心理投射于未来生活的悬揣之笔、拟想之词，既非"追寻"，亦非"直叙"，而是出于浪漫主义的想象。

首先，想象归程。"舟遥遥以轻飏，风飘飘而吹衣"，轻舟疾行春风拂衣，此乃想象归途之愉悦。"问征夫以前路，恨晨光之熹微"，此乃摹状归心之迫切。其次，想象归舍。想象中渗透的是"怡颜"之乐，"寄傲"之意，不失松菊之志节，宁安"容膝"之居。陶渊明记归舍一日之情事，带有强烈的主观色彩，是平生之志的寄托，也是一厢情愿的憧憬。复次，想象归园。"园日涉以成趣"以下，揣想"归去"后生活之安逸、闲

---

① 陶渊明诗作。诗序曰："时运，游暮春也。春服既成，景物斯和，偶景独游，欣慨交心。"

适、宁静。陶渊明自塑的"抚孤松而盘桓"这一形象，是其理想中的归隐者，也是陶渊明对未来生活的一种自我设计。再次，想象归田。"归去来兮，请息交以绝游。"一个"请"字，明确提示读者，是预期拟想的行为。这段文字折射的是陶渊明诀别官场时的轻快心境，与其说是写实，不如说是"性本爱山"这种审美情趣的外化。末次，对"归园田"生活作总体观照。"怀良辰以孤往，或植杖而耘耔。登东皋以舒啸，临清流而赋诗。"王若虚读此不解："总结而为断也，不宜更及'耘耔''啸咏'之事。"实不知这是对"今是"的形象化注脚——当然，也是拟想之词。

这样，陶渊明以一篇《归去来兮辞》全面地向读者展示他的人生观、审美观、价值观，既是幻想的，也是真实的，既是感性的，也是理性的，既是浪漫的，也是现实的。陶渊明的想象不免带有夸大的、理想化的、田园牧歌的色彩，"贫苦""饥冻""幼稚盈室，瓶无储粟，生生所资，未见其术"，序中的这些描叙是现实的、酸楚的、令人难堪的，而这一切在赋中却全无反映。如果"实录"这些事实，情感就不会如此昂扬，意境就不会如此深邃，色彩就不会如此绚丽，文辞就不会如此流畅。正因为是一种精神活动，能给生活的现实涂上一层明亮、绚丽、美妙、醉人的主观色彩，行文才会"一派神行，了无窒碍"，而这正是想象的魅力，"追录"之文是难以产生这种审美效益的。被称为"实录"的《五柳先生传》，状归隐后生活，与《归去来兮辞》形成了巨大的反差，正从另一个侧面证明，《归去来兮辞》所记，是作者美妙的"心造的幻影"，这一"幻影"给读者带来了极大的审美愉悦。（《考信录——文言诗文备课札记》，引用时有删节）

◎ 陶弘景

《答谢中书书》

【清】许梿：演迤澹沲，萧然尘埃之外，得此一书，何谓白云不堪持赠①？（《六朝文絜笺注》卷七）

【清】蒋士铨：笔底自具仙气。（《忠雅堂评选四六法海》卷四）

【今】金性尧：陶弘景一度出仕南齐，但不交外物，心如明镜，特爱松风，闻响欣然，顾惜光景，老而弥笃。《南史》本传称他"遇物便了，言无烦舛"。此文只有 68 字，

---

① 陶弘景曾在武帝问"山中何所有"时答道："山中何所有，岭上多白云。只可自怡悦，不堪持赠君。"

语言淡泊，境界宁静，与作者个性①有共通处。……文中写的确是江南风物，然而这样的山林泉壑，又是江南所常见的。为什么他能把自然界中常人还不曾体验到的美感，以数十字摄取到笔底呢？这里也有作者自己的"境界"。再说，为什么一千余年前写的这篇小品，到今天还有吸引力，在好些选本中都收了进去？审美的趣味固然会随着时代的变化而变化，也应该变化，但长期的由历史凝聚、熏陶的审美习惯，也是一个重要的因素，因为我们脚所踏的还是几千年来祖先践踏过的泥土。当然，这里还有两个条件：一是这些审美习惯必须是健康的干净的，不能离开"善"的要求；二是读者自身也必须有素养，而不包括阿猫阿狗，否则，也会如郭象注《齐物论》说的，"是犹对牛鼓簧耳"。（《金性尧集外文编》第四卷）

【今】周啸天：与山水诗的兴盛相先后，山水记也逐渐发展起来。……人尽皆知的《兰亭集序》帖实开山水记的先河，……其后文人出游，多在书信中与亲友谈论山水。刘宋鲍照《登大雷岸与妹书》以形式精美的骈体在书信中高谈阔论山水胜景，首开风气。书中满怀兴致，用瑰丽奇崛的笔调摹写了九江庐山一带烟云变幻、气象万千的景物……萧梁时代的陶弘景、吴均则在鲍照的基础上约为短篇，更见精粹，而为人传诵。"山水之美"，虽说"古来共谈"，但将它引入文学创作，却是六朝为盛。山水山水，有山有水。山是水之骨，水是山之魂。写山则状其高："高峰入云"，写水则显其清："清流见底"。山水石壁，色调之富，以绿色为主："两岸石壁，五色交辉。青林翠竹，四时俱备"。山中朝晖夕阴，气象万千，人境之外，乃有动物世界，动物给山水带来声音和生机："晓雾将歇，猿鸟乱鸣。夕日欲颓，沈鳞竞跃。"总结："实是欲界之仙都"。好个"欲界仙都"，可以现成地书刻在石壁上，给山水打上文化的印记。短短一封书信，就这样尽收山水之奇，行文既很随意，对仗亦复工整。要言不烦，点到为止，正是文贵精、不贵多。作者当然有资格说："自康乐以来，未复有能与其奇者。"言下，他本人就是能复与其奇者。（《大风起兮云飞扬——啸天说诗》）

【今】魏明安：《答谢中书书》是陶弘景俊赏山林、心灵净化之后所写。它是六朝书札名篇，与吴均的《与宋元思书》可称双璧。这篇骈文山水小札与充斥在齐、梁文坛上那些繁缛浮艳、内容空虚的骈体文大异其趣，也与作者早年所写的《寻山志》《答虞中书书》等追求形似，"窥情风景之上，钻貌草木之中"（《文心雕龙·物色》）的作品迥然

---

① 陶弘景个性可参其《答赵英才书》："子架学区中，飞才甸外，不肯扫门觅仕，复懒弹铗求通，故偃塞园巷，从容郊邑，昔所谓懒宾者，此其是乎！岩下鄙人，守一介之志，非敢蔑荣嗤俗，自致云霞，盖任性灵而直往，保无用以得闲，垄薪井汲，乐有徐欢，切松煮术，此外何务。然亦以天地栋宇，万物同於一化，死生善恶，未之能闻。"

不同。

"山川之美，古来共谈"，看似平平叙说，实则包孕很广。自从孔子说了"智者乐水，仁者乐山"以后，山水在人们的眼里常有性格的隐现。接着庄周更讲了"山林与！皋壤（原野）与！使我欣欣然而乐与？"（《庄子·知北游》）"大林丘山之善于人也（所以适于人），亦神者不胜（也是因为心神舒畅无比的缘故）"（《庄子·外物》）等审美意识更浓的话。魏晋南北朝时期大批隐士肥遁山林后，亦在佳山水中寻求启示。可见谈"山川之美"的话题自古就很多。文章一开头引起读者思索，这效果很不一般。

抓住江南山林的特征，用简洁空灵的笔墨来写，这是《答谢中书书》突出的优点。写山林景色的瑰丽，作者只用了两组对偶句共十六个字，即"两岸石壁，五色交辉；青林翠竹，四时俱备"，已显得活脱精到，引人遐想。南宋人邓椿在他的《画继》里曾指出："世徒知人之有神，而不知物之有神。"山林的"神"，高明的作家艺术家总有独特的感受，而如果用工笔刻镂，即使做到"情必极貌以写物，辞必穷力而追新"（《文心雕龙·明诗》），也难免拖沓板滞，存形而略神。陶弘景用视觉形象和动感都很强的"五色交辉"四字来点染，自会引起读者的种种联想与记忆，可称"字外之奇"（萧衍《观钟繇书法十二意》）。

以骈文的主要特征来看，《答谢中书书》或许不是很严饬的。四四四四的句式对属虽工，但基本上不用典藻饰。音律上平节和仄节的交替，也不完全合律。但它好就好在骈散兼行，散文的疏宕流畅之美和骈文的整炼之美结合得很好。谋篇见巧思，用语清丽含蓄，诗化了意境。

李兆洛在《骈体文钞》卷三十《答谢中书书》末批曰："亦应尚有起讫。"认为它不是完篇。这是对书信体应该"尽言"（《文心雕龙·书记》）一点理解得过死，殊不知"文明从容，亦心声之献酬也"（同上），《答谢中书书》虽只六十八个字，但它已把作者幽栖山林俊赏妙悟之情趣写出来了。谢中书即谢微，出身名门，为谢朓的从侄孙，深得梁武帝萧衍之倚重。《梁书·文学传》说他"年位尚轻，而任遇已重"，曾当殿赋诗三十韵，二刻便就，"其辞甚美，高祖（萧衍）再览焉"。这样一位锋芒早露、官运亨通的晚辈（谢少陶四十四岁），其骄矜自负自不待言，而陶弘景摒弃客套直抒胸臆的答书（谢的报书今已佚），愈益显出他这位"山中宰相"（《南史·陶弘景传》）的气度。（陈振鹏、章培恒《古文鉴赏辞典（上）》，引用时有删节）

◎ 吴均

《与朱元思书》

【清】蒋士铨：妙在笔底有闲韵。（《忠雅堂评选四六法海》卷四）

【清】许梿：扫除浮艳，瀹然无尘，如读靖节《桃花源记》、兴公《天台山赋》。此费长房缩地 ① 法，促长篇为短篇也。（《六朝文絜笺注》卷七）

【今】江山渊：移江山入画图，缩沧海于尺幅。寥寥百馀言，有缥碧千丈、沧波万顷之状。可以作宗氏之卧游图，可以作柳子之山水记。（王文濡《南北朝文评注读本》）

【今】钱钟书：吴之三书与郦道元《水经注》中写景各节，轻倩之笔为刻画之词，实柳宗元以下游记之具体而微。吴少许足比郦多许，才思匹对，尝鼎一脔，无须买菜求益也。《与朱元思书》："风烟俱净，天山共色"；按参观论简文帝《临秋赋》："水皆漂碧，千丈见底，游鱼细石，直视无碍"；按参观《水经注·洧水》："绿水平潭，清洁澄深，俯视游鱼，类若乘空矣"，又《夷水》："虚映，俯视游鱼，如乘空也"。"空"即"无碍"，而以"空"状鱼之"游"较以"无碍"状人之"视"，更进一解。"夹峰高山，犹生寒树，负势竞上，互相轩邈，争高直指，千百成峰"；按参观论鲍照《登大雷山与妹书》，《水经注》中乃成熟语，如《河水》："山峰之上，立石数百丈，亭亭桀坚，竞势争高"，又《汝水》："左右岫壑争深，山阜竞高"，又《瀍水》："双峰共秀，竞举群峰之上。""蝉则千转不穷，猿则百叫无绝"；按参观《水经注·江水》："猿啼至清，山谷传响，泠泠不绝。"《与顾章书》："森壁争霞，孤峰限日"；按参观《水经注·易水》："南则秀嶂分霄，层崖刺天"，又《滱水》："岫嶂高深，霞峰隐日"，又《瀍水》："高峦截云，层陵断雾"，又《济水》："华不注山单椒秀泽，不连丘陵以自高，虎牙桀立，孤峰特拔以刺天"，又《江水》："重岩叠嶂，隐天蔽日。"吴、郦命意铸词，不特抗手，亦每如出一手焉。然郦《注》规模弘远，千山万水，包举一编，吴《书》相形，不过如马远之画一角残山剩水耳。幅广地多，疲于应接，著语不免自相蹈袭，遂使读者每兴数见不鲜之叹，反输只写一丘一壑，匹似阿閦国之一见不再，瞥过耐人思量。（《管锥编》）

【今】周振甫：这篇的写法之一是概括。它不是作者先看到什么先写什么，是作者把看到的景物概括起来，先作了总的说明。"风烟俱净，天山共色"，指他所看到的天和山说的；"从流飘荡，任意东西"，指他所感到的水行说的；下面说明"自富阳至桐庐

---

① 晋葛洪《神仙传·壶公》："（费长）房有神术，能缩地脉，千里存在，目前宛然，放之复舒如旧也。"

一百许里，奇山异水，天下独绝"，点出山和水的奇异。这篇的写法之二是诗的跳跃。写水清见底，可见游鱼细石，是写水平如镜，忽然跳到急湍猛浪，中间没有交代，让读者去体会，又到了另一种境界了。先说"夹岸"，是身在船中，写了高山寒树，接下去写高山"负势竞上，互相轩邈"，这里没有交代登岸上山，就写上山所见了。接下去写泉水，不说进入山中；写"横柯上蔽"，不写进入密林。这些都是跳跃，把可省的话都省了。这篇的写法之三是诗情画意。作者在所写的景物上涂上感情色彩，如"风烟俱净，天山共色"，天是蔚蓝的，山是青的，两种色彩并不一样，为什么说共一色呢？这是作者感到天和山的清澄洁净，把他的感情色彩涂上去，就成了共色了。作者从富阳到桐庐是有目的的，为什么说"从流飘荡，任意东西"呢？因为作者是在欣赏这段山水，不在赶路，在这两句里写出他这种感情。这篇实是诗的散文。就是正面写出作者感情的地方，也写得比较曲折含蓄。如"鸢飞戾天者，望峰息心；经纶世务者，窥谷忘返"，他不是直接写出，借鸢飞戾天者和经纶世务者这两种人来说，说假使他们看到这种美好景物也要息心忘返的。这样说，就比较曲折含蓄，这也是诗的表达法。（《诗文浅说》，引用时有删节）

【今】周啸天：本篇堪称"富春江第一漂"。它描写了作者从富阳到桐庐，一百余里的长途漂流中，所见及所闻的江上胜景。与陶弘景前文相比，吴均此文略有展开，从中添了一个"从流飘荡"着的人，是其新处。〇无独有偶，北朝的郦道元著《水经注·三峡》中关于三峡水流的一段文字："夏水襄陵，沿溯阻绝。或王命急宣，有时朝发白帝，暮到江陵，其间千二百里，虽乘奔御风，不以疾也。春冬之时，则素湍绿潭，回清倒影。绝巘多生怪柏，悬泉瀑布，飞漱其间，清荣峻茂，良多趣味。每至晴初霜旦，林寒涧肃，常有高猿长啸，属引凄异，空谷传响，哀转久绝。故渔者歌曰：'巴东三峡巫峡长，猿鸣三声泪沾裳。'"……对读之下，你会惊异于二人发现的相似，而文章却不雷同。（《大风起兮云飞扬——周啸天说诗》）

【今】顾农：开始四小句是文章应有的小引，也顺便交代了自己的观察点是时时处于移动之中的。观察、欣赏景物可以是在一个定点上，也可以不在一个定点上。西洋画多取前法，所以讲究透视；中国画基本用后一法，所以有山水长卷。中国古代诗人对自然景物的审美习惯也是不取定点的，《与朱元思书》正是要描写一幅富春江山水长卷。

下文先写水，其异在碧清而湍急。长江大河奔流浩荡，往往泥沙俱下，气势雄伟；而富春江则以优美胜，"水皆缥碧，千丈见底"，此所谓一语道破；"游鱼细石，直视无碍"，则是就上文已点明者再用细节渲染之。作画有所谓"点染"，吟诗作文也有类似的手法，"点、染之间不得有他语相隔，隔则警句亦成死灰矣"（刘熙载《艺概·词曲概》）。这里正是先一点，接着加以渲染。郦道元在《水经注·洧水》中写道："绿水平潭，清…

洁澄深，俯视游鱼，类若乘空矣。"写法与吴均有异曲同工之妙。此后柳宗元写"潭中鱼可百许头，皆若空游无所依"（《至小丘西小石潭记》），毛泽东写湘江中"鱼翔浅底"（《沁园春·长沙》），都从吴、郦的写法化出，也都大有诗情画意的。吴均以飞箭和奔马喻写江水的湍急，亦极生动，后来有不少人跟着用这两个比喻

接着写"奇山"。作者这次泛舟漫游富春江在夏天（所以有蝉鸣）而称山巅之树为"寒树"，很不寻常，寒不寒本来是看不出来的，但诗人自有其通感（一称联觉），山太高，高处不胜寒，所以见到的树乃是"寒树"。"负势竞上，争相轩邈，争高直指，千百成峰"用化静为动的手法，很是生动。顾恺之说会稽山水是"千岩竞秀，万壑争流"（《世说新语·言语》），鲍照《登大雷岸与妹书》有"南则积山万状，负气争高"之句，吴均化而用之，提出一个"负势""争高"来，精彩愈出。

"鸢飞唳天者，望峰息心；经纶世务者，窥谷忘返"两句，一般的衬托往往用景物来衬托人的感情，本文因为主旨是写景，便反过来用拟人的动物和人对山水的反应来衬托山水的奇异。我们记得吴均原是热衷于仕途进取的，他这里讲"望峰息心""窥谷忘返"，也许有一点夫子自道的意思吧。

结尾几句写日光时有时无，初看似乎是补叙，章法不见得如何高明；再三玩味，才能体会这样处理的妙处。作者一路看山看水，不暇他顾，至此才注意看天。江本不宽，高山夹岸，山上的树长得几乎接了头，于是泛舟中流时便有一种如同在林荫大道上漫步的感受。"在昼犹昏""有时见日"二句实际上正写出了他流连于山水之中的特殊印象，不露痕迹地绾合上文所写的山山水水，余味曲包地收拾了全文。

吴均是著名的作家，在辑本《吴朝请集》中还留存着他的诗一百多首，模山范水者甚多，清新挺拔，与他的文章风格一致。史称"均文体清拔有古气，好事者或学之，谓为吴均体"（《南史·吴均传》）。《与朱元思书》虽然多用骈偶的句子，但并不显得呆板繁复，正是"吴均体"的一个样板。此外他还有《与施从事书》《与顾章书》，也是写景的佳作，同样能给予人们不少审美的享受和有益的启示。（《四望亭文史随笔》，引用时有删节）

◎ 王羲之

《兰亭集序》

【宋】苏辙：逸少知清言之害，然《兰亭记》亦不免慕清言耳。（桑世昌《兰亭考》卷十）

【宋】高似孙：右军《兰亭记》曰："此地有崇山峻岭、茂林修竹，又有清流激湍，映带左右。"晋人文章清畅如此。宋支昙谛《庐山赋》曰："南面巍崛，北背迢蒂，悬霤分流以飞湍，七岭重嶂而叠势殊。"不及其从容自在也。（《巫咸山赋》）

【元】陆友仁：韩子苍云王右军清真为江左第一，意其为人必能一死生，齐物我，不以世故婴其胸中。然其作《兰亭叙》，感事兴怀，有足悲者，萧统不取，有以也。渊明《游斜川》亦悼念岁月，卒之纵情忘忧，乃知彭泽之高，逸少不及远甚。（《研北杂志》卷上）

【明】袁宏道：古今文士爱念光景，未尝不感叹于死生之际。故或登高临水，悲陵谷之不长；花晨月夕，嗟露电之易逝。虽当快心适志之时，常若有一段隐忧埋伏胸中，世间功名富贵举不足以消其牢骚不平之气，于是卑者或纵情曲蘖，极意声伎；高者或讬为文章声歌，以求不朽；或究心仙佛与夫飞升坐化之术。其事不同，其贪生畏死之心一也。独庸夫俗子，耽心势利，不信眼前有死。而一种腐儒，为道理所锢，亦云："死即死耳，何畏之有！"此其人皆庸下之极，无足言者。夫蒙庄达士，寄喻于藏山；尼父圣人，兴叹于逝水。死如不可畏，圣贤亦何贵于闻道哉？羲之《兰亭记》，于死生之际，感叹尤深。晋人文字，如此者不可多得。《昭明文选》独遗此篇，而后世学语之流，遂致疑于"丝竹管弦""天朗气清"之语，此等俱无关文理，不知于文何病？昭明，文人之腐者，观其以《闲情赋》为白璧微瑕，其陋可知。夫世果有不好色之人哉？若果有不好色之人，尼父亦不必借之以明不欺矣。兰亭在乱山中，涧水弯环诘曲，意古人流觞之地即在于此。今择平地砌小渠为之，与人家园亭中物何异哉！（《兰亭记》）

【清】金圣叹：此文一意反复生死之事甚疾，现前好景可念，更不许顺口说有妙理妙悟，真古今第一情种也。（《天下才子必读书》卷九）

【清】林云铭：兰亭之会，各赋有诗，孙绰曾作后序，则右军此作乃其前序耳。……篇中从可乐处说到可悲，着眼在"生、死"二字，有深意存焉。夫齐景羡无死，赵简叹人化，痴人痴语千古如见。右军何等人物，生死关头宁勘不破？乃故为雍门子鼓琴之说，令千载下共洒孟尝君之泪乎？晋尚清谈，当时士大夫无不从风而靡，剽窃老庄唾余，漠然无情，外其形骸，以仁义为土梗（按：泥塑偶像，喻轻贱无用），名教为桎梏，遂致风俗颓敝，国步（按：国家的命运，亦指国土）改移。右军有心人也，虽欲力肆抵排而狂澜难挽，不得不于胜会之时，忽然以死生之痛感慨伤怀，而长歌当哭以为感动。其曰"一死生为虚诞，齐彭殇为妄作"，明明力肆抵排，则砥柱中流，主持世教之意尤为大著。古人游览之文，亦不苟作如此。其笔意疏旷淡宕，渐近自然，如云气空濛，往来纸上。后来惟陶靖节文庶几近之。（《增订古文析义合编》卷十）

【清】谢有辉：山水清幽，名流雅集，写高旷之怀，吐金石之声。乐事方酣，何至遽为说死说痛? 不知乐至于极, 未有不流入于悲者。故文中说生死之可痛, 说今之与昔同感, 后之与今同悲, 总是写乐之极致耳。(《古文赏音》卷七)

【清】黄仁黼: 玩此文中段, 因乐极生悲, 感生死事大, 见不可不随时行乐之意, 乃旷达一流。或以右军非把生死看不破, 为当时清谈误国者箴。看来文中原无此意, 就文论文, 不必深求。夫随时行乐, 正是看破死生者也, 乐极而悲, 正见此会不可多得, 乃文章反衬之法。(李扶九、黄仁黼《古文笔法百篇》卷十五)

【清】过珙: 及其情之所往, 久而倦生, 则所快之情即随不快之事一样, 兴尽而迁焉, 忽不禁感慨系之矣, 此只就一事一时论。○言情随事迁之时, 回想向日之所谓欣然者, 觉一俯一仰之间, 为期甚近, 而所乐者已为故迹, 不可复问矣! 此情之小者也, 犹不能不以此兴感慨之怀。○修, 长年也, 短, 夭寿也。况长年与短夭, 各随造化, 必有终尽之时, 古人有言, 死生大事, 又非情随事迁者比, 思之能无痛乎? 此所谓胸中之感, 方是一篇正文也。○兰亭之会, 乐事也。从乐处突发出无数感慨、无穷妙理, 见驹隙如流, 胜事不可多得, 当与《春夜宴桃李园序》参观, 逸思高致, 若出一人之手。(《古文评注》卷二)

【今】谭家健: 好端端的游乐, 为何突想到死亡这种丧气扫兴的问题呢? 原来, 人生的短暂, 生命的价值, 从东汉《古诗十九首》以来, 一直是文人所关切、所咏叹的中心议题。作者显然不赞成当时流行的老庄消极遁世态度, 而主张要有所作为。王氏是积极用世的, 曾在谢安面前批评时人"虚谈废务, 浮文妨要, 恐非当今所宜"。了解此文思想, 要联系王羲之的社会政治观, 放到当时文化心态背景中来理解。(《谭家健讲古代散文》)

【今】孙绍振: 序文对景观的描述"此地有崇山峻岭, 茂林修竹, 又有清流激湍, 映带左右", 似乎并无惊人之语。《兰亭集》另有孙绰写的"后序", 其对景观的描绘有: "高岭千寻, 长湖万顷。"可以看出孙绰是比较夸张的。王羲之的情绪却是节制的, 文字比较朴质。这种高雅的风格, 孤立地看, 可能不容易感悟, 但与同类的文章相比, 就不难感知其潇洒了。这种文化名人观景、饮酒、吟咏的聚会, 早在这半个世纪之前就有了记录。石崇有名文《金谷诗序》述其事, 极写"娱目欢心"之情: "有清泉、茂林、众果、竹柏、药草之属; 金田十顷, 羊二百口, 鸡猪鹅鸭之类, 莫不毕备; 又有水碓、鱼池、土窟, 其为欢目娱心之物备矣。"石崇是当时顶级的大富豪, 他的抒情首先集中在物之齐备上, 其次是隆重、盛大的音乐: "琴、瑟、笙、筑, 合载车中, 道路并作; 及住, 令与鼓吹递奏。"而王羲之则不取石崇这种盛大的排场, 亦不夸耀物品之齐备。孙绰所写的"长湖万顷", 到了他笔下不过是一湾"曲水", 诸人只是随意"列坐", 将酒杯放在曲水中, 流至则饮酒赋诗, 被他简洁地概括为"一觞一咏"。他所追求的是情调自如，自在从容。"虽无丝竹管弦之盛"，说明对石崇那种盛大的乐队，王羲之有点不屑，特别点出只要能"畅叙幽情"就行。故饮酒轮替而从容不迫，为诗畅叙而不张扬。王羲之和石崇、孙绰虽同为贵族，但不同于石崇的富丽，亦不同于孙绰的夸张，而是以文士的庸雍，显示出一种潇洒的风度。

情志和谐决定了王羲之的语言风格，开头叙聚会之由来，几近轻描淡写，"永和九年，岁在癸丑，暮春之初"交代时间，"会于会稽山阴之兰亭"说明地点，"修禊事也"点出目的。简洁到连什么人来聚会都省略了。本来聚会人员是很值得夸耀一番的，在石崇的《金谷诗序》中，说到自己是"持节监青、徐诸军事、征虏将军"，参与聚会的还有"征西大将军祭酒王诩"。到了文章最后，不但把主要人物的头衔罗列一番，而且还说明罗列的目的，因为"感性命之不永，惧凋落之无期"。好像有了这些显赫的官衔，才有传诸后世的价值似的。按照这种模式，王羲之本来可以交代一下，自己也是"江州刺史，右军将军"，参与聚会的还有"官太保都督，封庐陵郡公"谢安这样的大人物，而谢万则是"历吏部西中郎将，豫州刺史散骑常侍"。其他人等，也都不是等闲之辈。在王羲之看来，不但官衔不重要，连人物的名字也都可以省略。从这里可以看出，文风的简洁联系着品味的高雅。文章的好处，还在于不取赋体，以参差的叙述为主，用词质而不华，这种从容的风格，孤立起来不容易看出，用李白后来同样性质的《春夜宴桃李园序》来比较一下，其特点就昭然了。李白文章，基本上都是骈文的对仗句："（夫）天地（者），万物之逆旅（也）；光阴（者），百代之过客（也）。""（况）阳春召我以烟景，大块假我以文章。""会桃花之芳园，序天伦之乐事。""群季俊秀，皆为惠连；吾人咏歌，独惭康乐。""幽赏未已，高谈转清。开琼筵以坐花，飞羽觞而醉月。"与李白的激昂的情采和华赡的文采相比，王羲之文风的朴而不华，理性对情绪的从容的节制中，更能显示出他心态的庸雍和高贵。（《孙绍振解读经典散文》，引用时有删节）

◎ 陈寿

《隆中对》

【清】王文濡：一席之谈，已定三分之业。此身未出，而天下大势，瞭如指掌，信乎！三代后一人矣。（罗新璋《古文大略》）

【清】林云铭：刘先主欲伸大义以兴汉室，所苦者，英雄无用武之地耳。武侯把天下全局逐一打算，无非欲寻个安身立命之处。而北之操，挟可战之具，东之权，据可守之资，已付之不可问。此外，除是荆益二州，别无可措意也。篇中提出"用武之国"，见其可以战，提出"天府之土"，见其可以守，况刘表、刘璋皆非操、权之比，取之亦易力。若跨二州以观变，两路出师，当不但鼎足之势而已。奈其后荆州既失，祁山一路不能长驱中原，岂非陈寿所谓"天命有归，不可以智力争者"乎？此则武侯之遗憾也。文之条达明畅，不事雕饰而结构自工。（《增订古文析义合编》卷九）

【今】肖天亮：中国历史上君臣问对很多，比较著名的有：《渭水对》《汉中对》以及《隆中对》。"战略"这个词当时还没有产生，但《隆中对》确实是一篇典型的战略论文，集中体现在"三个战略要素"和"四个战略思想"上。

任何一个战略都有三个基本要素：战略目标、战略方针和战略手段。首先看战略目标。《隆中对》在最后提出了战略目标："诚如是，则霸业可成，汉室可兴矣。"总目标是兴盛汉室、统一天下。具体有三个分目标：第一步目标，建立根据地；第二步目标，三足鼎立；第三步目标，北定中原。再看战略方针。这是《隆中对》的灵魂。诸葛亮通过对当时天下形势的深入分析，区别了各种矛盾的主次，抓住曹刘这一主要矛盾来制定刘备集团的战略，进而明确提出了"东联孙吴，北拒曹操"的战略方针。正是在这一具有远见卓识的战略方针指导下，通过赤壁之战等多次战役，刘备成就了一番事业，魏、蜀、吴三足鼎立局面形成。后来也正是违背了这一战略方针，导致了失败。关羽刚愎自用，与东吴交恶，结果败走麦城。刘备为了报仇，感情用事，出兵伐吴，破坏了孙刘联盟，结果兵败彝陵。1941 年 1 月，皖南事变后，毛泽东借用刘备伐吴战败身亡的典故教育全党。刘备为什么失败？毛泽东说，原因就在于刘备没有区分和处理好主要矛盾与次要矛盾的关系。皖南事变后，党内出现了一种倾向，就是要立即对国民党进行全面反击，彻底决裂。毛泽东认为，中日矛盾仍是主要矛盾，正确的选择是对国民党进行"有理、有利、有节"的反击，以达到在斗争中求团结的目的。最后看战略手段。《隆中对》提出的战略手段包括四个方面：一是在政治上，利用"天下思汉"的普遍心理，借刘备帝王之后的政治优势，与曹操"挟天子以令诸侯"相抗衡。二是在外交上，"西和诸戎，南抚夷越，外结好孙权"，营造发展壮大的外部环境。三是在内部，"内修政理"，发展经济，积蓄实力。四是在军事上，待机遇到来，则兵分两路北伐，一举实现战略目标。

《隆中对》比较突出的是"四个战略思想"。一是战略判断思想。《隆中对》一多半的篇幅集中在"三个认清"上。第一，认清天下大势：豪杰并起，天下大乱，乱世意味着机遇。第二，认清敌友关系：曹操是主要敌人，但不可与之争锋；孙权不可图，可做外援。第三，认清发展空间：通过对地缘战略环境的分析，指出刘备的出路在于向荆州和益州发展。二是根据地思想。刘备首先要解决的问题是生存问题，就是要有自己的地盘。《隆中对》指出，荆州和益州乃用武之地，应抓住机遇取而代之，建立起可靠的根据地。为什么要选择在荆州和益州建立根据地？《隆中对》阐述了四个条件：一是荆州刘表和益州刘璋昏庸懦弱，是各种力量统治相对薄弱地区；二是地势险要，特别是巴蜀之地，就像李白诗中所说，"蜀道难，难于上青天"；三是天府之土，沃野千里，物产丰富；四是智能之士思得明君，人心所向。毛泽东在《中国的红色政权为什么能够存在》《井冈山斗争》《星星之火，可以燎原》中，提出的建立井冈山根据地的条件大致也是这几条：一是井冈山位于湘赣两省交界军阀力量相对薄弱的地区；二是地形极其险要，易守难攻；三是农副产品资源丰富，有足够给养的经济力；四是该地区曾受过北伐战争民主革命的影响，当地民众有很好的政治思想基础。三是战略均势思想。《隆中对》提出的三分天下或三足鼎立思想，是一种典型的均势战略思想。很显然，刘备一开始较弱，必须与孙权联合，才能与曹操相抗衡，形成了双方均势。后来，刘备强大起来，形成了三方均势。四是联盟战略思想。吴蜀两国之所以能够结成联盟，是因双方有共同的敌人、共同的需求、共同的利益。除了这四个思想，还有经略周边的思想、韬光养晦的思想、把握机遇的思想，等等。一篇不足 300 字的《隆中对》，包含了这么丰富的战略思想，不像我们现在很多文章，长篇大论，空洞无物，废话连篇。《隆中对》分析之透彻，思想之精深，影响之久远，令人叹服，称得上是难得的战略精品。[1]（《〈隆中对〉的战略思想》，引用时有删节）

【今】薛国中：撰著《三国志》的陈寿对诸葛亮做了总的评价："诸葛亮之为相国也，抚百姓，示仪轨，约官职，从权制，开诚心，布公道……庶事精练，物理其本，训名责实，虚伪不齿；终于邦域之内，咸畏而爱之。""可谓识治之良才，管（仲）、萧（何）之亚匹矣。"但认为诸葛亮军事才能不足，"连年动众，未能成功，盖应变将略，非其所长"。又在其《进诸葛亮集表》中说："然亮才，于治戎为长，奇谋为短，理民之干，优于将略。"这些言论表明其对诸葛亮的军事才能有所质疑。清初赵翼则直言道："亮之不可及处，原不必以用兵见长。"（《廿二史札记》上册卷六）北宋苏洵的评论则点击要害："诸葛孔明弃荆州而就西蜀，吾知其无能为也。彼以为剑门者，可以不亡也。吾尝观蜀之险，其守不可出，其出不可继，兢兢而自完犹且不给，而何足以制中原哉？"（《项籍》）南宋叶适认为，诸葛亮困于益州，虽"奋惰媮之习，厉其众而用之，戎车屡动，邦域不耸，至于以一隅而抗天下，理犹未尽，比公孙述相去几何？"（《习学记言序

---

[1] 有学者指出《隆中对》提出的战略前人已有之。鲁肃初见孙权，也跟孙权说过一番对当时局势的看法："肃窃料汉室不可复兴，曹操不可卒除。为将军计，惟鼎足江东以观天下之衅。今乘北方多务，剿除黄祖，进伐刘表，竟长江所极而据守之；然后建号帝王，以图天下，此高祖之业也。"这个论断和《隆中对》一般无二。首先，都认为曹操不可与之争衡，只能先偏安一隅；其次，都认为荆州必须抢过来，这是兵家必争之地；再次，都认为时机成熟后再挺进中原"以图天下"。（老骥：《被高估的〈隆中对〉》，《说破经典有意思：古典名著奇葩阅读指南》，北京联合出版公司 2015 年版，第 98-101 页）

目》下册）精于战略的毛泽东批评诸葛亮用兵的错误是"其始误于隆中对"（陈晋：《毛泽东之魂》）。苏洵、叶适、毛泽东都说诸葛亮犯了"重益轻荆"的战略错误。最后诸葛亮自己上蜀汉后主的书中也认识到"王业不得偏全于蜀都"（《后出师表》）。重要历史人物是在一定时代的社会条件下产生的，他们的言论行动自然会有得有失，有是有非。对他们的评价应当实事求是，臧否适宜，既不可全盘肯定或全盘否定，更不可认为凡身居高位、声名显赫者必然是全智全能。对诸葛亮应如此，对任何人亦应如此，古今皆然。（《逆鳞集续编》，引用时有删节）

◎ 郦道元

《三峡》

【明】杨慎：《水经注》所载事，多他书传未有者。其叙山水奇胜，文藻骈俪，比之宋人《卧游录》、今之《玉壶冰》，岂不天渊？予尝欲抄出其山水佳胜为一帙，以洗宋人《卧游录》之陋，未暇也。又其中载古歌谣如《三峡》歌云"巴东三峡巫峡长，猿鸣三声泪沾裳"……皆可以入诗材。（《丹铅总录》卷二）

【明】钟惺：写山水幽奇，手口间有一段低回恋赏之态，不独摹其形势，并自己性情写出矣。所谓与山水相关在此。（陈天定《古今小品》卷八）

【明】朱之臣：山水到奇胜处容易，不宜下笔，须小停时日，使不在眼中，而在胸中，然后以笔追之，故能争胜于烟云光气之间而不为所夺，自是妙理。弘之此文真使巫峡之奇不能溢笔墨，而时欲追笔墨以为胜，乃信予言非谬也。（《水经注删》卷七）

【清】刘献廷：郦道元博极群书，识周天壤。其注《水经》也，于四渎百川之原委支派、出入分合，莫不定其方向，纪其道里，数千年之往迹故渎，如观掌纹而数家宝，更有余力铺写景物，片语只字妙绝古今，诚宇宙未有之奇书也。（《广阳杂记》卷四）

【清】刘熙载：郦道元叙山水，峻洁层深，奄有《楚辞》《山鬼》《招隐士》胜境。柳柳州游记，此其先导耶？（《艺概·文概》）

【今】罗新璋：李白"千里江陵一日还"诗，境界全由《三峡》化出。（《古文大略》）

【今】孙绍振：不少解读郦道元《三峡》的文章，均认同《三峡》"自然美"的反映说，等而下之的甚至坐实到"实感"上去。三峡之美的性质是由人的情志决定的。郦道元《三峡》的语言则经历了上百年的积累、提炼才成为经典，在中国散文史上，罕有超越者。

纪昀、陆锡熊、孙士毅等人在《四库全书总目》中评郦道元，说明他根本没有去过三峡。通过想象写出经典散文并不是个别的，范仲淹写《岳阳楼记》，并没有直接到现场观察。其实，就是亲临其境，也未必能写出这样的经典名文来。郦道元之所以获得如此的成功，关键是在他之前，众多文献、多种版本为他准备了精彩的素材，主要是袁山松的《宜都记》和盛弘之的《荆州记》。有人认为郦道元不过照搬了他们（尤其是盛弘之）的文字，这个说法是不够全面的。《宜都记》中对三峡的描写："峡中猿鸣至清，山谷传其响，泠泠不绝。行者歌之曰：'巴东三峡猿鸣悲，猿为三声泪沾衣。'自西陵溯江西北行三十里入峡口，山行周围，隐映如绝，复通高山重障，非日中夜半，不见日月也。"我们今天从《水经注》中看到的注文，是出自盛弘之的《荆州记》。据刘孝标注《世说新语·黜免篇二十八》所引，盛弘之的文字是这样的："峡长七百里，两岸连山，略无绝处，重岩叠嶂，隐天蔽日。常有高猿长啸，属引清远。渔者歌曰：'巴东三峡巫峡长，猿鸣一声泪沾裳。'"而到了郦道元《水经注》里，《宜都记》中对于三峡两岸的描写则变成了："自三峡七百里中，两岸连山，略无阙处。重岩叠嶂，隐天蔽日，自非亭午夜分，不见曦月……常有高猿长啸，属引凄异，空谷传响，哀转久绝。故渔者歌曰：'巴东三峡巫峡长，猿鸣三声泪沾裳！'"盛弘之是很有才情的，但是，和郦道元《水经注》写三峡的文章相比，就相去甚远了。

郦道元的贡献还在于，第一，很有气魄地暂且把猿鸣之悲放在一边，一开头集中写其山之雄伟。第二，在"高猿长啸"前面增加了"至于夏水襄陵，沿溯阻绝。或王命急宣，有时朝发白帝，暮至江陵，其间千二百里，虽乘奔御风，不以疾也。"强调的是水的险而豪，和前面表现山之雄伟，相得益彰。接下去转向描写山水之秀美："春冬之时。则素湍绿潭，回清倒影。绝𪩘多生怪柏，悬泉瀑布，飞漱其间。清荣峻茂，良多趣味。"郦道元没有直接游历过三峡，这样的增写显然出于想象，长江三峡的急流（在李白笔下是"登高壮观天地间，大江茫茫去不还，黄云万里动风色，白波九道流雪山"），怎么可能在春冬之际变成"素湍绿潭"，甚至水清至有"倒影"的效果？而到了秋季，水竟枯到"林寒涧肃"的程度？"湍""潭"和"涧"怎么可能是江呢？连河都很难算得上。但千年以来，读者对这样的"不真实"熟视无睹，原因是郦道元的文章太漂亮了，虽为地理实用文体，但其"逼真的幻觉"，审美想象超越了机械的真，把读者带到忘我、忘真的审美境界。这也许就是叔本华的审美"自失"，实用性的地理文献，不期而变为抒情诗化的散文。

郦道元《水经注》中"三峡"注文中就有袁山松的文章："常闻峡中水疾，书记及口传悉以临惧相戒，曾无称有山水之美也。"袁山松明确指出，亲临三峡的人士从来没有提及这里山水的美好，相反是全都以可怕相告诫（"悉以临惧相戒"）。而袁山松恰恰相反，他写道："及余来践跻此境，既至欣然，始信耳闻之不如亲见矣。其叠崿秀峰，奇构异形，故难以辞叙，林木萧森，离离蔚蔚，乃在霞气之表。仰瞩俯映，弥习弥佳，流连信宿，不觉忘返。"这就提出了一个尖锐的问题，为什么面对同样的山川，袁山松能"仰瞩俯映，弥习弥佳，流连信宿，不觉忘返"？这是因为情感超越了实用理性的才能进入想象的境界，也就是超越了"逼真"的境界，使情感进入"审美"境界。对这个境界，袁山松这样称述："既自欣得此奇观，山水有灵，亦当惊知己于千古矣。"无生命的山水不但"有灵"，而且成为"千古""知己"。这明显是从"逼真"上升到"想象"，想象越是超越了"逼真"，超越了实用，才可能使物象与情志统一，构成形象感染力。

从袁山松的审美情趣经过盛弘之《荆州记》的积累，再到郦道元的《水经注·江水》，中国古代作家呕心沥血，前仆后继，不惜花了上百年功夫，才成就了这一段经典在情感上的有序和语言上的成熟。正是因为这样，三峡或以三峡为代表的《水经注》中的山水散文，成为中国散文史的突起奇峰，得到后世极高的评价，将其成就放在柳宗元之上。明人张岱曰："古人记山水，太上郦道元，其次柳子厚，近时袁中郎。"（《琅嬛文集卷五》）正因郦道元的成就如此之高，给后世写三峡的作家出了难题，没有在情趣的丰富和语言的多彩上超越他的，都难以动笔，就是以李白的高才，也不能不袭用"朝发白帝，暮到江陵"的成句。以致余秋雨在《三峡》中这样感叹："过三峡本是寻找不得词汇的。只能老老实实，让嗖嗖阴风吹着，让滔滔江流溅着，让迷乱的眼睛呆着，让一再要狂呼的嗓子哑着。什么也甭想，什么也甭说。"（《孙绍振解读经典散文》）

◎ 魏征

《谏太宗十思疏》

【宋】程珌：见可欲则思知足，将营缮则思知止，处高位则思谦降，防满盈则思抑损，遇逸乐则思撙节，在宴安则思后患，防壅闭则思延纳，嫉谗邪则思正己，行爵赏则思因喜而僭，施刑罚则思因怒而滥。此十思也。又有《十渐》之谏，其词曰："陛下贞观初清净寡欲……此渐不终四也。"以至始朴素而终奢靡，始信贤而终听谗，始礼士而终傲忽，始深居而终驰骋，始自治而终好兵，始爱民而终不恤，如是者凡十焉。呜呼！一人之心如六马，一心之御如朽索，一日失闲，万里犇逸。而况人主之心，宗庙社稷之重、土宇民物之众，皆关乎一念之微者，可不知所以养之乎！心本静也，物诱之则摇；心本明也，欲汩之则昏。昔之圣人保之护之，操之守之，明四目以广其见，达四聪以公其听，声色不迩，货利不殖，谗说之必圣，迩言之必察，使一心清明，万里昭澈。政之所当施，令之所当发，人之贤与否，言之忠与慝，莫不坐而烛之，如辨白黑。虽欲不治，可得乎？臣望清光之日久矣，仰识陛下之心，纯一而有守，清明而无累，推此以施，可以为尧舜，可以为汤文。（《洺水集》卷二）

【元】戈直：吕氏祖谦曰：魏征教太宗十思，使太宗能以是十思而充之，则当时之治，不惟贞观而已，虽并隆于尧舜可也，然魏公之十思可以与孔子之九思同垂训于万世矣。愚按：魏征之于谏也，可谓难矣。不惟大事能谏，虽小事未尝舍也；不惟初年能谏，虽末年未尝辍也。史称其平生谏疏二百余篇，而是年一月之中，见于谏疏者凡二焉。见于书者如此，则其见于言者可知矣；传于世者如此，则其不传于世者亦可知矣。臣不以数谏为嫌，君不以数谏为忤，其致贞观之治有以也夫！今以二疏[①]观之，一以为当监隋之所以失，念唐之所以得；一以为有善始者实繁，能克终者实寡。夫能惧得失而后能慎终始，能慎终始，则有得而无失矣。二疏之言，相为表里者也。（《贞观政要》

---

① 二疏之一即《十思》，另一疏为"贞观十一年，特进魏徵上疏曰：臣观自古受图膺运，继体守文，控御英雄，南面临下，皆欲配厚德于天地，齐高明于日月，本支百世，传祚无穷……"云云。

卷一)

【明】胡维霖：十渐十思千秋镜，一韩一范数万兵。(《送吴和受中翰归省还朝登仙行》)

【明】林俊：魏征《十思》《十渐》疏，为唐朝奏疏第一。看来此等文字意恳至而词不甚激，却有一段温雅处。太宗称其妩媚，当不独以其人也。(徐乾学《古文渊鉴》卷三十)

【明】归有光："十思"之论，遏人欲于将流，存天理于将灭，实古今帝王之龟鉴也。文字虽异于汉，又一代之风气矣。(徐乾学《古文渊鉴》卷三十)

【清】康熙(帝)：风格详整中特多恳到之语。(《康熙帝御制文集(三集)》卷三十四) ○人莫不慎于创业，怠于守成①，故善始者未必善终。惟朝乾夕惕(按：《周易·乾》有云："君子终日乾乾，夕惕若厉，无咎。")，不敢少自暇逸，乃可臻于上理。魏徵所陈，可谓深识治要。(《康熙帝御制文集(二)》卷三十八)

【清】乾隆(帝)：人臣责难陈善，绳愆纠谬，必本之以忠诚，将之以公正。匡救将顺，补衮职之所阙，尤以格其非心为先务焉。盖君人者，天下万民之主，而一心又人君出治之主也。心一正，则事事无不正矣。唐太宗，三代以下能纳谏之贤主也。其朝亦多谏诤之臣，而必以魏郑公为首者，以其能格君之心也。郑公之奏疏多矣，而必以《十思疏》为冠者，以其就发谋出虑之始，而俾知所致谨也。夫木本水源之譬，非谓人君之一心为理天下万事之本乎? 固其本而浚其源，非欲正其心以为出治之源乎? 思者，心之发而未见者也，心之将发未及于事，则有此十思焉，又何入于邪径而不光明正大之有哉!《易》曰："君子见几而作。"《书》曰："惟几惟康。"郑公之所谓思，即谨几之意也。谨几而心正矣，心正则天下之事无不正矣。故贞观之治多郑公之功，岂不伟哉! (《书魏郑公十思疏后》)

【清】林云铭：以"思"字作骨，意谓人君敢于纵情傲物，不积德义以致失人心者，皆坐"未之思"耳。思曰睿，睿作圣，故有十思之目。若约言之，总一居安思危而已。十三年五月，复有《十渐不克终》之疏，非魏公不敢为此言，非太宗亦不能纳而用之。千古君臣，令人神往。文虽平实，当与三代谟训并垂，原不待以"奇幻"见长也。(《增订古文析义合编》卷十)

【清】唐德宜：款款而陈，情词肫挚，忠爱之忱，溢于言表。(《古文翼》卷八)

---

① 司马光的《稽古录》把人君分成五种情况：创业之君，智勇冠群；守成之君，中等才能，而能够自我修为；陵夷之君，中等才能，但不能自修；中兴之君，才能过人且善自强；乱亡之君，下愚而不可改移者。

【清】黄仁黼：以木、水两喻引趣，于《诗》为兴体，于《书》为《梓材》之类，故能入人之深而感人之速也。古人行文不苟，有如此。○以文论，总冒总收，有埋伏，有发挥，有线索，反正宕跌，不使直笔，排奡雄厚，不尚单行，最合时墨。以理论，忧盛危明，善始虑终，虽古大臣谟诰，不过如此。疏上太宗即纳，此魏公所以称贤相而贞观之治，亦几于古也。○明良之遇，至难言矣，以魏征之贤得遇太宗，疏上即纳，闻过若喜，虽古帝王置铎悬鞀①，立谏鼓、设肺石，迁善之速不是过也。是以贞观之治，庶几成、康。即魏征亦得获保首领，共称贤相。此三镜之喻，所由足系人思也。无何以侯、杜之故，遂罢尚主，踣撰碑。良由太宗好名，面从而非心悦，以故身没未几，顿易初心。而其所上疏中，虽中时病，而伦常之大，究未一言。盖其凉德于手足者，不觉凉德于股肱矣。呜呼！此所为三代以后之明良也与？（李扶九、黄仁黼《古文笔法百篇》卷二）

【清】蔡世远：贞观致治，几如三代，全是一魏文贞，由其学问充，非徒胆识过人也。读《十思》一疏，与圣贤格致省克之功何殊？其对君正直凝定，亦大有浩然之气在。（《古文雅正》卷六）

◎ 王勃

《滕王阁序》

【唐】韩愈：愈少时则闻江南多临观之美，而滕王阁独为第一，有瑰伟绝特之称；及得三王所为序赋记等，壮其文辞，益欲往一观而读之，以忘吾忧。……愈既以未得造观为叹，窃喜载名其上，词列三王之次，有荣耀焉。（《新修滕王阁记》）

【唐】王定保：王勃字子安，六岁能属文，清才俊发，构思无滞。年十三②，省其父至江西。会府帅宴于滕王阁。时帅府有婿善为文章，帅欲夸之宾友，乃宿构《滕王阁序》，俟宾会而出之，为若即席而就者。既会，帅果授笺诸客，诸客辞；次至勃，勃辄受。帅既拂其意，怒其不让，乃使人伺其下笔。初报曰："南昌故郡，洪都新府。"帅曰：

---

① 亦称"悬鞀建铎"（鞀，古同"鼗"，意为有柄的小鼓），指听取臣民意见。语出《淮南子·泛论训》："禹之时，以五音听治，悬钟鼓磬铎，置鞀，以待四方之士。为号曰：教寡人以道者击鼓，谕寡人以义者击钟，告寡人以事者振铎，语寡人以忧者击磬，有狱讼者摇鞀。"

② 关于王勃作《滕王阁序》之年论见不一。《旧唐书》谓为二十八岁；《新唐书》和《唐才子传》谓为二十九岁；《摭言》谓为十三岁；高步瀛《唐宋文举要》谓为十四岁；岑仲勉《王勃疑年》疑为二十三岁。

"此亦老生常谈耳。"次曰："星分翼轸，地接衡庐。"帅沉吟移晷。又曰："落霞与孤鹜齐飞，秋水共长天一色。"帅曰："斯不朽矣！"（《唐摭言》）

【宋】欧阳修：余屡叹文章至陈隋不胜其弊，而怪唐家能臻致治之盛，而不能遽革文弊，以谓积习成俗，难于骤变。及读斯碑，有云"浮云共岭松张盖，明月与岩桂分丛"，乃知王勃云"落霞与孤鹜齐飞，秋水共长天一色"。当时士无贤愚，以为警绝，岂非其余习乎？（《唐德州长寿寺舍利碑》）

【宋】王楙：王勃云"落霞与孤鹜齐飞，秋水共长天一色"，当时以为工。仆观《骆宾王集》，亦曰"断云将野鹤俱飞，竹响共雨声相乱"，曰"金飚将玉露俱清，柳黛与荷绸渐歇"，曰"缁衣将素履同归，廊庙与江湖齐致"，此类不一，则知当时文人皆为此等语。且勃此语，不独见于《滕王阁序》，如《山亭记》亦曰"长江与斜汉争流，白云将红尘并落"。欧阳公《集古录》载《德州长寿寺碑》与《西清诗话》如此等语不一。仆因观《文选》及晋宋间集，如……往往多有此语。信知唐人句格，皆有自也。李商隐曰"青天与白水环流，红日共长安俱远"，陈子昂曰"残霞将落日交辉，远树与孤烟共色"，曰"新交与旧识俱欢，林壑共烟霞对赏"。（《野客丛书》）

【宋】陈善：王勃《滕王阁序》"落霞与孤鹜齐飞，秋水共长天一色"之语，当时无贤愚，皆以为警绝。然予观庾信《马射赋》已云"落花与芝盖齐飞，杨柳共青旗一色"，则知王勃之语已有来处，然其句调雄杰，比旧为胜。及观欧阳《集古录》，隋《德州长寿寺舍利碑》亦云"浮云共岭松张盖，明月与岩桂分丛"，则又浅陋，与初造语者相去远甚。（《扪虱新话下集》卷四）

【宋】叶大庆：近世有《萤雪丛说》，俞成元德所作也。王勃《滕王阁序》"落霞与孤鹜齐飞，秋水共长天一色"，世率以为警联。然落霞者，飞蛾也，却非云霞之霞，土人呼为霞蛾。至若鹜者，野鸭也，野鸭飞逐蛾虫而欲食之故也，所以齐飞。若云霞，则不能飞也。……纵使方言以蛾为霞，而野鸭逐飞蛾食之，形于赋咏何足为奇。俞氏又谓"若云霞，则不能飞"，殊不知前辈以飞霞入咏者甚多，宋谢瞻诗"高台眺飞霞"，鲍照云"绣甍结飞霞"，梁江淹《赤虹赋》"霞晃朗而下飞"。（《考古质疑》卷五）

【宋】杨囡道：邵太史云："王勃《滕王阁记》'落霞孤鹜'之句，一时共称之。欧阳公以为类俳可鄙，然'天高地迥，觉宇宙之无穷；乐极悲来，识盈虚之有数'，其意义甚远。盖勃，文中子孙，尚世其学耳。"（《云庄四六余话》）

【宋】洪迈：王勃等四子之文皆精切有本原，其用骈俪作记序碑碣，盖一时体格如此，而后来颇议之。杜诗云"王杨卢骆当时体，轻薄为文哂未休。尔曹身与名俱灭，不废江河万古流"，正谓此耳。身名俱灭以责轻薄子，江河万古流指四子也。（《容斋随笔·容斋四笔》卷五）

【元】白珽：唐有文选学，故一时文人多宗尚之，少陵亦教其子宗文、宗武熟读文选。少陵诗多用选语，但善融化不觉耳，至如王勃诸人便不然，《滕王阁序》"层台耸翠，上出重霄，飞阁流丹，下临无地"即王巾《头陀寺碑文》"层轩延袤，上出云霓，飞阁逶迤，下临无地"；"落霞与孤鹜齐飞，秋水共长天一色"即庾子山《马射赋》"落花与芝盖齐飞，杨柳共春旗一色"。能拔足流俗，自成一家，韩、柳、李义山、李翱数公而已。（《湛渊静语》卷二）

【明】杨慎：文选《褚渊碑》"风仪与秋月齐明，音徽与春云等润"，庾信《马射赋》"落花与芝盖齐飞，杨柳共春旗一色"，隋《长寿寺舍利碑》"浮云共岭松张盖，明月与岩桂分丛"，王勃《滕王阁序》语本此，然王勃之语何啻青出于蓝，虽曰前无古人可也。（《丹铅总录》卷十九）

【清】林云铭：此篇三尺童子无有不读，所用故典，坊本解释颇详，但恨未寻出篇中脉络耳。或以为涉于赋体，且病其铺叙无伦，自叙太多，皆由于未尝细读故也。赋虽以描写景物为工，若空空一阁，别无景物，何贵登临？序中岂可遗却？但以用韵不用韵为辨，则非赋体可知矣。至所谓铺叙无伦，尤为可笑。余细读之，见其初以南昌名胜，从天引起地，从地引起人，又从人分出宾主。此起手铺叙之伦也。因就宾主句落下阁公，兼点宇文，并许多佳客与己为会之时，及所会之地。此入题铺叙之伦也。到阁之后，先写阁居山水之间，增山水之胜。开阁而眺，再写阁外所见之实景，及当秋之奇景。此形容铺叙之伦也。逸兴既发，或闻风声，或聆歌声，或偕德星饮酒，或见文士临池。凡游宴中所当有而不能备有者，皆无不有，诚可为乐。此序事铺叙之伦也。游乐已极，由壮生悲，人情皆然，穷旅尤甚。以为在会诸客中，必有不能忘情于不遇，与己相等者。此感慨铺叙之伦也。末以时命自安，藏器待时之意，为在会不得志诸君子慰藉，再自叙同此沦落，而壮志不衰。今因省父途中得遇嘉会，虽平日之词章，见诎于君上，而得伸于知己，亦为可幸。此收束铺叙之伦也。复把盛衰不常之理，以感慨发作余波，并系以诗，寓吊古之意。此结尾铺叙之伦也。其中布置之巧，步步衔接，步步脱卸，皆有开阖相因之妙。（《增订古文析义合编》卷十）

【清】黄仁黼：以文论，此四六体也。平仄要合，对仗要工，段落要明，次序要清，多用古典，词要藻丽，方有足观。以法论，首叙天文地理，次叙贤主嘉宾，次叙时令，次叙阁内阁外，似尽矣，乃忽拓开笔势，将古之失志者感慨一番，又将今之失志者规勉一番，方叙到自己又自负一番，波澜壮阔，不是徒于题目者。〇自来手八叉[①]、才七步如曹子建、温庭筠辈，类皆不免枚皋速而不工之弊；至求其可以三《二京》而四《三

---

① 也称"温八叉"，唐代诗人词人温庭筠绰号，其文思敏捷，每入试，八叉手而成八韵，故有此称。

都》者，则又非相如之工而不速不可①。古今所传，惟祢正平《鹦鹉》一篇，庶几兼之。然年非弱冠，而又有黄祖娱宾之迫，不得不顺从以远害，尽辞以效愚。若夫子安，路出洪州，躬逢胜饯，既无避祸之苦，又叨末座之宾，出纸慨然，此阎公之所以见惠也。而序珠来去，举笔有神，初不让八叉、七步之捷，竟致陈思《铜雀》，能倾魏武之心，以视孟坚之折西宾，太冲之访岷事，其工拙又何如也？然非遗墨一梦，安见十三楮子不减《洛神》，能令阎公叹为天才而戄然起敬哉！○（按）《青箱杂记》：高宗虽以《斗鸡檄》斥勃，然心奇其文，意欲召用，而勃已死，尝喟然曰："朕读《滕王阁序》，至'落霞'及诗'帝子'句，辄为掩卷者久之，曰：'真奇才也。'"○勃省父，舟次马当，去南昌七百里，梦水神告曰"助风一帆"。达旦，遂抵南昌。然则此篇妙文，本自天成，宜其下笔时若有鬼神交也。（李扶九、黄仁黼《古文笔法百篇》卷十八）

【清】余诚：分阅之，首叙地，次叙人，次叙时，次叙阁中景、阁外景及当秋景，再次叙在阁之会，再次叙乐后生出感慨，再次为凡不遇者悲，再次为凡不遇者慰，再次自叙，再次叹盛衰不常，及以诗寓吊古意作结，段段各有实义。合读之，从地说到人，从宾主引入自己，从时叙出阁，从阁中而及阁外，从秋景而及在阁之会，从壮生出悲而为他人慨，复从悲说转壮而为他人慰，从自叙处困不挫而及以作序为快，从慨叹胜衰不常而因以诗吊古为结，步步一气相生。且其间转折承接、脱卸收束开合，宾主起伏照应，俱于实处自具虚神，读者当细为寻绎。○此文是序体非赋体。赋必有韵，文未尝用韵。彼以赋体讥此文者，非惟不知文，亦未知赋矣。至谓篇中自叙太多者，盖以"关山难越"之下，尽误认作自叹语耳，细读自知其非。此等题文不外"情""景"两字，即如此篇，前半自写景，后半是言情，明眼人自能辨之。（《重订古文释义新编》卷七）

【清】曹德培：盖前半以景胜，后半以情胜。非情无以显景，非景无以寓情。而前半写景，景中有情；后半写情，情中有景。（唐德宜《古文翼》卷八）

【今】吴调公：对于初唐四杰的"清词丽句"（杜甫《戏为六绝句》云："清词丽句必为邻"），杜甫是并不反对的，他反对纤弱小巧，但并不反对清词丽句。清词丽句指文词的洗炼干净、丰采翩翩，拙劣骈文的作者很可能因为片面追求"丽"而沦为堆砌，致使脉络不畅，炼词不精，自然也就谈不上什么"清词丽句"了。王勃胸中富有丘壑，取境铸词，不落凡俗；同时更因为他反对"衒才饰智者"违背"怀真蕴璞"（王勃：《上吏部裴侍郎启》）的精神，所以他能力矫隋代浮艳的气习。《滕王阁序》这篇骈文尽管词藻

---

① 有典"马工枚速"，亦作"马迟枚疾"。见《汉书·枚皋传》：（枚皋）为文疾，受诏辄成，故所赋者多；司马相如善为文而迟，故所作少而善于皋。又见《梁书·张率传》：率又为《待诏赋》奏之，甚见称赏。手敕答曰："省赋殊佳，相如工而不敏，枚皋速而不工，卿可谓兼二子于金马矣。"

华美，用典繁富，但因作者有一枝凌云健笔，控纵自如，气势奔腾，如骏马驶坡，意境澄彻，似清潭见底，所以给读者带来的是晶莹、奔放而决非"采滥辞诡"（刘勰《文心雕龙·情采》）的印象。"老当益壮，宁移白首之心；穷且益坚，不坠青云之志"，这是不假雕琢而自然流露出真情实感的"清"；"渔舟唱晚，响穷彭蠡之滨；雁阵惊寒，声断衡阳之浦"，这是怀着不与俗伍的心情所体验的萧散凄瑟的景物之"清"；"关山难越，谁悲失路之人；萍水相逢，尽是他乡之客。"这又是游子抒发其客中况味的苍凉激越之"清"。

王勃的骈文之"丽"，同隋代的浮艳之风完全不同。他受其祖父王通的影响，很大程度上沿袭了儒家文艺思想的传统，再加上他的"词情英迈"（《旧唐书·文艺传》），所以他的"丽"是优而兼壮的。然而从通篇境界的开阔和文气的奔放来说，毕竟是以阳刚见长。当然，他的阳刚风格是结合着清词丽句的。"四杰"之一的杨炯有过确切的评论："八纮驰骋于思绪，万代出没于毫端。……壮而不虚，刚而能润。""刚而能润"，确是说到了点子上。（《古典文论与审美鉴赏》，引用时有删节）

【今】莫道才：宴序的由来：魏晋以后，文人小聚饮酒清谈，或雅兴斗酒赋诗。这个活动结束后往往由其中名望才气高者作序记录这一活动，这样就有了宴序，王羲之的《兰亭集序》就是这样的背景下写的。南北朝时期，宴序文辞的语言之美也越来越讲究，开始有了骈偶的文辞和典事的运用，颜延之和王融的《三月三日曲水诗序》就是这样的骈文作品。到了唐代就更加发展，王勃是写作序类骈文最多的作家。《滕王阁序》也是宴序，其结尾则云："是所望于群公，敢竭鄙诚，恭疏短引，一言均赋，四韵俱成。请洒潘江，各倾陆海云尔。"这里说的"一言均赋"就是每人分一个韵字，大家一起来各写一首诗。"四韵俱成"就是写四个韵字，八句诗。这样，《滕王阁序》与《滕王阁诗》就有了某种对应性，可以作为异文本的互文性解读。（《骈文学探微》，引用时有删节）

【今】瞿兑之：用深刻的手段、自然的华藻来描写景物，而不偏重于铺叙，这是郦道元、鲍照诸人开辟的境界。他们的形式虽然后来成了绝响，然而散文家如柳宗元之流，颇能采取他们的精神应用在散文里面，以成短篇游记。因为形式的解放，更加一种峭厉绵远的风味，这便是他们的特长。但是在初唐骈文格式成了定型的时代，郦、鲍两家疏简凝重的风规都不能适用，于是纪游之作也随其他文学而趋于绵丽高华的一路。王勃的《滕王阁序》，便是这时代的一篇最好的代表作品。○后人赞美《滕王阁序》的不知若干，但是知道这篇文字的好处者甚多，而说得出他的好处者却甚少。他的好处，决不是枝枝节节的。许多人恭惟他的"落霞与孤鹜齐飞，秋水共长天一色"两句，其实这种句子本来有人作过，何以庾信的"杨柳共春旗一色"（《马射赋》），没有这么多人恭惟呢？讲到写景的工妙，不是一样么？○《哀江南赋》是沉郁之中写出来的，《滕王阁序》

是急遽之中写出来的。沉郁所以缠绵而往复，急遽所以奔放而自然。庾信的作风本来缠绵，所以《哀江南赋》作于沉郁之中，格外作得好。王勃的作风本来奔放，所以《滕王阁序》作于急遽之中，也格外作得好。所以我们欣赏一篇美文，不独须了解当其作文时的一种环境，而且读这篇文章的时候，也要照作文章时之情景来读，方能澈底领略。读《哀江南赋》应该缓缓的读，读《滕王阁序》应该匆匆的读。陆机说："或操觚以率尔，或含毫而邈然。"这就是说文章有由于急遽而成的，有缓缓锻炼而出的。好的一样都可以好，不好的快慢都还是不好。刘勰又说："马工枚速。"这是文学家的姿性的不同，有宜于缓作的，有宜于急作的。王勃的文章流丽，是由于精熟的训练，固不必说。其天才异常敏捷，也是一个重要的成因。敏捷的天才，本来不算很难得，所可异者，他的敏捷不仅是词令上的敏捷，而且是气机上的敏捷，所以文章不露杂乱牵强的痕迹。在诗人里面，只有李白可以同他比拟。（《骈文概论（外一种）》）

◎ 韩愈

《马说》

【宋】谢枋得：此篇主意，谓英雄豪杰必遇知己者，尊之以高爵，食之以厚禄，任之以重权，其才斯可以展布。（《文章轨范》卷五）

【清】乾隆（帝）：皋陶举治天下二大端曰："在知人，在安民"，知人居其先焉。一部《论语》以知人终，先圣先师之明训如此。诚能知人，将治天下如运之掌矣。虽然，人固不易知，知人固不易，易三复斯文，慄然冰渊，愬如调饥。（《御选唐宋文醇》卷一）

【清】费锡璜：宋玉《九辩》："当世岂无骐骥兮？诚莫之能善御。见执辔者非其人兮，故踟跳而远去。"退之《杂说》千里马一篇即广此意，而激昂慷慨，同一寄托。（《汉诗总说》）

【清】曾国藩：谓千里马不常有，便是不祥之言。何地无才，惟在善使之耳。（《求阙斋读书录》卷八）

【清】张伯行：专为怀才不遇者长气，然士君子亦求其在我而已，何尤焉！（《唐宋八大家文钞》卷三）

【清】唐德宜：伯乐喻君，马喻臣，臣待君以展用。一篇之中，三致意焉。（《古文翼》卷六）

【清】林云铭：此以千里马喻贤士，伯乐喻贤相也。有贤相，方可得贤士，故贤相之难得，甚于贤士。若无贤相，虽有贤士，或弃之而不用，或用之而畀以薄禄，不能尽其所长，犹之乎无贤士也。淮阴侯遇汉高，酂侯谓仅以为将，亦必不留。盖非大将必不能成大功，非为尊官厚禄计也。末以时相不知贤士作结，无限感慨。(《韩文起》卷八)

【清】储欣：一直说下，而归宿于"不知"。老泉①论齐之治，不曰管仲而曰鲍叔，以此也。嗟乎！山林草泽中所埋没将相之才者，可胜道哉？而"四举礼部仅一得，三选吏部卒无成"者，亦同斯慨息矣。(《唐宋十大家全集录·昌黎先生全集录》卷一)

【清】黄仁黼：此篇以千里马自喻，以伯乐喻知己，总言知己之难遇也。分作无数转折，与麟、龙之说大抵同一意，同一笔。文公之文，能大能小，能长能短，所谓狮子搏象用全力，搏兔亦用全力者。如此小品，亦见其生龙活虎之态。《辑评》云：起如风雨骤至，结如烟波浩渺，寥寥短幅，变态无常，而庸耳俗目，一齐写尽矣。

○子曰："骥不称其力，称其德。"诚以德为性所固有，非若力之赋于生初，而犹待培于生后也。是以骥之为骥，知之而性无所加，不知而性无所损。修其在己，听其在人。辱于奴隶，弗顾也；死于槽枥，不惜也；食不饱，力不足，才美不外见，不计也。文公所说千里马，食以千里则马显，食非千里则马晦。一若千里之权，不操于己而听于人。虽马犹是马，而固有之失不亦多乎！(李扶九、黄仁黼《古文笔法百篇》卷九)

【清】何焯：此言士待知己者而伸，在上者无所辞其责。"世有伯乐，然后有千里马"，翻转说。"且欲与常马等不可得"，抶入一层。"策之不以其道"以下，不当其任，不尽其用，总归于不知人。"其真无马邪"，"有、无"二字，前后关锁。(《义门读书记·昌黎集》卷二)

【清】过珙：看其凡提倡千里马者七样，转变便有七处，风云倏忽，起伏无常，韵短势长，文之极有含蓄者。(《古文评注》卷三)

【近】林纾：近人阐明学理，亦曰学说。独昌黎之《马说》，子厚之《捕蛇者说》，则出以寓言，此说之变体也。愚谓《马说》之立义，固主于士之不遇而言，然收束语至含蓄。子厚《捕蛇者说》则发露无遗，读之转无意味矣。(《春觉斋论文·流别论》)

《马说》篇入手伯乐与千里马对举成文，似千里马已得倚赖，可以自酬其知。一跌落"伯乐不常有"，则一天欢喜都凄然化为冰冷。且说到"骈死槽枥之间"，行文到此，几无余地可以转旋矣。忽叫起"马之千里者"五字，似从甚败之中，挺出一生力之军，怒骑犯阵，神威凛然。既而折入"不知其能"句，则仍是奴隶人作主，虽有才美，一无所用，兴致仍复索然。至云"安求其能千里也"，"安求"二字，犹有须斯生机，似主者

①"老泉"是苏洵还是苏轼的号有争议，此处指苏洵。其在《管仲论》中说："故齐之治也，吾不曰管仲，而曰鲍叔；及其乱也，吾不曰竖刁、易牙、开方，而曰管仲。"

尚可以尽，意尚可以通。若但抹煞一言曰："天下无马。"则一朝握权，怀才者何能与抗。故结穴以叹息出之，以"真无""真不知"相质问，既不自失身分，复以冷隽语折服其人，使之生愧。文心之妙，千古殆无其匹。（《韩柳文研究法·韩文研究法》））

【近】钱基博：《杂说一》《杂说四》《获麟解》短篇文字，而浑灏流转，滂沛寸心，真有尺幅千里之势！陈石道先生论杨诚斋诗，以为非麈笔透纸背也！言时摺其衣襟，既向里摺，又反而向表摺，因指示曰："他人诗，一摺不过一曲折而已，诚斋则至少两曲折，他人一折向左，再折又向左，诚斋一折向左，再折向右，三折总而向右矣！"而愈此数篇文心之妙，亦正似之！（《韩愈志·韩文籀讨集》）

【近】唐文治：奴隶而欲求千里马，未可责奴隶也，其心固至善也。惟千里马而常遇奴隶，伏枥悲鸣，实为千古可痛之事耳。居上位者，其慎察之。（《国文经纬贯通大义》卷四）

【今】吴小如：据说伯乐姓孙名阳，是春秋时代秦国人，会给马看相，善于识别什么是千里马。这原是《战国策·楚策》中一个名汗明的对春申君黄歇讲的一个故事里的人物。……伯乐的典故曾几次被韩愈引用（见他所作的《为人求荐书》及《送温处士赴河阳序》），可见由于韩愈本人命运的坎坷，对伯乐能识别千里马的故事是很有感情的。但平心而论，还是他的这篇《杂说四——说马》的短文写得最好，读者也最爱读。照我看，就因为这篇文章写得太像一首诗了。……韩愈的《说马》肯定是一篇说理文，但它似寓言而实非寓言，用比喻说理却并未把所持的论点正面说穿，更没有把个人意见强加给读者。全篇几乎始终通过形象思维来描述千里马的遭遇，只摆出活生生的事实却省却了讲大道理的笔墨，这已经可以说是诗的写法了。更巧妙的是作者利用了古汉语中不可缺少的虚词（语助词、感叹词和连词），体现出抒情诗应有的一唱三叹的滋味和意境。……这种"以诗为文"的本领，窃以为始自西汉的司马迁（谁也不曾承认过司马迁是诗人），到了韩愈、柳宗元，乃得到进一步的发展；至宋代的欧阳修、苏轼（尤其是欧阳修）而达到一个新的高度。（《古文精读举隅》）

《师说》

【唐】柳宗元：孟子称："人之患在好为人师。"由魏晋氏以下，人益不事师。今之世不闻有师，有辄哗笑之，以为狂人。独韩愈奋不顾流俗，犯笑侮，收召后学，作《师说》，因抗颜而为师。世果群怪聚骂，指目牵引，而增与为言辞。愈以是得狂名，居长安，炊不暇熟，又挈挈而东，如是者数矣。（《答韦中立论师道书》）

【宋】谢枋得：道者，致知、格物、诚意、正心、齐家、治国、平天下之道。业者，六经、礼乐、文学之业。惑者，胸中有疑惑而未开明也。（《文章轨范》卷五）

【宋】俞文豹：韩文公作《师说》，盖以师道自任，然其说不过曰"师者所以传道受业解惑也"，愚以为未也。《记》曰："天生时，地生财，人其父生而师教之，君以正而用之。是师者，固与天地君亲并立而为五。"夫与天地君亲并立而为五，则其为职，必非止于"传道受业解惑"也。孟子曰："君子之所以教者五，有如时雨化之者，有成德者，有达材者，有答问者，有私淑艾者。"荀子曰："师术有四，而传习不与焉。盖古之所谓师弟子者，皆相与而终身焉。"难疑答问之外，则薰陶其气质，矫揉其性情，辅成其材品，如良工之揉曲木，巧冶之铸顽金，蜾蠃之呪螟蛉，使物物皆曲成，人人皆类我，而后为无歉。吾夫子之陶铸七十子，盖如是也。观其言曰："吾无行而不与二三子者，是丘也。"夫无行而不与，则是无往而不以成就群弟子为心。是故好勇而兼人者退之，货殖而聚敛者攻之，自画而学稼者斥之，狂简而直躬者裁之。或语以为邦，或诲以干禄，或许以南面，或与以弦歌，甚者历举三子之长，以告武伯康子，盖无往而不以成就群弟子为心，而岂止"传道受业解惑"而已。然则以"传道受业解惑"为事，则世俗训导之师，口耳之学尔。时而化之，德而成之，材而达之，而传习不与焉。如孟、荀所云，则夫子为师也。知此而后可与论师道。（《吹剑录全编·吹剑三录》）

【宋】黄震：前起后收，中排三节，皆以轻重相形。初以圣与愚相形，圣且从师，况愚乎？次以子与身相形，子且择师，况身乎？末以巫医乐师百工与士大夫相形，巫乐百工且从师，况士大夫乎？公以提诲后学，亦可谓深切著明矣，而文法则自然而成者也。（《黄氏日钞》卷五十九）

【明】归有光：救首救尾，段段有力，是谓击蛇势也，如韩退之《师说》似之。（《文章指南》礼集）

【清】康熙（帝）：提一"道"字为主识，解最高，而用笔尤极其古峭。（《御选古文渊鉴》卷三十五）

【清】卢文子：道在即师在，剥尽老生耆儒面目。（孙琮《山晓阁唐宋八大家选·韩昌黎集》）

【清】林云铭：师道之不传，由于无从师之人，闻有一之人，未有不聚笑，既笑，则从师者亦未有不自以为耻。此习俗固然，牢不可破，柳子厚《答韦中立》一书已言之详矣。公以道自任，故以师自处。是篇以"耻"字作关纽，而以古今之不同，与"传道""受业""解惑"等字面，前后布置穿插。细玩当作六段：开手点出师道，人不可不从师，为古道之不易；第二段，言以道为师，其长少贵贱，皆可勿论；第三段，言古有师而今无师，所以有圣愚之别；第四段，言有长少之见存，则昧于大小之数，是爱己反不如爱子，不可谓之明；第五段，言有贵贱之见存，则夺于聚笑之口，是士大夫之族，反不如巫医乐师百工之人，不可谓之智；第六段，言圣人之从师，欲合众长以取益，原不求其人之必胜于己，未尝引为耻，亦未尝阻于笑，方是古道，此一篇大意也。但其行文错综变化，反覆引证，似无段落可寻。一气读之，只觉意味无穷。史臣称其与《原道》《原性》诸篇皆奥衍闳深，与孟轲、扬雄相表里，故以列之卷首。（《韩文起》卷一）

【清】何焯：世得云，无贵无贱，见不当挟贵；无长无少，见不当挟长；圣人出人也远矣，犹且从师，见不当挟贤，后即此三柱而申之。童子之师是年不相若者，引起世俗以年相若相师为耻；巫医乐师百工是无名位之人，引起世俗以官位不同相师为耻，而语势错综，不露痕也。（《义门读书记·昌黎集》卷二）

【清】浦起龙："师道不传"及"耻""笑"等字，是著眼处。世不知古必有师，徒以为年不先我，以为不必贤于我，风俗人心，浇可知已。韩子见道于文，起衰八代，思得吾与，借李氏子发所欲言，不敢以告年长而自贤者，而私以告十七岁人，思深哉！（《古文眉诠》卷四十七）

【清】蔡世远：师道立则善人多。汉世经学详明者，以师弟子相承故也；宋代理学昌明者，以师弟子相信故也。唐时知道者，独有一韩子，而当时又少肯师者，即如张文昌、李习之、皇甫持正，韩愈得意弟子也，然诸人集中亦鲜推尊为师者，况其他乎？以此知唐时气习最重，故韩子痛切言之。唐学不及汉，宋者亦以此也。（《古文雅正》卷八）

【清】曾国藩："传道"谓修己治人之道；"授业"谓古文六艺之业；"解惑"谓解此二者之惑。韩公一生学道好文，二者兼营，故往往并言之。末幅云"闻道有先后，术业有专攻"，仍作双收。（《求阙斋读书录》卷八）

【清】黄仁黼：唐时士大夫之风，耻于相师，柳子厚《答韦中立书》亦言及矣。文公此说为李子作，实为当世发也。此为切人切世以立言。夫李氏之师文公，不过师其古文耳，公乃以传道受业解惑大处立论，所谓高处立、阔处行也。此文于劈首即提明，下只发明道与惑，或只单言道，至篇末又以道与业言，又不言惑，此变化错综处。至畅发"师"字，前虚后实，反正互用，波澜层出，此韩文之所以如潮也。若入庸手，理学腐语满篇，能生一波、纵一笔哉？然惟能作古文者，方知古文也。此及下首（按：文天祥《正气歌》）为正大之目，以题固正大，文亦正大也。正大之文，岂必语语端庄，不事笔情丽句乎？看《师说》则笔势纵横，《正气歌》则词华古藻，益信文之为文，无奇不传。○师道立而善人多，学校废而流品杂。汉魏以来，神仙术士之学，浮屠老子之书，递易纵横，莫知所尚，盖数百年于兹矣。唐承其敝，是以一时士大夫之流，鲜不自鸣得意，竞耻相师。文公以一布衣周旋其间，而欲挽八代之颓风，洗一时之旧染，自非传道、受业、解惑三大端，不足以正流品而广善类。然持之过激，与言不得其人，则其道不传，而其业难受；其业难受，而其惑愈不解矣。今者李氏子蟠，髫而好学，初不让乎卫、武之贤，一旦惠然肯来，不拘时俗，非所谓出类拔萃而知所向往者乎？文公作说以贻，固以嘉来学而奖后进，而其抵排异端，攘斥佛老之功，不亦即此而并著哉！（李扶九、黄仁黼《古文笔法百篇》卷十九）

【今】吴小如：综观全文，作为一篇说理文，可借鉴处甚多。概括起来，约有以下数端：一、说理文不仅要从正面说，而且要学会从反面说。不仅要进一步说，还要学会退一步说。二、说理文总要靠对比。三、尽管这是一篇散体文，但运用一些整齐和对仗的句式还是有必要的。（《古文精读举隅》，引用时有删节）

【今】孙绍振：文章的体裁是"说"，在《文心雕龙》中作为文体和"论"并列，固然都是议论文，但"说"源自先秦游说，故其特点乃是"喻巧而理至"。而这里却没有像一般的"说"那样先借一个具体情境中的类比（如《晏子使楚》中的"使狗国者从狗门入"），或者一个比喻性的推理（如韩愈的《马说》、刘基的《说虎》），又或从类比性的故事（如柳宗元的《捕蛇者说》）引申出深邃的主题来。这里的特点是，直接提出核心论点："师者，所以传道授业解惑也。"为什么要在前面加上个"古之学者必有师"？因为师古是当时的共识，韩愈的古文运动，反对当时流行的骈体，以复古为旗帜，抬出先秦诸子的古文，有不可反驳的权威性。

"说"作为一种议论文，其功能是说理的，它不但"喻巧理至"，而且"飞文敏以济词"，往往是很智慧，很机巧地阐释一个观点。而"论"在古代散文中则要求严格得多，刘勰说："'论'之为体，所以辨正然否。穷于有数，追于无形，迹坚求通，钩深取极；乃百虑之筌蹄，万事之权衡也……必使心与理合，弥缝莫见其隙，辞共心密，敌人不知所乘。"这样的要求，不是"说"这样的文体所要达到的。如果真要以"论"所要求达到的"心与理合，弥缝莫见其隙，辞共心密，敌人不知所乘"的准则来衡量，则韩愈这样的文章，有许多地方在逻辑上是不够严密的。如文章一开头说"古之学者必有师"，下面举例到孔子、老子，他们的老师是谁呢？至于孔子视为师的郯子、苌弘、师襄，是不是都为孔子传道、授业而且又解惑了呢？这些都可以说逻辑上"见其隙"，辞共心"不密"，论敌不难"所乘"的。"说"不是严格意义上的论文，有点像英法的随笔，例如培根的《论读书》。

韩愈不规则的散句，虽然无固定的句型，但他时常把不规则的句子用对称结构统一起来，使之构成自由起伏的节奏。如"生乎吾前，其闻道也固先乎吾，吾从而师之"，这是散句，可以说没有节奏感，但接着下去是"生乎吾后，其闻道也亦先乎吾，吾从而师之"，这样在语义、句式上就对称起来，就有了节奏感。又如，"古之圣人，其出人也远矣，犹且从师而问焉；今之众人，其下圣人也亦远矣，而耻学于师"，同样因为用了对仗句式，有了节奏感。散文句给了韩愈以自由，对称使韩愈精炼，对称与不对称的结合，使得韩愈往往出语警策，有时似乎是轻而易举地写出了"是故弟子不必不如师，师不必贤于弟子"这样的格言。（《孙绍振解读经典散文》，引用时有删节）

《祭十二郎文》

【宋】苏轼：惨痛悲切，皆出于至情之语，不期然而至也。（章懋勋《古文析观解》）

【宋】费衮：文字中用语助太多，或令文气卑弱。典谟训诰之文，其末句初无"耶""欤""者""也"之辞，而浑浑灏灏噩噩列于《六经》，然后之文人多因难以见巧。退之《祭十二郎老成文》一篇，大率皆用助语，其最妙处，自"其信然邪"以下至"几何不从汝而死也"一段，仅三十句，凡句尾连用"邪"字者三，连用"乎"字者三，连用"也"字者四，连用"矣"字者七，几于句句用助辞矣，而反覆出没，如怒涛惊湍，变化不测，非妙于文章者，安能及此？其后欧阳公《醉翁亭记》继之，又特尽纤徐不迫之态。二公固以为游戏，然非大手笔不能也。（《梁溪漫志》卷六）

【宋】陈模：前辈云，文章只如作家书方是。韩退之《祭十二郎文》，其叙情虽已自然，然犹有做作处。（《怀古录》）

【金】郭正域：满眼涕洟，无限伤神，情真语真。（《韩文杜律·评选韩昌黎文》）

【明】茅坤：通篇情意刺骨，无限凄切，祭文中千年绝调。（《唐宋八大家文钞》卷十六）

【清】储欣：有泣，有呼，有踊，有絮语，有放声长号。此文而外，惟柳河东《太夫人墓表》同其惨烈。（《唐宋十大家全集录·昌黎先生全集录》卷四）

【清】林云铭：祭文中出以情至之语，以兹为最。盖以其一身承世代之单传，可哀一；年少且强而早世，可哀二；子女俱幼，无以为自立计，可哀三；就死者论之，已不堪道如此，而韩公以不料其死而遽死，可哀四；相依日久，以求禄远离不能送终，可哀五；报者年月不符，不知是何病亡，何日殁，可哀六；在祭者处此，更难为情矣。故自首至尾，句句俱以自己插入伴讲，始相依，继相离，琐琐叙出。复以己衰当死，少而强者不当死，作一疑一信波澜。然后以不知何病，不知何日，慨叹一番。末归罪于己，不当求禄远离，而以教嫁子女作结。安死者之心，亦把自家子女，平平叙入。总见自生至死，无不一体关情，悱恻无极，所以为绝世奇文。（《韩文起》卷八）

【清】吴楚材、吴调侯：情之至者，自然流为至文。读此等文，须想其一面哭一面写，字字是血，字字是泪。未尝有意为文，而文无不工，祭文中千年绝调。（《古文观止》卷八）

【清】过珙：想提笔作此文时，定是夹哭夹写，乃是逐段连接语，不是一气贯注语。看其中幅，接连几个"乎"字，一句作一顿，恸极后人，真有如此一番恍惚猜疑光景；

又接连几个"矣"字,一句作一顿,恸极后人,真有如此一番搥胸顿足光景。写生前离合,是追述处要哭;写死后惨切,是处置处要哭。至今犹疑满纸血泪,不敢多读。(《古文评注》卷三)

【清】姚范:耕南云"退之文,独此篇未免俗韵"。盖本称述家人骨肉,俗情俗事故也。正如妇女之哭,数说长短,丈夫闻之,有忸怩不宁者。然原其出于真实,亦不以为笑端也。(《援鹑堂笔记》卷四十二)

【清】沈闳:此文当分五段十一节读。"吾少孤"至"辍汝而就"一段,叙出老成之殁。"少孤"一节,前半节叙自幼与老成相依;后半节申写上"吾与汝俱幼""零丁孤苦"二句,见幼时相依。其景况如此,正深著下节及长即舍汝入京求禄之为大过。"吾年十九"一节,叙生离死别始末,为之深悔,乃为下文致哀痛于别离张本。盖公平日于老成所最关情者,在幼时孤苦相依,故其殁也,于及长而即相离为最痛心。所以开口即从相依相离说起,下文种种悲悼,都于离别上致之,非独"汝去年"两节与"汝病"一节为然。即"吾不可去"二句,"死而有知"五句,亦皆注意于离别上而有是言也。"吾年十九"后半节欲说死别,故前半节先说生离;前半节欲叙长而相离,故上节先叙幼时相依。则此二节,只为"遽去吾"句而言,故作一段读。"去年"至"哀哉"一段,痛老成之夭殁。"去年"一节,紧跟上段"遽去吾而殁"句发论,一篇之正面,一篇之主节也。何则?就公于老成之情而言,其痛心处固在离别;就老成之殁而言,其伤心处又在夭折故耳。惟其然,故前段即以己与老成年岁长幼为次第相联络,又以兄中年而殁,三兄不幸早世作遥引。惟其然,故段末以"十岁""五岁"稚子为余虑,下段又推说致夭之由。"虽然"一节,言吾亦不能久生,不过终上节"长者存""病者全"一层。"汝之子"一节,叹后人难以成立,此因老成夭折,乃有感于二稚也。三节只为"孰谓少者"二句而言,故亦作一段读。"汝去年书"两节,作一段读。前两段,痛其殁,痛其夭殁,文虽曲,就其次第却是直下。此两节,还而问其致死之疾,殁身之日,文虽直,统前两段次第论之,却是一大曲也。"使建中"两节,前节言祭吊,老成之殁,上已层层说到,此处自当接以祭吊。祭吊后,自当以纪其家,谋其葬为言。"汝病"一节,都是自咎之辞,此固本前文言之。实因上所云祭吊、取孤、改葬,只完老成殁后事,究于老成病殁时,多所未尽,与生前不共处相养,终属歉然,遂不禁一一追说而反覆自咎。故两节作一段读。"自今已往"一节,虽终上"吾自今年来"两节,然成立后人亦是一层,当作一段读。自始至终,次第接落,不待结构已极紧凑;伤离痛死,不须描摹已极惨怛。盖由一字一句,皆从肺腑流出故也。(《韩文论述》卷三)

【清】章懋勋:语语从至情中发出,先将所报月日不符,为后段"疑""信"二意伏案。把"吾少孤,及长不省所怙",从自己叙起。次叙"惟兄嫂是依",始入十二郎身上，见得"零丁孤苦，未尝一日相离"，况韩门世代单传，承先后者，惟孙与汝，惟吾与子。随手曲折而下，就将"嫂抚汝""指吾言"，又顿挫一笔，把十二郎关系韩氏甚重，真"两世一身"，言之何等酸楚！自"吾年十九"至"吾不以一日辍汝而就也"一段，就未死前历叙离多会少，况年少不计其当死而遽死，知有今日之变，"虽万乘公相"，吾断不贪此禄位而相离于汝，就有无限哀痛处。自"去年东野之往"至"不可知矣"一段，把前后追述一番。"吾年虽未及四十"，然眼目鬐发齿牙渐次衰弱，较之当日诸父兄"皆康强而尚且早世"，予独能久存乎？吾因一官黾系而不可去，汝又不肯来，予之衰败，尤恐死于旦暮，使汝不得送予死，而致抱无涯之恨。用反跌语，就把"少""长""强""病"四字发出"疑""信"二意来。随将"盛德""纯明"点缀，笔笔用反罩法，妙在把"少""长""强""病"四字又绝口不提，只将"寿不可知"四字轻轻带过，犹如奇云变幻，纵横莫测。"虽然吾自今年来"至"无穷"一段，将"有知""无知"发痛楚声，言吾之衰，亦不久就处于泉下与汝相聚，读之真令人堕泪。况"少强者不可保"，汝之子与吾子，"又可冀其成立耶"？言念及此，五内俱焚。随将病不知时，死不知日二段，吾"终葬汝于先人之兆"，用抚恤遗孤之语，以安慰死者之心，何等悲惨酸痛，曲尽至情。妙在末段总收一笔，承上"无意于世"，先痛自责己一番，然后把教、嫁子女作收，仍结到"知"与"不知"，见得自生至死，无不一体关情，而所谓言有穷而情不终，真字句血泪点滴成斑，令人抱至痛于千古矣。（《古文析观解》卷五）

◎ 柳宗元

《小石潭记》

【明】杨慎：柳子厚《小石潭记》"潭中鱼可百许头，皆若空游无所依"，此语本之郦道元《水经注》"绿水平潭，清洁澄深。俯视游鱼，类若乘空"。沈佺期诗"鱼似镜中悬"，亦用郦语意也。又古诗"水真绿净不可唾，鱼若空行无所依"。（《丹铅总录》卷一十八）

【清】林云铭：柳州诸记多描写景态之奇，与游赏之趣……盖子厚迁谪之后，而楚之南实无一人可语者，故借题发意，用寄其以贤而辱于此之慨，不可一例论也。（《古文析义初编》卷五）

【清】沈德潜：记潭中鱼数语，动定俱妙。后全在不尽，故意境弥深。（《唐宋八家文读本》卷九）

【清】蒋之翘：无多景，却写得杳杳冥冥，忽忽悠悠，是绝妙小品文字。(《校注韩柳集·唐柳河东集》卷二十九)

【清】储欣：处处藻绩，物物模写，遗漏政多，后人记山水园亭者大率然矣。小石潭止记潭中鱼，著笔一小物，而清绝之景具见。嗟乎！此雅俗所由判也。(《唐宋十大家全集录·河东先生全集录》卷四)

【清】孙琮：古人游记，写尽妙景，不如不写尽为更佳；游尽妙境，不如不游尽为更高。盖写尽游尽，早已意味索然；不写尽，不游尽，便见余兴无穷。篇中"遥望潭西南"一段，便是不写尽妙景；潭上不久坐一段，便是不游尽妙境。合观后人之作，乃知子厚诸篇，笔笔固自悠长。(《山晓阁选古文全集》卷二十)

【清】王文濡：数篇①一线贯串，写景处无一雷同之笔。此篇中段状鱼之游行，尤妙。(《评校音注古文辞类纂》卷五二)

【清】陈衍：《小石潭记》极短篇，不过百许字，亦无特别风景可以出色，始终写水竹凄清之景而已。而前言"心乐"，中言潭中鱼与游者相乐，后言"凄神寒骨"，理似相反，然乐而生悲，游者常情。大而汾水②，小而兰亭，此物此志也。(《石遗室论文》卷四)

【清】孙宝瑄：《小石潭记》写鱼，《袁家渴记》写风，皆有神助。(《忘山庐日记》)

【清】蔡铸：子厚谪居楚南，郁郁适兹土，地僻人稀，无可与语，特借山水以自遣。(《蔡氏古文评注补正全集》卷七)

【近】高步瀛：庄子《秋水》篇曰："庄子与惠子游于濠梁之上，庄子曰'鯈鱼出游从容，是鱼乐也'。"(《古文辞类纂笺》)

【近】郑德坤：古来善为写景文者，莫如柳宗元。宗元迁谪永、柳，得山水以荡其精神，探幽发奇，出之者若不经意，而其书本上之得力，实从郦注脱胎而出，是郦注可为写景文之模范也。(《水经注引得序》)

【今】张中行：全文分作五段，层次清楚。第一段系引言的性质。开头从小丘写起，接着写小石潭，先不写近见而写远闻，这样，景物若隐若现，就能引人入胜。第二段写潭的本身，着重写潭水清澈，游鱼活泼。但写法又各有不同，前者是暗写的，后者是明写的。第三段写潭外的水流，着重显示其曲折深远，使人感到有山重水复的意味。第四

---

① 指柳宗元被贬为永州司马时所写的多篇游记，也称《永州八记》，包括《始得西山宴游记》《钴鉧潭记》《钴鉧潭西小丘记》《至小丘西小石潭记》《袁家渴记》《石渠记》《石涧记》《小石城山记》。"八记"之外还有一记，即《游黄溪记》，由于未记于永州城郊，故未与"八记"并列。

② 《庄子·逍遥游》有云："尧治天下之民，平海内之政，往见四子藐姑射之山，汾水之阳，窅然丧其天下焉。"

段变换了写法，以上是写形态，这里深入一层，改为写意境。这样写，读者由环境的凄清可以体会到作者身世的悲凉。最后一段是补叙性质，追记一下游历的侣伴，作为游记的结束。

柳宗元描画景物，总是用千锤百炼的语言轻轻点染几笔，构成鲜明的图画，使人仿佛身临其境。例如这篇写潭边和岸上的景象，"近岸，卷石底以出，为坻，为屿，为嵁，为岩。青树翠蔓，蒙络摇缀，参差披拂。"只用二十几个字，就把潭中怪石交错、岸上枝蔓交萦的景象概括而形象地表现出来。描写潭水和游鱼的部分尤其精彩。作者要表现潭水的清澈，却不直接写潭水，而写鱼"皆若空游无所依""日光下澈，影布石上"。鱼在水中，仿佛在空中没有凭依，阳光下射，一直穿到潭底，这就形象地写出了潭水的清澄、透明。描写游鱼，从静止和活动两个方面来表现，静止时是呆呆地不动，活动时是一会儿游向远处，忽儿蹿向这边，忽儿蹿向那边，寥寥十二个字就抓住游鱼的特点，构成了一幅鱼影的图画。

作者描画景物，语言精炼而优美。例如写溪流的曲折蜿蜒，用"斗折蛇行"来作比，这四个字包含两个比喻，溪身像北斗星那样曲折，是静的，溪水像蛇那样游动，是动的，既写了静态又写了动态。又如"明灭可见"，精确地写出了从潭上望小溪的景象，由于溪流曲折，一段看得见，是亮的，一段看不见，是暗的，所以忽明忽灭，写得巧妙而贴切。还有，这篇文章比较多地用了四字句，连用这样的句子，读起来显得简炼，爽朗，整齐，和谐、富于音乐美。这篇文章有不少地方用了情景交融的写法。如写最初发现小石潭时，说水声"如鸣珮环，心乐之"，写游鱼的活泼，说"似与游者相乐"，写坐潭上时候的感受，说"凄神寒骨，悄怆幽邃"，这样写，景物染上人们的感情色彩，文章所创造的境界就更为鲜明切实。（西渡《名家读古文》）

【今】李芳民：纵观柳宗元的游历活动，其大致形成了以其永州居所为中心，向四周散射延展的空间特征，而游历之际，又总是笼罩着迁谪的伤痛，构成了一种融感伤、凄怆乃至忧愤为一体的情感色调。这在唐代的贬谪诗人中是极为独特的。清人沈德潜称"柳州诗长于哀怨，得《骚》之余意。"柳宗元则自谓其是"投迹山水地，放情咏《离骚》"（《游南亭叙志七十韵》）。因此，柳宗元的游历空间，可说是一种融有"骚情"的独特空间。○明人唐顺之云"窃惟山川之与人文，同于擅天地之灵秘，顾若有神物爱惜乎其间，深扃固钥而不轻以示。永之山水，天作地藏，经几何年，埋没于灌莽蛇豕之区，至公始大发其瑰伟而搜剔其荒翳。公之文章，开阳阖阴，固所自得。至于纵其幽遐诡谲之观而邃其要眇沉郁之思，则江山不为无助。而公之穷愁困阨，岂造物者亦有深意。"（《永州祭柳子厚文代父作》）这似也可以作为对柳宗元创造的贬谪文学世界所具有的独特价值的概括。（《空间营构、创作场景与柳宗元的贬谪文学世界——以谪居永州时

期的生活与创作为中心》)

【今】刘城:《永州八记》以极其凝炼、精致的语言描摹山水而著称,且抒发了柳宗元的游览之乐。但游记中之"景"皆是"不遇之景",且如石渠般"未始有传焉者",须"上高山,入深林,穷回溪"才可一见。柳宗元反复述及这些深处僻地、无人知赏的奇景,其目的尤在于突出景物之荒僻与被遗忘于世。清人卢元昌说道:"天欲洗出永州诸名胜,故谪公于此地。观其穷一境,辄记一笔,千载不知永州有钴鉧、石渠、西山、石涧、袁家渴诸地者,皆公之力也。"(吴文治《柳宗元资料汇编》)"唐氏之弃地,货而不售""农夫渔父过而陋之,贾四百,连岁不能售"的小丘,"其境过清,不可久居"的小石潭,"惜其未始有传焉者"的石渠,"列是夷狄,更千百年不得一售其技"的小石城山,皆是如斯。这些"不遇之景"的遭际更与柳宗元相为契合。首先,二者皆有美质。"不遇之景"是风光美、景色奇,而柳宗元是才"美"、志奇;其次,就遭遇而论,二者皆被世人遗忘抛弃。"不遇之景"隐于荒凉僻远之地,其美无人发掘,更无人欣赏;而柳宗元谪贬远州,其满腹才华却无处可用。柳宗元写"不遇之景"在很大程度上即写"不遇"之自己。而游记中之"乐",多是"暂至之乐"与强作之乐,冷清幽怨之情溢于文字之间。《始得西山宴游记》"全是描写山水",但"点眼处在'惴栗''其隙'四字"(林纾《林纾评选古文辞类纂》),柳宗元似乎未能真正进入其所说的"心凝形释,与万化冥合"之状态。《钴鉧潭记》写潭之奇景,却牵出农夫因贫而卖地之事,已证柳宗元的难以忘世,而末尾"孰使予乐居夷而忘故土者?非兹潭也欤"之言,更被徐幼铮所看破:"结语哀怨之音,反用'乐'字托出,在诸记中,尤令人泪随声下。"(高步瀛《唐宋文举要》)《钴鉧潭西小丘记》"前写小丘之胜,后写弃置之感,转摺独见幽冷"(同上),乃是"弃地比迁客"(何焯《义门读书记》),"全是放臣写照"(高步瀛《唐宋文举要》)。柳宗元那"惜其未始有传焉者"之叹不亦是在悲自己的怀才不遇吗?"渠之美于是始穷也",但自己的"美才"何时才能显于世呢?哀怨之气顿生。《石涧记》,让柳宗元生发出"古之人其有乐乎此耶?后之来者有能追予之践履耶"之慨,但其中不也是作者被放逐偏隅的身世之慨吗?《小石城山记》更是被世人目为寄托之作,茅坤称其"借石之瑰玮,以吐胸中之气"(《唐宋八大家文钞》卷二十三),孙琮说其"一吐胸中郁勃"(吴文治《柳宗元资料汇编》),王符评其乃写"人才失路,寂寞无聊之况"(尹占华,韩文奇《柳宗元集校注》),蔡铸云"其不平之气,已溢于毫端"(同上)。可见,即便在如《永州八记》般精致描摹山水之美的作品中,柳宗元虽发出了"乐居夷而忘故土"之叹,但永州诸景更多地寄寓着他的身世之慨,投射有柳宗元的情感印记,正如清人林云铭在《古文析义》卷五中所云:"柳州诸记多描写景态之奇,与游赏之趣……盖子厚迁谪之后,而楚之南实无一人可语者,故借题发意,用寄其以贤而辱于此之慨,不可一例论也。"

蔡铸在《蔡氏古文评注补正全集》卷七也有类似之言："按子厚谪居楚南，郁郁适兹土，地僻人稀，无可与语，特借山水以自遣。"可见，外出游览山水，以景寄托，俯仰慷慨以泄其满腔郁结，实乃柳宗元山水游记的真正主旨。（《柳宗元的"囚居"意识与山水描摹》，引用时有删节）

《种树郭橐驼传》

【宋】楼昉：凡事有心则费力，求工则反拙，曲尽种植之妙，非特为种植作也，与《捕蛇说》同一机栝。（《崇古文诀》卷十二）

【宋】王应麟：《淮南子》曰："春贷秋赋，民皆欣；春赋秋贷，众皆怨。得失同，喜怒为别，其时异也。为鱼德者，非挈而入渊；为猨赐者，非负而缘木，纵之其所而已。"亦见《文子》，此柳子《种树传》之意。（《困学纪闻》卷十）

【明】茅坤：守官者当深体此文。（《唐宋八大家文钞》卷五）

【明】归有光：诗有比有兴。比者，以彼物比此物也；兴者，以彼物引起此物也。体虽有二，而取喻之意则同。孟子文法多本于此，故后世文章皆例用之。或不说出正意，专以比体彼物发挥者，如韩退之《杂说》上下篇是也；或专以彼物发挥，而末含一句正意者，如韩退之《应科目时与人书》是也；或专以彼物发挥，而末缴数句正意者，如柳子厚《捕蛇说》是也；或以彼物、正意相半发挥者，如韩退之《后十九日复上宰相书》，柳子厚《种树郭橐驼传》《梓人传》，苏子瞻《稼说》是也。（《文章指南》仁集）

【清】金圣叹：纯是上圣至理，而以寓言出之。颇疑昌黎未必有此。（《天下才子必读书》卷十二）

【清】沈德潜：简老，大胜《梓人传》，与《捕蛇者说》伯仲间也。〇"驼曰我知种树而已"，得此句便不平平。不然，则与《梓人传》同一模样。〇学《庄子》"庖丁解牛"一段结法，然不如《捕蛇者说》结处。〇此为勤民而不得其道者言。若戕虐其民，如根拳土易一流，固不待言也。柳子主意，盖在"盖公治齐"一边。问养树得养人术，古帝王所以询于刍荛也。古人立私传，每于史法不得立传，而其人不可埋没者，别立传以表章之。若柳子《郭橐驼》《宋清》诸传，同于庄生之寓言，无庸例视也。（《唐宋八家文读本》卷九）

【清】储欣：以烦为戒，虽然此特有司之好事喜名者耳，较诸悍吏之来叫嚣乎东西，隳突乎南北，害之轻重何如耶？近世有司有命促尔耕者乎？督尔获者乎？视穷氓之耕织畜字，藐焉不以动其心，而叫嚣隳突无虚日也。是则官戒有缓急，吾愿"长人者"急戒彼而徐读此可也。（《唐宋十大家全集录·河东先生全集录》卷三）

【清】林云铭："寿"字根"活"字来，"孳"字根"硕茂早蕃"四字来，"性"字是通篇眼目。○政在养民，即唐虞不废戒董，以其能致民之性也。后世具文烦扰，而民始病。郭橐驼种树之道，若移之官理，便是居敬行简一副学问。即充而至于舜之无为，禹之无事，不越此理。然前段以种植之善、不善分提，后段单论官理之不善，但云以他植者为戒，不说以橐驼为法，盖知古治必不易复。省一事，斯民间省一扰，即汉诏以不烦为循吏之意，非谓居官可以不事事也。细玩方知其妙。（《增订古文析义合编》卷十三）

【清】吕留良：养树养人分两段。而养人一段，亦向橐驼口中得之，何也？盖若从旁推论，必将养人之术贴定养树，洗发殆尽，议论虽畅，而亦少含蓄矣。此只就橐驼居乡所见，冷冷数语，语未毕而意已透，使读之者尚有余味。此等处皆文章妙诀也。此本为有爱民之心而烦扰者言之，然世之官吏，往往本无爱民之心而故为烦扰以粉饰故事，此种又须分别。故后段"若甚怜焉"，放作活句以该之。谁识良工心苦！（《晚村先生八家古文精选·柳文精选》）

【清】张伯行：子厚之体物精矣，取喻当矣。为官者当与民休息，而不可生事以扰民。虽曰爱之，适以害之，是可叹也。然所谓烦其令者，虽未得爱之之道，而犹有爱之之心焉。若今日之吏，来于乡者，追呼耳，掊克耳，是直操斧斤以入山林也，岂特爪其根摇其本已哉！噫！（《唐宋八大家文钞》卷四）

【清】乾隆（帝）：《康诰》曰"如保赤子"，《大学》申之曰"心诚求之，虽不中，不远矣"。夫父母之于子，无名之可立也。惟不以名求而以心诚求，故神听无响，而饮食寒暖之宜，必适得乎不能言之赤子之心，而终未尝厌其烦。长民者，民之父母也。民，赤子也。乃有父母之责而未尝稍存父母之心，不以为获利之区，即以为立名之地，赤子奚乳焉？宗元所言长人者"好烦其令"，民"辍饔飧以劳吏者，且不得暇，又何以蕃吾生而安吾性？"诚足以为官戒矣。虽然，其所以至是者，岂以赤子视斯民而致然哉？为其以民事为立名之地而致然也。果甚怜其民而促耕督获之勤且劬如是，又安得使民辍饔飧以劳吏？唯其为此者，名也，名既至，而赤子与我即秦越，是以若甚怜焉而卒以祸。如心诚求之，则或烦或简于民各有所利。其简也，固种树者之置若弃也；其烦也，非即种树者之莳若子乎！（《御选唐宋文醇》卷十一）

【清】浦起龙：橐驼之号甚趣，故应不略。○著眼"吏来""鸣声"等字，任吏未有不扰者，勤民且病，况以吏虐耶？○重在"既然""反是"两转笔也。叙事不多，通述橐驼言，并官理亦不作传者语，脱甚。（《古文眉诠》卷五十四）

【清】朱宗洛：尝谓大家之文，多以意胜，而意又要善达。其所以善达者，非以词纠缠敷衍之谓也，盖一意耳。或借粗以明精，如此文"养树"云云是也；或借彼以证此，如以"他植者"来陪衬是也；或去浅以取深，如"既然已"及"苟有能反是者"与"甚者"云云是也；或反与正相足，如中间"其本欲舒"数句正说，而后又用"非有能"以反缴是也。至一段中或先用虚提，中用申说，后用实缴；或两段中一正一反、一逆一顺错间相生；或一篇中前虚后实，前宾后主，前提后应。变化伸缩，则题意自达，不犯纠缠敷衍之病矣。处处朴老简峭，在《柳集》中应推为第一。（《古文一隅》卷下）

　　【清】黄仁黼：养树养人本是一理，《中庸·哀公问政章》已有"敏政""敏树"之喻，柳州此篇，不过借为官戒。而其论政之旨，多发前人所未发，于世道人心有裨益，故补选之。○圣贤相传之道，不外一中。中者执于一心，贵勿正勿忘，尤贵勿助长，故人心道心之著，则危而又微，必精以察之，一以守之，不可过，亦不可不及。此《中庸》所谓"天下之大本"也。大本既立，以之养物，而物无不遂；以之养人，而人无不安。一有所偏，则畸轻畸重之念既呈，即或荣或枯之机所由伏也，岂必待有心戕贼而始然哉？柳子所言，即孟子"苟得其养，无物不长；苟失其养，无物不消"之义。而其莳若子，置若弃，不以殷勤顾验者过其中，亦不以根拳土易者不及乎中，可谓得天下之大本者矣。故与言养树，而无害且仇之实；与言养人，而无病且怠之讥；即与言养心，而无旦视暮抚，爪其肤以验生枯，摇其本以观疏密，或助其长之虑。顺吾心之天以致其性，则养心之道得，而民物之生亦遂矣。然则古圣贤之所拳拳于一中者，岂徒然哉。（李扶九、黄仁黼《古文笔法百篇》卷九）

　　【近】林纾：此文较《王承福传》稍直致，无伸缩吐茹之功。文所谓"全性得天"者似庄子语。其讥操切之吏，尚属有心民事者，不过讲具文耳。读者须观其造句古朴坚实处。（《林纾选评古文辞类纂》卷七）

　　【今】翁其斌：《庄子》有一则寓言，说的是黄帝将见大隗于具茨之山，行至襄城之野而迷途，适遇一牧马童子。遂问焉，童子具答。黄帝甚异，以为非凡，故又问为天下之道。童子淡淡答曰："夫为天下者，亦奚以异乎牧马者哉？亦去其害马者而已矣。"扬子《法言》有"问铸金而得铸人"之说。好刨根溯源者宣称，《种树郭橐驼传》就是这两者杂交的产物。○题名橐驼传，……无人疑其非传也。孰料文近尾声，笔锋陡然一转，竟引出一段为官至理，实令人始料所不及。有如高明的导游，将游客从岩穴引入洞天仙境却又不露声色，惊异之情油然而生。清代孙琮谓曰："读其前文，竟是一篇游戏小文章；读其后文，又是一篇治人大文章。前后改观。咄咄奇事！"读者至此方悟，柳州之意不在传，此文名传实非传，传橐驼是假，道官理是真，古人称此手法为"借影"，借传立说，寓说于传也。……明朝徐师曾说，传有四品，"一曰史传，二曰家传，三曰托传，四曰假传"，此文抑或假传欤？近人陶曾佑有言："举凡宙合之事理，有为人群所未悉者，庄言以示之，不如微言以告之；微言以告之，不如婉言以明之；婉言以明之，不如妙譬以喻之。"柳州于此道或许早已谙熟。（汤高才《历代小品大观》）

【今】陆精康:《种树郭橐驼传》并非一般的人物传记,而是融传记、寓言、政论为一体的一篇特殊的文章,在柳宗元的十余篇人物传记作品中也是一个特例。与完全写实的《段太尉逸事状》等一类传记不同,郭橐驼不一定实有其人,郭橐驼之种树技艺就是"其天者全而其性得"这一道理。金圣叹即认为"此文纯是上圣至言,而以寓言出之",沈德潜亦认为此文"同于庄生之寓言"。此篇的确具有寓言性质,但又与柳宗元嗣后创作的相当成熟的寓言《三戒》等迥然不同。文章之结尾,作者转而阐明为官为吏之道,所以称此文为一篇形象地阐明"养人术"的政论,也是恰如其分的。

柳宗元自称:"传其事,以为官戒。"安史之乱以后,社会生产遭到破坏,人民生活水平下降,为政之道只宜休养生息蕃生安性,逐步恢复元气。不幸的是,庸官俗吏不谙此道。促耕、勖植、督获,尚可理解;煮茧、抽丝、织布,乃至抚养小孩、饲养牲畜,皆要督促检查就乖违民情了,造成百姓经济负担的增加和精神痛苦的加剧。柳宗元指责的对象,是越职办事的庸官俗吏而不是鱼肉百姓的贪官污吏,其与《捕蛇者说》中"叫嚣乎东西,隳突乎南北"的"悍吏"有本质的不同。超越自身责权,好心办坏事,是为官者的多发病、常见病。

郭橐驼一方面奇丑无比,另一方面却有独门技艺,这令人想到《庄子》一书中所描写的许多畸形残疾的人物,如《大宗师》中的子舆,《德充符》中的哀骀它、《人间世》中的支离疏,都有这样的特点。《庄子》寓言中的人物体现了老庄学派的名物思想,即认为名不过是外加的东西,并不能影响一个人的实质。所以任人呼牛呼马,甚至以为被人呼牛呼马也不错。《庄子》中的畸人、怪人即其理想中的真人、至人。同样,柳宗元对郭橐驼形象的塑造既有所本,把外表之丑和心灵之美统一于郭橐驼一人之身,不着痕迹地写出了这位自食其力的劳动者的性格,也是为着表现自己的政治理念。(《考信录——文言诗文备课札记》,引用时有删节)

《愚溪诗序》

【唐】刘禹锡:故人柳子厚之谪永州,得胜地,结茅树蔬,为沼沚,为台榭,目曰愚溪。柳子殁三年,有僧游零陵,告余曰:"愚溪无复曩时矣。"一闻僧言,悲不能自胜,遂以所闻为七言以寄恨。(《伤愚溪三首》引)

【宋】楼昉:只一个"愚"字,旁引曲取,横说竖说,更无穷已,宛转纡徐,含意深远。自不愚而入于愚,自愚而终于不愚,屡变而不可诘,此文字妙处。(《崇古文诀》卷十二)

【明】茅坤:子厚集中最佳处。○古来无此调,陡然创为之,指次如画。(《唐宋八大家文钞》卷二十一)

【清】乾隆（帝）：水黑曰庐，不流曰奴。水之不能泽物者，古人被之以恶名。宗元以溪水不可溉田负舟而名之曰愚，亦有本焉，其亦以慨己济世之愿不遂也。无知之谓愚，无知者万有之知所从出，"超鸿蒙，混希夷"，抑又太自誉矣。若夫"漱涤万物，牢笼百态"，实乃善自状，其文可为实录，虽然得无与布帛菽粟者，犹有间乎？（《御选唐宋文醇》卷十五）

【清】王惟夏：借愚溪自写照，愚溪之风景宛然，自之行事亦宛然。善于作姿，善于寄托。（孙琮《山晓阁选古文全集》卷十一）

【清】孙琮：此篇若只就愚溪上发挥，意味易尽。妙在起手，先将冉溪、染溪二段虚影于前，又将许多愚丘、愚泉、愚沟、愚池、愚堂、愚亭、愚岛增置于后，文字便有生发。后幅借愚溪自抑一段，复借愚溪自扬一段，波澜曲折，情致闲适。于失意时，能作此得意语，虽心未必然，而笔墨则极浩落矣。（《山晓阁选古文全集》卷十一）

【清】林云铭："愚"字是一篇主脑。○"愚"字本非美名，引古以见为溪名，非出己创，百忙中能重此句，笔力雄大。○本是一篇诗序，正因胸中许多郁抑，忽寻出一个"愚"字，自嘲不已，无故将所居山水尽数拖入浑水中，一齐嘲杀。而且以是溪当得是嘲，己所当嘲，人莫能与，反复推驳，令其无处再寻出路。然后以溪不失其为溪者代溪解嘲，又以己不失其为己者自为解嘲。转入作诗处，觉溪与己同归化境。其转换变化，匪夷所思。（《增订古文析义合编》卷十三）

【清】沈德潜：以愚辱溪，柳子肮脏①语也。后"善鉴万物"隐言其识；"清莹秀彻"隐言其清；"锵鸣金石"隐言其文，又何等自负！写景而两面俱到，古人用意，往往如此。（《唐宋八家文读本》卷八）

【清】刘熙载：柳子厚《永州龙兴寺东丘记》云"游之适大率有二：旷如也，奥如也。如斯而已。"《袁家渴记》云"舟行若穷，忽又无际。"《愚溪诗序》云："漱涤万物，牢笼百态。"此等语皆若自喻文境。（《艺概·文概》）

【清】章懋勋：按沧溟云：柳宗元作《梓人传》及诸序记，唐之文章亦其表表者。观其参庄、老以扬其端，参梁、毂以励其气，锦心绣口，作四骈，太史谓善为文，信矣。然以王叔文之奸佞而附之，禹锡之浮诞而交之，自取西山之囚，甘贻愚溪之辱。其为人如此，谓其文夺目固多矣。妙在篇中从一"愚"字，发出胸中无限呜咽，许多郁抑来。将一个"愚"字，自为解嘲，随将所历山水亭堂，尽数推入浑水中。大家解嘲一番，复把水与智者乐也翻一笔，今是溪独见辱于愚何哉？不过藉此原一时之心。忽然说

---

① 音 kǎng zǎng，意为高亢刚直。元好问《古意》诗："梗楠千岁姿，肮脏空谷中。"文天祥《得儿女消息》诗："肮脏到头方是汉，娉婷更欲向何人。"

到无以利世，恸哭一番，忽然说虽莫利于世，而善鉴万类，又狂喜一番。正见得溪不失其为溪者，代溪解嘲；又以己不失其为己者，自为解嘲。末将愚溪歌咏作结，溪与己同归化境，前后抑扬尽致，真旁若无人气象。（《古文析观解》卷五）

【清】黄仁黼：通篇就一"愚"字点染成文，写景历历在目，趣极；而末后仍露身分，景中人，人中景，是二是一，妙极。盖柳公所长，尤在山水诸记也。○世谓文人少达而多穷，非文能穷人，盖"穷而后工"也。夫古今天下文人众矣，而必使之穷其遇，阨其遭，以郁郁山水间，盖亦天之所以牢笼夫文墨也。而柳子《愚溪》之作，其殆即天之牢笼夫一己者以牢笼夫万物。此岂违理悖事而为此不经之谈哉，抑亦藉以淑性陶情而道其所自得也。然则天能穷以遇，而不能穷其不遇之心；天能阨以遭，而不能阨其所遭之境。是以山水幽邃之奇，皆吾人文事之奇，金石锵鸣之乐，皆天地文章之乐，自非达不达之所得而拘，穷不穷之可得而概也。（李扶九、黄仁黼《古文笔法百篇》卷二）

【近】林纾：昌黎《送东野序》用无数"鸣"字，全属驾空，无所傅泊，能自圆其说，到底不懈。此自具一种神力，为浅人所不能学。至《八愚诗序》，字数不如"鸣"字之多，尚易安置，然使逐处铺排，溪也、池也、沟也、亭也、堂也、岛也、丘也、泉也，每处各纪其胜，为地无多，纵极意渲染，亦不易动目。子厚舍去溪上境物，用简笔贯穿而下，数行之中，将"八愚"完结清楚。即由"愚"字生出意境，借溪之不适于用，以喻己之愚，寓牢骚于物象之中。其曰咸以愚辱者，悯其无辜也，其曰虽辱而愚之可，则引与同调也。以不可凑合之物，居然凑合之，不惟笔妙，亦属心灵。武子、颜子两喻，与"愚"字切，于溪上境物，则无一肖。子厚乃舍溪而标己之愚，谓天下人莫能争是溪，似愚溪之名，由己而定，永永不能脱去"愚"字，引为同调，则溪与人合矣。复又拓开"愚"字，写溪之能，莫利于世，是其愚也；锵鸣金石，是其智也。即由溪之清莹秀澈，归到己之文章，茫然不违，昏然同归，是大愚状，亦正蕴得大智在内。故有超鸿蒙，混希夷之能，以高自标置。子厚文到结穴处，往往发露无余，良不如昌黎之能吞言咽理也。（《林纾选评古文辞类纂》卷二）

【今】章士钊：此为子厚骚意最重之作，然亦止于为骚而已，即使怨家读之，亦不能有所恨。以全部文字，一味责己之愚，而对任何人都无敌意，其所谓无敌意者，又全本乎真诚，而不见一毫牵强。倘作者非通天人性命之源，决不能达到此一境地。（《柳文指要》）

【今】陆精康："少时陈力希公侯，许国不复为身谋。风波一跌逝万里，壮心瓦解空缧囚。缧囚空老无余事，愿卜湘西冉溪地。却学寿张樊敬侯，种漆南园待成器。"这首题为《冉溪》的七言古诗，为柳宗元被贬永州后作。"风波一跌"两句言"永贞革新"

彻底失败，理想破灭窜逐万里；"缧囚空老"两句，言以身许国横遭物议，卜居冉溪身同罪囚。从这首诗中，可以观照柳宗元蛰居永州后的心态：身居荒蛮地的抑郁，才华为世所弃的愤懑，不能为国效力的惋叹。"愿卜湘西冉溪地"，一种投闲置散而又无可奈何的心态溢于言表。在稍后所作《愚溪诗序》一文中，这种心态，柳宗元以隐晦曲折手法用一个"愚"字自嘲之。全文约五分之四篇幅用抑笔。作者极力写己之"愚"，一篇四百余字的短文，竟用 27 个"愚"字。极力渲染天下之人，"凡为愚者，莫我若也"。

一是直道其"愚"。"余以愚触罪"，一个"愚"字，点出因参与"永贞革新"而放逐永州，一个"愚"字，给人以沉痛之感。愚溪"以余故，咸以愚辱"，溪水蒙羞之根源，竟是"以余故"，此三字中，包含多少辛酸之泪！"今余遭有道而违于理，悖于事"，痛言"愚"之具体表现。坦言自己为天下第一愚人，这是用铺陈手法嘲己之"愚"。

一是借溪状"愚"。溪"无利于世"，一"不可以溉灌"，二"大舟不可入"，三"不能兴风雨"。可说是"愚"到极点，这是用类比手法状己之"愚"。

一是隶事衬"愚"。孔子评宁俞"邦有道则知，邦无道则愚"，评颜回"终日不违，如愚，退而省其私，亦足以发，回也不愚"。宁俞、颜回之"愚"是睿智者之"愚"，是大智而若愚，而"我"之"愚"则为愚不可及之"真愚"，否则，何以国人不称我"智"皆谓我"愚"？这是用反衬手法写己之"愚"。

"子无我愚，我智如斯。"（柳宗元《瓶赋》）抑到极处，逆笔转之，"愚"到极处，便是不愚。柳宗元在这里用了两种标准。一是世俗的庸俗标准，世人皆谓我"愚"，我则以"愚"自嘲。二是柳宗元自己的价值判断：将"智"贴上"愚"的标签，以对"愚"的自我欣赏，表示对世俗标准的彻底否定，进而表现自己抗争不屈的风骨。

写作《愚溪诗序》同一年，柳宗元作《愚溪对》，放言自己"愚"之具体表现："冰雪之交，众裘我絺；溽暑之铄，众从之风，而我从之火；吾荡而趋，不知太行之异乎九衢，以败吾车；吾放而游，不知吕梁之异乎安流，以没吾舟。"《愚溪诗序》中，柳宗元之"愚"可用"不合于俗"一言概括。我行我素，不以世人之所谓愚者为愚，《愚溪诗序》的字里行间，包蕴着多少不平呵！

"嘉木异石错置，皆山水之奇者"，有何愚哉！可笑世人不能"善鉴万类"。所谓"不可以溉灌"，正是隐喻自己不能为国效力；所谓"大舟不可入"，正是隐喻自己不能为世所用；所谓"不能兴风雨"，正是隐喻自己蛰居荒蛮之地无可奈何。能够赏识这荒山野地的纯净溪流的，唯有作者，而能够宽慰这怀才不遇的作者的，也只有此溪。愚溪遇到合适的主人，而作者也找到真正的知音，《愚溪诗序》的字里行间，包蕴着多少酸楚呵！

宁俞之愚乃因"邦无道"，颜回之愚乃因"不违"教。"许国不复为身谋"，结局却是"壮心瓦解空缧囚"。"邦无道"乎,"邦有道"乎? 改革弊政,泽被苍生,风波一跌,投荒万里,人之过乎,我之罪乎? 在柳宗元看来,世人将是非、智愚完全颠倒混淆了。"遭有道而违于理,悖于事"数句,绵里藏针,不妨当做反语读之。《愚溪诗序》的字里行间,又包蕴着多少愤懑呵!

前写"愚",刻意自嘲,后状"智",自我解嘲,意脉清晰内容蕴藉。"抑之欲其奥,扬之欲其明,疏之欲其通,廉之欲其节。"(柳宗元《答韦中立论师道书》)此文完全实践了这一文学主张。(《考信录——文言诗文备课札记》,引用时有删节)

◎ 刘禹锡

《陋室铭》

【明】李廷机:此铭首以山水四句,唤起"陋室"二句。"苔痕、草色"二句,状陋室之趣;"谈笑、往来"二句,言交接于人者贵;"可以"四句,言所足于己者逸;"南阳"二句,言可以比南阳之庐、西蜀之亭而不为陋也。引孔子云"何陋之有"一句结断,何等天然,真绝世文字! (过珙《古文评注》卷三)

【明】邱浚:凡物有形,斯有气臭,有气臭则馨芗随之。三代以前,求馨芗于萧焫膟膋;春秋战国以来,求馨芗于椒兰蕙茝;汉魏以后至于今日,则求诸沉檀脑麝,随世所尚,而用之各有不同。孰知斯德之馨,亘古今而无间,不假气臭而自然发闻也哉! 知此理者,其周公乎? 成王述其言曰"黍稷非馨,明德惟馨",盖以见精华之上达果在人,而不专于物也。后此千余年,唐人刘禹锡作《陋室铭》有"斯是陋室,惟吾德馨"之句,盖祖周人之意也。又数百年,安成书冈耘者张公如旭,新居落成,或人贺之以诗,有"眼前多少幽人宅,宁似其中有德馨"之句,则又述唐人之意也。(《德馨堂铭有序》)

【清】汪江乘:德馨故室不嫌陋,此即"有道布衣尊"之谓,具此识解,心眼迥异恒流。铭词亦简炼隽逸,声如金石。(李扶九、黄仁黼《古文笔法百篇》卷三)

【清】王符曾:写景不难,妙在恰描出陋室佳处。○结语冷然,善! ○占得地步尽高,诸葛庐、子云亭,尤见刘郎逸韵。(《古文小品咀华》卷三)

【清】吴楚材、吴调侯:陋室之可铭,在德之馨,不在室之陋也。惟有德者居之,则陋室之中触目皆成佳趣。末以"何陋"结之,饶有逸韵。(《古文观止》卷七)

【清】林云铭:通篇总是"惟吾德馨"四字衍出,言有德之人,室藉以重,虽陋亦不陋也。起四句以山水喻人,次言室中之景,室中之客,室中之事,种种不俗,无他繁苦。即较之南阳草庐、西蜀玄亭,匪有让也。盖以有德者处此,自有不同者在也。末

引夫子"何陋"①之言，隐藏"君子居之"四字在内，若全引便著迹，读者皆不可不知。（《增订古文析义合编》卷十三）

【清】黄仁黼："德"字，一篇之骨。〇小小短章无法不备。凡铭多自警，此却自得自夸，体格稍变。（李扶九、黄仁黼《古文笔法百篇》卷三）

【清】过珙：句句将"陋"字翻案，末引孔子语作证据归束，最为有结构。（《古文评注》卷三）

【清】余诚：起首四句兴起"室以德重"意。"惟吾德馨"一语，道尽陋室增光处，最为简要。以下皆言"吾德"之能使陋室馨也，是故苔痕草色，无非"吾德"生意；谈笑、往来，无非"吾德"应酬。调琴，无丝竹乱耳，阅经，无案牍劳形，愈不问而知为"吾德"举动矣，"吾德"之能使陋室馨者如是。虽以是室比诸葛草庐、子云玄亭，无多让焉。末引"何陋"作结，而诵法孔子，其德又何可量耶？室虽陋亦不陋矣。至其词调之清丽，结构之浑成，则文虽不满百字，自具大观。（《重订古文释义新编》卷七）

◎ 杜牧

《阿房宫赋》

【宋】陈长方：《阿房宫赋》只是篇末说秦及六国处佳，若丁头粟粒等语，俳优不如。（《步里客谈》卷下）

【宋】史绳祖：杜牧之《阿房宫赋》"长桥卧波，未云何龙"，正本元是"云"字，后人传写之讹云"未霁何龙"，殊为无理。杜之意盖谓长桥之卧波上，如龙之未得云而飞去，正如蛟龙得云雨，恐终非池中物之义。若加以"霁"字，则不惟无义，兼亦错读龙字耳。《左传》"龙见而霁"注谓'龙'星也，非龙也。龙星未见，则为之霁。今曰未霁，则龙当未见，何形可见。龙又星名，何与于长桥之势哉！又此赋善于用事。凡作文之法，经可证史，史不可证经，前代史可证后代史，后代不可证前。如《阿房宫赋》所用事不出于秦时，只"烟斜雾横，焚椒兰也"两句，尤不可及。六经只以椒兰为香，如"有椒其馨，其臭如兰""兰固有香"是也。楚词亦只以椒兰为香，如"椒浆""兰膏"是也。"沉檀""龙麝"等字皆出于汉，《西京》以后词人方引用，至唐人诗文，则盛引沉檀龙麝为香，而不及椒兰矣。牧此赋独引用椒兰，是不以秦时所无之物为香也。只如近世文人作《汉宫词》《婕妤怨》《明妃曲》而引用"梅粧""莲步"字，尤为可笑。此皆

---

① 《论语·子罕》：子欲居九夷。或曰："陋，如之何？"子曰："君子居之，何陋之有？"

齐末以后事，汉时宁见此而效之耶？刘观堂所谓不善用事，为事所使，殆谓此也。（《学斋佔毕》卷二）

【宋】廖莹中：杜牧之《阿房宫赋》云："六王毕，四海一。蜀山兀，阿房出。"陆参作《长城赋》云"千城绝，长城列。秦民竭，秦君灭。"参辈行在牧之前，则《阿房宫赋》又祖《长城》句法矣。（《江行杂录说纂》）

【宋】王暐：东坡在雪堂，一日读杜牧之《阿房宫赋》，凡数遍，每读彻一遍即再三咨嗟叹息，至夜分犹不寐。有二老兵皆陕人，给事左右，坐久，甚苦之。一人长叹，操西音曰："知他有甚好处！夜久寒甚，不肯睡！"连作冤苦声。其一曰："也有两句好。"其人大怒曰："你又理会得甚底！"对曰："我爱他道：'天下人，不敢言而敢怒。'"叔党卧而闻之，明日以告。东坡大笑曰："这汉子，也有鉴识。"（《道山清话》）

【明】归有光：反作骂题文字，须于结束垂规诚意方有余味，此虽小节亦不可略。如杜牧《阿房宫赋》，苏老泉《六国论》，皆得此意。（《文章指南》信集）

【明】左培：《阿房宫赋》"使天下之人，不敢言而敢怒"，有多少气力，多少涵蓄！若云"敢怒而不敢言"，便懒散无味，便入俗径矣。（《书文式》）

【清】林云铭：此等题目，止要形容得壮丽无比，亏他起手单刀直入，便把阿房点出，不用闲话，遂趁笔写得如许高大。若徒然高大，何足为奇？乃其中之结构处，则有楼阁，其多已如彼；空阔处，则有长桥复道，其雄又如此。抑何如壮丽也。然宫中无可为乐，亦觉减价，乃稽其歌舞之人，皆合六国之殊色，接应不暇，即有可为乐矣。使奇珍不列于前，亦非全美，乃稽其充牣之宝，皆兼六国之厚积，视犹粪壤。则阿房之旷古无比也，岂不信哉！但其并作，非出鬼输神运，皆竭民之财力而为之。民心既失，岂能独乐？则天下之族秦，竟为秦灭六国之续，可谓千古永鉴矣。蜀山费尽斩伐，末后止还他一片焦土。盛极而衰，理本如此。篇中十三易韵，末以感慨发垂戒意，千古仅作。（《增订古文析义合编》卷十三）

【清】余诚：开首直起，以下层层铺叙，赋体自应尔尔。其佳处全在造句新奇，措词流丽，运笔变换，故能使阿房始末与宫中情景一一宛然在目。然不得"嗟呼"以下议论，亦仅以描写声调见长耳，有何义味？文妙将"柱椽""钉头""瓦缝""栏槛""管弦"等项收拾前幅，而以"可怜焦土"了结之，大发感慨。末因垂戒后世，殊觉言有尽而意无穷矣。至波澜之壮阔，结构之精严，亦难多遘宜乎。昔人有"唐文至此大振"之褒也。（《重订古文释义新编》卷七）

【清】孙琮：秦皇作前殿阿房，穷极一时之观矣，多实诸侯妇女珍玩于中，其用民之力为已悉矣。此文前幅极写阿房之瑰丽，不是羡慕其奢华，正以见骄横敛怨之至，而民不堪命也，便伏有不爱六国之人意在。所以一炬之后，回视向来瑰丽，亦复何有？以下因尽情痛悼之。若作一篇瑰丽文字读，则其味有限，惟作一篇痛悼文字读，则即其极写瑰丽处，声声皆叹惜，字字有泪痕，意义固耐人百思而不尽。此作者苦心，必须明眼人为之觑出。（《山晓阁选古文全集》卷二十二）

【清】朱宗洛：通篇关键，只在"楚人一炬，可怜焦土"八字，前半极力铺张，只为此八字作反跌之笔，后半反覆感慨，亦只为此八字作唱叹以垂鑑戒耳。故前半文词极工丽，而其气仍空，后半笔姿澹宕，而其味自浓郁。故读古人文字，知其虚实相生、浓淡相间之妙，又知其无虚非实、无浓非淡，无实非虚、无淡非浓，则思过半矣。行文最妙是相形之法，为其情事易达也。故或借粗形精，或借宾形主，或借小形大，其法无穷。此文前半借龙形桥，而曰"未云何龙"；借虹形道，而曰"不霁何虹"；此又以相形而兼翻笔者也。中间如"明星""绿云""烟雾""雷霆"等，皆借来相形之眼也，而各下句用注释，此又以相形而兼借影者也。至结处以六国陪秦，此又宾主相形之法，有目所共晓也。（《古文一隅》卷下）

【清】黄仁黼：《过秦》一篇，前半专言其强弱盛衰之不同，只末以"仁义"一句点醒，遂觉过不可言。此篇逐层写来，末亦只以"焦土"一句收尽前文，而感慨益大。两篇工力诚足抗衡千古。

以文论，一起突兀，一结无穷。中间细写层次，藻丽流动，是佳文也。以理论，前半极写其丽，正为后灭亡作地，而后半极情痛悼，乃为炯戒，尤有关治体，不似《上林》《子虚》，徒逢君之恶也。以赋论，扬子云云"文人之赋丽以则"，此其有焉。古来之赋，此为第一，所以家传户诵，至今犹新也。《辑评》云：想作时先有末一段议论在胸，然后借题抒写。前形容阿房，直是壮丽无比，后以"可怜焦土"四字了局，令人心灰意冷。结处发出本旨，乃知前之铺陈，俱为垂戒设也。至处处带定六国，亦见阿房所由来，憾秦皇，并憾六国也。篇中十三易韵，句法之工，亦无逾此。古文多以笔意胜，即此二首，笔意自有，而词华觉盛，故取以备一格。词华者，文之衣，不可少也，时文犹要。

自来穷奢极欲之君，秦皇汉武如出一辙。而秦以之亡、汉以之兴者，何哉？岂不以汉有祖宗之培植，德泽及民者深，故其兴也勃焉。不知轮台之悔，虽在暮年，初若无补前失于万一，而恶盈好谦之一念，实为天地鬼神所鉴临。故《秦誓》一篇，大圣人以之殿《尚书》也。若夫秦皇，始以富强并诸侯，继以暴戾定天下，以为宇宙之大，可以力争，可以力服，即可以力守。是以逮及暮年，绝不闻降一罪己之诏，而犹纵情土木，大造阿房，收藏六国之精英，疲极兆民之心力，以图为子孙帝王万世之安，而谓天下其肯甘心于秦皇哉！二世而亡，固其宜也。特是汉武以英睿之姿，当此殷鉴不远，而复蹈故辙，以同冒千古不韪之名，可惜也夫。（李扶九、黄仁黼《古文笔法百篇》卷十八）

宋

◎ 周敦颐

《爱莲说》

【宋】周敦颐：孟子曰："养心莫善于寡欲，其为人也寡欲，虽有不存焉者，寡矣。其为人也多欲，虽有存焉者，寡矣。"予谓养心，不止于寡而存耳，盖寡焉以至于无，无则诚立明通。诚立，贤也，明通，圣也。是贤圣非性生，必养心而至之。养心之善有大焉如此，存乎其人而已。张子宗范有行有文，其居背山而面水，山之麓构亭，甚清净。予偶至而爱之，因题曰"养心"。①（《养心亭说》）

【宋】谢枋得：晋人非爱菊也，爱"花之隐逸者也"。濂溪斯言，正为陶靖节发也。（《与菊圃陈尚书札》）

【宋】黄震：《爱莲说》又所以使人知天下至富至贵、可爱可求者，无加于道德，而芥视轩冕、尘视珠玉者也。（《黄氏日钞》卷三十三）

【宋】史绳组：濂溪周子作《爱莲说》，谓莲为花之君子，亦以自况，与屈原（《橘颂》）千古合辙。不宁惟是，而二篇之文皆不满二百字，咏橘咏莲，皆能尽物之性，格物之妙，无复余蕴。盖心诚之所发越，万物皆备于我之所著形，是可敬也，读者宜精体之。（《学斋佔毕》卷二）

【宋】陈宓：周子为《爱莲说》尽矣，某又推广之。开以子，阖以午，喜阳而恶阴，一也。暑不能浊，雨不能濡，寄迹泥途之中，超然造化之表，二也。一年种之，百年不绝，宣出天工，不假人力，三也。华实既称，根叶能香，四也。材为时用，无一可弃，五也。一花一叶，对待不孤，六也。备此六美，百卉岂可同时语哉！意者，化工三春之余，收拾余巧，一施之大夏，不然何其奇也。咏叹不足，作《续爱莲说》。（《续爱莲说》）

【宋】胡次焱：清洁则读濂溪《爱莲说》，取舍则读日休《桃花赋》，御下则读子厚

---

① 此条并非对《爱莲说》的评点，但其"求清""求静""寡欲乃至无欲"之"言志"对理解《爱莲说》有帮助。

《种树传》，好客则读乐天《养竹记》。（《山园后赋》）

佳哉莲乎！有花可以爽人之目，而又有实可以清人之心。花之得名君子，有以也。楚楚其容仪，济济其风度，而究其功用，曾不足以济人利物，则不得为君子。芳心艳葩，徒以供富儿俗子之游玩；清芳丽色，只以输骚人墨客之吟赏，而究其成实，上不登俎豆之列，次不入药笼之需，则不得为花之君子。何则？君子者，有华有实，有德义有功业，相称水陆草木之花，其华而不实者，何可胜数？姑以《爱莲》一说论之。"牡丹，花之富贵者也"，而"堪叹牡丹如斗大"之句，于实竟何有哉？"菊，花之隐逸者也"，而"残菊飘零满地金"之句，于实竟何有哉？"隔有荷花"，则"异乎三子者之撰"，请先论其花，而次论其实可乎？……古今赞莲者，往往及其华而不及其实，而莲之得为君子者，其成就竟不白于天下。……《骚经》以香草比君子，庶几知莲者，而"恐鹈鴂之先鸣""伤美人之迟暮"，忧谗闷怨，憔悴枯槁，自殒其华，自剥其实，不识此义，亦可怜矣。……或曰，《爱莲说》以菊与牡丹比而言之，若是班乎？予曰，不然。菊与牡丹不足以侪莲，而莲则兼乎菊与牡丹，故周子以君子许之。君子，人软，进可同牡丹之富贵，而盛行不加，退可同菊之隐逸，而穷居不损。故其富贵也，小则居王侯之幕，进则对令狐之炬，以至班从纛、歌相府，而"富贵不能淫"也；其隐逸也，则"制芰荷以为衣，集芙蓉以为裳"，以至歌碧筒、挐木末，而"贫贱不能移也"。故夫太液昆明、金池玉砌、君王一顾、公侯嗟赏时，则与上林之牡丹同一富贵，而莲不以为泰，自华自实自尔也；荒塘污池、菱芡交袭、樵夫牧子蹂躏鄙薄时，则等东篱之菊同一隐逸，而莲不以为辱，自华自实自尔也。呜呼！使屈原知此，亦何至不自聊赖邪？（《问爱莲说》）

【清】余诚：莲在众卉之内最为高品，幽同夫菊，而不傲；艳类牡丹，而不俗，故于"甚蕃"之中，而特举二者以为陪衬，又妙在不说坏了它。起处以"可爱"二字包罗在内，立言极有斟酌。玩"予谓"一段，以"隐逸""富贵"陪衬出君子，分明是轻外重内之学。末段"同予者何人"，亦望世之契合君子也。至首段"予独爱莲"以下，则语语借莲自况，曰"出淤泥而不染"，不移于俗也；曰"濯清涟而不妖"，不媚于世也；曰"中通"，心不窒也；曰"外直"，行不邪也；曰"不蔓不枝"，主一而无适也；曰"香远益清"，令闻广誉，流播无穷也。曰"亭亭净植""可远观而不可亵玩"，卓然特立，威仪可象而不可狎也。呜呼！此其所以为莲花欤？此其所以为濂溪欤？谓之君子，谁曰不宜？（《重订古文释义新编》卷八）

【清】黄仁黼：借题抒写，想见光风霁月襟怀。○章法分明，局度深稳，有道之言也。二氏言性，多以莲为比，言"火里种金莲"，即出淤泥而不染也；"佛之身坐碧莲台"，即中通外直、亭亭净植也。先生有题莲诗云："佛爱我亦爱，清香蝶不偷。一般清意味，不上美人头。"先生于世皆淡，而独爱莲乎？非爱莲也，爱其与己性合也。今观

"淤泥"七句，俱是言性，不知者以为是说莲也。我于莲亦有悟焉：尝剖开莲子观之，见其心中小芽，根向上而叶向下，有回光返照、归根复命之理，而太极两仪生生不已之机，已于是乎具矣。妙矣哉！宜乎有道者爱之也。古人言事言物，不专是那事物，往往托以影道理、影人己，其文乃深而有味，若呆说是事物则浅索矣。故作文便是那文，便非作文人；读文便是那文，便非读文人。〇天命之谓性。性者，命之所由成，道之所从出也。有是性，即有是情；有是情，即有是理。理之所在，性即具焉；性之所在，道即行焉。夫固即事即物之所得而存，亦即事即物之可得而验也。周子爱莲之作，其曰"中通外直"，盖谓有合一阴一阳之道，合虚与气而名之也；其曰"不染""不妖""不蔓不枝"，盖谓有合性善之旨，而不同于迁就可转、浑沦无别也；其曰"香远益清""亭亭净植""可远观不可亵玩"，盖谓有合元亨利贞之保合太和，仁义礼智之发皆中节，宜活泼，不宜胶执也。故爱之愈挚，则说之愈殷，理固罕譬而可存，情亦随喻而皆验。然非有以探乎命之大原，道之大本，又何能与乐天知命之渊明，同一相忘于富贵也哉。（李扶九、黄仁黼《古文笔法百篇》卷九）

【清】过珙：濂溪先生写《爱莲》，而寓意在莲之外。曰不染者，贫贱不移也；不妖者，富贵不淫也；中通者，静虚也；外直者，达顺也；不蔓不枝者，主一也；香远益清者，永终誉也；远观不可亵玩者，可大受不可小知也。学者读此，可为明德洗心之所助也。（《古文评注》卷四）

【清】徐元文：周子庭草不除，或问之，曰：看得与自家意思一般。凡卉如此，况心赏如莲花者哉？学者读周子之书，见得周子胸襟洒落气象，则可以观物矣。（《又跋爱莲说》）

【今】钱钟书：然以莲揣称高洁，实为释氏常谈。《四十二章经》即亦云："吾为沙门，处于浊世，当如莲花，不为泥所污。"宋陆佃《陶山集》卷二《依韵和双头芍药》第六首云："若使觉王今识汝，莲花宁复并真如"，盖以兹花为释氏表志矣。苏轼《答王定国》："谨勿怨谤谗，乃我得道资。淤泥生莲花，粪土出菌芝"；亦如黄诗之用释语。周敦颐《濂溪集》卷八《爱莲说》："予独爱莲之出淤泥而不染，……花之君子者也"；名言传诵，而有拾彼法牙慧之嫌。故牟𪩘《陵阳先生集》卷四《荷花》诗序谓此花"陷于老佛几十载，自托根濂溪，始得侪于道"。（周振甫、冀勤《钱钟书〈谈艺录〉读本》）

【今】俞香顺：荷花"君子"内涵的凸显是以菊花、牡丹二者的黜降为"代价"的。菊花"隐逸"，遗落世事，牡丹"富贵"，沦溺世俗，均不是周敦颐所宣扬的既有入世之意，又有超世之志的人格。南宋袁甫《白鹿书院君子堂记》"莲为君子，则富贵、隐逸非君子欤？隐逸，非富贵者也；富贵，未必可贫贱也。若夫君子，何适而不可哉"之论似未探骊珠。总之，在北宋时代，荷花完成了"君子花"的历史铸塑，成为伦理道德、人格本体的象征。"君子花"内涵汲取了佛教原型的营养①，同时又有理学家心性修养理论的浸润。"君子花""出淤泥而不染"，备"清"性与"贞"姿于一体；"中通外直"，是理学心性本体论的形象阐释，统摄佛教理论与儒家学说，成为士大大人格的完美象征。（《〈爱莲说〉主旨新探》）

【今】李如鸾：从结构章法来看，两段文字，前一段多用描述的笔墨，写得较浅，也较实；后一段多用议论的笔墨，写得较深，也较虚。文字有浅有深，有实有虚，深浅相成，虚实相生，极有章法。如此行文，都是文章表现所需。正如唐彪《读书作文谱》中所说："文章非实不足以阐发义理，非虚不足以摇曳神情，故虚实常宜相济也。浅以指陈其概要，而深以刻画其精微，故深浅不可相离也。"本文在写法上的另一个显著特点是运用了衬托和比喻的修辞方法。全文先后三次用菊和牡丹衬托莲：第一次衬托，表明自己的喜爱与众不同；第二次衬托，见出莲花的品格高出百花；第三次衬托，借以慨叹世上没有别人和自己的爱好相同。（《古代诗文名篇赏析》）

◎ 苏洵

《六国论》

【明】茅坤：一篇议论，由《战国策》纵人之说来，却能与《战国策》相伯仲，当与子由《六国论》并看。（《唐宋八大家文钞》卷一百十三）

【明】杨慎：六国纵约，特欲摈秦而已，曾不能出一师以为秦患，故秦得以闭关避敌，养其全力者十五年，故能制胜而无弊。诸侯所以摈之，适所以成其王业耳。故老泉曰"封谋臣，礼贤才，以并力西向，则臣恐秦人食之不得下咽也"。（徐乾学《古文渊鉴》卷四十七）

【明】袁宏道：此篇论六国之所以亡，乃六国之成案，其考证处、开阖处、为六国筹画处，皆确然正议。末影宋事，尤妙。（杨慎《三苏文范》卷二）

【清】康熙（帝）：稔悉情势，步步深入，归到大意，如千钧一发，壁垒皆新。（《康熙帝御制文集（三）》卷三十九）

【清】乾隆（帝）：宋仁宗增岁币于契丹，当时皆谓契丹无厌之求，奚其可从？竭

---

① "出淤泥而不染"明显与佛教中莲花的意指相关。《华严经探玄记》有云："夫莲华者，梁《摄论》中有四义。一，如世莲华，在泥不染，譬法界真如，在世不为世法所污。二，如莲华自性开发，譬真如自性开悟，众生若证，则自性开发。三，如莲华为群蜂所采，譬真如为众圣所用。四，如莲华有四德：一香，二净，三柔软，四可爱，譬真如四德，谓常乐我净。"

中国膏血，不足以为赂矣！于是志士扼腕耻之。洵作《几策·审敌》篇，极言当绝其使，勿与岁币，而《权书》内又作《六国》论，以先发其端焉。夫仁宗之所以为仁，而非小贤之所能测者，正在和契丹一事。伯宗曰："川泽纳汙，山薮藏疾，瑾瑜匿瑕，国君含垢，天之道也。"仁宗之不忍斗其民，有大王之遗风矣。彼安知南渡偏安百数十年，中原之民无一日之忘宋者，乃仁宗深仁厚泽之所留遗哉！《审敌》篇不足录，此论六国事则确切不移，故存之。（《御选唐宋文醇》卷三十四）

【清】孙琮：此篇处处说六国，却处处刺时事。何以知之？说六国，不妨写得详明恺切，刺时事，则必写得婉恻缠绵。篇中"思厥先祖父"一段，及后"向使"一转，"呜呼"一纵，是何等缠绵，何等婉恻，想见老泉忧时爱国深心。（《山晓阁选古文全集》卷二十五）

【清】储欣：谓此悲六国乎？非也。刘六符一来求地，岁币顿增，五城十城之割，如水就下，直易易耳。借古伤今，淋漓深痛。○此篇当与《几策·审敌》参看。（《老泉先生全集录》卷一）

【清】高士奇：赂秦必亡，理也。然韩、魏与秦最逼，齐、楚、燕、赵莫为之援，势不得不效地以自免，韩、魏亡而四国亦随之。小苏《六国论》尝及此意，茅坤谓两篇宜合看，良然。（徐乾学《古文渊鉴》卷四十七）

【清】谢有辉：秦欲无厌，六国非不知之，然卒不能并力拒秦者，一曰偷安，一曰贪近利。偷安，则不能自强其政；贪近利，则互相残伐，自败其盟，以至力弱势涣，不得不折而入于秦，此赂秦之所由也。追原祖宗得地之艰，而子孙视之不甚惜，真堪恸哭矣。○文中感慨处，明为时事起见，盖自岁币日增，其究不至于割地不止。老泉能作《辨奸论》于安石未相之先，岂不将国家事势，熟筹于意中也。（《古文赏音》卷九）

【清】林云铭：韩、魏、楚三国，与秦接壤，赵稍远而燕、齐尤远，以兵力较之，皆弱于秦。迫合纵之约既散，而秦挟远交近攻之策，肆其蚕食，则地之远近而祸之迟速分焉。割地所以求罢兵，所谓白刃在前，不顾流矢，非韩、魏、楚之行赂皆愚，而赵、燕、齐之不赂独智，易地则皆然也。厥后赂者先亡，而不赂者后灭。本以地之远近递及，非以赂不赂故分先后，亦自然之势也。但赂秦则国愈弱，其亡愈速，战国策士常言之。老泉此论，实为宋赂契丹，借来做个事鉴。以为宋有天下之大，与六国弱于秦不同，尤不待赂。其结穴全在篇末一段，感慨含蓄，坊本不解，皆以篇中思厥先祖父一段，谓全为宋人痛哭，似宋人亦曾割地赂契丹者。按幽蓟等十六州，乃五代石敬塘所割，非自宋始。太宗高梁河战后，而契丹南侵，互相胜负，并未尝有赂之也。真宗咸平六年，契丹求关南地，因而有澶渊之役，时寇准劝帝亲征，欲击之使献幽蓟。值帝厌兵，许以银币三十万讲和，岁以为常。仁宗庆历二年，契丹又如前请，复使富弼增银币二十万，亦未尝以地赂之也。惟是岁币增至五十万，民力何堪？势必至于贫弱。老泉所言，行六国破亡故事者，指岁币也，且深惜澶渊之役，不从寇准邀击，故论《六国》，段段点出用兵，寓意最深。若神宗熙宁七年，从王安石言，割地界辽东西，失地七百里时，老泉已卒九年矣，于何知之？盖老泉卒于英宗治平之三年也。读史者庶不为坊评所惑乎！（《增订古文析义合编》卷十四）

【清】浦起龙："赂"字篇眼，紧黏后祸，为鉴警时也。○若就六国言六国，不如次公中肯，而警时则此较激切。以地赂，以金缯赂，所赂不同而情势同，读之魄动。（《古文眉诠》卷六十三）

【清】唐德宜：以赂秦作主，而又补出不赂者以赂者丧，是非利害，了然如指诸掌。至其气雄笔健，段落紧密，尤自出人头地。篇末一结，若预烛南宋之主和，而深为寄慨，识更远到。（《古文翼》卷七）

【今】林炜明、汤克勤：苏洵的散文具有精于布局、富于雄辩的特点。宋人曾巩《苏明允哀词》评论苏洵文"烦能不乱，肆能不流。其雄壮俊伟，若决江河而下也；其辉光明白，若引星辰而上也。"《六国论》一文集中体现了这一长处。（汤克勤《古文鉴赏辞典》）

【今】曾枣庄、曾弢：宋朝开国君主赵匡胤曾设"封桩库"，把平定割据势力所得的金帛存于库中。他曾对臣僚说："石晋割幽燕诸郡以归契丹，朕悯八州之民久陷夷虏，俟所蓄满五百万缗，遣使北虏，以赎山后诸郡；如不我从，即散府财募战士以图攻取。"（《渑水燕谈录》卷一）赵匡胤这一计划，因为龙驾归天而未能实现，但已开了"赂契丹"的先声。宋真宗时，契丹大举南下，订立了屈辱的澶渊之盟，岁赂契丹银十万两、绢二十万匹。宋仁宗时，西夏发动了同宋王朝的战争，结果岁赂西夏银十万两、绢十万匹、茶叶三万斤；契丹也再次大军压境，岁增赂契丹银十万两、绢十万匹。本文为《权书》十篇之一，是一篇借古讽今之作，为宋王朝贿赂契丹和西夏而发。（陈振鹏、章培恒《古文鉴赏辞典（上）》）

【今】陈晋：该文旨在论述战国时六国对付强大的秦国的政治斗争形势、六国灭亡的原因和历史教训。在这一过程中，六国曾建立起联合阵线来对抗秦国，但阵线内部对秦的态度并不一致。苏洵在文中指出了三种情况。一是韩、魏这样的国家，割地给秦，以求得暂时的苟安，结果较早灭亡。二是燕、赵这样的国家，举兵相抗，还时有胜仗，灭亡较晚。三是齐国，因与秦相隔较远，常袖手旁观，但最终还是被秦国合并。他的结论是：如果六国都固守自己的土地，笼络人才，联合军队西向攻秦，"恐秦人食之不得下咽也"。毛泽东在批语中不同意这个观点①。他认为，联军内部如果是实力相当的军队组成，"罕有成功者"。至于为什么，他没有说。直观看来，或许是因为实力相当，也都有各自的利益需要维护，在形成核心、统一调度上是非常困难的，这就无法同利益一致、指挥统一的强敌抗衡。就战国时期秦国和六国的情况来看，毛泽东认为，即使六国联军攻秦，也未必能制之，关键恐怕还是在于各国的内部体制。毛泽东对贾谊的《过秦论》很熟，或许更能接受贾谊的观点。……"秦王扫六合"，大抵国势国运使然耳。（《毛泽东读书笔记精讲（战略卷）》）

◎ 苏轼

《记承天寺夜游》

【明】陈天定：公又有云"江山风月，本无常主，闲者便是主人"，皆静者之言。（《古今小品》卷八）

【清】王符曾：试问有甚么忙？还是人不肯闲？（《古文小品咀华》卷四）

【清】沈德潜：读第二章②，如见东坡承天寺夜游光景。（《明诗别裁集》卷十）

【清】储欣：仙笔也，读之觉玉宇琼楼，高寒澄澈。（《唐宋十大家全集录·东坡先生全集录》卷九）

【清】徐釚：子瞻云"何地无月，但少闲人如吾两人"。予则谓何地无闲人，无事寻事如吾两人者，未易多得尔。（《词苑丛谈》卷九）

【明】袁宏道：东坡杂记有寂寥短章而函虚神于实叙。意到、笔到、神到，字里行间，自然韵流，有在笔墨蹊径之外者。如《记承天寺》，似约而丰，似寂寥而酣足。笔情萧闲，其源盖出《檀弓》，意在笔先，神余篇终。（郑之惠《苏长公合作》）

【今】吕叔湘：此篇寥寥数十字，而闲适之情毕见，其意境可与陶渊明之"采菊东篱下，悠然见南山"相比，但渊明未曾一语道破，更见含蓄，此则诗与文不同也。〇东坡自称为"闲人"，须略说数语。唐宋贬官之制：或降级改任边远之地，如韩愈之贬潮州，柳宗元之贬永州是；若予以有名无实之官，而复加何处安置字样，则谪近于戍矣。

---

① 毛泽东读姚鼐《古文辞类纂》中苏洵《六国论》有两条批语："凡势强力敌之联军，罕有成功者"和"此论未必然"。（见《毛泽东读文史古籍批语集》）

② 李流芳《过皋亭……诸上人步月》第二章："每多方外游，见僧即如故。灯明一龛下，夜长惬深悟。不知山月上，千林已流素。出门寻旧溪，爱踏松影路。气和空宇澄，寒魄如春露。幽泉洗我心，微钟杳然度。"

贬官而犹有职守，仍不得为闲；谪降而本郡官承朝中之意加以监束，致言动皆不自由，亦仍不得为闲。东坡之在黄州，既无职守，复无拘箝，则真闲人也。然亦须人自能静心澄虑，方能享此闲福，若得失在怀，悔尤萦梦，虽有闲适之境，亦无闲适之情，此东坡所以谓世少闲人如吾两人者也。（《笔记文选读》）

【今】张海鸥：苏轼在谪居的清苦生活中，用智慧营造起自由精神的殿堂，为后人存放下丰富的"清且美"的体验。比如《超然台记》的游于物外之乐，《记承天寺夜游》的月夜闲情，前《赤壁赋》的舟眠不知晓，《儋耳夜书》的清夜微笑，《清远舟中寄耘老》的"笑倚清流数鬓丝"等等。（《苏轼文学观念中的清美意识》）

【今】何世凡、徐安铜："欣然"二字为全文定下基调。"闲人"二字却又境界寂寥，情思遥遥，意在言外。所谓"字里行间，自然韵流，有在笔墨蹊径之外者"。（《国学经典美文选读》）

【今】陈文新、鲁小俊：我们细细玩味"闲人"二字，却发现作家的心灵远非"超然"一词所能形容。我们不会忘记苏轼曾经慨叹："长恨此身非我有，何时忘却营营！"这正是历代文人矛盾心理的概括：生命既属于自己，又属于功名利禄；既想做自由人，又舍不得那条诱人的绳索；一生都在为事业而奋斗，又在为牺牲自我而忏悔。此时的苏轼，尽管回归了自我，可是他那种对整个社会人生的空漠感还是不自觉地流露了出来。李泽厚在《美的历程》中说得好："苏一生并未退隐，也从未真正归田，但他通过诗文所表达出来的那种人生空漠之感，却比前人任何口头上或事实上的'退隐''归田''遁世'要更深刻更沉重。"这是一种"对整个存在、宇宙、人生、社会的怀疑、厌倦、无所希冀、无所寄托"的空漠感。（《休闲古文鉴赏辞典》）

【今】吴战垒：苏轼对月光有一种特殊的感情，他常常以拟人化的手法，把月光写得很富有人情味。例如著名的《水调歌头》写月光"转朱阁，低绮户，照无眠"，犹如临歧执手的爱侣，欲去叮咛，频频回首显得何等缱绻情深。又如《洞仙歌》说"绣帘开，一点明月窥人"，这偷看人间私情密约的月光，仿佛含着几分神秘而羞涩的微笑，使人感到如此调皮而可爱。至于《卜算子》中所描绘的那挂在梧桐上的一钩秋月，夜空中的缥缈孤鸿，已经与独往独来的"幽人"即诗人自己融为一体了。

《记承天寺夜游》中，"遂至承天寺，寻张怀民"，"遂至"二字下得十分轻淡，好像不假思索，却包含着能一同赏月者只有这个人的意思。由此可见张怀民在作者心目中的位置了。那么作者要"寻"的这位张怀民，又是一个何等样的人呢？他于元丰六年贬谪到黄州，初到时寓居在承天寺（今湖北黄冈市南）。他曾筑亭于住所之旁，在那里可以纵览江山的胜概，苏轼名之为"快哉亭"，并写了一首《水调歌头》词赠他，词中有"一点浩然气，千里快哉风"的名句。苏轼的弟弟苏辙也为他写了篇《黄州快哉亭记》，文章中说张怀民虽然屈居主簿之类的小官，但心地坦然，不把迁谪放在心上。公务之暇以山水怡情悦性，处逆境而无悲感之容，是一位有过人的自制力的性格倔强的人。"但少闲人如吾两人者耳！"一个被抛出喧嚣的名利场的"闲人"却能有"闲情"来欣赏大自然的美妙景色，这是有幸呢，还是不幸呢？"闲人"二字，也许不无牢骚吧！苏轼在作于同一时期的《临皋闲题》一文中说："江山风月，本无常主，闲者便是主人。"这样的"闲人"，官场仕途的失意者，投身于自然的怀抱，在大自然的抚慰中疗伤，从中获得精神的复苏和心境的安宁。他发现自然美，吟咏自然美，同时也在发现自己，吟咏自己。所谓"物我同一"的境界，在苏轼这类作品中得到了完美的表现。

苏轼这类抒情小品情理交融，"如万斛泉源，不择地而出"（《文说》）。明代王圣俞在选辑《苏长公小品》时说："文至东坡真是不须作文，只随事记录便是文。"这是一种"百炼钢化为绕指柔"的艺术境界。它兼有魏晋文风的通脱和六朝小品的隽永，而又自出面目，代表了宋代小品文的最高成就。明代"公安派"的袁氏兄弟对苏轼十分倾倒，袁宏道说苏轼的文章最可爱的是小品文，如果没有小品文，而只有大文章，那么就不成其为苏轼了（郑之惠《苏长公合作》引）。他们在反对前后七子的复古主义时，向苏轼学习抒情小品的写作，"独抒性灵，不拘格套"，创造出一种清新活泼的文风。从明代"公安派"的山水小记，到张岱的《陶庵梦忆》，及至清代袁枚、郑板桥的散文，都可以看到苏轼抒情小品的深远影响。（宋广礼、刘刈《阅读和欣赏——古代散文小品选粹》，引用时有删节）

《赤壁赋》

【宋】谢枋得：此赋学《庄》《骚》文法，无一句与《庄》《骚》相似，非超然之才、绝伦之识不能为也。潇洒神奇，出尘绝俗，如乘云御风而立乎九霄之上，俯视六合，何物茫茫，非惟不挂之齿牙，亦不足入其灵台丹府也。〇余尝中秋夜泛舟大江，月色水光与天宇合而为一，始知此赋之妙。（《文章轨范》卷七）

【宋】苏籀：子瞻诸文皆有奇气，至《赤壁赋》，仿佛屈原宋玉之作，汉唐诸公皆莫及也。（王正德《余师录》卷三）

【宋】葛立方：黄州亦有赤壁，但非周瑜所战之地。东坡尝作赋曰："西望夏口，东望武昌，非孟德之困于周郎者乎？"盖亦疑之矣。故作长短句云"人道是三国周郎赤壁"，谓之"人道是"，则心知其非矣。（《韵语阳秋》卷十三）

【宋】沈僩：或问："东坡言'逝者如斯，而未尝往也；盈虚者如代，而卒莫消长也。'只是《老子》'独立而不改，周行而不殆'之意否？"（朱熹）曰："然。"又问："此语莫也无病？"曰："便是不如此。既是'逝者如斯'，如何不往？'盈虚如代'，如何不消长？既不往来、不消长，却是个甚底物事？这个道理，其来无尽，其往无穷，圣人但云：'维天之命，于穆不已。'又曰'逝者如斯夫'，只是说个不已，何尝说不消长，不往来？它本要说得来高远，却不知说得不活了。既是'往者如斯，盈虚者如代'，便是这道理流行不已也。东坡之说，便是肇法师'四不迁'之说也。"（《朱子语类》卷一三〇）

【宋】俞文豹：《南海庙碑》"云阴解驳，日光穿漏，波伏不兴""旗纛旆麾，飞扬晻霭""乾端坤倪，轩豁呈露"；《岳阳楼记》"春和景明，波澜不惊，上下天光，一碧万顷""长烟一空，皓月千里"；《醉翁亭记》"夕阳在山，人影散乱""树林阴翳，鸟声上下"；《赤壁赋》"清风徐来，水波不兴""白露横江，水光接天""江流有声，断岸千尺，山高月小，水落石出"，此类如仲殊所谓"费尽丹青，只这些儿画不成"。（《吹剑录全编·吹剑四录》）

【宋】史绳祖：自"惟江上之清风与山间之明月"至"相与枕藉乎舟中，不知东方之既白"，却只是用李白"清风明月不用一钱买，玉山自倒非人推"一联，十六字演成七十九字，愈奇妙也。（《学斋佔毕》卷二）

【宋】车若水：两《赤壁赋》，见得东坡浩然之气，是他胸中无累，吐出这般语言，却又与孟子浩然不同。孟子集义所生，东坡是庄子来人，学不得，无门路，无阶梯，成者自成，撅者自撅，不比孟子，有绳墨，有积累也。（《脚气集》）

【宋】吴子良：《庄子内篇·德充符》云："自其异者视之，肝胆楚越也；自其同者视之，万物皆一也。"东坡《赤壁赋》云："盖将自其变者观之，虽天地曾不能一瞬；自其不变者观之，则物与我皆无尽也，而又何羡乎？"盖用《庄子》语意。（《荆溪林下偶谈》卷二）

【元】李冶：东坡《赤壁赋》"此造物者之无尽藏也，而吾与子之所共食"，一本作"共乐"，当以"食"为正。赋本韵语，此赋自以"月""色""竭""食""籍""白"为协，若作"乐"字，则是取下"客喜而笑，洗盏更酌"为协，不特文势萎薾，而又段络丛杂，东坡大笔，必不应尔。所谓"食"者，乃自己之真味，受用之正地，非他人之所与知者也。今苏子有得乎此，则其间至乐，盖不可以容声矣，又何必言"乐"而后始为乐哉？《素问》云："精食气，形食味。"启玄子为之说曰："气化则精生，味和则形长。"又云："壮火食气，气食少火。"启玄子为之说曰："气生壮火，故云'壮火食气'；少火滋气，故云'气食少火'。"东坡赋意，正与此同。（《敬斋古今黈》卷八）

【明】茅坤：予尝谓东坡文章，仙也，读此二赋，令人有遗世之想。（《唐宋八大家文钞》卷一四四）神者，文章中渊然之光，窅然之思，一唱三叹，余音袅娜，即之不可得，而味之又无穷者也。入此一步，则庄子之《秋水》《马蹄》，《离骚》之《卜居》《渔父》诸什，下如苏子瞻前、后《赤壁赋》，并吾神助也。吾尝夜半披衣而坐，长啸而歌。

久之，露零沾衣，不觉银河半落，明星在掌，已而下笔风神倍发也。（《文诀五条训缙儿辈》）

【明】杨慎：杜诗"关山同一点"，"点"字绝妙，东坡亦极爱之，作《洞仙歌》云"一点明月窥人"，用其语也；《赤壁赋》云"山高月小"，用其意也。（《丹铅总录》卷二十）

【清】乾隆（帝）：其作二赋，盖与造物者游而天机自畅，并无意于吊古，更何预今世事？尝书寄傅钦之而曰"多难畏事，幸毋轻出者，畏宵小之挶撼无已，又或作蛟龙故事耳"。乃文征明谓以曹孟德气势消灭无余，讥当时用事者，转以寄傅钦之之语为证，谓为实有所刺讥，可谓"乌焉成马"矣。东坡在黄，安石之党正烈，而谓消灭无余耶？若谓东坡以安石比孟德，谓终当消灭无余，则将置神宗于何等也？东坡畏当世之挶撼，而属其友勿出示人，宁知后世读者仍以当世之心挶撼之不已，亦不幸也已。果若其言，则前赋更何足味，而此后赋又将以何语为刺讥耶？文人穿凿之论，取快一时，不知印定后人眼目，使古人本意不显。佻薄之子因谓古人作文无往非刺讥当世者，遂猖狂谬悠而不可止，既害人心术，而淳谨之人畏其如此，必章钩句棘一字不敢下，迫窘诘屈而文字之道或几于熄，孰非此等议论"阶之厉"欤？（《御选唐宋文醇》卷三十八）

○轼手书帖"盈虚者如代，而卒莫消长也"，后人易"代"为"彼"；"是造物之无尽藏也，而吾与子之所共食"，后人易"食"为"适"。今详轼意，言水与月虽前后代嬗，而本体不迁，所为"观方知彼去，去者不知方"也。今易为"如彼"以对"如斯"，将彼月而斯水乎？水与月何彼我于其间也。六识以六入为养，其养也，胥谓之食：目以色为食，耳以声为食，鼻以香为食，口以味为食，身以触为食，意以法为食，具见《释典》。故曰："江上清风，山间明月，耳得成声，目遇成色者，皆吾与子之所'共食'也。"易为"共适"意味索然。当时有人问轼"食"字之义，轼曰："如食邑之'食'，犹云'享'也。"（《御选唐宋文醇》卷三十八）

【清】金圣叹：游赤壁，受用现今无边风月，乃是此老一生本领。却因平平写不出来，故特借洞箫呜咽，忽然从曹公发议，然后接口一句喝倒，痛陈其胸前一片空阔了悟。妙甚！（《天下才子必读书》卷八）

【清】谢有辉：风月满空，江山如洗，不必铺写形容，使人自得于吊古悲歌之下，文章中悟境。○"冯虚御风"谓舟之行如在空虚中，庄子云"列子御风而行，泠然善也"。○星非稀也，月过明，则夺其光而似稀。乌鹊已宿，月明而起飞。（《古文赏音》卷十）

【清】林云铭：以江风山月作骨，前面步步点出，一泛舟间，胜游已毕，坡翁忽借对境感慨之意，现前指点，发出许多大议论。然以江山无穷、吾生有尽，尚论古人遗迹，欷歔凭吊。虽文人悲秋常调，但从吹箫和歌声中引入，则文境奇；其论曹公之诗，曹公之事，低徊流连，两叠而出，则文致奇；盛言曹公英雄，较论我生微细，蜉蝣短景，对境易哀，则文势奇。迫至以水月为喻，发出正论，则《南华》《楞严》之妙理，可以包络天地，佽同造化，尤非文人梦想所能到也。试就所谓变、不变之理言之，如人一瞬之顷，乃忽然耳，其中亦莫不有过去、现在、未来焉。方其瞬也，则前瞬为方瞬之过去，后瞬为方瞬之未来，而瞬瞬相属，辗转迁流——《南华》所谓若骤若驰，无动而不变，无时而不移者，此变义也。然过去之瞬乃过去之现在，未来之瞬乃未来之现在，离波无水，离妄无真，天地坏而这个不坏——《楞严》所谓见性无变灭者，此不变义也。惟了得不变之义，则现前种种风光，无非受用，不然造物之无尽藏于我何与？虽欲共适得乎此关，若未参透不必浪读是赋。（《增订古文析义合编》卷十五）

【清】浦起龙：歌吹应和，翻乐为悲，蹴起波澜。○客语中逗出水月，恰作下层引针。○二赋皆志游也，记序之体，出以韵语，故曰赋焉。其托物也不黏，其感兴也不脱，纯乎化机。（《古文眉诠》卷六九）

【清】余诚：起首一段，就风月上写游赤壁情景，原自含"共适"之意。入后从"渺渺予怀"引出"客箫"，复从"客箫"借吊古意，发出"物我皆无尽"的大道理。说到这个地位，自然可以共适，而平日一肚皮不合时宜都消归乌有，那复有人世兴衰成败在其意中。尤妙在"江上"数语，回应起首，始终总是一个意思。游览一小事耳，发出这等大道理，遂堪不朽。若不是此篇妙赋，千载下谁知赤壁曾为苏子游耶？（《重订古文释义新编》卷八）

【清】李扶九、黄仁黼：忽因吹箫发出一段悲歌，起下愀然意。○藉曹公发端，以切赤壁事也，其伤感却在下段。○此段妙理与《楞严》客主之说合，见形有尽性无穷。○真是现前受用，前段禅理，此段儒理，与春风沂水同一意。○以文体论，似游赤壁记也，然记不用韵，而赋方用韵，此盖以记而为赋者。故文带叙带赋，忽用韵，忽不用韵，古赋如《风赋》《好色赋》皆此类也。以文法论，纯得吹箫一段生波，下乃发出如许妙理。公尝参禅学佛，故号"东坡居士"，其笔墨之飘洒，机趣之活泼，又似于仙，故世号曰"坡仙"。此文前乐、中悲、后乐，有似王右军《兰亭叙》。其借客发慨，不必实有其言，亦如昌黎之《进学解》，乃巧为避忌也。○篇中所言，不过随时行乐，惟"美人"二字，则公真意所在。《离骚》尝以美人比君，旧解谓思同朝君子，岂知公之拳拳不忘者乎？厥后谥曰"文忠"，良有以也。自来评者多以风月文字目之，误矣。○黄州为全鄂胜境，子由《快哉亭记》谓其南合湘、沅，北合汉、沔，其势奔流肆放，益张于赤壁之下。余尝三至其地，凭苏子吊古之墟，瞰长江之清流，慨然想见其为人。夫以天地之大，白露清风，长江皓月，何在非供骚人笔墨资者？然非所性不失，有以胜造化鼓铸之情，鲜不动于物而生其羡矣。坡仙以象外之神，写个中之境，物皆自得，兴与人同，故能使一时望君吁古之怀，遂成为千百世凭吊兴亡之所。而其穷耳目之胜，又适如子由之记《快哉》，令人读之真有难为兄难为弟者。此所由壮色江山，而江山皆乐为之助也欤！（《古文笔法百篇》卷十四）

【清】王文濡：前篇是实，后篇是虚，虚以实写，至后幅始点醒奇妙，无以复加，易时不能再作。（《评注音校古文辞类纂》卷七十一）

【清】宋长白：实者虚之，虚者实之，即前后二《赤壁赋》意，安在文法？不可入诗乎？（《柳亭诗话》卷十七）

【今】林语堂：苏东坡这位天纵大才，他不管身在何处，总是把稍纵即逝的诗的感受，赋予不朽的艺术形式，而使之长留人间。他现在所过的流浪汉式的生活，我们很难将其看作一种惩处，或是官方的监禁。他享受这种生活时，他给天下写出了四篇他笔下最精的作品：一首词《念奴娇·赤壁怀古》；两篇月夜泛舟的前、后《赤壁赋》；一篇《记承天寺夜游》。单以能写出这些绝世妙文，仇家因羡生妒，把他关入监狱也不无道理。赤壁夜游是用赋体写的，也可以说是描写性的散文诗，有固定的节奏与较为宽泛的音韵。这两篇赋之出名不无缘故，绝非别人的文章可比，因为只用寥寥数百字，就把人在宇宙中之渺小的感觉道出，同时把人在这个红尘生活里可享受的大自然丰厚的赐予表明。人生在宇宙中之渺小，表现得正像中国的山水画。在山水画里，山水的细微处不易看出，因为已消失在水天的空白中，这时两个微小的人物，坐在月光下闪亮的江流上的小舟里。由那一刹那起，读者就失落在那种气氛中了。（《苏东坡传》，引用时有删节）

【今】吴小如：它是"赋"，不是纯粹散文，却也不是诗，更不等于今天的散文诗。它是用比较自由的句式来构成的带有韵脚的散文，却又饱含着浓厚的诗意。这在当时是一种新文体，是古典散文从骈文的桎梏中冲杀出来取得胜利后的一个新成果。可是这种新体的"赋"很难写，自宋代的欧阳修、苏轼以后，便不大有人染指了。○作者在赋中所铺张的内容，主要不是景物和事件，而是抽象的道理。但作者所讲的抽象道理乃是通过形象、比喻、想象、联想以及凭吊古人和耽赏风月等方式来完成的，并不显得空泛或枯燥。这是在古人传统的基础上有所创新的结果。试以欧阳修《秋声赋》与之相比，欧赋的说理内容就未免过于抽象了，因此不及此赋更为扣人心弦。[1]（《古文精读举隅》）

---

[1] 清李调元评："苏东坡前后《赤壁赋》，高出欧阳文忠《秋声赋》之上。"（《赋话》卷十）

《石钟山记》

【明】杨慎：通篇讨山水之幽胜，而中较李渤、寺僧、郦元之简陋，又辨出周景王、魏献子之钟音，其转折处，以人之疑起己之疑，至见中流大石，始释己之疑，故此记遂为绝调。（《三苏文范》卷十四）

【明】茅坤：风旨亦自《水经》来，然多奇峭之兴。（《唐宋八大家文钞》卷一四一）

【清】吴楚材、吴调侯：世人不晓石钟命名之故，始失于旧注之不详，继失于浅人之俗见。千古奇胜，埋没多少！坡公身历其境，闻之真，察之详，从前无数疑案一一破尽，爽心快目。（《古文观止》卷十一）

【清】林云铭：此记全为世俗错认以钟名山之义，而止求于考击之间，致乖郦元旧注。故篇首以两说、两疑总起，随以自己亲历确见，参之古乐音节，方知古人以石钟命名为不谬。而郦元以简致疑，虽非无因，但李渤以陋为得，尤为可笑耳。篇中辨驳过而叙事，叙事过而议论，议论过而断制，按节而下，其起落转换融成一片，无迹可寻。此等笔力，惟髯苏能之，以天分最高，非可学而至也。（《增订古文析义合编》卷十五）

【清】沈德潜："石"字、"钟"字，一顺一逆，此文章定法。〇记山水，并悟读书观理之法，盖臆断有无，而或简或陋，均非可以求古人也。通体神行，末幅尤极得心应手之乐。（《唐宋八家文读本》卷二十三）

【清】浦起龙：以辩体为记体，当作翻案观。李渤翻道元之案，坡老又翻李渤之案也。每山盘水汇，水搏石窍作声，所在非一，而石之异产，声韵清长者，信有之矣。余外家安氏古墓两石驼，色质不异凡石，击之铿然，若梵磬出林，良久渐远，士人呼为响石，特未详所自致耳。古人之论如此类，两存可也。（《古文眉诠》卷六十九）

【清】刘大櫆：以心动欲还，跌出大声发于水上，才有波折，而兴会更觉淋漓。钟声二处，必取古钟二事，以实之具。此诙谐文章，妙趣洋溢行间，坡公第一首记文。（徐树铮《诸家评点古文辞类纂》卷五十六）

【清】吴闿生：东坡此篇随手记载，未能脱俗，方、刘所评皆未免过当。至于诙谐之妙，必有文外曲致，刘以此二语当之，亦非所闻。（徐树铮《诸家评点古文辞类纂》卷五十六）

【近】林纾：以意会之，则铿鏜含有金铁铮鸣声，盖前所闻者声空，后所闻者声实。栖鹘鹳鹤之鸣，似与本文无涉，特用其声为石钟作势，以形其静，可见四无人声，鸟方夜鸣，引起石钟之声，方有着落。盖此二鸟之声，亦非闲笔。须知读古人之文，须从其不经意处思之，方悉其精神粘贯处也。（《林纾选评古文辞类纂》卷九）

◎ 欧阳修

《秋声赋》

【宋】黄震：《蝉声赋》《秋声赋》之脱洒，《病暑赋》《憎苍蝇赋》之布置，皆当成诵。（《黄氏日钞》卷六一）

【宋】楼昉：模写之工，转折之妙，悲壮顿挫，无一字尘浣。（《崇古文诀》卷十八）

【元】祝尧：此等赋实自《卜居》《渔父》篇来，迨宋玉赋《风》与《大言》《小言》等，其体遂盛，然赋之本体犹存，及子云《长杨》，纯用议论说理，遂失赋本真。欧公专以此为宗，其赋全是文体，以扫积代俳律之弊，然于三百五篇吟咏情性之流风远矣。《后山谈丛》云"欧阳永叔不能赋"，其谓不能者，不能进士律赋尔，抑不能风所谓赋耶？（《古赋辨体》卷八）

【元】张之翰：因思古今骚人多寓意秋声中，由宋玉《九辩》而下，如李太白有"紫极宫何处闻秋声"诗，刘禹锡、欧阳永叔有《秋声赋》，率皆悲时之易失，嗟老之将至，状其凄清萧瑟而已。（《秋声集序》）

【明】孙鑛：果是以文为赋，稍嫌近切，然说意透，亦自俊快可喜。（归有光《欧阳文忠公文选》卷十）

【清】金圣叹：赋每伤于俳俪。如此又简峭，又精练，又径直，又波折，真是后学作文之点金神丹也。（《天下才子必读书》卷八）

【清】孙琮：作赋本意只是自伤衰老，故有动于中，不觉闻声感叹。一起先作一番虚写，第二段方作一番实写，一虚一实已写尽秋声。第三段止说秋之为义崇以肃杀，引起第四段自伤衰老为一篇主意。结尾"虫声唧唧"亦是从声上发挥，绝妙点缀。读前幅，写秋声之大，真如狂风怒涛，令人怖恐；读末幅，写虫声之小，真如嫠妇夜泣，令人惨伤。一个"声"字写作两番笔墨，便是两番神境。（《山晓阁选宋大家·欧阳庐陵全集》卷四）

【清】何焯：虽非楚人之辞，然于体物自工。至后乃推论人事，初非纯用议论也。讥之者只是不识，公于文章，变而不失其正尔。（《义门读书记》卷三十九）

【清】林云铭：总是悲秋一意。初言声，再言秋，复自秋推出声来，又自声推出所以来之故，见得天地本有自然之运，为生为杀，其势不得不出于此，非有心于戕物也。但念物本无情，其摧败零落，一听诸时之自至，而人日以无穷之忧思，营营名利，竞图一时之荣，而不知中动精摇，自速其老。是物之飘零者，在目前有声之秋；人之戕贼者，在意中无声之秋也，尤堪悲矣！篇中感慨处带出警悟，自是神品。（《增订古文析义

合编》卷十四)

【清】吴楚材、吴调侯：秋声，无形者也，却写得形色宛然，变态百出。末归于人之忧劳自少至老，犹物之受变自春而秋，凛乎悲秋之意溢于言表。结尾虫声唧唧，亦是从声上发挥，绝妙点缀。(《古文观止》卷十)

【清】过珙：秋声本无可写，却借其色、其容、其气、其意引出其声。一种感慨苍凉之致，凄然欲绝。末归到感心劳形，自为戕贼，无时非秋，真令人不堪回首。(《古文评注》卷四)

【清】朱宗洛：首一段摹写秋声，工而切矣，却不放出"秋"字，于空中想像形容，此实中带虚之法也。次段先就童子口中摹写一番，然后接出秋声，振起全篇，此文家顿挫摇曳之法也。三段实写"声"字，却不径就"声"字说，先用"其色""其容""其气""其意"等作陪，此四面旁衬之法也。四段就"秋"字发挥，即带起下段，此前后相生法也。五段是作赋本旨。末段是用小波点缀，收束前后感慨，尤见情文绝胜。(《古文一隅》卷下)

【清】黄仁黼：《辑注》评：《悲秋赋》前有作者矣，此独从"声"字著笔，自首至尾，看他步步生波，层层联络，开小题中多少法门。后段以忧思憔悴归咎于人，撇开秋声，并将"悲秋"二字翻转入妙。〇先生感光阴之荏苒，叹时事之已非，一旦触景撼怀，闻声致慨，其萧瑟之情，固同《九辩》，而悲伤之隐，实类《离骚》。亦何怪嗣响楚辞，而继美诗人也哉。(李扶九、黄仁黼《古文笔法百篇》卷十五)

【今】陈新、杜维沫：《秋声赋》嘉祐四年(一〇五九)作。这年春天，作者辞去兼权知开封府的职务，复官翰林学士兼龙图阁学士提举在京诸司库务。自嘉祐以后，欧阳修获仁宗信用，官位不断升迁，但由于现实政治的矛盾，他深知守旧则日趋因循，改革则徒滋纷扰，思想十分苦闷，故于诗文中经常流露出衰病无能的情绪。"思其力之所不及，忧其智之所不能""奈何以非金石之质，欲与草木而争荣"，正是这种苦闷情绪的反映。后于治平二年(一〇六五)又作《秋怀》诗曰："节物岂不好，秋怀何黯然，西风酒旗市，细雨菊花天。感事愁双鬓，包羞食万钱，鹿车终自驾，归去颍东田。"意较《秋声赋》更为直截。宋人写赋较唐更趋于散文化，但仍保留赋的主客对问、抑扬顿挫、音韵铿锵的特点，故文学史上称为"文赋"。此类赋体，实创自相传为宋玉所作的《高唐》《神女》诸赋，后来骈赋、律赋盛行，至宋已不多见，欧阳修作此赋后，又有苏轼的前后赤壁之作，实为此类赋作的后劲。此赋读来朗朗上口，将难以捉摸的秋声描绘得有声有色，而中间又融会着作者对政治生活的深沉感慨，所以成为传诵不衰的名篇。(《中国古典文学名家选集·欧阳修选集》)

【今】陆精康："皇天平分四时兮，窃独悲此廪秋。"(宋玉《九辩》)古来即多伤秋之作，"秋士易悲"差不多是民族文化的恒定题材。在绵绵不绝的文士悲秋合唱中，欧阳修的《秋声赋》无疑是迥出之篇。前此，李太白《悲清秋赋》已弹出"吾将采药于蓬丘"的清音，刘禹锡《秋声赋》亦奏出"异宋玉之悲秋"的高昂之曲。从思想内涵看，欧《秋声赋》伤秋悲秋之主题，同前人相比并无超越。然而，这篇文赋却成为悲秋中十分脍炙人口最为动人心魄之华章，其原因值得探究。在笔者看来，这篇文赋描写、议论、抒怀各臻其妙，自然、文化、人生融为一体，文辞雅正而意境缈远，应当是引起古今许多读者共鸣的根本原因。

秋声盈耳：自然之秋的凄清景象。无形的秋声在赋家笔下变得动荡起伏。"初淅沥以萧飒"，写秋声方至。"忽奔腾而砰湃"，写秋声骤起。"波涛夜惊，风雨骤至"，写秋声大盛。"鏦鏦铮铮，金铁皆鸣"，是对纵横决荡之秋声的直接描摹。"赴敌之兵衔枚疾走"，则状秋声之趋于微弱，渐行渐远。欧阳子"状难写之景如在目前"，自身听之悚然，读者读之惊心。刘熙载《艺概·诗概》："山之精神写不出，以烟霞写之；春之精神写不出，以草树写之。"秋声是诉诸听觉之物，正面描写不足状其惨烈，作者复以诉诸视觉的秋色、秋容，诉诸感觉的秋气、秋意烘而托之，令读者感到秋意无边。轻烟飘飞，薄云散尽，秋色是惨淡的。日光照耀，高阔明朗，秋容是空旷的。秋风凛冽，砭人肌骨，秋气是清冷的。万物之生机皆尽，山川之神态黯然，这秋意，则是萧索冷落的。"写物不滞于物"，换了一种角度，改用烘托手法，用"秋之为状"衬托秋声，更显出秋风之凄厉，秋声之凄清。

秋心透骨：文化之秋的肃杀内蕴。"天地之义气，常以肃杀而为心。"所谓秋心，即秋的历史内蕴和文化特质。欧阳修将议论推理注入文赋，联系官制、兵象、音乐等多种文化现象，借题发挥，大事渲染，令自然之秋勾联文化之秋。行刑待秋而决。"夫秋，刑官也。""秋官"为《周礼》六官之一，先秦时"秋官"司寇掌刑法、狱讼，后世则称刑部长官为"秋卿"，司法、监察官及官署称"秋宪"，刑部称"秋曹"，刑律法典称"秋典"。秋天审决死刑犯称"秋审""秋决"。征伐待秋而举。《礼记·月令》："孟秋之月……天子乃命将帅，选士厉兵，简练桀俊，专任有功，以征不义。"秋日谷丰马肥，正是掠夺杀伐的季节，所以秋季"又兵象也"。秋天属五行中的"金"，秋天称金秋。兵象"于行为金"，诚如《汉书·五行志》所言："金，西方，万物既成，杀气之始也。"秋对应宫、商、角、徵、羽五音中的"商"，故秋声称商声。商音凄厉、悲凉、哀怨，与秋天肃杀之气正相对应。"商声主西方之音，夷则为七月之律。"此据《礼记·月令》："孟秋之月……其音商，律中夷则。"欧阳修扣住商声、夷则这两个概念加以发挥。商、伤同音，以声为训，面对秋景，由秋声联想商声，由商声衍生伤悲，所以说"商，伤也"。古人以十二律配十二月，七月为律中之夷则。"夷"有诛灭屠杀之义，以义为训，

所以说"夷，戮也"。秋季万物成熟，成熟即过盛，秋气肃杀，万物凋谢，故曰：物过
盛而当杀。这样，秋与五音中的商，五方中的西，五行中的金等相配，在文化层面上，
可谓秋意惨淡秋心透骨。其实，"商"与"伤"不存在任何意义上的联系，而"夷则"
与"杀戮"无关。《国语·周语下》"夷则"韦昭注："夷，平也；则，法也，言万物既可
法则也。"欧阳修在这种对秋所作的前所未有的系统的八卦式的"文化解读"中，臆说
"商声"，活剥"夷则"，确有牵强附会之嫌。其妙处在摄秋之魂勾秋之魄，于中正可见
作者之别有怀抱，显示的是作者心境与传统文化的一种心灵感应、精神契合。

秋愁满怀：人生之秋的悲凉情感。童子外出寻秋声，但见"星月皎洁，明河在天，
四无人声，声在树间"，可见肃杀之秋声只存在与作者的心境之中，折射的是作者的凄
凉心境。宋仁宗景祐三年（1036），欧阳修二十九岁，为范仲淹落职事上书切责高若讷，
初贬夷陵。庆历五年（1045），欧阳修三十九岁，因论救推行庆历新政诸君子，再贬滁
州。而今淡出权力中心的欧阳修，已非当年直言敢谏、立志革新的欧阳修。欧阳修产生
了激流勇退、全身避祸的思想。早在皇祐二年（1050），四十四岁的欧阳修便买田颍上，
约梅尧臣一同归老。作此文时，"渥然丹者为槁木，黟然黑者为星星"，欧阳修无论是身
体还是心态都已进入了人生旅途的秋天。在给挚友王素的信中，欧阳修自称："近年眼
目尤昏，又却送在经筵，事与心违，无一是处。未知何日遂得释然，一偿素志于江湖之
上，然后归老汝阴尔。"欧阳修有一首写给梅尧臣的五言诗《夜闻风声有感奉呈原父舍
人圣俞直讲》："夜半群动息，有风生树端。飒然飘我衣，起坐为长叹……不独草木尔，
君形安得完？栉发复新白，鉴容销故丹。风埃共侵迫，心志亦摧残。"诗赋互证，可窥
欧阳修"心志亦摧残"之心态。所以说，《秋声赋》是一篇悲秋赋，伤情赋，从赋中可
以观照欧阳修悲情世界。强烈的生命意识，浓郁的人生悲情，也是人间一种美好的情
感。何况欧阳修的人生感喟与一般叹老嗟卑之作还是有所区别的。作者以悲情世界感悟
读者，以艺术境界感染读者，一唱三叹，摇曳生姿，从而令这篇开宋代文赋先河之作成
为人们普遍欣赏的悲秋名篇。（《考信录——文言诗文备课札记》，引用时有删节）

《醉翁亭记》

【宋】黄震：《醉翁亭记》以文为戏者也。（《黄氏日钞》卷六十一）

【宋】葛立方：梅圣俞寄题欧公《醉翁亭》诗云："日暮使君归，野老纷纷至。但留
山鸟啼，与伴松间吹。借问结庐何，使君游息地。借问醉者何，使君闲适意。借问镌者
何，使君自为记。"全体欧公《醉翁亭记》而作。余谓滁之山水得欧文而愈光，欧公之
文得梅拟而愈重。（《韵语阳秋》卷十三）

【元】虞集：此篇是记体，欧阳以前无之。或曰赋体，非也。逐篇叙事，无韵不排，

只是记体。第三段叙景物，忽然铺叙，记中多有。（张鼐《评选古文正宗》卷九）

【明】茅坤：文中之画。昔人读此文，谓如游幽泉邃石，入一层才见一层，路不穷兴亦不穷。读已，令人神骨脩然长往矣。此是文章中洞天也。（《唐宋八大家文钞》卷四十九）

【明】李腾芳："有亭翼然临于泉上者，醉翁亭也"，一"翼"字将亭之情、亭之景、亭之形象俱写出，如在目前，可谓妙绝矣。此等不可胜言，大约古人用字如将用兵，无不以一当百，寻常字面从他手中出来，便大奇绝。如韩信驱市人而战，凡市人皆精兵也。○进读欧公《醉翁亭记》，前面说山，说泉，说亭，说作亭人，说酒，说醉翁，都说了，却后面还有许多，如何下处？你看他云："醉翁之意不在酒，在乎山水之间也。"黏出喫酒，带下山水，立地便过，不用动掉，辟如左鼻子气过于右鼻子，不消过文传送，妙绝古今。（《文字法三十五则》）

【明】谢榛：章给事景南过余曰："子尝云'诗能剥皮，句法愈奇'，何谓也？"曰："譬如天宝间李谪仙、杜拾遗、高常侍、岑嘉州、王右丞、贾舍人相与结社，每分题课诗，一时宁无优劣？或兴高者先得警策处，援笔立就，自能擅场。如秋间偶过园亭，梨枣正熟，即摘取啖之，聊解饥渴，殊觉爽快人意。或有作，读之阁阁然，尚隔一间，如摘胡桃并栗，须三剥其皮乃得佳味。凡诗文有剥皮者，不经宿点窜未见精工，欧阳永叔作《醉翁亭记》亦用此法。"（《四溟诗话》卷三）

【清】乾隆（帝）：前人每叹此记为欧阳绝作。间尝熟玩其辞要亦无关理道，而通篇"也"字断句，更何足奇？乃前人推重如此者，盖天机畅则律吕自调，文中亦具有琴焉，故非他作之所可并也。况修之在滁，乃蒙被垢污而遭谪贬，常人之所不能堪，而君子亦不能无动心者，乃其于文萧然自远如此，是其深造自得之功，发于心声而不可强者也。（《御选唐宋文醇》卷二十六）

【清】吴楚材、吴侯调：通篇共用二十个"也"字，逐层脱卸，逐步顿跌，句句是记山水，却句句是记亭，句句是记太守。似散非散，似排非排，文家之创调也。（《古文观止》卷十）

【清】黄仁黼：随记随解，记体中千古创调也，亦千古绝调也。劈首用一"也"字，生出下二十"也"字"。然首一"也"字，是拖起下文，尚虚，与下众"也"字实煞者不同。从来文中用"也"字之多，无过于此，故独出一奇。闻公初起稿时，从四方说来有数句，共二十余字，后尽删，作此五字。省而括，高而洁，于此可悟作文不贵冗长。又朝暮四时等，赋记中皆成套语，此只六句了之，亦见其人详我略，故不落俗。至末始点名一法，后来古文时文多祖之。盖欧公《秋声赋》及此首，于作小题法最宜，学者熟读可也。《辑评》：明是玩赏风月文章，妙有与民同乐一段议论，为通篇结穴。中间"醉翁之意"四语，如山之有峡，前后点染，有似诸峰攒集。所以然者，作记非他人，太守也。先点太守，末点姓名，煞有深意。

〇自来文人学士，谪宦栖迟，未有不放怀山水，以寄其幽思。而或抑郁过甚，而辱之以愚；抑或美恶横生，而盖之于物；又或以物悲喜，而古人忧乐，绝不关心；甚或闻声感伤，而一己心思，托于音曲。凡此有山水之情，无山水之乐，而皆不得为谪宦之极品也。六一公之守滁也，尝与民乐岁物之丰，而兴幸生无事之感。故其篇中写滁人之游，则以"前呼后应""伛偻提携"为言，以视忧乐之不关心者何如也？至其丝竹不入，而欢及众宾；禽鸟声闻，而神游物外，绝无沦落自伤之状，而有旷观自得之情。是以乘兴而来，尽兴而返，得山水之乐于一心，不同愚者之喜笑眷慕而不能去焉。然则此记也，直谓有文正之规勉，无白傅之牢愁；有东坡之超然，无柳子之抑郁。岂不可哉？岂不可哉？（李扶九、黄仁黼《古文笔法百篇》卷六）

【清】孙琮：此篇逐段记去，觉似一篇散漫文字。及细细读之，实是一篇纪律文字。若作散漫文字看，不过逐层排列数十段，有何章法？若作纪律文字看，则处处自有收束，却是步伐严整。如一起记山、记泉、记亭、记人，数段极为散漫，今却于名亭之下自注自解，一反一覆，作一收束。中幅记朝暮、记四时，又为散漫，于是将四时朝暮总结一笔，又作一收束。后幅记游、记宴、记欢、记醉、记人归、记鸟乐，数段又极散漫，于是从禽鸟捲到人，从人捲到太守，又作一收束。看他一篇散漫文字，却得三处收束，便是一篇纪律文字，细读当自得之。（《山晓阁选宋大家欧阳庐陵全集》卷三）

【清】浦起龙：《丰乐》者，同民也，故处处融合滁人；《醉翁》者，写心也，故处处摄归太守。一地一官，两亭两记，各呈意象，分辟畦塍。（《古文眉诠》卷五十九）

【清】余诚：直记其事，一气呵成，自首至尾计用二十个"也"字，此法应从昌黎《潮州祭大湖神》文脱胎。〇风平浪静之中，自具波澜潆洄之妙。笔歌墨舞，纯乎化境，洵是传记中绝品。至记亭所以名"醉翁"，及醉翁所以"醉"处，俱隐然有乐民之乐意在，而却又未尝着迹，立言更极得体。彼谓似赋体者，固未足与言文，即目为一篇风月文章，亦终未窥见永叔底里。（《重订古文释义新编》卷八）

【清】过琪：从滁出山，从山出泉，从泉出亭，从亭出人，从人出名，一层一层复一层，如累叠阶级，逐级上去，节脉相生，妙矣！尤妙在"醉翁之意不在酒"及"太守之乐其乐"两段，有无限乐民之乐意隐见言外。若止认作风月文章，便失千里。（《古文评注》卷四）

【清】平步青：世传六一公作《醉翁亭记》，始云"滁四面皆有山"，又改云"滁为州，山四周"，又改云云，末乃改云"环滁皆山也"。可谓简而秀。（《霞外捃屑》卷七）

【今】黄振民：此文以"乐"字为一篇之首。以己之乐而推及人之乐，以人之乐而

推及禽鸟之乐，不离儒家仁民爱物之本意。（罗新璋《古文大略》）

【今】蒋松源：作者的山水小品，不同于柳宗元之作多从实处写景，而是以虚处生情为特色。它多用虚笔、意笔、诗笔，轻轻落墨，淡淡点染，而形象鲜明，情思流溢。（《历代小品山水》）

【今】郭预衡：欧公告诫别人"勿作戚戚之文"，他自己确实是做到了。他在滁州写的《丰乐亭记》《醉翁亭记》，都不是所谓"戚戚之文"。身在贬所，没有"不堪之穷愁"，而言"山水之乐"，这一点确是前辈文人如韩愈等所未做到的。欧公身居贬所之所以能够如此自处，他在《答李大临学士书》中说得明白："修在滁三年，得博士杜君与处，甚乐。……今足下在滁，而事陈君与居，足下知道之明者，固能达于进退穷通之理。能达于此而无累于心，然后山林泉石可以乐；必与贤者共，然后登临之际有以乐也。"这里说的"达于进退穷通之理"和他在《尹师鲁墓志铭》中说的"处穷达、临祸福，无愧于古君子"云云，是同样的意思。即虽处困境而志不屈，虽遇灾祸，而泰然处之。（《中国散文史》）

【今】吴小如：据南宋胡柯《庐陵欧阳文忠公年谱》，《醉翁亭记》的写作年代，只能是庆历六年他自号醉翁之后到八年年初离开滁州之前。《记》中历写滁州山中一年四季的景色，可与它的姊妹篇《丰乐亭记》参看：修之来此，乐其地僻而事简，又爱其俗之安闲。既得斯泉于山谷之间，乃日与滁人仰而望山，俯而听泉，掇幽芳而荫乔木，风霜冰雪，刻露清秀，四时之景，无不可爱。有人认为欧阳修既已被贬，当然满腹牢骚，只能寄情山水，或以诗文遣闷。我们且看文中能够体现主题的有关文句：山水之乐，得之心而寓之酒也。……朝而往，暮而归，四时之景不同，而乐亦无穷也。……然而禽鸟知山林之乐，而不知人之乐；人知从太守游而乐，而不知太守之乐其乐也。这里明白指出：作者的游山玩水是自"乐其乐"而且"乐亦无穷"的。读者或许认为：欧阳修口里说"乐"是在强颜欢笑。我说不尽然。在若干分析这篇散文的文章中大都忽略了以下这几句：至于负者歌于途，行者休于树，前者呼，后者应，伛偻提携，往来而不绝者，滁人游也。"太守"之所以自"乐其乐"，正是由于如《丰乐亭记》里所说的"地僻而事简""其俗之安闲"的缘故。范仲淹为好友（也是"同志"）滕宗谅作《岳阳楼记》可以站在客观的朋友立场歌颂滕"政通人和，百废具兴"，从而启示读者滕之被贬谪是不应该的。欧阳修写这两篇《记》是自我抒发感情，不能自己夸耀治绩，只能换个角度来说。所以《丰乐亭记》在上引"无不可爱"一句的下面紧接着说：又幸其民乐其岁物之丰成，而喜与予游也。因为本其山川，道其风俗之美，使民知所以安此丰年之乐者，幸生无事之时也。治理一个地方而得到这样的结果，这不正是自己政治才能的特出和行政措施的合理么！因此我认为，这篇文章并不是着意摹绘景物的山水记，它的思想倾向更不消极。以之与《岳阳楼记》相比，尽管表现手法有所不同，主题思想却是一致的。

在正统的古文家眼中看来，其写作手法还带有"离经叛道"的味道呢。姚鼐、曾国藩遴选唐宋名篇，《岳阳楼记》和《醉翁亭记》都没有被"录取"。《醉翁亭记》极有独创性，是一篇典型的以诗为文的代表作。读者但觉其通篇用"也"字贯穿到底，是活用虚词，已臻化境；其实他是把《诗经》《楚辞》中"兮""些"等词的用法移植到散文中来，只由于句法参差，才不着丝毫因袭痕迹。人们所竞誉的那一段写景文字（即"野芳发而幽香"四句），最能代表作者寓骈于散、化骈为散的精美技巧（如"风霜高洁，水落而石出"，假若写作"风高而霜洁，水落而石出"，与上连续，便成为纯粹的骈文）。其实这类句式通篇俯拾即是，其运化之神奇，真可谓文章圣手。甚至连"若夫""至于""已而"等用虚词领起下文的地方，也都是从骈文或六朝小赋嬗变而来。

从"环滁皆山"的大背景、大环境逐渐用镜头推近的方法（借用现代电影术语）写到了醉翁亭，突出文章重点；然后从建筑物引到抒情主人公身上，点明人和物的关系，这种层层递进的手法实是史传文学在叙述地理环境时常用的表达方式。这就说明史官笔法和文学著述是有着密切关联的。试看古今最佳的游记或山水记，都与地理类专书有关，而地理专著本又属于史学范畴，如《水经注》和《徐霞客游记》便是明显例证。这样从方位写起，由大到小，由远及近，显然是受司马迁的影响，而且模拟的痕迹也宛然可见。发展到清代的姚鼐，他在《登泰山记》的开头处写道：泰山之阳，汶水西流；其阴，汶水东流。阳谷皆入汶，阴谷皆入济。当其南北分者，古长城也。最高日观峰，在长城南十五里。这篇《醉翁亭记》的开头，写法亦复如是。其实这种手法全从司马迁、柳宗元笔下变化发展而来。由此可见，要想推陈出新，必须把前人成果消化吸收，然后才能达到"万物皆备于我"的境地。（《古文精读举隅》，引用时有删节）

【今】赖汉屏：写这篇文章时欧年四十，贬滁州已经一年。欧阳修这次被贬，由于论救推行庆历新政诸君子，得罪了守旧官僚，他遭构陷并被贬往滁州。读欧阳修的《与高司谏书》可知他是个个性刚直的人，无端被诬，心中怎么能没有愤懑，又怎么能自放于山水诗酒？十年前，因为支持范仲淹，贬为夷陵县令时，他曾写信给同案被贬的尹师鲁，肯定了尹在谪迁中"益慎职，无饮酒"的自处之道，并批评了那些一遭贬逐，便"傲逸狂醉"的人。十年后的今天，写这篇《醉翁亭记》，竟然畅言饮酒，自号"醉翁"，以至苍颜白发，颓然乎众宾之间，要说这完全是出于性爱游乐，纵情山水，很难令人信服。那么，是不是果如另外一些评论者说的，山水之乐无非是沉郁、压抑心情的饰容呢？十年前他写的《与尹师鲁书》中说，不少前代名人，包括韩愈在内，"一到贬所，则戚戚怨嗟，有不堪之穷愁形于文字，其心欢戚无异庸人。"因此告诫余靖（安道）："慎勿作戚戚之文。"他显然看不起、更不屑做那种患得患失的庸人。再说，受到打击、遭到贬谪就忧戚怨嗟，反而使那些陷害他的人弹冠相庆，无异于为敌张目。因此，他诗酒山林，随遇皆乐，显示自己绝不曾因横遭打击垂头丧气；反而意气自若，心态安怡，表现出泱泱君子的坦荡风怀，铮铮铁骨。这是他在《醉翁亭记》里强调"其乐亦无穷也"的真正原因。更何况，守滁一年，能使滁州的人民"乐其岁物之丰成"，又幸滁州士人"喜与予游"，而"与民共乐"正是"刺史之事"（以上几处引文均见作者写于与本文同时的《丰乐亭记》），更足以使他化忧为乐。（陈振鹏、章培恒《古文鉴赏辞典（下）》，引用时有删节）

《伶官传序》

【宋】楼昉：只看盛衰两节，断尽庄宗始终，又须推原昔何为而盛，今何为而衰。其盛也，以其有志；其衰也，以其溺心。忧深思远，词严气劲，千万世之龟鉴，隐然言意之表。（《崇古文诀》卷十九）

【元】脱脱：自撰《五代史记》，法严词约，多取《春秋》遗旨。（《宋史·欧阳修传》）

【清】林云铭：此《伶人传》序也。传中所载诸伶有宠，侮弄缙绅，夷戮功臣，而景进、吏彦琼、郭从谦三人为最。从谦当李嗣源反后，遂作乱，庄宗中流矢而殂，甚为详悉。但"誓天断发，泣下沾襟"之语，不见于本传，岂当日到万胜镇，登高而叹，所传逸事耶？篇中以"盛衰"二字作线，步步发出感慨，而归本于人事。盖以庄宗本英主，乃一旦为数十伶人所困，以至灭亡者，其始以此辈为不足虑，而平昔之溺情，不能自克。及祸患之来，毕生智勇至此举不可用。因思千古覆辙，大抵如此。何可胜慨！其行文悲壮淋漓，可与子长、孟坚颉颃。《五代史》中，有数文字也。（《增订古文析义合编》卷十四）

【清】吴楚材、吴调侯：起手一提，已括全篇之意。次一段叙事，中后只是两扬两抑。低昂反覆，感慨淋漓，直可与史迁相为颉颃。（《古文观止》卷十）

【清】蔡世远：唐庄宗自平梁以前，英雄俶傥，所向无前，一小太宗也。后来狼狈乃如是，逸豫之中人也，殆哉！世有半生勤劳，得第居官后，因利心胜，逸心萌，不旋踵而凌替者多矣。况子孙以逸豫承之，有不速坏乎？成立之难如升天，覆坠之易如燎毛，正堪痛心刻骨。〇子长论赞文多短简，或论其一二轶事，或感慨数语；孟坚则是非不苟，直下断制语矣。自是以后，摹仿二家，确守绳墨。惟欧公论赞，忠君爱国之心形于笔墨，欲使人主有所规戒，后世有所劝惩，其文之短长不拘，因此可觇其品识。（《古文雅正》卷十）

【清】吕留良：从太史公《项羽本纪》来。（《晚村先生八家古文精选》）

【清】沈德潜：抑扬顿挫，得《史记》神髓。《五代史》中第一篇文字。○欧公议论，每不直说破，作俯仰低回之态，所以文态猗旎。史中论赞，尤须用此体。使三苏做之，必张胆明目，一语喝破而已。（《唐宋八家文读本》卷十四）

【清】唐德宜：庄宗以英明之主，而溺于优俳之贱，其亡也忽焉。文极抑扬顿挫，慷慨激昂，末段收束，尤为名论不磨。（《古文翼》卷七）

【清】刘熙载：欧阳公《五代史》诸论，深得畏天悯人之旨，盖其事不足言，而又不忍不言；言之怫于已，不言无以惩于世。情见乎辞，亦可悲矣。（《艺概·文概》）

【清】黄仁黼：抑扬尽致，俯仰雍容，逼肖龙门，此六一公生平最得意之笔，学者当百读不厌也。黼按：文为逸豫亡身者发，开首即以"盛衰之理"，归到人事，慨叹一番。随引庄宗事以作证据，明其得失之数，成败之迹，均非可诿之天命。末仍就盛衰上说庄宗之得失，实缘人事之未尽，见得祸患之来，每根逸豫。天下之可以亡身者，不仅有伶官，而伶官其较著者也，皆类于伶官，而伶官其已然者也。反覆推勘，使人知所警醒。通篇语意，全从"人无远虑"章化来。其间"一夫夜呼，乱者四应"及"身死国灭，为天下笑"等语，适与太傅《过秦论》"一夫作难而七庙隳，身死人手为天下笑"相类。夫秦皇之与唐庄，固同一不轨于道者。先生之文，岂必有所胎袭于此，盖亦知人论世之各有真见，不期同而自同者也。○孟子谓"生于忧患，而死于安乐"，旨哉！其言之也。夫人之情，莫不爱生而恶死，而卒贪安乐而忘忧患者，何哉？岂不谓"死生有命，富贵在天"？忧患之未必生，安乐之未必死也。不知《尚书》所载尧以来，其禄位名寿之必得者，只此忧勤惕厉之一念所积而成耳。不然，朱、均、桀、纣纵不肖，亦得袭祖父馀荫以延国祚，何至覆亡若是哉？彼庄宗之为人，盖亦朱、均、桀、纣之流亚，蹈其辙而不自觉者也，人可不引为前鉴也夫！（李扶九、黄仁黼《古文笔法百篇》卷十五）

【今】霍松林：在"序跋类"古文中，《新五代史》里的一些序，是和《史记》里的《汉兴以来诸侯年表序》《秦楚之际月表序》等同样著名的。姚鼐《古文辞类纂序目》云："余撰次古文辞，不载史传，以不可胜录也。惟载太史公、欧阳永叔表志序论数首，序之最工者也。"其中的《伶官传序》，茅坤推为"千年绝调"，虽未免溢美，然而跌宕唱叹，情韵绵远，确乎得《史记》神髓而不袭其貌，可以看作"六一风神"的典范。

《新五代史》"发论必以'呜呼'"，这篇《伶官传序》也不例外。《欧阳文忠公集·附录》卷五载欧阳修的儿子欧阳发等所述《事迹》中有云："先公……自撰《五代史》七十四卷……褒贬善恶，为法精密。发论必以'呜呼'，曰：'此乱世之书也。'其论曰：'昔孔子作《春秋》，因乱世而立治法。余述本纪，以治法而正乱君。'此其志也。"五代是中国历史上出名的乱世。北宋王朝建立以后，生产得到了恢复和发展，社会得到了暂时的相对稳定。然而紧接着，统治者日益荒淫腐化，社会矛盾日益扩大加深。到了仁宗庆历初年，以王伦、李海等为首的人民暴动接踵而起，西夏又侵扰西北边境，屡败宋军。欧阳修、范仲淹等人针对当时的弊政，力图实行政治改革，以挽救北宋王朝的危机，却接二连三地遭到当权派的打击。在这种情况下，欧阳修忧心忡忡，很担心五代惨痛历史即将重演。而宋太祖时薛居正奉命主修的《旧五代史》又"繁猥失实"，无助于劝善惩恶。于是自己动手，撰成了七十四卷的《新五代史》，通过对五代政治与历史人物的记述、描写和批判，表现了他对北宋王朝的忧虑和对当时弊政和当权派的不满。这篇《伶官传序》和《宦者传论》《唐六臣传论》等一样，既是史评，也可以说是针对北宋的现实而发的政论。它以"呜呼"开头，是寓有无穷的感慨的。

作者通过李存勖得天下与失天下的事实，阐明了"满招损，谦受益""忧劳可以兴国，逸豫可以亡身"的"自然之理"，从而有力地体现了他的写作意图（在《伶官传》里，便着重写李存勖得天下以后溺于伶人，如何"满"、如何"逸豫"的事实）。行文至此，似乎可以收束了。但他还嫌不够，又推开一步，提出更有普遍性的两个问题感慨作结。从文意上说，更见得语重心长；从文势上说，也显得烟波不尽：真有"篇终接混茫"之妙。这篇用以"序"《伶官传》的文章，实质上是论说文，所以不少人管它叫《伶官传论》。但又和非文艺性的论说文不同。写李克用愤恨填膺，须眉皆动；写李存勖始而英毅，继而衰飒，神态如生；极富形象性，而又跌宕唱叹，情深韵远，于尺幅短章中见萦回无尽之意。《文章精义》的作者曾说欧阳修的文字"遇感慨处便精神"。这里所谓"精神"除了语言的平易畅达、富有音乐感而外，最基本的因素，恐怕就和这"感慨"有关。（陈振鹏、章培恒《古文鉴赏辞典（下）》，引用时有删节）

◎ 范仲淹

《岳阳楼记》

【宋】楼昉：首尾布置与中间状物之妙不可及矣。然最妙处在临了断遣一转语，乃知此老胸襟宇量，直与岳阳、洞庭同其广大。（《崇古文诀》卷一六）

【宋】陈师道：范文正公为《岳阳楼记》，用对语说时景，世以为奇。尹师鲁读之曰："传奇体尔。"《传奇》，唐裴铏所著小说也。（《后山诗话》）

【宋】范公偁：滕子京负大才，为众忌嫉，自庆帅谪巴陵，愤郁颇见辞色。文正与其同年，友善，爱其才，恐后贻祸。然滕豪迈自负，罕受人言，正患无隙以规之。子京忽以书抵文正，求《岳阳楼记》。故《记》中云"不以物喜，不以己悲""先天下之忧而忧，后天下之乐而乐"，其意盖有在矣。（《过庭录》）

【明】萧士玮：《岳阳楼记》云"先天下之忧而忧，后天下之乐而乐"，自余观之，圣贤之心先忧而已，无后乐也。（《陶庵杂记》）

【清】林云铭：题是记岳阳楼，任他高手，少不得要说此楼前此如何倾坏，如何狭小，然后叙增修之劳，再写楼外佳景，以为滕公此举大有益于登临已耳。文正却把这些话头点过便尽情阁起，单就迁客骚人登楼异情处，转入古仁人用心，遂将平日胸中致君泽民、先忧后乐大本领一齐揭出。盖滕公以司谏谪守巴陵，居庙堂之高者忽处江湖之远，其忧谗畏讥之念、宠辱之怀，抚景感触，不能自遣，情所必至。若知念及君民之当忧，自有不暇于为物喜、为己悲者。篇首提出"谪守"二字，本是此意。妙在借他方之迁客骚人，闲闲点缀，不即不离。谓之为子京说法可也，谓之自述其怀抱可也，即谓之遍告天下后世君子俱宜如此存心，亦无不可也。嘻，此其所以为文正公之文欤！（《增订古文析义合编》卷十四）

【清】过珙：首尾布置与中间状物之妙不可及矣。尤妙在入后忧乐一段，见得惟贤者而后有真忧，亦惟贤者而后有真乐。乐不以忧而废，忧不以乐而忘。此虽文正自负之词，而期望子京隐然言外，必如是始得斯文本旨。（《古文评注》卷三）

【清】黄仁黼：入手即将题点过，而"谪守"二字已伏一篇之意。盖谪者多悲而少喜，故将景物随写一笔，即便昂开，提出主意，隐对子京。切定洞庭畅发两段，得"宽题走窄境"法。末段提出仁人之用心以规勉之，何其正大！不知此即文正公自己写照也。公为秀才时，尝言士君子当先天下之忧而忧，后天下之乐而乐，不觉因上悲喜，即便吐露，而忧乐正与悲喜对也。亦岂己所不能，而貌为大言乎？《楼记》发此大议，可谓小中见大之文。看其一结，虚托闪开，作想慕不已之情，冷冷而住，不自任而矜张，不打照子京而露迹，尤为巧妙绝伦。至中间两对，已早开有明八股之风矣。○黼按：君子之所以异于人者，以其存心也，心可即境而存，心不可随境而变，其所存于中者大，斯其所遇于外者小矣。文正此记，前半为岳阳写景绘情，经营惨淡，已到十分。而其中或悲或喜，处处隐对子京，即处处从谪守着想。故末以"忧""乐"二字易"悲""喜"二字，归到仁人身上，见得境虽变，心不与之俱变，心所存，道即与之俱存。出忧其民，处忧其君，仁人之心自有其所以异者在也。通幅不矜才，不使气，使自己胸襟显得磊磊落落，正大而光明，非其存于中者大而能若是乎？

○杜少陵《登岳阳楼》诗云："吴楚东南坼，乾坤日夜浮。"读者第知戎马关山，其悲天悯人之念未尝一日忘，而不知心中一种浩然之趣，其足以掀扬天地之大观，开拓后人之胸臆者为不少也。咸、同间，余客于此。迩时粤逆鸱张，东南蹂躏。每偕一二同人诵少陵之诗，读文正之记，凭栏俯仰，曾不免老杜悲悯，慨然兴澄清揽辔之思。未几，吴、楚荡平，往岁楼亦重构。呜呼！何转衰为盛之速也。虽然，天下之生久矣，后此读文正之记者，有能忧其忧、乐其乐，不跼踖于悲喜之常，而放怀于天地之大，与少陵佳句同一寄其遐思焉，又安见古今人之不相及哉？（李扶九、黄仁黼《古文笔法百篇》卷七）

【近】唐文治：凡端人正士之文，必周规而折矩，所谓诚也。此文与前数篇（按：指《左传·取郜大鼎于宋》《伶官传论》《泷冈阡表》）同一格局。首段以"览物之情，得无异乎"，开出忧乐二意，中间一段忧，一段乐，末段以"先天下之忧而忧，后天下之乐而乐"作封锁，浩然正大之气，隐跃行间，而才锋绝不外露，格局自然警严，望而知为端人正士之文。虽不能至，心向往之矣。"先天下之忧"二句，实隐用孟子"乐以天下，忧以天下"之意，而造语则更深一层，此可悟"袭古变化"之法。（《国文经纬贯通大义》卷一）

【今】屠建民："先天下之忧而忧，后天下之乐而乐"，闪烁着民本思想的光芒，折射出浓郁的儒家忧患意识，是范仲淹政治抱负的体现。忧患意识最早出现在《易传·系辞下》："《易》之兴也，其与中古乎？作《易》者，其有忧患乎？"忧患与生俱来，一般的人们只对自己的切身利益，如健康、荣辱、贫富、贵贱常挂心头，患得患失，那是忧患情绪，不是忧患意识。只有超越自我，深入到担忧国家的长治久安、人民的幸福快乐的层面，才萌生出忧患意识。孔孟把忧患意识理论化，达到新高度。"君子谋道不谋食""君子忧道不忧贫"（《论语·卫灵公》），把是否得道和能否行道放在吃饭和贫苦之上。孟子说得更具体，从希望国家政治清明、百姓安居乐业出发，要求君王与民众同乐，"乐民之乐者，民亦乐其乐；忧民之忧者，民亦忧其忧。乐以天下，忧以天下，然而不王者，未之有也"（《孟子·梁惠王下》）。范仲淹改变了"先"与"后"的次序，先忧患天下，后再考虑个人的快乐。超前之忧与滞后之乐，是常人所不曾考虑的。（朱义禄《中国古代人文名篇鉴赏辞典》）

【今】霍松林：《岳阳楼记》是庆历六年九月十五日写的。作者于前一年出知邓州。就是说，作记的时候，他已经是"迁客"。在中国封建社会里，"迁客"往往也是"骚人"（诗人）。那些"迁客骚人"，大都因"怀才不遇"而牢骚满腹，多愁善感。作者在几次被贬谪、如今又作"迁客"的情况下写这篇文章，却能否定一般"迁客骚人""以物喜""以己悲"，被个人得失和环境变化所支配的卑微情感，而提出所谓"古仁人"作榜样，这分明是对自己的鞭策，也是对因受"邪党"迫害而作了"迁客"的许多朋友的勉励——首先是对滕子京的勉励。滕子京有才能，有抱负。然而作为一个"迁客"，他的情感却和记中所赞扬的"古仁人之心"相去甚远（按：见前述范公偁评条）。南宋周煇《清波杂志》（卷四）云："放臣逐客，一旦弃置远外，其伤悲憔悴之叹，发于诗什，特为酸楚，极有不能自遣者。滕子京守巴陵，修岳阳楼，或赞其落成，答以：'落甚成？只待凭栏大恸数场！'闵己伤志，固君子所不免，亦岂至是哉！"看了这些材料，再来读《岳阳楼记》，就可以更清楚地看出"滕子京谪守巴陵郡"的"谪"字，的确是全文的关键，而"先忧后乐"云云，则是全文的结穴。中间否定的"以物喜""以己悲"的"迁客骚人"，分明包括滕子京在内；后面提出的"古仁人"，也正是希望滕子京作为榜样，进行学习的。"噫！微斯人，吾谁与归？"说的是"吾"，指的主要是滕子京。那意思是：我离开了这样"先天下之忧而忧，后天下之乐而乐"的"古仁人"，就迷失了前进的方向，那么，你呢？前面说过，"政通人和，百废具兴。乃重修岳阳楼"是赞扬，但也另有用意。用意何在呢？那就是勖勉滕子京应该看得远些，不必"凭栏大恸"，而要进一步做到"政通人和，百废具兴"。这篇作品的客观意义当然有更大的普遍性，但作者却主要是规劝，或者说是批评"罕受人言"的滕子京的。规劝、批评而不露锋芒，却又很有力量，也显示了作者的构思之妙。（陈振鹏、章培恒《古文鉴赏辞典（下）》，引用时有删节）

【今】吴小如：有人问：范仲淹自己并未到过洞庭湖，他怎么会把湖上景物写得如此有声有色？答案很简单：作者虽未到过洞庭湖，却到过太湖和鄱阳湖。作者是苏州人，对太湖熟悉自不必说，1036 年作者因反对吕夷简而被贬出知饶州（今江西上饶），曾在鄱阳湖上流连了不少时日，当然对这一类景物还是具有足够的感性知识的。因此作者对洞庭湖景物的描写并非纯属主观虚构。

前人对《岳阳楼记》有没有反面的评价？回答是：有。这篇文章问世后，被范仲淹的好友尹洙见到，尹洙是立志写古文的，便批评说："传奇体尔。"（按：见前述陈师道评条）"传奇"，指唐人小说，那是一种带有浓厚骈俪色彩的散文体，在立志作古文的尹洙看来是不够纯粹的，所以很不以此文为然。清代桐城派古文家姚鼐，也正由于这个原因，在他编选《古文辞类纂》时才有意不选《岳阳楼记》；后来受桐城派影响的选家，虽以此文入其选本，却仍批评它"稍近俗艳"（见高步瀛《唐宋文举要》甲编卷六）。其实这不免是门户之见。唐代柳宗元的古文，就吸收大量骈俪词藻来丰富他的创作。宋代古文大师欧阳修，有些园林记和游记，也有很多骈偶文句，而且写得很精彩（有代表性者如《游大字院记》）。从今天的角度看来，反而应该说这是文章的优点才对。（《古文精读举隅》，引用时有删节）

◎ 王安石

《游褒禅山记》

【清】林云铭：凡游记，必叙山川之胜与夫闻见之奇，且得尽其所游之乐，此常调也。兹但点出山名、洞名，随以不尽游为慨，若如此便止，有何意味？精采处全在"古人观物有得"上发出一段大议论，即把上文所以不得尽游重叙一番，惟尽吾志赴之，若果不能至，则与力可至而不至者异矣。譬之学者，六合之外，存而不论，即是有得处。末以山名误字推及古书，作无穷之感，俱在学问上立论，寓意最深。○上既说游有未尽，则虚此一游，何必作此记？此处转出"志"字来，言古人游观往往有得其险远处，所见虽奇，但至其地甚难。若可至而不至，不免抱恨且贻咲于人，惟尽吾志而不能至者置之，就是有所得处，是此游虽不能尽，亦不为虚也。（《增订古文析义合编》卷十五）

【清】沈德潜：有志有力，而又有物以相之，其终不能至者，则亦无如何也。借题发意，文人之常，然必说破正旨，此只于言外遇之，又是一格，用笔最折。（《唐宋八大家文读本》卷三十）

【清】浦起龙：此游所至殊浅，偏留取无穷深至之思，真乃赠遗不尽。当持此为劝学篇，而洞之窅渺，亦使人神远矣。（《古文眉诠》卷七十）

【清】刘熙载：荆公《游褒禅山记》云"入之愈深，其进愈难，而其见愈奇"，余谓"深""难""奇"三字，公之学与文得失并见于此。（《艺概·文概》）

【清】黄仁黼：记游而影学问，用笔则曲曲深入，所谓"深人无浅语，慧心无直笔"者也。在记体则为别行一路，在理则从"从游舞雩"章得也。○黼按：此篇头绪甚繁，大要只在尽志与力以深思，而后可以无悔。以之游洞如是，以之为学亦如是，此介甫所独得，而欲学者之共得也。其文鞭辟入里，单行一路，在王集中第一。最利理境题文，学者尤宜熟读。

○同一境也，浅者见浅，深者见深。浅者见浅，虽深而犹浅；深者见深，虽浅而犹深。非境之忽浅忽深也，有浅有深者其境，而能浅能深者其心。心以为浅，无在非浅；心以为深，无在非深。故人之浅深，不视其境而视其心，不视其心而究其力。力果不足，而实出于心之有余，此狷者之所以有不为也。力果有余，而又本其心之不足，此狂者之所以能进取也。荆公力有余，而心犹觉其不足，则不足者虽浅，而有余者自深矣。心有余，而力有适处于不足，则有余者非浅，而不足者更深矣。以心驭境，何险何夷？以力课心，何远何近？故第即境之险夷，以验力之至与不至；但即境之远近，以问心之有悔无悔。而卒之浅者见，深者见，即视浅犹深之心，及诣深于浅之力，亦与之俱见。语云："深人无浅语"，余三复是篇而益信。（李扶九、黄仁黼《古文笔法百篇》卷九）

【近】林纾：此文足以概荆公之生平。"志"字是通篇之主，谓非定力以济之，即有志亦复无用。故公之行新法坚决，不信人言也。所谓"无物以相之"，相者，火也，火尽又焉得至？故行新法亦必须人以助。武灵王行新法，有肥义诸人相之；公不得韩、富为之相，专恃吕惠卿、李定辈，无济也。"于人可讥"，则指同时指斥新法者；"在己为有悔"，非悔新法之不可行，悔新法之不意行也。"尽吾志"三字，表明公之倔强到底，不悔新法之不善，而恨奉行者之不力。始终不肯认过之意，溢于言表。按：至和为仁宗年号，公实未相，新法亦未萌芽，吾言似少近穿凿锻炼。不知言者心声，公之宿志如此，则异日之设施亦正如此。但以文字决之，已足为公一生之行述。惟文字之千盘百转，尽伸缩之能事，自属可贵。（《林纾选评古文辞类纂》卷九）

【今】陈翔：王安石在政治上的改革不就是探寻险远之处的奇伟瑰怪吗？王安石一生的志向就是改变北宋"积贫积弱"的局面，这个愿望在他上奏仁宗皇帝和神宗皇帝的文章里讲得清清楚楚。有了志，就要持之以恒，不随波逐流。在此基础上，自身还要有足够的力量，这个"力"是德、才、学、识各个方面综合能力的体现。志、恒、力都是攀登者的内部条件，然而到了"幽暗昏惑"之处，如果"无物以相之"，也不能到达。这里的"物以相之"指什么？王安石是有深意的。王安石在做地方官时就开始推行"青苗法"，王安石希望皇帝能支持他，写了《上仁宗皇帝言事书》，并没有引起宋仁宗的重视，或者说，宋仁宗根本就不想支持他变法改革。宋神宗继位后重用王安石，王安石上奏《本朝百年无事札子》，论述了宋仁宗执政四十多年的种种弊病。在宋神宗的全力支持下，王安石开始了"熙宁变法"。神宗死后，不满十岁的哲宗继位，大权落在太后高氏手中。高太后对变法早就不满了，她起用司马光为首的保守派，于是变法失败。"相之"之"物"，还包括一支高素质的官员队伍。王安石非常重视人才，他笃信"有治人，无治法"，提出了"教之、养之、取之、任之"八字纲领。但由于宋神宗求成心切，熙宁变法在缺少一支精干的官员队伍的情况下就匆匆上马了。由此看来，"物以相之"是何等的重要啊！林纾评析《游褒禅山记》时说道：……（按：见上面林纾评条）林纾的此番分析可谓"此言得之"。王安石针对"仆碑"提出"深思而慎取之"的观点，是否游离于主题之外呢？作者把这一小段放在大段议论之后写是有深意的。"仆碑"虽"仆"，毕竟是"碑"，但"其文漫灭"，谬种流传，不得识其真面目。王安石变法，有成功的可能，也有失败的危险。中国向来有"成者王侯败者寇"的说法，一旦变法失败，王安石能否得到一个客观公正的评价呢？王安石的担心不是没有道理，他成了后世毁誉交织、盖棺难定论的人物。仇视王安石的人极尽诬蔑栽赃之能事，欲"漫灭其文"。由此看来，"学者不可以不深思而慎取之"，这是多么令人惊心的话语啊！（《语文人生》，引用时有删节）

【今】吴小如：《游褒禅山记》照理说应是一篇游记，属记叙文。但本篇的特点却是借题发挥，"小"题"大"作，实近论文。在古典散文中，游记有多种作法，归纳起来不外两类，一类是史官记录历史事实的写法，比较严肃、郑重；另一类则用小品随笔的方式，即兴命笔，比较轻松、自由。本篇属于前者。记游踪离不开路线、地形和所游的具体地点（包括这个地点名称的由来和所在的位置等），这属于地理学范畴，而在古代，地理学是附属于史学的，因此有的游记写得很像史书里的"地理志"。王安石这篇游记，第一段说明山名来历，接着叙述山洞的位置，然后因见仆碑所记之文考证"华"应作"花"（这又成为第四段所发议论的伏根）。这一系列叙述全是史官叙事的写法。最末一段记同游者姓名和写作年月，也是史官叙事的遗风。作者在开头结尾处的这种写法，极见其态度之郑重，给全篇"小"题"大"作、因"小"见"大"的特色带来了十分严肃的气氛。王安石写的散体文，前人一般评为"奇崛""奇肆"，或说他有"奇气"。"崛"是强硬；"肆"是切直深入、大胆陈辞。所谓"奇"，不是指好奇逞怪，专走偏锋，而是由于他高瞻远瞩，对事物探讨得深，分析得透，超出当时一般人的水平。梁启超评他："故夫其理之博大而精辟，其气之渊懿而朴茂，实临川之特色。"用今天的话来说，就是眼光远大，说理深透，气魄雄伟，先声夺人。他的文风全不似欧阳修的那样纡回含蓄，低昂吞吐。这当然同每个人不同的性格和修养有关，但更主要的还是运用这种手法才能更好地为他的政治思想服务。这样的文风是有其悠久的传统的。《孟子》的恢宏雄肆，《韩非子》的犀利锋芒，以及司马迁、杨恽、嵇康、韩愈、柳宗元等人的文章里面的倔强、削切、直率、凝练的各种特点，都为王安石的散文所吸收并有所变化、发展，然后更把这一传统流传到后世，对后来的以文章为战斗武器的作家们的影响是很大的。从晚清的龚自珍、章炳麟直至鲁迅，都受这种传统文风的影响而有所发扬光大。（《古文精读举隅》，引用时有删节）

《伤仲永》

【清】沈德潜：劝学之语，婉转切至。伤仲永，不独为仲永也。聪明子弟，宜悬为座右箴铭。（《唐宋八大家文读本》卷三十）

【清】陆翔：断语瘦劲峭折，是荆公本色。其源出于昌黎，惟昌黎较为圆浑。（吴孟复、蒋立甫《古文辞类纂评注》）

【清】王文濡：天才既高，加以学力，自尔蒸蒸日上。后幅为勉励中材起见，不仅寄慨于方童子也。（吴孟复、蒋立甫《古文辞类纂评注》）

【清】毛庆蕃：受于天者不甚相远也，能亲师取友，则愚可明而柔可强也。不能亲师取友，所谓明强者几何矣。天地生材难，成材尤难，独仲永也乎哉！（《古文学余》卷三十三）

【近】林纾：介甫之文，以盘折胜。末段用天人比较，极言天之不可恃。天不可恃，恃学耳。仲永唯不学，所以并没其天，逼进一层，即无天资，复不恃学，并众人亦不得为。造语极危悚，又极精切。（《林纾选评古文辞类纂评注》卷九）

【今】刘学锴：题内的"伤"字就可能具有多层意蕴。首先是表层的，为仲永这样一个天资聪颖的儿童最终沦为众人感到惋惜；进一层，是感慨仲永虽有天赋，却没有遇上有利于他成长提高的环境。文中对其父以仲永为获利之资的叙写，就含有对泯灭天才的人为环境的批评。更进一层，从仲永的具体事例生发开来，感慨社会上许多资质平常的人不去努力学习提高，以致连成为众人都不可得。这样，作者所"伤"的就不再局限于仲永个人，而是许许多多不"受之天"又不"受之人"的众人，作者的感慨和文章的思想意义也就深刻多了。在王安石的散文中，《伤仲永》虽不以峭刻拗折著称，但仍具有深刻透辟、简洁遒劲的特点。尤其是最后一段，层层转进，一气蝉联，既曲折尽致，又浑浩流转。结以问语作收，雄劲中具不尽之致，尤耐寻味。（陈振鹏、章培恒《古文鉴赏辞典（下）》）

《答司马谏议书》

【明】茅坤：荆公之愎而自用，所以自误。（《唐宋八大家文钞》卷八十五）

【清】姚鼐：亦自劲悍，而不如昌黎《答吕医山人》之奇变。（《古文辞类纂》卷三十）

【清】吴汝纶：固由兀傲性成，究亦理足气盛，故劲悍廉厉、无枝叶如此。不似上皇帝书时，尚有经生习气也。（徐树铮《诸家评点古文辞类纂》卷三十）

【清】吴闿生：傲岸崛强，荆公天性，而其生平志量政略，亦具见于此。（高步瀛《唐宋文举要》甲编卷七）

【近】高步瀛：当责其不能有为，而不当责有为，以明所责之失。（《唐宋文举要》甲编卷七）

【今】郭预衡：安石最为世人传诵的文章是《答司马谏议书》，这更是一篇"笔力简而健"的文章。〇《艺概·文概》又说过："半山文善用揭过法，只下一二语，便可扫却他人数大段。是何简贵！"此评用于《答司马谏议书》，相当恰当。（《中国散文史》）

【今】陈为人：王安石与司马光两人有过一段"高山流水觅知音"的友谊。司马光曾这样评价王安石："方介甫自小官以至禁从，其学行名声暴著于天下，士大夫识与不识，皆谓介甫不用则已，用之则必能兴起太平。"王安石对司马光的学识与人品也是备为崇敬。即便在回击司马光反对变法的《答司马谏议书》中，也深念旧情："窃以为与君实游处相好之日久，而议事每不合，所操之术多异故也……重念蒙君实视遇厚，于反复不宜卤莽，故今具道所以，冀君实或见恕也。"并对司马光的人格作出肯定的评价："司马君实，君子人也！"

就在王安石实施变法的第二年，司马光终于忍无可忍跳出来阻挠和反对了。他一方面上书宋神宗，表明他与王安石之间的关系"犹冰炭之不可共器，若寒暑之不可同时"（《弹奏王安石表》）；另一方面，司马光又接二连三地给王安石写信，公然"叫板"。第一封《与王介甫书》的主要内容：一、"士大夫在朝廷及自四方来者，莫不非议介甫，如出一口；下至闾阎细民，小吏走卒，亦窃窃怨叹，人人归咎于介甫。"把王安石变法说成是怨声载道。二、具体指斥王安石的变法，侵夺了原来财政部门的职权，"更立制置三司条例司，聚文章之士及晓财利之人，使之讲利"，"使上自朝廷，下及田野，内起京师，外周四海，士、吏、兵、农、工、商、僧、道，无一人得袭故而守常者，纷纷扰扰，莫安其居……"指斥王安石"大讲财利之事"。对王安石变法的主要内容之"青苗法""均输法""保甲法"等逐一驳斥攻击。正是在这一历史背景下，王安石写出《答司马谏议书》一文，表达了自己"咬定青山不放松"的变革决心。王安石其时一首诗《众人》，可作为他变法心理的延伸阅读："众人纷纷何足竞，是非吾喜非吾病。颂声交作莽岂贤？四国流言旦犹圣。唯圣人能轻重人，不能铢两为千钧。乃知轻重不在彼，要之美恶由吾身。"

初编于南宋，定型于明代的民间话本《拗相公》说："我宋元气皆为熙宁变法所坏，所以有靖康之祸。"把王安石描绘成一个稔恶误国、刚愎自负、不近人情、猪犬不如的佞臣。王安石变法"权制兼并，均济贫乏"之初衷也许是好的，但其变法终究成为一柄双刃剑，既伤了豪强也殃及贫户。到变法后期，王安石的执拗达到登峰造极的地步。他把自己看做"超凡脱俗"，把一切反对意见都认为是"流俗之见"。司马光在《与王介甫书》中说："或所见小异，微言新令之不便者，介甫辄艴然加怒，或诟骂以辱之，或言于上而逐之，不待其辞之毕也。"王安石变法中的用人问题，一直被后世所诟病。据《宋史》载，面对反对浪潮，王安石"排众议行之甚力"，并且"急引与己同者以为援，群小乃起而应之"。那些昔日的朋友只要与他意见稍有不合，他就立即把他们逐出朝廷"流放边远"。然后提拔一些善于察言观色、顺着自己意图来的人填补空缺。王安石此种党同伐异的用人路线，使得改革变法阵营每况愈下，最终导致变法的彻底失败。（《王安石变法的事与愿违（下）》[①]，引用时有删节）

[①] 《王安石变法的事与愿违（上、下）》，《名作欣赏》2013 年第 4、7 期。该文详细介绍和分析了王安石其人及其变法，并涉及司马光等诸多相关人物，对理解《答司马谏议书》颇有帮助。

明

◎ 张岱

《湖心亭看雪》

【清】祁彪佳：天下山水之妙，有以诗传者，有以画传者，自王摩诘以一身兼之，赞之者谓："摩诘之诗，诗中有画；摩诘之画，画中有诗。"遂将诗画合为一物。若西湖则不然，西湖之妙，妙在空灵晶映，一入于诗便落脂粉，即东坡二诗亦所不免。世间凡物，竹篱茆舍、鸡犬桑麻，一入于画，无不文雅，而西湖图景，虽桃柳舟航，犹是滓秽太清。故余独谓："看西湖，决不能为西湖之画；看西湖，决不能为西湖之诗也。"余友张陶庵，笔具化工。其所记游，有郦道元之博奥，有刘同人之生辣，有袁中郎之倩丽，有王季重之诙谐，无所不有；其一种空灵晶映之气，寻其笔墨，又一无所有。为西湖传神写照，政在阿堵矣。（《西湖梦寻序》）

【今】林邦钧：短文写尽湖山雪景的洁净、迷蒙，传尽西子银装素裹的风姿神韵。晚明嘉兴人汪珂玉有"西湖之胜，晴湖不如雨湖，雨湖不如月湖，月湖不如雪湖"之说。验诸本文可谓不谬。（《陶庵梦忆注评》）

【今】吴战垒：张岱的小品可谓名副其实的小品，长者不过千把字，短者仅二百字，笔墨精炼（练），风神绰约，洋溢着诗的意趣。人们常说散文贵有诗意，这是很对的。如果拿诗来作比，张岱的小品就有点像唐人绝句。它以短小隽永见长，寥寥几笔，意在言外，有一唱三叹的风韵，无捉襟见肘的窘迫。它像一泓清泉，喝一口就感到甜美爽快，沁人心脾。○"是日，更定矣，余拏一小舟，拥毳衣炉火，独往湖心亭看雪。""是日"，"大雪三日"后，严寒之日也；"更定"者，夜深人静，寒气倍增之时也。"拥毳衣炉火"一句，则以御寒之物反衬寒气砭骨。试想，在"人鸟声俱绝"的冰天雪地里，竟有人夜深出门，"独往湖心亭看雪"，这是一种何等迥绝流俗的孤怀雅兴啊！"独往湖心亭看雪"的"独"字，正不妨与"独钓寒江雪"的"独"字互参。作者那种独抱冰雪之操守和孤高自赏的情调，不是溢于言外了吗？其所以要夜深独往，大约是既不欲人见，也不欲见人；那么，这种孤寂的情怀中，不也蕴含着避世的幽愤吗？（宋广礼、刘刈

《阅读和欣赏——古代散文小品选粹》)

【今】陈文新："雪夜访戴"是与雪有关的一个玲珑剔透的故事。据《世说新语·任诞》记载：王子猷住在山阴，一天夜里突降大雪，他从睡梦中醒来，开门叫拿酒来喝。举目四望，一派洁白，相互映发。不由得起身徘徊，吟诵左思的《招隐》诗，蓦然想起戴安道来。戴远在剡溪，子猷当即坐小船去寻访他。船行一夜方到达剡溪，他却未进戴门，又掉转船头回到山阴。人问其中的缘故，他说："吾本乘兴而行，兴尽而返，何必见戴？"乘兴而来，兴尽而归，魏晋名士的这种做派，也和雪景一般爽朗，令人耳目俱明。张岱和他的《湖心亭看雪》中的金陵人大约可以与王子猷并辔齐驱。只是，张岱不那么任诞，而多了几分陶渊明"悠然见南山"的自在安闲。诗人袁枚在《随园诗话》卷九引王西庄的话说："所谓诗人者，非必其能吟诗也。果能胸境超脱，相对温雅，虽一字不识真诗人矣。"以这样的标准来衡量，张岱是诗人（虽然他几乎没摆弄过诗），那位金陵人是诗人（我们确信他没有写过诗），王子猷也是诗人（尽管他仅以书法家为后世所知）。"莺花日办三春课，风月天生一种人。"诗是一种境界和气质。（《古代诗歌与散文》，引用时有删节）

【今】吴小如：张岱在写作散文小品方面虽属竟陵一派，但他得钟、谭之幽深冷峭而药之以跌宕豪迈，取三袁之爽朗清新却扬弃其轻浮浅率；雅俗兼施，文白并用，不废排比故气势充沛，不讲义法而自然合于准绳。既见功力，又有性灵。○本文开端两句，即将时间、人物、地点和盘托出，包举无遗，而看去却丝毫不着迹象，平淡无奇，用的正是史官笔法。作者用了浓缩写法，把宏观世界置于微观视野之中，藏须弥于芥子，蕴宇宙于胸襟，把大场面画成小条幅，蹙长江大河于尺寸之间，虽属小品，却显示出巨匠手笔。昔袁宏道提倡写文章要有韵与趣，这个传统张岱也继承了下来。○结合了《陶庵梦忆》全书的创作意图，湖上的雪夜奇观固然值得回忆，而画面背后的超脱尘俗的思想境界和巧遇知音的狂喜情怀就更值得怀念。情真而后景乃能栩栩如生，此正大画家点染写意之作与匠人工笔临摹之作的差距所在。前者无所不包，无所不举；后者小器易盈，小技易穷。夫然后知张岱之果不愧为晚明小品作家中之大手笔也。（《古文精读举隅》）

【今】章培恒、骆玉明：这是孤独者与孤独者的感通，孤独者与天地自然的感通，很多深深有会于心的东西留于言外。（《中国文学史》）

【今】骆玉明：张岱笔下的西湖，只有白色的雪同白色的雾气，笼罩了湖山，游漾在天空，除此以外更无一声一色，纯然是个素洁而凝静的世界。那么，人们从中可以体味到什么？也许是：在纷繁多彩光怪陆离的物相背后，宇宙还有一种深邃不可测的虚寂无形的本质？或者想到：一切繁华景象、一切美丽事物，都将销亡净尽？但张岱什么也没有说。

　　张氏游西湖，在十二月，在大雪三日、人鸟声俱绝之时，又在更定即深夜以后，小舟独往，显是着意追求孤独之境。其实人生无处不孤独。譬如在万千众中，未尝不觉得周际漠漠；即如亲朋满座，酒酣情浓笑语四起，忽视之恍恍，犹在陌路，自觉彼此了不相干，亦是常事。说来人生本是偶然，在这路途中结成的所谓亲疏远近，更是偶然中的偶然。但在人群中所感觉的孤独，常伴随失落的迷惘、空洞无所附着的悲哀。只有在凝静的自然中，孤独才是充实而平静的。因这种孤独令人体验到自我与天地宇宙之间的某种内在的、神秘的联系。也许，自然深处无声的韵律，即是生命深处的韵律。那么，张岱是否因为在他那挥金如土、纵情嬉游的生活中意识了生命的空洞与疲倦，来这凝静的自然探求生命的依归？但他什么也没有说。

　　如果懂得人世无处不孤独，也就懂得人世无处不可亲近。其实，人与人之间，近则有利害之计较，有利害则远；远则无利害之计较，无利害则近——远近本是难说。当张氏划船到湖心亭时，见二客对坐，一童子煮酒，自是大出意外，文章忽起波澜。但这意外之遇，并未破坏此番夜游的兴味。因为彼此在对方身上，感受到了共同的人生情趣与共同的美感。一时知己，别后不见，浮三大白，挥袖而散，真是难得的机缘。这机缘告诉人们什么？是不是说，人与人，只要脱略利害，同样可以相互感通？是不是说，人世常孤独又常不孤独？但作者还是什么也不说。

　　张岱的小品从来不爱讲道理，他只是感受人生，描绘人生。在这篇游记中，作者的态度、举止，也只是静静地观赏、静静地体味。凡是情绪比较活跃的地方，都是从他人写出。见知己而大喜的是"客"，喃喃言雪夜游湖之痴的是"舟子"。他始终是淡然的，似乎深深有会于心而难以言说，亦令读者有会于心而已。（汤高才《历代小品大观》，引用时有删节）

◎ 归有光

《项脊轩志》

【清】黄宗羲：予读震川文之为女妇者，一往深情，每以一二细事见之，使人欲涕。盖古今来事无巨细，唯此可歌可涕之精神，长留天壤。（《张节母叶孺人墓志铭》）

【清】姚鼐：此太仆最胜之文，然亦苦太多。（徐树铮《诸家评点古文辞类纂》卷五十八）

【清】梅曾亮：借一阁以记三世之遗迹。"大宛之记肇自张骞"，此神明其法者也。〇此种文字，直接《史记》，韩、欧不能掩之。（徐树铮《诸家评点古文辞类纂》卷

五十八)

【清】焦袁熹：归熙甫作《项脊轩志》，家人细碎之事，俚俗之言一一记述，令读者如目睹而耳聆之，真马班之笔也。（《评项脊轩志》）

【清】王拯："项脊生曰"下，"余既为此志"句上，则文之后论例，如志之有铭，传之赞，而骚之乱也。（《书归熙甫集项脊轩记后》）

【清】吴闿生：此文诚未免俗，梅评殊过。（徐树铮《诸家评点古文辞类纂》卷五十八）

【近】林纾：欧公之《泷冈阡表》、归震川之《项脊轩记》，琐琐屑屑，均家常之语，乃至百读不厌，斯亦奇矣。虽然，叙细碎之事，能使镕成整片则又大难。……震川力追欧公，得其法乳，故《项脊轩》一记，亦别开生面。然有"轩"字为主人翁，则人事变迁，家道坎壈，皆归入此轩，作睹物怀人写法，与《泷冈阡表》面目又大不同。《阡表》步步叙悲，悲尽，皆其得意处；《项脊轩记》亦步步叙悲，然名位去欧公远甚，不能不生其萧寥之感，综之皆各肖其情事。（《春觉斋论文·述旨》）

文语家常琐事，最不能工，唯读《史记》《汉书》，用其缠绵精切语，行之以己意，则神味始见。欧公之《泷冈阡表》，即学班、马而能化者也。震川此文，亦得《汉书》之力，改其面目，不期而类欧。欧之长在感叹往事，能写其真。震川之述老妪语，至琐细，至无关紧要，然自少失母之儿读之，匪不流涕矣。由其情景逼真，人人以为决有此状。震川既丧母，而又悼亡，无可寄托，寄之于一小轩。先叙其母，悲极矣，再写枇杷之树，念其妻之所手植，又适在此轩之庭，睹物怀人，能毋恫耶！凡文人之有性情者，以文学感人，真有不能不动者。此文与其《先妣事略》同一机轴，而又不相复沓，所以为佳。（《林纾选评古文辞类纂》卷九）

【近】钱基博：悼亡念存，极挚之情，而写以极淡之笔，睹物怀人，此意境人人所有，此笔妙人人所无，而所以成其为震川之文，开韩、柳、欧、苏未辟之境者也。（《明代文学》）

【今】郭预衡：归有光的几篇为人传诵的文章，不是他那"自以为必传"的《书张贞女死事》之类（见《与李浩卿书》），而是那抒写家人父子之情的《项脊轩志》等作品。人们知道世间曾有归有光这个古文家，大概也多半是由于读过《项脊轩志》之类。这一点虽然并非作者始料之所及，却也不是偶然的。因为从古以来，抒写家人父子之情的文章，像归有光这样一往情深，并不多见。……由于作者发自肺腑，无所藻饰，出语自然，并不说教，所以写得娓娓动听，和历来的宣讲伦常义理的文章相比，独具真情实感。（《历代散文丛谈》）

【今】顾农：这篇文章的正文写于明朝嘉靖三年（1524），这一年作者才十九岁；其补文部分，即"余既为此志，后五年，吾妻来归。……庭有枇杷树，吾妻死之年所手植也，今已亭亭如盖矣。"则作于嘉靖十五年（1536）作者三十一岁时。[①] 一篇写家庭琐事的短文能四五百年传诵不衰，其奥妙何在呢？作者感叹自己读书做官的路子没有走得通，而故家的败落、先人的去世、爱妻的早亡，一件件给自己的困顿处境雪上加霜，至今穷困潦倒，不禁俯仰感慨，叹息不已。这些都没有什么特别的妙处。冰心说过"一室便是宇宙，花影树声，都含妙理"。在项脊轩这一"仅方丈，可容一人居"的小小天地里，都有些什么"妙理"呢？

写这篇文章的时候，归有光还不到二十岁，他虽然过早地经历了故家由小康坠入困顿的辛酸而伤心"长号（嚎）"，但对于前途并没有丧失信心，他还有些"少年心事当拿云"的豪气，于是接下来笔锋又一转，来讲"轩凡四遭火，得不焚，殆有神护者"的奇迹。归有光很喜欢吹嘘自家是所谓"神明之胄"，历史上有种种奇迹发生，表明"世当有兴者"（《震川先生集》卷十三《叔祖存默翁六十寿序》）。这里写轩遭火而不焚也无非表明他对家族的复兴对自己的未来仍然充满了信心。文章的结尾部分写道：项脊生曰：蜀清守丹穴，利甲天下，其后秦皇帝筑女怀清台。刘玄德与曹操争天下，诸葛孔明起陇中。方二人之昧昧于一隅也，世何足以知之？余区区处败屋中，方扬眉瞬目，谓有奇景，人知之者，其谓与坎井之蛙何异？这个结尾很重要，这里虽然有自嘲的意思，而重点乃在于寄重大的希望于未来，充满了不甘沉沦的青年人的壮志豪情。要之，从情绪顿挫起伏的角度看去，正文部分呈高一低一高的倒马鞍形。这样写虽不无可观，但一定要说有多高明，恐怕困难。事实上结尾即"项脊生曰"那一段，写得相当一般化，意思也有些庸俗，所以有些选本和教材往往将这一段删去。

《项脊轩志》真正高明之处在补文部分。这里的写法打破了一般行文的套路，而确含妙理。从情绪发展的线索来看，补文几乎全然是就正文中那低沉的中段加以延伸发展而来的。如果说正文中段之低不过是为结尾之高作铺垫，因此正文之全局似未能摆脱封建世家子弟追逐功名、重振家业那种俗套；而一旦加上补文以后，情形就翻转过来，情绪曲线既一低到底，文章的命意也就发生了奇迹般的变化。"庭有枇杷树，吾妻死之年所手植也，今已亭亭如盖矣"，补文的最末一句真所谓"篇终接混茫"，令读者感慨系之，浮想联翩，例如这很容易叫人想起辛弃疾的词句："而今识尽愁滋味，欲说还休。欲说还休，却道天凉好个秋。"人到中年以后，不仅难有青年时代的欢乐和豪放，甚至也难有"爱说愁滋味"的兴致了。由青年时代进入中年，由大喜大悲充满信心到渐趋平淡而骨子里远非平静，这样一个过程几乎是人人都要经历的。作者于行文中有意无意地涉

---

① 　对此年龄的考证见顾农：《〈项脊轩志〉的写作年代》，《中国典籍与文化》2001年第2期。

及这一人生之旅的心路历程，即令读者如冷水浇背，陡然一惊，若有所悟。《项脊轩志》脍炙人口传诵不衰的奥妙，很大程度上恐怕正在这里。从这个角度来看，"项脊生曰"一段也最好不要删去，这是归有光青年时代的心声，与他此后的心态相比较而存在，相映衬而成趣，正是从这前后反差的张力中，读者才能对人生有更深切的领悟。归有光本人在添写补文时并没有将这一段过了时的当年心态删去，这正表现出他深通文理，一派大家风度。

人生是一个永远探索不完的课题，本来就是相通的人生体验最容易沟通作者和读者双方的思想和感情，从而觉得文本可信可爱，夫子之言于我心有戚戚焉；凡是高明的作者也就往往致力于调动读者参与的积极性，而决不会一味在那里自拉自唱，讲经说法，教训读者，自鸣得意。调动读者参与创造，沿着这个路子走，散文就容易成功。举一个简明的例子来说，清人沈复（三白）的自传体散文《浮生六记》，题材虽然琐屑了一些，但在散文史上却能占有一席地位，它的楷模，就正是《项脊轩志》。（《四望亭文史随笔》）

【今】吴小如：我以为他的散文，不论作者本人有意无意，已开始受到当时白话小说的影响。即以这篇代表作《项脊轩志》而论，它上承唐人传奇写作手法，下启《聊斋志异》用笔先河。它正是归有光专门摹写身边琐事而具有小说胎息的一篇杰作。比如文中写老乳母转述作者母亲的问话，和作者祖母对作者的谆谆嘱咐，既酷似班固《汉书》中人物琐屑问答的口吻，又是蒲松龄写《聊斋志异》的蓝本。《项脊轩志》所记录的人物对话，已是把口语对译成文言，所以读起来活灵活现，而遣辞造句又十分精练。这正是归有光写古文的特色之一。

近年以来，对《项脊轩志》进行赏析并作出评价的文章逐渐多起来了，但这些评论似乎都还未能搔到痒处。有人说是写亲子和夫妇之情的，也有人说是作者从文章里表达了他对昔日家庭生活的怀念。而《项脊轩志》真正的主旨所在，却是作为一个没落地主家庭的子弟，对家道中落的身世发出了惋惜和哀鸣，同时也在沉痛地凭吊个人遭际的不幸。……归有光是古文作家中善于描述身边琐事的能手，他把一些米盐琐屑的日常生活写活了，不仅给人以强烈的感染力，而且还使今天的读者深切体尝到封建知识分子在家庭小圈子里的真正的喜怒哀乐。这个内容看似寻常，却直接影响到"五四"以后的散文创作。我们从朱自清先生的《背影》《儿女》《冬天》《给亡妇》等名篇中，不难体认出里面所蕴涵的归有光散文的遗风余韵。

过去人们都认为自"余既为此志"以下的文章既是作者所补记的《志》文的续篇，为什么非添在"项脊生曰"一段的后面不可呢？作者完全可以把中间"项脊生曰"这一段移到篇末或干脆删掉，何必更添出个尾巴来呢？其实这正是作者摹仿《史记》的地方。《史记》中褚少孙所补的部分固然列于篇末；就是司马迁本人的文章，也出现过这种结构。读者试检《史记·田单列传》，不就是有"太史公曰"以后又添出一段关于王蠋的记载吗？这种章法看似别扭，其实仍有所本。我故曰其结构"似奇而实正"。

文章的精彩处就在于作者并没有把一腔幽怨、满腹牢骚倾筐倒箧地和盘托出，只以悠悠不尽之笔淡淡收住，正如苏轼所形容的那种"余音袅袅，不绝如缕"的回声荡漾在人们的耳际。这不仅使文章意旨遥深，情韵不匮，而且这种写法似乎更容易扣动读者的心弦，情不自禁地会引起读者凄惋怅惆的共鸣。这是作者把韩愈、欧阳修的以诗为文的特点与古典小说中着重细节描述的新事物巧妙地结合起来，使古文的意境向前推进了一步，真不愧为后来居上了。(《古文精读举隅》，引用时有删节)

◎ 宋濂

《送东阳马生序》

【清】王文濡：古来大经济、大学问，皆从困苦艰难中得之。膏粱子弟，虽日举此诏之，未必有济。(《宋元明文评注读本》卷一)

【今】郭预衡：赠序之文，唐时始盛，李白、任华都有佳篇，至韩愈而更多变化。文虽一体，而写法不一。宋濂此文作为赠序，不叙交往，也不叙离合，而是从自己幼年读书说起，将读书求学的过程叙述得相当详细，有如"自传"文字。诸如幼时嗜学之笃，求师之难，问学之恭，力学之勤，以及上学之苦，不仅写得详细，而且生动具体。赠序于人，不谈其人，却先说自己，这一写法，是不同一般的。〇这篇文章写于明初天下承平之日，作者一生踌躇志满之时，故写得雍容典雅，温厚和平。明初"盛世之音"，此文亦可为例。(《明清散文精选》)

【今】孙绍振：作者宋濂，在明初文名甚大，朱元璋称他为"开国文臣之首"。相传朱元璋曾问刘基，文学之臣的水平如何。刘基说："当今文章第一，舆论所属，实在翰林学士臣濂，华夷无间言者。其次臣基，不敢他有所让。"(《跋张孟兼文稿序后》)清代的《四库全书总目提要》说宋濂的文章"雍容浑穆，如天闲良骥，鱼鱼雅雅，自中节度"，应该是比较到位的。"雍容浑穆"就是话语表层上不作张扬的姿态，不求情感的夸张，不务文字的华赡，但在心态上很从容，情志上很浑厚。"天闲良骥"说的是，虽为骏马，但不作昂首长嘶、志在千里的气势，而是以幽闲的风姿，取宁静致远之意。理解了这一点，才能把握宋濂这篇文章的风格。

本文是以现身说法来总结自己求学成功之道的大道理。作为一个成功人士，获得

"当今文章第一"的美誉，并没有摆弄大架势，而是放低姿态，对自己的成功，说得很谦恭，仅仅是"获有所闻"而已。文章从正反两方面总结：从消极方面说，连我这样并不特别聪明的人，凭着勤奋和执着，能够进入君子之林，得到天子的恩宠，参与高层政治，闻名四海。从积极方面推想，那些"才之过于余者"取得成就，就更加无疑了。中学语文课本所选到此为止，下面还有：

> 今诸生学于太学，县官日有廪稍之供，父母岁有裘葛之遗，无冻馁之患矣；坐大厦之下而诵《诗》《书》，无奔走之劳矣；有司业、博士为之师，未有问而不告，求而不得者也；凡所宜有之书皆集于此，不必若余之手录，假诸人而后见也。其业有不精，德有不成者，非天质之卑，则心不若余之专耳，岂他人之过哉？[①]

应该说，这样粗暴的删节，对原文的风格不无损害。文章先是两面开弓，首先从正面对比：自己家无书，太学生有书；自己远方求师，太学生有现成的老师；自己饥寒交迫，而太学生无冻馁之虞。对比环环紧扣，文章又收得拢，及时从反面陪衬一笔：有这样的好条件，再不成才，那就"非天质之卑，则心不若余之专耳，岂他人之过哉？"从整篇文章来看，系统的、正反对比，意味着把有利于自己论点和不利于自己的、对方可能保留的方方面面，都考虑得很周密，可以用雄辩来形容。（《孙绍振解读经典散文》，引用时有删节）

---

① 当前部编本此段未删节。保留此论，一方面供读者体会曾经的删节的弊端，另一方面也强调此段文字的价值与重要性。

◎ 蒲松龄

《劳山道士》

【清】何守奇：以娇惰不能作苦之质，纵需之以时日，不能入道；若又急求于两三月间，势不至头触硬壁不止也。惟恪守道士之言，"俛首骤入，勿逡巡"，此盖有合于吾儒逊志时敏之旨，吾愿世之学道者，少安勿躁也。（《批点聊斋志异》卷一）

【清】但明伦：文评自明。亦以见学问之途，非浮慕者所得与。虽有名师，亦且俟其精进有得，而后举其道以传之；苟或作或辍，遂欲剽窃一二以盗名欺世，其不触处自踣者几希！（《聊斋志异（会校会注会评本）》第一册）

【今】尚继武：要想实现文言小说在艺术上的不断突破，作家就必须考虑这样一些问题：题材须要贴近社会现实、当代生活和风俗人情，不能仅在搜奇求异或炫人耳目的空间里兜圈子；情节须要有波澜、有抑扬、有曲折，不能满足于平实叙事，更不能热衷于说理议论或拘囿于实录准则讲述故事；文辞须要雅俗兼备，富有个性化，不能总是一副道学家的教训口吻或者一味追求幽邃典奥。在清初文网控制尚不严酷的社会文化土壤中，蒲松龄满怀对小说创作的不衰热情，沿着上述道路执着前行，在汲取前代小说创作艺术经验、吸收民间文学营养的基础上，投入大量精力创作小说，其笔下诞生了古代文言小说的巅峰之作《聊斋志异》。蒲松龄一方面继承了汉唐以来"发愤著述"的优秀传统，一方面勇于向自汉魏以来形成的"鄙陋浅薄""补史之阙"等歧视小说的文学观念提出挑战，打破了封建社会将小说视为"小道"的狭隘思想观念的樊篱，一改文言小说比附史传以提高自身地位的创作惯性，把文言小说提升到抒写理想抱负、感慨命运际遇、寄托主体情志的高度。（《〈聊斋志异〉叙事艺术研究·绪论》）

【今】马瑞芳：前人粗陈梗概的作品，被蒲松龄改写成为奇思奔驰、寓意劝世的哲理名篇。《崂山道士》《画皮》《陆判》《赵城虎》《种梨》是范例。《崂山道士》故事原型《纸月》《取月》《留月》，三个简短故事源于唐传奇《宣室志》和《三水小牍》。简略地写三件异人异事：一位刻纸如月，用纸剪个月亮贴到墙上，整个屋子照得亮亮堂堂；另一位把月亮取到自己的怀里，随时拿出来照明；还有一位能把月光保留在篮子里，没有月亮时拿出来照明。蒲松龄汲取了《纸月》《取月》《留月》的情节，却赋予其丰富的社会内容，成为百姓喜闻乐见的故事。（《中国古代小说构思学》）

【今】李桂奎，冀运鲁：在故事叙述中，作者能够将"概述"与"场景"结合起来。对基本情节，作者大致用"概述"笔法，即用几句话或精炼的文字将较长的故事时间贯串起来。而其中关于道士与门客通过幻术制造幻境一段，则运用"场景"——展现，特意将故事时间节奏放缓，用足笔墨，从而给人以奇幻迷离之感。（《中国古代小说名著鉴赏系列·〈聊斋志异〉鉴赏辞典》）

【今】阎敬之：作者还是一个化平凡为神奇的巨匠。文中所载种种奇事，多有所本，缕述如下：《后汉书·方术列传》有两则记载，一是费长房与卖药老翁共饮，酒器仅一升许，而二人饮之，终日不尽。一是左慈尝于曹操座间为种种神奇之事，曹操欲杀之，左慈走入壁中遂失其所在。《汉书·外戚列传》有一则记载，谓李夫人卒，武帝思之不已，方士李少翁以术召其魂魄，先坐于帐中，复出而徐步，但只可远望而不可接近。武帝心中悲伤，乃作诗曰："是也？非耶？立而望之，偏何姗姗其来迟！"……作者自称"雅爱搜神"，由作品反观其创作，作者确实从各方面收集了大量神奇故事材料，汲取其中有用的点滴、片断，集腋成裘，加以生发，通过自己的想象，构成一个全新的光烨夺目的故事。从中虽可隐约看到一些原材料的碎影，但它已不同于任何一个旧的故事，没有一点抄袭的痕迹。如《汉书》之说费长房与老翁共饮，不过一奇事而已。本文写众徒共饮，则与其余诸奇事比肩而立，争芳斗艳，共同组成一个令人神往的神仙境界。箸化嫦娥一节与李少翁事极为仿佛，就是歌词句式亦大体相似，然而前者苍白凄冷，后者丰腴华美，完全是不同的情调。《汉书》关于左慈入壁的记载，不过显示一种高明的方术；本文王生穿壁的描写，则刻画了一个性格，嘲弄了一种世象。总之，极原始、极粗糙的材料，到了作者手中，经过作者的再创造，就点石成金，成了让人击节而叹的艺术珍品。（吕智敏主编《十大幽默小说》）

【今】刘方喜：看到道士的神奇道术后，王生就打消了回去的念头，这一细节是王生学道整个过程的一个重要转折点，同时又揭示了王生学道的目的或动机——小说开头写王生"慕道"，至此可见，王生所慕乃是神奇之"术"，而非"道"。又过了一个月，王生终于还是坚持不下去了，辞行时请求"略授小技"，这时出现了道士两次"笑"：第一次，道士笑曰："吾固谓不能作苦，今果然。"说明道士早看透他了；第二次，王生说要学穿墙之术，道士"笑而允之"，此笑当有两方面含义：一是笑其所欲学，二由第一次笑推测，道士可能已经预测到王生学会后回去会发生什么。从结构上来看，第一次笑承接了前文，第二次笑又引发了下文。

好逸恶劳难成大器，这可以说是相对表层的一个寓意。第二次笑中所隐含的预测则可以说涉及两种关系：一是"道"与"术"的关系。道家认为"道"高于"术"，得大道自然得神术，得"术"则是小道，志在小道者或能一时成功，终必失败；二是"心"与"术"的关系，所谓心不正则术不验。这两方面又可合为对待道术要"洁持"：心正可谓"洁持"，而以"道"驭"术"才是更高层次的"洁持"，这当是更深层的寓意。今人推测王生学穿墙术进一步的目的是骗人乃至偷盗，所以道士提前惩罚了他。存在这种可能性，但作品并未写到，由作品对王生的描写也不能必然得出这一结论。其实，学"术"弃"道"，心已不正，得一小术就大肆炫耀本身已更足见其心术不正，何必还要等他去骗人、偷盗呢！作者在"异史氏曰"指出另一种寓意，即"宣威逞暴之术""初试未尝不小效"而势必要"触硬壁而颠蹶不止"，这其实也可以从"道（德）"与"术"的关系中推导出来。

如何对待神奇的方术，是《聊斋志异》中的一个重要主题，其中涉及这一主题的篇章很多。总的来说，其区别于古代一般神怪传奇小说之处在于：后者的着重点往往放在方术的神奇上，而其侧重点则在人对待方术的态度上，并以此透视人性的弱点乃至阴暗面，这就赋予其叙述以批判性的思想深度。（《聊斋志异选评》，引用时有删节）

【今】卢今：《劳山道士》是一篇构思奇巧、意蕴深长的讽刺小说。讽刺性的作品，容易失之于浅和直。鲁迅指出，《官场现形记》就有"辞气浮露，笔无藏锋"的缺点。（见《中国小说史略》）"锋"是应该有的，但应该蕴含在情节和场面的具体描绘中，如果作者站出来说教，作品就没有余味了。《劳山道士》以人物形象本身的内涵丰富发人深思。这篇小说着重描写了三个生活场面：宴饮、求归和碰壁。这些有声有色的描写与主人公思想感情的变化是有着密切关系的。王生"手足重茧，不堪其苦"，于是产生了想回家去的念头。月夜宴饮正出现在这个时候。作者用浓重的笔墨渲染道士的神通广大，"王窃欣慕"，于是打消了回家的念头。这就鲜明地揭示了王生所慕之"道"到底是什么。讽刺小说应当具有喜剧性。鲁迅说："喜剧将那无价值的撕破给人看。讥讽又不过是喜剧的变简的一支流。"（《再论雷峰塔的倒掉》）碰壁是一幕喜剧。王生碰壁是不可能得到人们的同情的。因为，这对于心术不正的王生来说，正是咎由自取的事。小说的讽刺性，在这里得到了充分的体现。清人段矄在《聊斋志异·序》中说，蒲松龄善于"寓赏罚于嬉笑"。这一点，从王生这个讽刺人物的塑造上，可以得到印证。（《聊斋志异名篇赏析》，引用时有删节）

◎ 龚自珍

《病梅馆记》

【近】王文濡：即孟子杞柳之旨而推阐之，满腹牢骚，借此抒写。(《清文评注读本》卷四) 清代文法烦重，束缚人民，无微不至，司法之吏，上下其手，比附出入，而民益病。正直而守法者，一不自检，易触刑网；邪曲而玩法者，反得逍遥于法外。文似有感而发作，姑借病梅以鸣其不平。(《续古文观止》卷五)

【今】孙钦善：龚自珍是中国近代一位改良思想家。他认为"国家甚赖有士"(《乙丙之际箸议第六》)，国家的盛衰兴亡"皆观其才"(《乙丙之际箸议第九》)，把政治改革的理想寄托在人才解放上，人才问题成了他心目中最敏感的问题，使他写出许多径陈其事、直抒胸臆之作。如《明良论三》揭露了"今日用人论资格之大略"，指出"一限以资格，此士大夫所以尽奄然而无有生气者也。当今之弊，亦或出于此"；《明良论四》提出了防止百官"擅威福"以扼制人才和"救今日束缚之病"的问题；《乙丙之际箸议第九》暴露了衰败之世有用人才被"督"、被"缚"以至于被"戮"的悲惨情景；《杭大宗逸事状》甚至揭露了乾隆(帝)皇帝草菅仁人志士性命等等。自然界的许多景物也随时会激发作者的联想，使他写出许多触景生情、咏物寄意之作。如《秋心》三首之一："斗大明星烂无数，长空一月坠林梢。"慨叹庸才纷纷得势，英才惨遭沦落。《夜坐》："一山突起丘陵妒，万籁无言帝坐灵。塞上似腾奇女气，江东久陨少微星。"写英才遭妒嫉排挤而沦落，造成死气沉沉的局面。《己亥杂诗》："谁肯栽培木一章？黄泥亭子白茅堂，新蒲新柳三年大，便与儿孙作屋梁！"借道旁所见以稚嫩松软之才作梁的泥亭茅屋，讽刺不图宏远，不重栋梁，扼杀人才的用人举措。

○作者选择文人画士这样一种形象用来揭露人才被束缚、被扼杀的问题，不仅因为他们赏梅、咏梅、画梅，与本文的中心比喻形象有关，而且有更深层的含义。首先，世俗文人画士的通病是附庸风雅，矫揉造作，他们的审美习尚往往代表着陈腐的观念、僵化的形式，违背自然清新的艺术创作规律。因此，通过揭露他们的"孤癖之隐"，可以有力抨击选拔人才的官方模式和传统观念，触及当时存在的人才、人性问题上的"束缚之病"，以宣扬作者本人的"人才如其面""各因其性情之近，而人才成"(《与人笺五》)的人才、人性解放的理想。其次，世俗文人画士往往为人所豢养，成为统治者的御用工具，他们代表统治者的意志，从不敢违抗。于此本文已有所暗示，如"予本非文人画士，甘受诟厉"，言外之意文人画士怕受诟厉，只能对当权者随声附和，阿谀奉承，助纣为虐。复次，世俗文人画士是舞文弄墨的，他们不仅善于攻心，用软刀子杀人，而且擅长制造舆论，借刀杀人。本文揭露"文人画土之祸之烈"，正是从这一角度着手的。又《乙丙之际箸议》所揭露的对人才的"戮之"之术，也可以与这一点互相印证，如云："当彼其世（指衰世）也，而才士才民出，则百不才督之，缚之，以至于戮之。戮之非刀，非锯，非水火；文亦戮之，名亦戮之，声音笑貌亦戮之。……其法亦不及要（腰）领，彼戮其心，戮其能忧心，能愤心，能思虑心，能作为心，能有廉耻心，能无渣滓心。"（陈振鹏、章培恒《古文鉴赏辞典（下）》，引用时有删节）

【今】吴战垒：最后一段，文情一转，由决心治疗病梅，转发感慨，这就是由于时间和条件的限制，不能使江浙一带的所有病梅都得到疗救。为此作者说：唉！怎么能够让我有充分的空闲和多余的土地，来广泛地收藏南京、杭州、苏州的病梅，尽我一生的光阴来从事疗救病梅的工作呢！这个结尾，使人想到诗人杜甫在《茅屋为秋风所破歌》中那个不可能实现的宏愿："安得广厦千万间，大庇天下寒士俱欢颜。"龚自珍的感叹，反映出封建末世政治的黑暗和腐败，以及人才遭到禁锢、扼杀的普遍性和严重性。积重难返，依靠个别人的呼号和努力是无济于事的。……作者指出，处在这样的状态下，"乱亦竟不远矣！"社会的动乱和变革也即将到来了。这些话很可以与这篇文章相互参照。作者目击衰世人情，满怀忧虑，面对万马齐喑的死寂局面，他曾经大声疾呼"不拘一格降人才"，但是反响很小。像龚自珍这样少数有识之士，虽然有志救世，却无力补天；因而他的慨叹，也必然带有无可奈何的悲凉色彩。（吴功正《古文鉴赏辞典》）

【今】宁宗一：作者又在《古史钩沉（论一）》里指出封建统治集团"去人之廉以快号令，去人之耻以嵩（崇）高其身，一人为刚，万夫为柔"。封建统治者为了要巩固他的统治，怕那些有骨气的人不愿受奴役，于是竭力摧毁人们的廉耻。只有他一个人是刚强的，其他万人都要成为柔顺的奴才，有骨气的人就要受到铲锄。这些都是作者所痛心的。龚自珍此次南下过镇江①，他写下了为人才命运鼓与呼的著名诗篇："九州生气恃风雷，万马齐喑究可哀。我劝天公重抖擞，不拘一格降人材。"这首诗与《病梅馆记》创作于同期同域，可见龚自珍当时内心忧虑的焦点就是人才受束缚、遭斫删，"万马齐喑""人材海内空"的状况，"九州"一诗与《病梅馆记》在思想主旨上恰好相表里，相得益彰。（《文章之美·品味传世散文》）

---

① 《病梅馆记》写于1839年。当时由于龚自珍抨击时弊，力主革新，"忤其长官"，遭受打击和排挤，不得不辞官南归。

◎ 姚鼐

《登泰山记》

【清】姚鼐：鼐闻今天下之善射者，其法曰："平肩臂、正胸，腰以上直，腰以下反勾磬折，支左诎右。其释矢也，身如槁木。苟非是，不可以射。"师弟子相授受，皆若此而已。及至索伦、蒙古人之射，倾首、欹肩、偻背，发则口目皆动，见者莫不笑之，然而索伦、蒙古之射远，贯深而命中，世之射者常不逮也。然则射，非有定法，亦明矣。（《答翁学士书》）

鼐性鲁知暗，不识人情向背之变、时务进退之宜，与物乖忤，坐守穷约，独仰慕古人之谊，而窃好其文辞。夫古人之文，岂第文焉而已，明道义、维风俗以诏世者，君子之志；而辞足以尽其志者，君子之文也。达其辞则道以明，昧于文则志以晦。鼐之求此数十年矣。瞻于目，诵于口，而书于手，较其离合而量剂其轻重多寡，朝为而夕复，捐嗜舍欲，虽蒙流俗讪笑而不耻者，以为古人之志远矣。苟吾得之，若坐阶席而接其音貌，安得不乐而愿日与为徒也。（《复汪进士辉祖书》）①

【清】王先谦：具此神力，方许作大文，世多有登岳辄作游记自诧者，读此当为阁笔。（《续古文辞类纂》卷二十四）

【清】黎庶昌：典要凝括。余以同治五年，从曾文正公登岱、观日出，读此益服其状物之妙。（《续古文辞类纂》卷二十五）

【今】郭预衡：模山范水之文，历代多有，但在不同的时代，特点不同。姚鼐这篇《登泰山记》的特点，除了桐城义法的一般特点之外，还体现了姚鼐个人的一种主张，即义理、考证、文章三者并重。文章开始叙述汶水、济水的流向，便不同于一般的山水游记。看似寻常记叙文字，而实为姚鼐"以考证助文"的笔墨。姚鼐另有一篇《泰山道里记序》，可与此文参证。其中有云：余尝病天下地志谬误，非特妄引古记，至纪今时山川道里远近方向，率与时舛，令人愤叹。设每邑有笃学好古能游览者，各考纪其地土之实，据以参相校订，则天下地志何患不善？余尝以是语告人。嘉定钱辛楣学士、上元严东有侍读，因为余言泰安聂君《泰山道里记》最善，心识其语。比有岱宗之游，过访聂君山居，乃索其书读之，其考订古今皆详核可喜。学士、侍读之言不妄也。由此看来，姚鼐这篇《登泰山记》，其考订山水，可能是参考了《泰山道里记》的。六朝山水，传神写照；唐人山水，多寓骚情；宋人山水，多生议论；元人山水，乃多记道里；明人

---

① 这两段话体现了姚鼐的作文观，有助于理解《登泰山记》。

山水，又转向六朝，近于小品；清人重考据，尚征实，一些考证学者并不模山范水。姚鼐作为古文家，乃有义理、考证、文章三者并重之说，这是与同时代的风气颇有关系的。但姚鼐究竟是古文家，他写山水，虽有意征实，却非拘泥于地理考证。对于泰山形貌，亦能传神写照。如写"晚日照城郭"，写"坐日观亭待日出"，都写得穷形尽状，历历如见。至于文章布置取舍之"精严"，遣词造句之"雅洁"，自是桐城义法之特色。（《明清散文精选》）

【今】马茂元：（姚鼐的《惜抱轩全集》中）有些作品确实达到晶莹澄澈、明润无疵的境界。像高中文学课本里选的《登泰山记》就是脍炙人口的一篇。山水游记当然是以客观景物的描绘、环境形象的刻画为对象。但也有两种不同的写法。一般的写法只是反映自然界蕴藏的美在作者心灵深处唤起的经验和感觉，是单纯从欣赏的角度出发的。另一种则以主观的抒情为重点。作者往往通过某山某水的登览，一丘一壑的宴游，来抒写自己的情感。或者叹遭时之不遇，或者发思古之幽情。描写任何景物，无不围绕这个核心，写景和抒情结合得非常密切。像柳宗元的《永州八记》、范仲淹的《岳阳楼记》都是这样的写法。《登泰山记》则属于前者而不属于后者，它只是从壮丽河山的画面里，从作者登览的一刹那的感觉中，抓住最能动人的环境形象，通过艺术手法的刻画，使它生动地显现在读者面前。（《从桐城派的古文谈到姚鼐的〈登泰山记〉》）

【今】周晶：姚鼐在写这篇游记的同时，还写了一首题为《岁除日与子颖登日观观日出作歌》的长诗，诗中写道："泰山到海五百里，日观东看直一指。万峰海上碧沉沉，象伏龙蹲呼不起。夜半云海浮岩空，雪山灭没空云中。参旗正拂天云西，云汉却跨沧海东。海隅云光一线动，山如舞袖招长风。使君长髯真虬龙，我亦鹤骨撑青穹。天风飘飘拂东向，拄杖探出扶桑红。地底金轮几及丈，海右天鸡才一唱。不知万顷冯夷宫，并作红光上天上。……"传说中水神的宫殿，竟化作泰山日出，这是多么奇特的想像！（《古文鉴赏辞典珍藏本（下）》）

【今】章尚正：（这篇文章的一个特色）是文字简洁而传神。文字尚简，本是中国散文的优良传统，著名文论家刘勰云："文以辨洁为能，不以繁缛为巧。"（《文心雕龙·议对》）姚鼐此文即以简洁擅胜，无论是记叙行程，介绍古迹，综述风物，还是描写奇景大观，文字都异乎寻常的洗炼生动。○这是篇典型的学者游记。作者一向推崇"笃学好古能游览者"（《泰山道里记序》）论文更提倡义理、考据、辞章三者合而为一，这篇游记就将考据与游览熔为一炉，文中考定泰山位置、调查山南三谷、介绍岱祠等古迹、观察道中石刻、为古刻漫失而惋恨、为僻道石刻未及往观而叹惜，凡此种种都显示出作者所特有的修养、气质与趣尚。（臧维熙《中国游记鉴赏辞典》）

【今】王达敏：1961 年蒋逸雪就声辩，姚鼐并非凿空文士，确能笃践其三合一（按：

指义理、考据、辞章）理论，例证就是《登泰山记》。桐城派研究者一般认为《登泰山记》就是体现三合一理论的代表作。例如，吴孟复说，姚鼐此作"不涉神怪，不事阿谀，也不沾色情，既不是'庙堂文学'，也不是'山林文学''清客文学'，就义理言，是纯正的；其中说到泰山地理沿革，如'环水''古长城'以目击与古书相印证，是有所考据的；而且文字简洁，描写生动。这是他理想中的'三者合一'"。

首要的问题是，《登泰山记》中的"义理"在哪里呢？蒋逸雪论证重心在考据，吴孟复倒是谈到了义理，但他回避论证其中究竟包蕴什么义理。接下来的问题是，《登泰山记》中真的存在考据吗？研究者开掘到的证据主要是：泰山阳、阴两边分别有汶、济二水；其向南的中谷是郦道元所谓环水；山东有古长城；游山梯磴约七千有余。这些内容是作者对泰山及其周围地理现象的客观忠实描述，在古代游记之作中司空见惯，怎么能说就是考据呢？事实上，对于考据内涵，姚鼐的理解与汉学家并无实质差别。姚鼐说过："以考证断者，利以应敌，使护之者不能出一辞。"强调的是根据搜证而断案的厉害。"注书之体欲简严，勿与人争辩，争辩是疏非注矣"，严辨的是考据文体。《惜抱轩文集》卷二是考，所收三篇考论《郡县考》《汉庐江九江二郡沿革考》和《项羽王九郡考》，大体仍是汉学家法。姚选《古文辞类纂》中收录有少量考据、辞章浑融的作品，曾巩的《齐州二堂记》就是一例。作者在叙述山川时，旁征《史记》《孟子》《禹贡》等书，又博引郑玄、皇甫谧之说。姚鼐评曰："作考证文字可以为法。"这也间接说明，姚鼐所说的考据与汉学派的考据规范契符。

《登泰山记》撰于乾隆四十年（1775），义理、考据、辞章三合一的理论提出的最早时间，当在乾隆六十年。将创作于二十年前的作品，视为二十年后方才问世的理论之典型体现，合情理乎？就在写作《登泰山记》前不久，姚鼐在四库馆与戴震等汉学家发生过一场激烈冲突，最终导致了他从京师告退。姚鼐不废考据，而更为俯首程朱理学；其考据目的，乃在补苴罅漏以扶树道学。戴震等则大嫌程朱空疏、臆断和牵合佛、道之说，以为其非圣学真传，而仰尊汉儒考据。姚鼐因觉义不可默，奋起抗争。姚鼐对汉学家及其考据的反感达于极点，其所作《赠钱献之序》等揭露汉学之弊，不稍宽假。而在与汉学派矛盾激化之时，姚鼐经过自省，又将为学重心从考据调整到了他早年溺爱的辞章，并萌生了建树文派的意识。在这种情况下，姚鼐怎么可能有兴致去创作体现义理、考据、辞章三合一理论的文章呢？

其实，如果搁置一切先入之见，涵赏原文笔致，我们就不得不说：《登泰山记》中既无义理，也无考据。很简单，这只是一篇游记，一篇地道的辞章之作而已。作为辞章之作，《登泰山记》的确颇具特色。一是格调客观、冷峭。马茂元说："山水游记当然是以客观景物的描写、环境形象的刻画为对象。"但是，在古代游记名篇中，如《登泰山记》这样，作者将寄托压入文字遥深之处，整篇文章叙述、描写都在客观中进行，无直露抒情，也无任何议论，却是少有。由于作者笔致客观，令人敛息的寒气便也弥漫于字缝行间，而给作品带来冷峭格调。二是境界清朗、空灵。无论向晚或黎明，泰山极峰，白雪映日，光辉腾烁，色彩都极为绚丽。而放眼日观峰周围，雪压松、石，有冰无瀑，鸟兽迹匿而声销，一片白茫茫景象，晶莹纯洁，作者凸显的是明朗和空灵。三是浩气充盈。姚鼐不顾严寒，毅然出行海右；不顾山高道滑，奋力登岱；又不顾风雪击面，在山顶、在孤寂中度越料峭冬夜，而且一定赶在除夕之日破晓，畅观日出东海之上的磅礴。孔子曾经"登东山而小鲁，登泰山而小天下"；杜甫也曾吟哦"会当凌绝顶，一览众山小"。数十年后，回首登岱往事，姚鼐虽然口说"立处不知天下小"，但当年写作《登泰山记》时其心境和气概，与孔、杜的襟抱之脉联却依稀可辨。四是文笔拙涩中见出凝练。行文洁净是姚鼐追求的理想。但如这篇游记用笔简省到这步田地，以至于文句拙涩拗折，在姚作中却十分罕见。结尾处："山多石少土。……而雪与人膝齐。"句式短得不能再短，字、词省到不能再省，音调也很铿锵。总之，作品特质、作者意图和创作背景为诠释活动设下了客观的界限。跨越界限立论，就难免造成过度阐释，与事实枘凿。（《〈登泰山记〉研究与诠释界限》，引用时有删节）

◎ 沈复

《海国记》

【清】杨引传：《浮生六记》一书，余于郡城冷摊得之，六记已缺其二，犹作者手稿也。就其所记推之，知为沈姓号三白，而名则已逸，遍访城中无知者。其书则武林叶桐君刺史、潘麕生茂才、顾云樵山人、陶芑孙明经诸人，皆阅而心醉焉。（《浮生六记·杨序》）

【清】王韬：笔墨之间缠绵哀感、一往情深，于伉俪尤敦笃。卜宅沧浪亭畔，颇擅水石林树之胜，每当茶熟香温，花开月上，夫妇开樽对饮，觅句联吟，其乐神仙中人不啻也。曾几何时，一切皆幻。此记之所由作也。予少时读书里中曹氏畏人小筑，屡阅此书，辄生艳羡，尝跋其后云：从来理有不能知，事有不必然，情有不容己。夫妇准以一生，而或至或不至者，何哉？盖得美妇，非数生修不能，而妇之有才有色者，辄为造物所忌，非寡即夭。然才人与才妇旷古不一合，苟合矣，即寡夭焉，何憾！正惟其寡夭焉，而情益深；不然，即百年相守，亦奚裨乎？呜呼！人生有不遇之感，兰杜有零落之悲。历来才色之妇，湮没终身，抑郁无聊，甚且失足堕行者不少矣，而得如所遇以天者，抑亦难之。乃后之人凭吊，或嗟其命之不辰，或悼其寿之弗永，是不知造物者所以善全之意也。美妇得才人，虽死，贤于不死。彼庸庸者，即使百年相守，而不必百年，已泯然尽矣。造物所以忌之，正造物所以成之哉？（《浮生六记跋》）

【今】俞平伯：记叙体的文章在中国旧文苑里，可真不少，然而竟难找一篇完美的自叙传。……原来作自传文和他们惯用的"史法"绝不相干，而且截然相反。他们念兹在兹的圣贤帝王、祖宗……在此用他们不着；倒是他们视为闲情别致的，反有关身心性命之微，有涉于文章之事。所以前人以为不足道的，我们常发见其间有真的文艺潜伏着在，而《浮生六记》便是小小的一例。○《闲情记趣》写其爱美的心习，《浪游记快》叙其浪漫的生涯，而其中尤以《闺房记乐》《坎坷记愁》为最佳。第一卷自写其夫妇间之恋史，情思笔致极旖旎宛转，而又极真率简易，向来人所不敢昌言者，今竟昌言之。第三卷历述其不得于父母兄弟之故，家庭间之隐痛，笔致既细，胆子亦大。作者虽无反抗家庭之意，而其态度行为已处处流露于篇中，固绝妙一篇宣传文字也。原数千年中家庭之变，何地无之，初非迩近始然，特至此而愈烈耳。观沈君自述，他们俩实无罪于家人，而家人恶之。此无他，性分之异，一也；经济上之迫夺，二也；小人煽动其间，三也。观下文自明……（按：俞平伯此处引用了卷三的若干文字）○综括言之，中国大多数的家庭的机能，只是穿衣吃饭，生小孩子，以外便是你我相倾轧，明的为争夺，暗的为嫉妒。不肯做家庭奴隶的未必即是天才，但如有天才是决不甘心做家庭奴隶的。《浮生六记》一书，即是表现无量数惊涛骇浪相冲击中的一个微波的银痕而已。但即算是轻婉的微波之痕，已足使我们的心灵震荡而不怡。（《浮生六记·重印浮生六记序（一）》）

重印《浮生六记》因缘，容我在此略说。我幼年在苏州，曾读过这书，当时只觉得它可爱而已，而未审可爱之所在。自匆匆移家北京，流放数年，不但诵读时的残趣久已荡为烟云，即书的名字也若存若亡，汩没在忆后了。去秋在上海，与颉刚、伯祥两君结邻，偶然谈起此书，我始恍然追味出昔年得读时的情趣来。……去年做的那篇序（按：即上述《浮生六记·重印浮生六记序（一）》），自己很不惬意，因它只发挥了一大堆读后对于家庭社会的杂感，并未曾将《浮生六记》的精英撷出。……《浮生六记》的作者是个习幕经商的人，不是什么斯文举子，这一点很可注意。统观全书无酸语，无赘语，无道学语（《养生记道》已佚，不敢妄揣）。风裁的简洁，实作者身世和性灵的反映使它如此的。我们何幸，失掉一个"禄蠹"式的举子，得着一个真性情的闲人。他因不存心什么"名山之业""寿世之文"，所以情来兴到，即濡笔伸纸，不知避忌，不假妆点，本没有徇名的心，得完全真正的我。处处有个真我在，这总是一篇好的自叙传，又何烦我斤斤以告诸君呢？……古人论文每每标一"机"字，概念的诠表虽病含混，我却赏其谈言微中。陆机《文赋》说："故徒抚空怀而自惋，吾未识夫开塞之所由。"这是绝妙的文思描写。我们与一切外物相遇，不可着意，着意则滞；不可绝缘，绝缘则离。记得宋周美成的《玉楼春》里，有两句最好："人如风后入江云，情似雨余黏地絮"，这种况味正在不离不着之间。文心之妙亦复如是。即如这书，说它是信笔写出的，固然不像；说它是精心结撰的，又何以见得？这总是一半儿做着，一半儿写着的。虽有千雕百琢一样的完美，却不见一点斧凿痕。犹之佳山佳水，明明是公开的图画，然仿佛处处吻合人工的意匠。当此种境界，我们的分析推寻的技巧，原不免有穷时。此《记》所录所载，妙肖不足奇，奇在全不着力而得妙肖；韶秀不足异，异在韶秀以外竟似无他物。俨如一块纯美的水晶，只见明莹，不见衬露明莹的颜色；只见精微，不见制作精微的痕迹。（《浮生六记·重印浮生六记序（二）》）

【今】林语堂：芸，我想，是中国文学上一个最可爱的女人。她并非最美丽，因为这书的作者，她的丈夫，并没有这样推崇。但是谁能否认她是最可爱的女人？……我们只觉得世上有这样的女人是一件可喜的事，只愿认她是朋友之妻，可以出入其家，可以不邀自来和她夫妇吃中饭，或者当她与丈夫促膝畅谈书画文学乳腐卤瓜之时，你们打瞌睡，她可以来放一条毛毯把你的脚腿盖上。也许古今各代都有这种女人，不过在芸身上，我们似乎看见这样贤达的美德特别齐全，一生中不可多得。你想谁不愿意和她夫妇，背着翁姑，偷往太湖，看她观玩洋洋万顷的湖水，而叹天地之宽，或者同她到万年桥去赏月？而且假使她生在英国谁不愿意陪她去参观伦敦博物院，看她狂喜坠泪玩摩中世纪的彩金钞本？……她的一生，正可引用苏东坡的诗句，说它是"事如春梦了无痕"。要不是这书得偶然保存，我们今日还不知有这样一个女人生在世上，饱尝过闺房之乐与坎坷之愁。我现在把她的故事翻译出来，不过因为这故事应该叫世界知道，一方面以流传她的芳名，又一方面，因为我在这两位无猜的夫妇的简朴的生活中，看他们追求美丽，看他们穷困潦倒，遭不如意事的磨折，受奸佞小人的欺负，同时一意享求浮生半日闲的清福，却又怕遭神明的忌。在这故事中，我仿佛看到中国处世哲学的精华，在两位恰巧成为夫妇的生平上表现出来。两位平常的雅人，在世上并没有特殊的建树，只是欣爱宇宙间的良辰美景，山林泉石，同几位知心友过他们恬淡自适的生活——蹭蹬不遂，而仍不改其乐。他们太驯良了，所以不会成功，因为他们两位胸怀旷达，淡泊名利，与世无争，而他们的遭父母放逐，也不能算他们的错，反而值得我们的同情。这悲剧之原因，不过由于芸知书识字，由于她太爱美，以至于不懂得爱美有什么罪过。……我们看见她的爱美的天性与这现实的冲突——一种根本的，虽然是出于天真的冲突。

〇他（按：指沈复）不曾存意粉饰芸或他自己的缺点。我们看见这书的作者自身也表示那种爱美爱真的精神，和那中国文化最特色的知足常乐恬淡自适的天性。我不免暗想，这位平常的寒士是怎样一个人，能引起他太太这样纯洁的爱，而且能不负此爱，把它写成古今中外文学中最温柔细腻闺房之乐的记载。三白，三白，魂无恙否？他的祖坟在苏州郊外福寿山，倘使我们有幸，或者尚可找到。……在他们坟前，我要低吟 Maurice Ravel 的 "Pavane"，哀思凄楚，缠绵悱恻，而归于和美静娴；或是长啸 Massenet 的 "Melodie"，如怨如慕，如泣如诉，悠扬而不流于激越。因为在他们之前，我们的心气也谦和了，不是对伟大者，是对卑弱者，起谦恭畏敬，因为我相信淳朴恬适自甘的生活（如芸所说"布衣菜饭，可乐终身"的生活），是宇宙最美丽的东西。在我翻阅重读这本小册子之时，每每不期然而然想到这安乐的问题。在未得安乐的人，求之而不可得，在已得安乐之人，又不知其来之所自。读了沈复的书，每使我感到这安乐的奥妙，远超乎尘俗之压迫与人身之苦痛——这安乐，我想，很像一个无罪下狱的人心地之泰然，也就是托尔斯泰在《复活》中所微妙表出的一种，是心灵已战胜肉身了。因为这个缘故，我想这对伉俪的生活是最悲惨而同时是最活泼快乐的生活——那种善处忧患的活泼快乐。（《浮生六记·译者序》）

【今】周汝昌：自叙为何最难？兵法最讲"知己知彼"。《老子》教示："知人者智，自知者明"。所以自叙必须"知内知外"——内即己，外即物。这既要"主观"，又忌太主观；既需"客观"，又不能昧己以徇（殉）物。陶渊明的《五柳先生传》，张岱的《陶庵梦忆》，雪芹的《石头记》，乃至《浮生六记》《老残游记》之特别吸引人，另有一番独特的魅力，其真正缘由正在于此。（《世间难事》，《红楼无限情·周汝昌自传》）

【今】米舒：《浮生六记》开创了家庭文学小品的先例。作者对家庭与人生的种种坎坷，用真实的笔触去描摹，人生之乐与人生之悲，尽吐纸上，读来令人垂泪。（《我读浮生六记》）

【今】冯其庸：作者的思想是很自由的，尤其是开头第一篇就是写夫妇生活的《闺房记乐》，而且写得那么大胆和自然，一点也不像封建时代的人写的。（《浮生六记德译本序》）

【今】林薇：《浮生六记》堪称性灵小说之滥觞，在小说史上别开生面，首创第一人称抒情小说的美学风范。这是沈复的一部回忆录，主要记叙了他与亡妻陈芸的一生情史。小说写于陈芸夭逝之后，可以说是一部悼亡之作，也可以说是这一对被名教所放逐的天涯情侣的灵魂自叙。除《红楼梦》外，人们在此以前几乎从未读到过如此幽馨驺荡的作品。近僧题序称其"凄艳秀灵，怡神荡魄，感人固已深矣"。……它是人的文学取代道统文学的萌蘖。这是一部天籁之作，除了作家灵台深处的一片性灵而外，竟似无物。……对于以功利、劝惩、谀世、媚俗为目的的文学道统而言，《浮生六记》无疑是一种背叛和超越。人们从小说中感受到的是情的高扬，是那份与生俱来的漱芳挹芬的灵秀之气。《浮生六记》漠视了世俗社会的人生价值取向：功名富贵、天恩祖德乃至忠君孝亲的纲常伦理；而是高张"情"的大纛，从而显现生命的葱茏之美。王韬书跋称其"笔墨间缠绵哀感，一往情深，于伉俪尤敦笃"。《浮生六记》所写的是人世间可遇而不可求的一段情缘。这份"情"，沧海明珠、蓝田暖玉尚不足以形容其晶莹温润。综观中国文学发展的历史，明代长篇小说中的四大奇书所流露的视红颜为祸水、以情爱为淫邪的浓重的男权文化意识，毋庸论矣；即使言情佳构、精金美玉如《西厢记》者，也不免带有对女性的轻亵和僭佻。而《浮生六记》则以"一泓秋水照人寒"的纯净笔墨，体现了对女性人格的尊重。如果从情的高扬和灵气的飘逸来说，《浮生六记》略仿《红楼梦》。不过比较起来，《红楼梦》的作者固然是一代摹情圣手，不可企及，但是，《红楼梦》富于梦幻色彩，写的是情天幻海中的木石前盟，自有一种天仙化人的气韵；而《浮生六记》写的则是尘凡人生的爱恋，从来没有哪部小说如此回肠荡气地写出心心相印、灵肉合一的夫妇之爱。读了《浮生六记》，才使人感悟到了茫茫六合之中有此种地老天荒、生死不渝的伉俪情笃。有了这份"情"，才使生命蓊郁葱茏、充满欢乐，而它的摧败零落，则意味着最高人生价值——生命之美的毁灭。

○考其渊源所自，实与李清照的《金石录后序》那类的散文作品一脉相承。《金石录后序》中追忆往事："每饭罢，坐归来堂烹茶，指堆积书史，言某事在某书、某卷、第几页、第几行，以中否角胜负，为饮茶先后。中即举杯大笑，至茶倾覆怀中，反不得饮而起，甘心老是乡矣。"此时赵明诚早已亡故，墓木已拱，手泽犹存，回首当年的夫妻恩爱，情何以堪？沈复搦笔为文之际，心境略相仿佛，一切的赏心乐事，都是"过去时"，久已水流花谢，梦断香消，不堪回首了。每一涉想，都禁不住情潮如沸，笔调中带着那么多的眷怀和爱恋；也带着那么多的悼惜和哀伤，字里行间，沁出缕缕泪渍和血痕。(《中国近代小说研究》)

《论语》

【战国】孟子：出于其类，拔乎其萃，自生民以来，未有盛于孔子也。（《孟子·公孙丑上》）

【汉】班固：昔仲尼没而微言绝，七十子丧而大义乖。（《汉书·艺文志》）

【汉】赵岐：五经之锟鐻，六艺之喉衿也。（《孟子章句·题辞》）

【梁】刘勰：夫作者曰圣，述者曰明。陶铸性情，功在上哲，夫子文章，可得而闻，则圣人之情，见乎文辞矣。先王圣化，布在方册；夫子风采，溢于格言。……褒美子产，则云"言以足志，文以足言"；泛论君子，则云"情欲信，辞欲巧"：此修身贵文之征也。然则志足而言文，情信而辞巧，乃含章之玉牒，秉文之金科矣。（《文心雕龙·征圣》）

【唐】薛放：《论语》，六经之菁华也。（严衍《资治通鉴补》卷二百四十一）

【唐】韩愈：始吾读孟轲书，然后知孔子之道尊，圣人之道易行，王易王，霸易霸也。（《读荀子》）

【唐】柳宗元：《论语》之大，莫大乎是也，是乃孔子常常讽道之辞云尔。彼孔子者，覆生人之器者也。上之尧、舜之不遭，而禅不及己；下之无汤之势，而己不得为天吏。生人无以泽其德，日视闻其劳死怨呼，而己之德涸然无所依而施，故于常常讽道云尔而止也。此圣人之大志也，无容问对于其间。弟子或知之，或疑之不能明，相与传之。（《〈论语〉辨》下篇）

【宋】司马光：《孝经》《论语》，其文虽不多，而立身治国之道尽在其中。（《再乞资荫人试经义札子》）

【宋】程颐：孔子言语句句是自然，孟子言语句句是实事。（《二程遗书》卷五）某自十七八读论语，当时已晓文义，读之愈久，但觉意味深长。《论语》有读了后全无事者，有读了后其中得一两句喜者，有读了后知好之者，有读了后不知手之舞之足之蹈之者。（《二程遗书》卷十九）

【宋】朱熹：或云《论语》不如《中庸》，曰只是一理，若看得透方知无异。《论语》是每日零碎问，譬如大海也是水，一勺也是水，所说千言万语皆是一理，须是透得，则推之其它，道理皆通。○《论语》难读。日只可看一二段，不可只道理会、文义得了便了。须是仔细玩味，以身体之，见前后晦明生熟不同，方是切实。〇《论语》愈看愈见滋味出。若欲草草去看，尽说得通，恐未能有益。〇《论语》之书，无非操存、涵养之要；《七篇》之书，莫非体验、扩充之端。盖孔子大概使人优游餍饫，涵泳讽味；孟子大概是要人探索力讨，反己自求。故伊川曰："孔子句句是自然，孟子句句是事实。"亦此意也。〇孔子教人只从中间起，使人便做工夫去，久则自能知向上底道理，所谓"下学上达"也。孟子始终都举，先要人识心性着落，却下功夫做去。〇孔子教人极直截，孟子较费力，孟子必要充广。孔子教人，合下便有下手处。（《朱子语类》卷十九）

【宋】苏辙：士之言学者，皆曰孔孟。（《上两制诸公书》）

【宋】李涂：《论语》气平，《孟子》气激，《庄子》气乐，《楚辞》气悲，《史记》气勇，《汉书》气怯。（《文章精义》）

【宋】郑汝谐：言有尽，旨无穷，譬之山海之藏，随取而获，取者虽夥，未见能竭其藏也。（《论语意原·自序》）

【元】王充耘：圣人语约而事该，言近而指远。盖有德有言，未尝有费辞者，即《论语》一书首尾熟观可见。（《四书经疑贯通》卷四）

【明】董其昌：何谓辞？《文选》是也。何谓事？《左》《史》是也。何谓情？《诗》《骚》是也。何谓理？《论语》是也。何谓机？《易》是也。《易》阐造化之机，故半明半晦，以无方为神。《论语》著伦常之理，故明白正大，以易知为用。如《论语》曰"无适无莫"，何等平易，《易》则曰"见群龙无首"，下语险绝矣。此则王、唐诸公之材料窟宅也。如能熟读妙悟，自然出言吐气有典有则，而豪少年佻举浮俗之习，淘洗到尽矣。（《书禅室随笔》）

【明】郑瑗：无意为文，而自粲然成文，故不厌语助字之多。（《井观琐言》卷二）

【明】辛全：《论语》五经神情、五经体裁俱备，为后世语录文章之祖。〇《论语》不必通书以某章贯，一章用某节某句贯，恐其牵合傅会，正旨不得明白。只一句自为一句，一节自为一节，一章自为一章，零碎看得明白，自有豁然贯通处。到此处，便知二十篇总是一意，又总是一字，曰"仁"。（《四书说·论语说》）

【明】郝敬：他书但逐字解，意思都尽。《论语》不须逐字解，意却尽不得。圣人言语含蓄，使人自得，后世文字，肝胆呕出，所以浅薄。〇《论语》描写圣人生气，不徒记其言语而已。圣人气象温厚，言语有风人之致。尝曰"不学诗无以言"，故其辞不烦而意远。〇二十篇无一语不会通心性，然竟无一字说心性，所以微妙玄通。即此是无言无隐公案。〇读《论语》通，觉天下无一不可与之人，无一不可处之事，无一处不是学，无一物不是道。宇宙自然宽广，胸中自无闲气。〇《诗》《书》详已，然无如《论

语》亲切简当。随人贤愚大小，如水行地，江河溪谷、池沼沟渠无处不到，随分汲取，各各沾足。所以为圣人之言。(《谈经》卷八)

【清】焦循：自周秦汉魏以来，未有不师孔子之人，虽农工商贾、厮养隶卒，未有不读《论语》者。(《论语通释》)

【清】阮元：《论语》言五常之事详矣，惟论"仁"者凡五十有八章，"仁"字之见于《论语》者凡百有五，为尤详。若于圣门最详切之事论之，尚不得其传而失其旨，又何暇别取《论语》所无之字标而论之邪？(《〈论语〉论仁论》)

【清】冯班：程子教人读书曰："一部《论语》未读时是这般人，读了只是这般人，便是不曾读一般。"此言最恳切。最难读者《论语》，圣人说话简略，说得浑融，一时理会不来，是难读也。亦最易读，读一句是一句，理会得一分是一分，是易读也。不似他书，认错了要误人。赵普用半部《论语》治天下，大是会读书。如吾所见，只一二句便终身受用不尽。(《钝吟杂录》卷一) ○惜乎君子也，未闻孔子之大道也。(《钝吟杂录》卷二)

【清】孙奇逢：《论语》中论学是希圣希贤之事，论孝是为子立身之事，论仁是尽心知性之事，论政是致君泽民之事，论言行是与世酬酢之事，论富贵贫贱是境缘顺逆之事，论交道是亲师取友之事，论生死是"生顺没宁"之事。只此数卷《论语》，无义不备，千圣万贤，不能出其范围。识其大者为大儒，识其小者为小儒。(《岁寒居答问》卷三)

【清】崔纪：圣门之学，以仁为要；尧舜之道，以中为至，仁即中之理，中即仁之矩也。○圣门之学，以求仁为要，而行仁以孝弟为本，故二十篇中，发明仁孝之理最详。○《论语》多就事上说，不言其所以然之理，然反覆寻味，其理却无穷无尽，所谓言近而旨远也。(《论语温知录》)

【清】李元度：《论语》所言之义理，精且粹矣。即以文论，非诸经所能及也。《易》《诗》《书》《礼》《春秋》之文，各造其极，亦各不相谋，而简括处终不及《论语》。《论语》之文，能以数语抵人千百言，如太和元气，如化工之肖物，各无遁形。(《天岳山馆文钞》卷三十八)

【清】方宗诚：《论语》之文，浑然天地之元气。含蓄，全不肯发扬，而实则包罗万象；质实，全不露精采，而实则光辉常新。○《论语》于伤时之文，极有含蓄。如"射不主皮，为力不同科，古之道也。"但思古而伤今，意不露而情自深矣。又如"事君尽礼，人以为谄也"，世道人心之坏，自在言外，何尝如后人有忿疾悲愤口气。如曰："禘自既灌而往，吾不欲观"，而其失礼事，曾不言明，气象可想。○《论语》形容道体之文，只是指点咏叹，不多著言语。如"子在川上曰：'逝者如斯夫！不舍昼夜。'"只就川上一指点，而道之活泼泼地无时不然者自见矣。如"二三子以我为隐乎？吾无隐乎尔。吾无行而不与二三子者，是丘也。"只就行事一指点，而道之活泼泼地无物不有者自见矣。"天何言哉？四时行焉，百物生焉，天何言哉？"就天时上指点咏叹，而道之充满流行、无往而非是者自见矣，真善形容道体者也。后儒著力在精微处说，反觉费语言。（《论文章本原》卷二）

【近】钱基博：上古文运初开，虚字未兴，罕用语助之辞，故《书》典、谟、誓、诰，无抑扬顿挫之文，木强寡神。至孔子之文，虚字渐备。赞《易》《彖》《象》《系辞》，用"者""也"二字特多；而《论语》二十篇，其中"之""乎""也""者""矣""焉""哉"无不具备。浑噩之语，易为流利之词，作者神态毕出，此实中国文学一大进步。盖文学之大用在表情，而虚字，则情之所由表也，文必虚字备而后神态出。（《中国文学史》）

【今】柳诒徵：孔子者，中国文化之中心也。无孔子则无中国文化。自孔子以前数千年之化，赖孔子而传；自孔子以后数千年之文化，赖孔子而开。（《中国文化史》）

【今】李泽厚：孔学特别重视人性情感的培育。……实际是以"情"作为人性和人生的基础、实体和本源。〇学生们也一样是活人，各有不同其气质、个性、风貌、特长和缺点。这些在《论语》中相当具体而清晰，使人可以直接感受到。这个"圣哲"群体的形象特色似颇不同于包括《庄子》《孟子》在内的经、子典籍，为以后典籍所少见。（《论语今读》）

《论语》讲"礼"甚多，鲜明表示孔子对当时"礼"的破坏毁弃痛心疾首，要求人们从各方面恢复或遵循"周礼"。孔子思想的范畴是"仁"而非"礼"。后者是因循，前者是创造。尽管"仁"字早有，但把它作为思想系统的中心，孔子确为第一人。"仁"字在《论语》中出现百次以上，其含义宽泛而多变，构成一个颇具特色的思想模式和文化心理结构，在塑造汉民族性格上留下了重要痕迹。构成这个思想模式和仁学结构的四因素分别是"血缘基础""心理原则""人道主义""个体人格"。其整体特征则是"实践理性"。（《孔子再评价》，引用时有删节）

【今】杜维明：在《论语》中，仁被上升为普遍性的美德，比儒家任何其他基本美德更富包容性。……真正表现得最凸显的、独一无二的特色的毕竟是仁，而不是智、勇或礼。（《仁：〈论语〉中一个充满活力的隐喻》）

【今】郭预衡：善于运用比喻，能够引物连类，阐明道理，即使是讲抽象的道理，也都富于形象。（《历代散文丛谈》）

作为政治家，孔子有些论政之语，代表着儒家早期的政论文章。其中有的是只言片语，有的是问答语录，有的则已形成专题的讨论，也有的形成了政治短评。……（较长的文章）既不同于《尚书》里的告诫，也不同于《左传》的辞令，而是仍然带有坐而论道性质的政论文章。○《论语》中的政论文字都比较生动活泼，多半流露着论者的情感。这是一个突出的特点。……（一些片段）不但蕴藏着哲理，而且颇含有诗意，其中寓有人世间的很多阅历和生活感受。……虽是片言只语，却是很深湛、很有容量的。○遣词造句的参差错落，行文的富于变化，也是前此的文章里很少见的。……《论语》的文章，虽然不是孔子自著，但由于孔子尚文，他的门人也有人专攻"文学"和"言语"，所以，辑为一书就特别富有文采。孔子说过："言之无文，行而不远。"《论语》一书对于后代文章影响之大，是不在其思想影响之下的。（《中国散文史》）

【今】周振甫：开创中国修辞学的是春秋时代的孔子。（《中国修辞学史》）

【今】孙钦善：所记口语，自然而不粗俗，往往出口成章，不乏雕琢而又不露痕迹，圆润典雅，精致无比。（《论语本解》）

【今】尹砥廷：集中写一个场景，通过人物各自的表演，来突出各自的性格，这是《论语》写众弟子的惯用手法。（《〈论语〉的文学价值》）

【今】罗永麟：用故事形式反映哲人的思想感情，更为生动具体。《论语》开其端，后来孟子、荀子进一步加以发挥。（《先秦诸子与民间文化》）

【今】褚斌杰：不仅记录说话者的语义，而且将表现说话者的口吻、语气的虚词，一并记录下来，从而能显示出人物的性情、感情和性格。（《中国古代文体概论》）

【今】马育良：未言"情"字而又处处关情的著作。（《〈论语〉：一种可能的情感解读》）

【今】赵纯伟：描写人物不是工笔，而是写意。好像是水墨画，淡淡几笔，只是点染，略现轮廓，就勾画出人物的精神风貌。（《〈论语〉的文学语言》）

【今】廖群：正因为孔子把丰富深邃的人生感受和哲理思想浓缩在简洁、有味的语句之中，这便使《论语》的语言有明显的警句格言化特点。（《中国审美文化史》）

【今】傅修延：为了更准确地传达孔子的本意，《论语》中有些地方对具体的语境亦稍作记述，这样就在文中形成了一系列具有叙事意味的相对独立单元或片段，而孔子之言成了被这些文字环绕之"眼"。○"慎言"与"言须有文"观一旦遭遇自由宽松的学术土壤，便导致夫子不言则已，言必如电光石火一般照耀苍穹，引得两千多年来无数读者仰首礼赞。《论语》中那些"子曰"引导的孔子之言，与《春秋》经文、《左传》"仲尼曰"一样要言不烦，其表现力却更加强大。那迂徐柔缓的寥寥数语，有时竟能产生出点睛夺魄般的效果，令人读后刻骨铭心永志不忘。（《先秦叙事研究——关于中国叙事传统的形成》）

【今】聂永华：基本是口语，明白易懂，文字简洁，一般只叙说自己的观点，而不

加以充分的展开与论证，从而形成"质朴"的语言风格。(《20世纪〈论语〉散文艺术研究述评》)

【今】扬之水：说它是重视语言的美化，即文采藻饰之类，毋宁说它是著力于语言之运用的恰当和其中包藏的意蕴之深厚。(《先秦诗文史》)

《孟子》

【汉】赵岐：孟子长于譬喻。辞不迫切而意已独至。〇包罗天地，揆叙万类，仁义道德，性命祸福，粲然靡所不载。帝王公侯遵之，则可以致隆平，颂清庙；卿、大夫、士蹈之，则可以尊君父，立忠信；守志厉操者仪之，则可以崇高节，抗浮云。有风人之托物，《二雅》之正言，可谓直而不倨，曲而不屈，命世亚圣之大才者也。（《孟子题辞》）

【晋】袁环：孔子恂恂，道化洙泗，孟轲皇皇，诲诱无倦。是以仁义之声于今犹存，礼让之风千载未泯。（《上疏请建国学》）

【唐】韩愈：孟子虽贤圣，不得位，空言无施，虽切何补？然赖其言，而今学者尚知宗孔氏、崇仁义、贵王贱霸而已，其大经大法皆亡灭而不救，坏烂而不收，所谓存十一于千百，安在其能廓如也？然向无孟氏，则皆服左衽而言侏离矣，故愈尝推尊孟氏，以为功不在禹下者，为此也。（《与孟尚书书》）

自孔子没，群弟子莫不有书，独孟轲氏之传得其宗。故吾少而乐观焉。太原王埙示予所为文，举孟子之所道者，与之言，信悦孟子，而屡赞其文辞，夫沿河而下，苟不止，虽有迟疾，必至于海，如不得其道也，虽疾不止，终莫幸而至焉。故学者必慎所道，其道于杨墨老庄佛之学，而欲之圣人之道，犹航断港绝潢以望至于海也。故求观圣人之道，必自孟子始。（《送王秀才序》）

【宋】朱熹：程子又曰，孟子有功于圣门，不可胜言。仲尼只说一个"仁"字，孟子开口便说"仁义"。仲尼只说一个"志"，孟子便说许多"养气"出来。只此二字，其功甚多。〇又曰，孟子有大功于世，以其言"性善"也。〇又曰，孟子性善养气之论，皆前圣所未发。〇又曰，孟子有些英气。才有英气，便有圭角。英气甚害事。如颜子便浑厚不同，颜子去圣人只毫发间。孟子大贤，亚圣之次也。或曰，英气见于甚处？曰，但以孔子之言比之，便可见，且如冰与水精非不光，比之玉，自是有温润含蓄气象，无许多光耀也。〇杨氏曰，《孟子》一书，只是要正人心，教人存心养性，收其放心。至论仁义礼智，则以恻隐、羞恶、辞让、是非之心为之端。论邪说之害，则曰"生于其心，害于其政"。论事君，则曰"格君心之非""一正君而国定"。千变万化，只说从心上来。人能正心，则事无足为者矣。《大学》之修身、齐家、治国、平天下，其本只是

附 录 中小学古文集评 | 273

正心、诚意而已。心得其正，然后知性之善，故孟子遇人便道"性善"。(《四书章句集注·孟子序说》)

读《孟子》，非惟看它义理，熟读之，便晓作文之法：首尾照应，血脉通贯，语意反覆，明白峻洁，无一字闲。人若能如此作文，便是第一等文章。《孟子》之书，明白亲切，无甚可疑者。只要日日熟读，须教它在吾肚中先千百转，便自然纯熟。某初看时，要逐句去看它，便觉得意思浅迫。至后来放宽看，却有条理。然此书不特是义理精明，又且是甚次第文章。某因读，亦知作文之法。(《朱子语类》卷十九)

【宋】孙奭：夫总群圣之道者，莫大乎"六经"，绍"六经"之教者，莫尚乎《孟子》。自昔仲尼既没，战国初兴，至化凌迟，异端并作。仪、衍肆其诡辨，杨、墨饰其淫辞，遂致王公纳其谋以纷乱于上，学者循其踵以蔽惑于下。犹浡水怀山，时尽昏垫，繁芜塞路，孰可芟夷？惟孟子挺名世之才，秉先觉之志，拔邪树正，高行厉辞，导王化之源，以救时弊；开圣人之道，以断群疑。其言精而赡，其旨渊而通，致仲尼之教，独尊于千古，非圣贤之伦，安能至于此乎？(《孟子音义·序》)

【宋】苏洵：孟子之文语约而意尽，不为巉刻斩绝之言，而其锋不可犯。○取《论语》《孟子》《韩子》及其他圣人、贤人之文，而兀然端坐，终日以读之者七八年。方其始也，入其中而惶然，博观于其外而骇然以惊。及其久也，读之益精，而其胸中豁然以明，若人之言固当然者，然犹未敢自出其言也。时既久，胸中之言日益多，不能自制，试出而书之，已而再三读之，浑浑乎觉其来之易矣，然犹未敢以为是也。(《上欧阳内翰第一书》)

【宋】苏辙：孟子惟明孔氏崇三代之故，所如不合，知世将大乱，恐周孔之道绝而不续，退而与其弟子公孙丑、万章之徒记其平生答问称道之言，作《孟子》七篇，后世传之。(《《古史·孟子孙卿列传》》)

孟子学于子思。子思言"圣人之道出于天下之所能行"，而孟子言"天下之人皆可以行圣人之道"。子思言"至诚无敌于天下"，而孟子言"不动心"与"浩然之气"。(《孟子解》)

【元】陈绎曾：气量高则骨格高。文章与人品同。自古大圣大贤，非有英雄气量者不能到也。英雄之气，担负天地；英雄之量，包含古今。担负天地之至重，包含古今而有余，气量如立天下之道德，成天下之事业，无不可，况区区古文而有不高者乎？欲气量高，何法而可？曰：熟读《孟子》以昌吾气，细看《尧典》以恢吾量，参以《史记》诸纪、世家、列传，以博其趣。大要只是要有英雄担负天地之气，要有英雄包含古今之量。○历世深则材力健。文所以记事也。自家涉历世故不深，则于人情事理不谙练，发之笔则涉近陈腐，不足以警世动物。文人杰作往往出于幽忧患难之余。文王之《易》，孔子之《春秋》，屈原之《楚辞》，司马迁之《史记》，皆是历练艰难，深造事精，所以高出万古也。〇孟子善议论，先提其纲，而后详说之。只是见识高，胸中流出论辩，盘根错节处，只以譬喻轻轻解破。（《文筌·古文矜式》）

【明】王文禄：或曰：后世无《孟子》七篇，何也？曰：孰养浩然之气也？故曰"文以气为主"，有塞天地之气，而后有垂世之文。（《文脉》卷一）

【明】郑瑗：孟子说道理明白正大，但比孔门犹失之粗。荀子言语暗，使学者不得其门而入。孟子是从大路上行，荀卿是从旁蹊曲径里寻路头。（《井观琐言》卷一）

【清】康熙（帝）：至于孟子，继往圣而开来学，辟邪说以正人心，性善仁义之旨著明于天下。此圣贤训辞诏后，皆为万世生民而作也。道统在是，治统亦在是矣。（《日讲四书解义序》）

【清】曾国藩：文章不可不放胆做，昔人谓文忌爽，非也。孟子乃文之至爽者，《史记》《国策》亦然。（薛福成《论文集要》卷三）

【清】冯班：孔子每言"仁"，孟子并言"仁义"。"义"字难体认，有硁硁小人之义，有匹夫匹妇自经于沟渎之义，更有刺客游侠、盗贼奸人之义，君子不可不明辨也。（《钝吟杂录》卷一）〇孟子极近人情，与迂儒不同。（《钝吟杂录》卷二）〇程子云，孟子有英气。余初不解此语，后来见俗儒有非孟者，始知英气害事。孟子只要说得透快。（《钝吟杂录》卷八）

【清】刘熙载：孟子之文，至简至易，如舟师执柁中流，自在而推移，费力者不觉自屈。龟山杨氏论《孟子》"千变万化，只说从心上来"，可谓探本之言。〇孟子之文百变而不离其宗，然此亦诸子所同。其度越诸子处乃在析义至精，不惟用法至密也。〇集义养气是孟子本领，不从事于此而学孟子之文，得无象之然乎。〇文有本位，孟子于本位毅然不避。（《艺概·文概》）"刚健中正""纯粹以精""笃实辉光"，孟子之文兼擅乎此。〇《孟子》之文，可即评以孟子之言，曰"是集义所生者"，曰"其为气也至大至刚"。（《游艺约言》）

【清】王夫之：仁义，善者也，性之德也。心含性而效动，故曰仁义之心也。仁义者，心之实也，若天之有阴阳也。……而性为心之所统，心为性之所生，则心与性直不得分为二，故孟子言心与言性善无别，"尽其心者知其性"，唯一故也。（《读四书大全说》卷八）〇孟子文章简妙处，不须立柱子、分对仗，只一气说下，自有片段。（《读四书大全说》卷九）

【清】方宗诚：读《孟子》者当求其本，不当求其文，然不知其文，则其发言之苦心，诱人之深意，精神之鼓舞，变化不测；义理之充足，层出不穷，亦不能见焉。是以观水有术，必观其澜，即文之盛，可以知其本之盛。既知孟子之不学文而文若斯之盛，则学亦不可不求其本矣。〇凡读一书，须得其宗旨。"仁义"二字，是七篇宗旨，无一章一言非发挥此也。性善，是仁义之原头。尊王，黜伯，辨异端，崇圣学，皆是扶持仁义。"仁"是心之体，"义"是心之用。居仁由义，居就存诸中者言，由就行诸事者言。仁是浑然一个不忍，义是行得有条理分寸次第。〇《孟子》书是《论语》大中之注脚。其论治，不外乎井田学校，即富之教之注脚也；其论学，不外于知言养气、尽心知性、存心养性、察识扩充，即格致诚正、博文约礼、明善诚身之注脚也；其论本体，不外乎性善，仁义本心，即明德、天命、率性之注脚也。但圣人之言高浑，孟子发挥得光明详细，有英华，有精采。〇《孟子》之言，最善设喻，善引证，善开，善离，善纵，善挑剔，善翻澜，善腾挪，善宕漾，尤妙在善转身入正面，拍合正旨，只用一两笔，轻便毫不费力。〇《孟子》文，起处最善提掇，善浑涵；中间最善开纵恣肆，条理灿然；末段最善神气完固。吾尝论孔子论乐曰："始作翕如也，纵之纯如也，皦如也，绎如也以成。"是千古论文之祕，孟子文实有此妙。（《论文章本原》卷三）

【清】崔纪：《史记》或曰孟子"受业子思之门人"，或曰"亲受业于子思"，未知孰是。顾余反覆《七篇》之旨，则无一不出于曾子所传之《大学》。何也？圣人既没，其遗书以教天下后世，而全体大用之靡弗详备者，无如《大学》一编。孟子奉遗书以自淑。凡圣人单辞片语，固无不珍如拱璧，而明体达用，以上接"一贯"之传，定以是书为根柢。今读《七篇》之文，离奇变化，而大纲不外仁义礼智之性，恻隐羞恶、辞让、是非之情。性者，心之体；情者，心之用。即《大学》之"明德"也。（《读〈孟子〉札记序》）

【清】阮元：孟子之学纯于孔子尧舜之道，汉唐宋以来，儒者无间言也。今《七篇》之文具在，试总而论之，孟子于孔子尧舜之道，至极推尊，反覆论说者，仁也。〇《孟子》论仁无二道，君治天下之仁、士充本心之仁，无异也，治天下非仁不可。〇治民者，必以仁；暴民者，必致亡，为《七篇》之纲领。〇不仁不得天下……孟子曰，以力服人者，非心服也。又曰得其民者得其心也，不得心不可云得民，不得民不可云得天下。〇（仁君）不忍人，不害人，不杀一无罪，仁之至也。〇以仁伐不仁，必无敌，不可以善战为无敌。（《〈孟子〉论仁论》）

【清】梁启超：孔子之学，至战国时有二大派，一曰孟子，二曰荀卿。《史记》特立《孟子荀卿列传》。《儒林传》又云，孟子荀卿之徒，以学显于当世，盖自昌黎以前，皆孟子荀卿并称。至宋贤始独尊孟子与孔子等。后世遂以孔孟并举，无以孔荀并举者矣。要之，孔子乃立教之人，孟子乃行教之人。必知孟子为孔教中一派，始可以读《孟子》。〇"仁义"二字，为孟子一切学问总宗旨。董子曰"仁者人也，义者我也"。知有人不知有我，则为墨氏之学；知有我不知有人，则为老氏之学。故墨氏徒仁，老氏徒义。仁至义尽，时曰中庸。孔子所以异于诸教者以此，孟子所以独尊孔子者以此。一切义理制度，皆从此出。学者勿以陈腐字面视之，则可有悟矣。〇保民为孟子经世宗旨。《孟子》言民为贵，民事不可缓。故全书所言仁政，所言王政，所言不忍人之政，皆以为民也。（《读孟子界说》）

【清】康有为：举中国之百亿万群书，莫如《孟子》矣。传孔子《春秋》之奥说，明太平大同之微言，发平等同民之公理，著隶天独立之伟义，以拯普天生民于卑下钳制之中，莫如孟子矣！探冥冥之本原于天生之性，许其为善而超擢之；著灵明之魂于万物皆备之身，信其诚而有自乐之；秩天爵于人人自有而贵显之，以普救生人神明于昏浊污蔽之中，莫如孟子矣！孟子哉，其道一于仁而已！孟子深造自得于孔子仁之至理，于是开阖操纵，浅深远近，抑扬进退，时有大声霹雳，以震动大地、苏援生人者，终于仁而已矣。通于仁者，本末精粗，六通四辟，无之而不可矣。吾中国之独存此微言也，早行之乎，岂惟四万万神明之胄赖之，其兹大地生民赖之！吾其扬翔于太平大同之世久矣！（《孟子微·自序二》）

【今】郭绍虞：庄子之所谓"神"，是道家的修养之最后境界；孟子之所谓"气"，是儒家的修养之最后境界。所以论"神"必得内志不纷，外欲尽蠲，论"气"必得配义与道，其虚实之别，即"神""气"之分，因此后人把神与气的观念应用到文学批评上，也觉得论"神"则较为虚玄，论"气"则较为切实。〇譬喻之为用，本来重在说明。意义之难知的不能说，则用易知的说明之；意义抽象的不能说，则用具体的说明之。他同当时这些侯王谈话，或和当时一些知识分子辩论，有时要开导他们，有时要说服他们，就不得不多方利用譬喻。（《中国文学批评史》）

【今】郭预衡：他讲人性本善，是为他的仁政理论提供哲学上的根据，这是对孔子的仁政学说的一个重大发展。……既然"人皆可以为尧舜"，那么，当时的诸侯也自然都可以成为贤圣之君，都可以推行"仁政"或"王政"了。〇（《孟子》的）一个特征是善于论辩。孔子说过："言之无文，行而不远。"孟子则承认自己"好辩"。《孟子》一书虽然并非全由孟子自著，但长于辩论，富于辞采，全书皆然，像是经过统一整理的。……形式上仍是对话体，但是，这样的对话，却和《论语》不同，不再是坐而论道，而是针锋相对的论辩，声色俱厉，咄咄逼人，这也是《孟子》文风的一个新特点。……《孟子》文风的再一个特点是：不仅善于论辩，而且极有气势。这一特点也同时代很有关系，战国之时，一般游士都肆无忌惮，说话比较随便，虽在王公大人面前，也敢于抵掌而谈。形成文章，往往气势磅礴。诸子百家之文，多有此种气派，而《孟子》之文尤为突出。这同孟子个人修养也有一定的关系。……《孟子》文章又一特点是富于感情色彩，声音笑貌，活现纸上。在《论语》，只是个别片断有此特点，而《孟子》

则篇篇如此。……《孟子》文章还有先秦诸子之文的一个共同特点，是富于形象。……《孟子》文章的形象性又多半是运用现实生活的事例来说明道理，这一点又与《庄子》《战国策》等书之多用寓言者不同。（《中国散文史》）

【今】袁行霈：积极推行自己的政治主张，藐视统治者，鄙视权势富贵，希望能够消除世乱、救民于水火之中的热忱，是孟子游说诸侯的原因所在，也是孟子精神世界最具闪光点的方面。正是这种精神境界，才使他具有刚正不阿、大胆泼辣的个性特点。○孟子攻乎异端，感情毕露，有明晰的说理、逐层的批驳，层层进逼，气势凌人，也有偏激的言词、幽默的讽刺，甚至破口大骂，同样反映了孟子激越的情感和刚直的个性。○《孟子》中的论辩文，也巧妙灵活地运用了逻辑推理的方法。孟子得心应手地运用类比推理，往往是欲擒故纵，反复诘难，迂回曲折地把对方引入自己预设的结论中。○《孟子》的语言明白晓畅，平实浅近，同时又精炼准确。……形成了一种精炼简约、深入浅出的语言风格。可以说，后来统治了我国两千多年的标准书面语，在《孟子》那里已经成熟了。（《中国文学史》）

【今】章培恒、骆玉明：《孟子》虽为语录体散文，但与《论语》的纲要式的记言不同，它不仅能较具体地记录谈话的过程，而且有不少段落能就某个问题为中心展开论证，逐步深入，已在向独立的论说文发展。若与《墨子》中的论说文相较，则虽然都是层层推进，但孟子进展迅速，论述犀利而富于气势，因而远为生动。（《中国文学史新著》）

《庄子》

【汉】司马迁：其学无所不窥，然其要本归于老子之言，故其著书十余万言，大抵率寓言也。作渔父、盗跖、胠箧，以诋訿孔子之徒，以明老子之术。畏累虚、亢桑子之属，皆空语无事实。然善属书离辞，指事类情，用剽剥儒墨，虽当世宿学，不能自解免也。其言洸洋自恣以适己，故自王公大人不能器之。（《史记·老庄申韩列传》）

【晋】郭象：言出于己，俗多不受，故借外耳。（《庄子注》卷九）

【唐】成玄英：夫《庄子》者，所以申道德之深根，述重玄之妙旨，畅无为之恬淡，明独化之窅冥，钳揵九流，括囊百氏，谅区中之至教，实象外之微言者也。○当战国之初，降衰周之末，叹苍生之业薄，伤道德之陵夷，乃慷慨发愤，爰著斯论。其言大而博，其旨深而远。非下士之所闻，岂浅识之能究！（《南华真经疏序》）

【宋】王安石：世之论庄子者不一。而学儒者曰："庄子之书务诋孔子以信其邪说。要焚其书、废其徒而后可……"而好庄子之道者曰："庄子之德，不以万物干其虑而能信其道者也。彼非不知仁义也，以为仁义小而不足行己；彼非不知礼乐也，以为礼乐薄而不足化天下。故老子曰：'道失后德，德失后仁，仁失后义，义失后礼。'是知庄子非不达于仁义礼乐之意也；彼以为仁义礼乐者，道之末也，故薄之云耳。"夫儒者之言善也，然未尝求庄子之意也。好庄子之言者固知读庄子之书也，然亦未尝求庄子之意也。昔先王之泽至庄子之时竭矣。天下之俗谲诈大作，质朴并散，虽世之学士大夫，未有知贵己贱物之道者也。于是弃绝乎礼义之绪，夺攘乎利害之际，趋利而不以为辱，殒身而不以为怨，渐渍陷溺以至乎不可救已。庄子病之，思其说以矫天下之弊而归之于正也。其心过虑，以为仁义礼乐皆不足以正之。故同是非、齐彼我、一利害，则以足乎心为得，此其所矫天下之弊者也。……故其篇曰："《诗》以道志，《书》以道事，《礼》以道行，《乐》以道和，《易》以道阴阳，《春秋》以道名分。"由此而观之，庄子岂不知圣人者哉！……然而庄子之言不得不为邪说比者，盖其矫之过矣。夫矫枉者，欲其直也，矫之过，则归于枉矣。庄子亦曰："墨子之心则是也，墨子之行则非也。"推庄子之心以求其行，则独何异于墨子哉？后之读《庄子》者，善其为书之心，非其为书之说，则可谓善读矣，此亦庄子之所愿于后世之读其书者也。今之读者，挟庄以谩吾儒曰："庄子之道大哉，非儒之所能及知也。"不知求其意，而以异于儒者为贵，悲夫！（《庄周（上）》）

【宋】苏轼：谨按《史记》，……（见前述司马迁评条）此知庄子之粗者。余以为庄子盖助孔子者，要不可以为法耳。楚公子微服出亡，而门者难之，其仆操箠而骂曰"隶也不力"，门者出之。事固有倒行而逆施者，以仆为不爱公子，则不可；以为事公子之法，亦不可。故庄子之言皆实予而文不予，阳挤而阴助之，其正言盖无几。至于诋訾孔子，未尝不微见其意。其论天下道术，自墨翟、禽滑厘、彭蒙、慎到、田骈、关尹、老聃之徒，以至于其身，皆以为一家，而孔子不与，其尊之也至矣。（《庄子祠堂记》）

【宋】林希逸：陈同甫尝曰："天下不可以无此人，亦不可以无此书，而后足以当君子之论，若庄子者，其书虽为不经，实天下所不可无者。"郭子玄谓其"不经而为百家之冠"，此语甚公。然此书不可不读，亦最难读。（《庄子口义·原序》）

【宋】罗勉道：《庄子》为书，虽恢恑谲怪，佚宕于六经外，譬犹天地日月，固有常经常运，而风云开阖，神鬼变幻，要自不可阙，古今文士，每每奇之。（《南华真经循本·释题》）

【宋】黄震：以不羁之材，肆跌宕之说，创为不必有之人，设为不必有之物，造为天下所必无之事，用以眇末宇宙，戏薄圣贤，走弄百出，茫无定踪。固千万世诙谐小说之祖也。（《读诸子》，《黄氏日钞》卷五十五）

谓庄周知圣人最深，而玩圣人最甚。不得志于当世而放意狂言，其怨愤之切异于屈原者鲜矣。（《读文集》，《黄氏日钞》卷六十八）

【宋】李涂：庄子文字善用虚，以其虚而虚天下之实；太史公文字善用实，以其实而实天下之虚。〇《庄子》者《易》之变；《离骚》者《诗》之变；《史记》者《春秋》之变。〇孟子就三纲五常内立议论，其与人辩是不得已；庄子就三纲五常外立议论，其与人辩是得已而不已。〇文字顺易而逆难，六经都顺，惟《庄子》《战国策》逆。（《文章精义》）

【明】朱得之：庄子乐天悯世之徒，学继老、列，尝与鲁哀公论儒道，公谓国无其方。郭子玄称其文为百家之冠，厥有指矣。或乃以其命辞跌宕，设谕奇险，遂谓其荒唐谬悠，与《诗》《书》平易中常者异，而摈黜于儒门。不知其异者辞也，不异者道也。……是故求文辞于先秦之前，《庄子》而已；求道德于三代之季，《庄子》而已。《易》曰"复其见天地之心"，欲见天地之心者，必不忽《庄子》；好古畜德者，必不讶《庄子》。（《刻庄子通义引》）

【明】徐师曾：《老子》之书简而深，深，故能藏天下之术；《庄子》之书闳而肆，肆，故能穷天下之变。（《庄子论》，《湖上集》卷七）

【清】林云铭：庄子，另是一种学问，与老子同而异，与孔子异而同。今人把庄子与老子看做一样，与孔子看作二样，此大过也。（《庄子因·庄子杂说》）

【清】宣颖：呜呼！天地开辟以来，世愈积而事愈增，至于绸缪繁馀而无遗者，皆非人之所能为也。一道之精蕴，不至于畅发不止者也。譬之果木，由一仁而发两荄，由两荄上达而千枝万叶生焉。此千枝万叶，岂非皆一仁之中之所全蕴，而不发不止者乎？……夫世自鸿蒙以迄周盛，则由根荄而枝叶毕具者也。枝叶蔽茆不可复剪，人胥悦其灿然，故有世道之责者，亦就灿然者相为维持，此圣人之不得已也。……后有上智之才出焉，能自窥乎其精蕴，窥之而学，未及圣人之大且深也，则不复能有所俟。于是日取而津津道之，道之不已而笔之为书，而反侧摹画之，此庄子所为作也。向使以庄子之才而得亲炙孔子，其领悟当不在颜子下，而磨礲浸润以浑融其笔锋舌巧，又恶知其出"不违如愚"之下哉？不幸而圣人没，微言绝，百家并噪，无异禽鸟斗鸣，庄子于是不能自禁，而发为高论绮言，以删叶寻本，披枝见心，此又庄子之不得已也。后人读之，乃得倘徉其驼荡之姿，浩瀚之势，空灵幻化，殊诡清越之趣，此则庄子之不幸而后人之幸也。呜呼！庄子之文，真千古一人也！少时读《史记》，谓其言"洸洋自恣以适己"；及览《李太白集》，称之曰"南华老仙发天机于漆园"。予私心向往，取而读之，茫然不测其端倪也。乃旁搜名公宿儒之评注不下数十家，而未尝不茫然也。……吟讽之下，渐有所解，屏去诸本，独与相对，则涣然释然，众妙毕出，寻之有故，而泝之无垠。真自恣也！真仙才也！真一派天机也！乃知古今能读《庄子》者，惟子长、太白耳！诸家但摘其数句之工，一字之巧，遂谓能读《庄子》；甚且字句之间，大半强作解事，譬之主人觌面而旁猜张、李，其支离可笑，有不胜言者。噫！《庄子》之难读如是乎！（《南华经解自序》）

【清】周拱辰：《庄》文有眼，须善读《庄》文者以慧眼对之。如以镜照镜，顾影欣然。《离骚》所云"目成"是也。然欲摸着《南华》眼，大难！眼，乃一篇精神注射所在；而精神注射，又非去皮觅骨，去骨觅髓之谓也。如《逍遥》一篇，"窅然丧其天下""无所可用，焉所困苦"，二语为一篇主脑。然毕竟究所谓"窅然"者何物？有可用而能为无用者又何物？庄子不言。不言而于无有句字处，若远若近，若含若吐，魂魄盘礴其中，蓦然踏着，正如阿那律它，索其双眼，双眼俱盲，而有一点，烁破大千，忽然相遇，不知其乃在半头也。正须自具只眼，乃可相视而笑。不则经不遮眼，眼乃遮经，即临去秋波，枉向东风抛失去矣。读《庄》文者当作是观。

〇庄子谈道，与竺西谈摩诃、般若针锋相对。今细细案之：《逍遥游》即"圆通大自在"也；《齐物论》即"诸相非相"也；《养生主》即"不思善、不思恶"也；《人间世》即"调御丈夫"也；《德充符》即"妙庄严"也；《大宗师》即"首楞严王"也；《应帝王》即"毗卢遮那身摄化三千大千"也。而其大意在唤醒芒人，勘破生死，与为一大事因缘，同一愿船。……朱晦翁谓《庄子》近禅，《庚楚桑》则全是禅。谭友夏云："竺教未入中国，已先有此等聪明强力男子，眠食此道。"憨山大师，亦目《庄子》为"初禅"，彼自有深见《南华》底里处。孟侯先生注中时时漏逗，慧眼所见略同。其道然，其言与之然，非故然而然也。（《读南华内篇影史条例（计七篇）》）

【清】钱澄之：吾观庄子述仲尼之语曰："子之爱亲，命也，不可解于心。臣之事君，义也，无所逃于天地之间。"又曰："'为人臣子者，固有所不得已，行事之情而忘其身，何暇至于悦生而恶死'，而终勖之以'莫若为致命'。"夫庄子岂徒言其言者哉！一旦而有臣子之事，其以义、命自处也，审矣。屈子徘徊恋国至死，不能自疏。观其《远游》所称，类多道家者说，至卒章曰："超无为以至清兮，与太初而为邻。"而太史公称其蝉脱于浊秽之中，以浮游尘埃之外，亦诚有见于屈子之死，非犹夫区区愤激而捐躯者也。是故天下非至性之人，不可以悟道，非见道之人亦不可以死节也。吾谓《易》因乎时，《诗》本乎性情，凡庄子、屈子之所为，一处其潜，一处其亢，皆时为之也。庄子之性情于君父之间，非不深至，特无所感发耳。《诗》也者，感之为也，若屈子则感之至极者矣。合诂之，使学者知庄、屈无二道，则益知吾之《易》学、《诗》学无二义也。（《庄屈合诂·自序》）

【清】胡文英：庄子人品德性、学问见识，另有一种出人头地处，另有一种折衷至当处，后人只在语言文字上推求，何从窥其寄托？○庄子是全副才情，老子只有一副家伙，钩着他没有的家伙，他便不动手。管子、荀子是收拾圣人的旧家伙而改造之者，故尔也还用得，只是不醇不备。若遇庄子动手，自然在诸子之上。○庄子才学来得本是醇正，只是眼界太高，看得式容易了，故使人疑他无济于实用。如少陵窃比稷、契，岂漫无所见而为大言者？俗子强作解事，不为轻许，请问究竟看见什么。○庄子本是个要出世底人，缘是"藏诸用"者，远不肯屑屑于口头耳。○庄子开口就说没要紧的话，人往往竟算作没要紧看，要知战国是什么样时势风俗，譬如治伤寒病的一般，热药下不得，补药下不得，大寒凉药下不得，先要将他一团邪气消归乌有方可调理。这是庄叟对病发药手段，看作没要紧者，此病便不可医。○庄子眼极冷，心肠极热。眼冷，故是非不管；心肠热，故感慨无端。虽知无用，而未能忘情，到底是热肠挂住；虽不能忘情，而终不下手，到底是冷眼看穿。○庄子每多愤世嫉邪之谈，又喜欢讥诮出名大户，或寓责备贤者之意，或假人穷反本之思，诚以彼龊龊者，擢其发而数之，适足汗吾口耳。执死腔板以相绳者，无从说起。○庄子最是深情。人第知三闾之哀怨，而不知漆园之哀怨有甚于三闾也。盖三闾之哀怨在一国，而漆园之哀怨在天下；三闾之哀怨在一时，而漆园之哀怨在万世。昧其指者，笑如苍蝇。（《庄子独见·庄子论略》）

【清】刘熙载：庄子文看似胡说乱说，骨里却尽有分数。彼固自谓猖狂妄行而蹈乎大方也，学者何不从蹈大方处求之？○庄子寓真于诞，寓实于玄，于此见寓言之妙。○

庄子文法断续之妙，如《逍遥游》忽说鹏，忽说蜩与鸴鸠、斥鴳，是为断；下乃接之曰"此小大之辨也"，则上文之断处皆续矣，而下文宋荣子、许由、接舆、惠子诸断处亦无不续矣。〇文有合两篇为关键者。庄子《逍遥游》"小知不及大知，小年不及大年"，续者初不觉意注何处，直至《齐物论》"天下莫大于秋毫之末"四句，始见前语正豫为此处翻转地耳。〇文之神妙莫过于能飞，庄子之言鹏曰"怒而飞"，今观其文，无端而来无端而去，殆得"飞"之机者。乌知非鹏之学为周耶？〇"意出尘外，怪生笔端"，庄子之文可以是评之。其根极则《天下》篇已自道矣，曰"充实不可以已"。〇有路可走，卒归于无路可走，如屈子所谓"登高吾不说，入下吾不能"是也。无路可走，卒归于有路可走，如庄子所谓"今子有五石之瓠，何不虑以为大樽而浮于江湖""今子有大树，何不树之于无何有之乡，广莫之野"是也。而二子之书之全旨亦可以此概之。〇《庄子》是跳过法，《离骚》是回抱法，《国策》是独辟法，《左传》《史记》是两寄法。〇文有四时：《庄子》，"独寐寤言"时也；《孟子》，"向明而治"时也；《离骚》，"风雨如晦"时也；《国策》，"饮食有讼"时也。(《艺概·文概》)

读书皆须有用。如读《庄子》，可于"穷贱易安，幽居靡闷"处会之。〇《庄子》之文如空中捉鸟，捉不住则飞去。俗文乃如捉死鸟。夫鸟既死矣，犹待捉哉？〇《庄子》《离骚》少欲多情。知情与欲不同，则知两家之同。〇东坡文有与天为徒之意，前此则庄子、渊明、太白也。(《游艺约言》)

【清】陈大文：天之积空，为日月，为垣舍，为黄、赤道，为雾露、虹蜺，懿濞靡晻，不可思议也。庄子之为文，为风，为火，为江，为海，为鼠肝、虫臂，尻轮神马，嘘噏淡漫，不可思议也。天下之事，莫难于测空，而测庄子者如之矣（《庄子雪序》）

【清】陆树芝：庄子，诸子之冠也。其言异于《六经》，而亦不同于诸子。《六经》如日月之丽天矣，诸子其犹爝火乎，幽阴中可以自见也。若夫称瑞于冬春之交，而晶莹皎洁，不染点尘，别具寒香者，雪也，唯庄子似之。(《庄子雪序》)

【清】吴德旋：《庄子》文章最灵脱，而最妙于宕，读之最有音节。(《初月楼古文绪论》)

【近】王国维：南人想象力之伟大丰富，胜于北人远甚。彼等巧于比类，而善于滑稽：故言大则有若北冥之鱼，语小则有若蜗角之国；语久则大椿冥灵，语短则蟪蛄朝菌；至于襄城之野，七圣皆迷；汾水之阳，四子独往。此种想象，决不能于北方文学中发见之。故庄、列书中之某部分，即谓之散文诗，无不可也。(《屈子文学之精神》)

【近】胡远濬：庄子破儒家之执，故立词不得不异，而其旨实同。盖《易》曰"一阴一阳之谓道"，《中庸》曰"道并行而不悖，如中虚不著一物，然后诚实无妄"。儒者就实理充周言，道家就中虚无著言。一有一无，二义固相需也。〇庄子救世之情与孟子

同。孟子痛斥言利，庄子深讥近名。名即利也，亦即刑也。(《庄子诠诂·序例》)

【今】鲁迅：著书十万余言，大抵寓言，人物土地，皆空言无事实，而其文则汪洋辟阖，仪态万方，晚周诸子之作，莫能先也。○故自史迁以来，均谓周之要本，归于老子之言。然老子尚欲言有无，别修短，知白黑，而措意于天下；周则欲并有无、修短、白黑而一之，以大归于"混沌"。其"不谴是非""外死生""无终始"，胥此意也。中国出世之说，至此乃始圆备。(《汉文学史纲要》)

【今】郭沫若：庄子在中国文化史上的确是一个特异的存在，他不仅是一位出类的思想家，而且是一位拔萃的文学家。我们仅从上面所零星征引的一些寓言和故事看来，便可以知道他的文辞的确是"瑰玮"而"諔诡"。是的，"汪洋辟阖，仪态万千"，但不仅"晚周诸子之作莫能先"，秦汉以来的一部中国文学史差不多大半是在他的影响之下发展。……《庄子》这部书差不多是一部优美的寓言和故事集。他的寓言多是由他那葱茏的想象力所构造出来的。立意每异想天开，行文多铿锵有韵，汉代的辞赋分明导源于这儿，一般的散记文学也应该推他为鼻祖。(《庄子与鲁迅》)

【今】李泽厚：表面来看，庄、老并称，似乎都寡恩薄情；其实庄、老于此有很大区别。老子讲权术，重理智，确乎不动情感，"天地不仁，以万物为刍狗，圣人不仁，以百姓为刍狗。"庄子则"道是无情却有情"，外表上讲了许多超脱、冷酷的话，实际里却深深地透露出对人生、生命、感性的眷恋和爱护。这正是庄子的特色之一：他似乎看透了人生和生死，但终于并没有舍弃和否定它。"与物为春""万物复情""喜怒通四时，与物有宜而莫知其极""与天和者，谓之天乐"……谈"春"、说"情"、重"和"，都意味着并不把自然、世界、人生、生活看作完全虚妄和荒谬。相反，仍然执着于它们的存在，只是要求一种"我与万物合而为一"的人格观念。庄子对大自然的极力铺陈描述，他那许多瑰丽奇异的寓言故事，甚至他那洸洋自恣的文体，也表现出这一点。比较起来，在根本气质上，庄子哲学与儒家的"人与天地参"的情神仍然接近，而离佛家、宗教以及现代存在主义反而更为遥远。所以，以庄子为代表的道家，实际上是对儒家的补充，补充了儒家当时还没有充分发展的人格－心灵哲学，从而也在后世帮助儒家抵抗和吸收消化了例如佛教等外来的东西，构成中国传统的文化－心理结构中的一个很重要的方面。(《中国古代思想史论》)

【今】郭预衡：《老子》讲"道"是"无为而无不为"，而《庄子》则只讲"无为"。《老子》讲"道"涉及政治时，是讲"无为而治"，但《庄子》不然。《老子》论"道"是"入世"的，而《庄子》论"道"则是"出世"的。……《庄子》列举的得道者，最终都要超尘出世，不食人间烟火。这正是鲁迅所讲的"出世之说"。……"无所用天下为"，这是庄子一派的基本政治态度。○庄子的无为思想不仅用于政治生活，也贯彻到一切方面。他反对"倏忽"之凿"混沌",主张游于"无何有之乡，广莫之野"，而且幻想那"含哺而熙，鼓腹而游"的"赫胥氏之时"。当其不可能脱离这个人世间时，则只有"苟全性命于乱世"，那办法便是《养生主》的"保身""全生"。○庄子的"愤辞"有时比老子还要激烈，这是评论庄子文章不能不注意的。在《庄子》书中也有很多政治评论和社会批评，有些是采取寓言的形式，容易被人忽略；有些则采取了锋芒毕露的语言。……这是由于庄子所处的时代，比老子的时代更加动荡不安，他这一派人物不但看到了许多窃国大盗，而且看到了许多是非颠倒的社会现象，于是愤慨之极，便发出了不谴是非一类的言论。(《中国散文史》)

【今】公木：综合其寓言中的形象，大致有这样几类：第一，神的形象。对远古神话加工再造，或者奇想联翩，信手编排，是庄子塑造神的形象的重要手段。第二，被人格化了的动、植物形象。把大量植物作为寓言对象，说明寓言不一定非要以动物为描写对象，这就为寓言的创作开辟了一条新渠道。这不仅在先秦寓言中少见，就是在国外寓言创作上也是"少数的少数"。第三，经庄子改造变形的历史人物形象。托古人、圣人之名，而行道家学派之实；借孔子之躯，以嵌庄子之魂，这是庄子寓言惯用的手法。司马迁说他"皆空语无事实"，可谓知其深意。第四，根据现实生活创造的劳动者形象。庄子在寓言中塑造出一批经验丰富、血肉丰满的劳动者形象。他们或身怀绝技，巧夺天工；或深明哲理，高谈阔论。而王公大人，哲圣贤儒往往在故事中充当俯首听训或被奚落讥讽的角色。第五，庄子本人的形象。庄子本人出面之多，形象之具体，是先秦诸子著作中独一无二的。在其他诸子那里，寓言的形象不过是其论点的表述或例证，而庄子寓言中的形象则是把论和据水乳交融般地揉合在一起，离开了形象，其观点也就无从探知了。这一点，对于后世的文艺创作曾产生了很大影响。庄子并不是无情之人，其超脱的外观，蕴含着如火的愤激；达观的人生，饱浸着彷徨、苦闷和辛酸的泪；恍兮惚兮、迷离扑朔的梦境，却分明是对现实环境清醒认识的痛苦显像。所不同的，庄子毕竟是个哲学家，他表达感情的方式往往内敛含蓄，丰富深沉。(《先秦寓言概论》，引用时有删节)

【今】白本松：在《庄子》的寓言中，有一些篇幅较长的作品，已经突破了寓言形式的束缚，进入了我们今天称之为小说的领域中，它们实际上是中国最早的寓言小说。像《在宥·云将与鸿蒙》《天地·子贡南游于楚》《秋水·河伯与海若》《至乐·庄子之楚见空髑髅》《知北游·知北游于玄水之上》《让王·楚昭王失国》《列御寇·列御寇之齐》等篇，这些寓言不仅有明确的主题，有中心人物、次要人物，有比较完整的故事情节，并且人物也不像其他寓言人物那样只是作为某种概念化身而已，而是具有独特的内心世界和外在性格的活生生的艺术形象。(《〈庄子〉中的寓言小说》)

【今】孙克强、耿纪平：在《庄子》寓言中，我们发现，富于意义的事件往往用戏剧性的场景表现，而意义不大的事件则用概略来表现。故事的基本节奏就是由概略和场景的反复交替建立起来的。这就是中国古典小说美学所谓的"近山浓抹，远树轻描"。〇《庄子》寓言有不少突破了篇幅短小、情节简单的常例，而是篇幅较长、情节变化较多，而且情节的发展往往出人意料、新奇古怪。情节纵横跌宕、波澜起伏、诡怪奇异、变幻莫测，是《庄子》寓言特殊艺术魅力的一个重要表现。究其原因，这归结为《庄子》寓言所采用的"中立的全知"类型作者叙事情境。（《庄子文学研究》）

《史记》

【汉】扬雄：乍出乍入，淮南也；文丽用寡，长卿也；多爱不忍，子长也。仲尼多爱，爱义也；子长多爱，爱奇也。（《法言·君子》）

【汉】班彪：迁之所记，从汉元至武以绝。则其功也。至于采经摭传，分散百家之事，甚多疏略，不如其本，务欲以多闻广载为功，论议浅而不笃。其论术学则崇黄老而薄五经，序货殖则轻仁义而羞贫穷，道游侠则贱守节而贵俗功。此其大敝伤道，所以遇极刑之咎也。然善述序事理，辨而不华，质而不野，文质相称，盖良史之才也。诚令迁依五经之法言，同圣人之是非，意亦庶几矣。（范晔《后汉书·班彪列传》）

【汉】班固：呜呼史迁，薰胥以刑！幽而发愤，乃思乃精。错综群言，古今是经。勒成一家，大略孔明。（《汉书·叙传》）然自刘向、扬雄博极群书，皆称迁有良史之材，服其善序事理，辨而不华，质而不俚，其文直，其事核，不虚美，不隐恶，故谓之实录。呜呼！以迁之博物洽闻，而不能以知自全。既陷极刑，幽而发愤，书亦信矣。迹其所以自伤悼，《小雅·巷伯》之伦。夫唯《大雅》"既明且哲，能保其身"，难矣哉！（《汉书·司马迁传赞》）

【晋】葛洪：太史公序事如古《春秋》法。（《西京杂记》卷六）

班固以史迁先黄老而后六经，谓迁为谬。夫迁之洽闻，旁综幽隐，沙汰事物之臧否，核实古人之邪正。其评论也，实源本于自然；其褒贬也，皆准的乎至理。不虚美，不隐恶，不雷同以偶俗。刘向命世通人，谓为实录，而班固之所论，未可据也。（《抱朴子（内篇）》卷十）

【梁】刘勰：本纪以述皇王，列传以总侯伯，八书以铺政体，十表以谱年爵。虽殊古式，而得事序焉。尔其实录无隐之旨，博雅宏辩之才，爱奇反经之尤，条例踳落之失，叔皮论之详矣。（《文心雕龙·史传》）

【唐】柳宗元：参之谷梁氏以厉其气，参之《孟》《荀》以畅其支，参之《庄》《老》以肆其端，参之《国语》以博其趣，参之《离骚》以致其幽，参之太史公以著其洁——此吾所以旁推交通而以为之文也。（《答韦中立论师道书》）

【唐】司马贞：夫太史公记事，上始轩辕，下讫天汉，虽博采古文及传记诸子，其间残缺盖多，或访搜异闻以成其说。然其人好奇而词省，故事核而文微。……太史公之

书，既上序轩黄，中述战国，或得之于名山坏宅，或取之以旧俗风谣，故其残文断句难究详矣。（《史记索引·后序》）

【唐】刘知几：斯皆言近而旨远，辞浅而意深，虽发语已殚，而含意未尽。使夫读者望表而知里，扪毛而辩骨，睹一事于句中，反三隅于字外。晦之时义，不亦大哉！（《史通·叙事》）

【唐】皇甫湜：古史编年，至汉史司马迁始更其制，而为纪传，相承至今，无以移之。（《编年纪传论》）

【宋】苏洵：迁、固史虽以事词胜，然亦兼道与法而有之，故时得仲尼遗意焉。吾今择其书，有不可以文晓而可以意达者四，悉显白之：其一曰隐而章，其二曰直而宽，其三曰简而明，其四曰微而切。（《史论下》）

【宋】苏辙：辙生好为文，思之至深。以为文者气之所形，然文不可以学而能，气可以养而致。孟子曰"我善养吾浩然之气"，今观其文章，宽厚宏博，充乎天地之间，称其气之小大。太史公行天下，周览四海名山大川，与燕赵间豪俊交游，故其文疏荡，颇有奇气。此二子者，岂尝执笔学为如此之文哉？其气充乎其中而溢乎其貌，动乎其言而见乎其文，而不自知也。（《上枢密韩太尉书》）

【宋】王正德：逸事云：陈后山初携文卷见南丰先生，先生览之，问曰"曾读《史记》否"？后山对曰"自幼年即读之矣"。南丰曰"不然，要当且置它书，熟读《史记》三两年尔"。后山如南丰之言读之，后再以文卷见南丰，南丰曰"如是足也"。（《余师录》卷一）

【宋】张芸叟：司马迁年二十，南游江淮，上会稽，探禹穴，窥九嶷，浮沅湘；北涉汶泗，讲业齐鲁之郊，过梁楚，西使巴蜀。天下靡所不至，晚年方敢论次前世之事，著书成文。地理、古今治忽无所不总。故学者居一室之内，守简策、胶旧闻，任独见以决天下事，鲜有不谬者。（王正德《余师录》卷二）

【宋】唐庚：司马迁敢乱道，却好；班固不敢乱道，却不好；不乱道又好，是《左传》；乱道又不好，是《唐书》。（强行父《唐子西文录》）

【宋】陈模：《史记》诸赞，初看时若甚散漫，后面忽将一两句冷说缴起。○马迁诸赞，不特是文字高，见识也高。（《怀古录》）

【宋】马存：子长生平喜游，方少年自负之时，足迹不肯一日休，非直景物役也，将以尽天下之大观以助吾气，然后吐而为书。今于其书观之，则其平生所尝游者皆在焉。南浮长淮，泝大江，见狂澜惊波，阴风怒号，逆走而横击，故其文奔放而浩漫；望云梦洞庭之陂，彭蠡之潴，涵混太虚，呼吸万壑而不见介量，故其文淳滀而渊深；见九嶷之芊绵，巫山之嵯峨，阳台朝云，苍梧暮烟，态度无定，靡曼绰约，春妆如浓，秋饰如薄，故其文妍媚而蔚纤；泛沅渡湘，吊大夫之魂，悼妃子之恨，竹上犹斑斑，而不知鱼腹之骨尚无恙者乎？故其文感愤而伤激；北过大梁之墟，观楚汉之战场，想见项羽之喑鸣，高帝之慢骂，龙跳虎跃，千兵万马，大弓长戟，俱起而齐呼，故其文雄勇猛健，使人心惊而胆慄；世家龙门，念神禹之巍功，西使巴蜀，跨剑阁之鸟道，上有摩云之崖，不见斧凿之痕，故其文崭绝峻拔而不可攀跻；讲业齐鲁之郊，观夫子之遗风，乡射邹峄，彷徨乎汶阳洙泗之上，故其文典重温雅，有似乎正人君子之容貌。凡夫天地之间，万物之变，可惊可愕，可以娱心，使人忧使人悲者，子长尽取而为文章，是以变化出没如万象供四时而无穷。（《赠盖邦式序》）

【宋】楼昉：太史公作苏秦、张仪、范雎、荆轲传分外精神，盖子长胸中有许多侠气，所谓爬着他痒处。若使之作董仲舒等传，则必不逮，以其非当行也。〇太史公笔力豪放，而语激壮顿挫，如所谓"长袖善舞，多财善贾""女无美恶，入宫见妒；士无贤不肖，入朝见嫉"等语，皆切近端的。赞尤奇，《屈原贾谊》《荆轲》两赞，当为第一，读之使人鼓舞痛快，而继之以泫然泣下也。（《过庭录》）

【宋】朱熹：司马迁文雄健，意思不帖帖，有战国文气象。〇想只是信口恁地说，皆自成文。林艾轩尝云："班固、扬雄以下，皆是做文字，已前如司马迁、司马相如等，只是恁地说出。"今看来是如此。古人有取于"登高能赋"，这也须是敏，须是会说得通畅。如古者或以言扬，说得也是一件事，后世只就纸上做。如就纸上做，则班、扬便不如已前文字。当时如苏秦、张仪，都是会说，《史记》所载，想皆是当时说出。（《论文（上）》，《朱子语类》卷一百三十九）

【宋】李涂：庄子文字善用虚，以其虚而虚天下之实；太史公文字善用实，以其实而实天下之虚。（《文章精义》）

【宋】程颐：子长著作，微情妙旨寄之文字蹊径之外；孟坚之文，情旨尽露于文字蹊径之中。读子长文，必越浮言者始得其意，超文字者乃解其宗。班氏文章，亦称博雅，但一览之余，情词俱尽，此班、马之分也。（焦竑《伊川评班马》）

【宋】王楙：《唐书》如近世许道宁辈画山水，是真画也；太史公如郭忠恕画天外数峰，略有笔墨，然而使人见而心服者，在笔墨之外也。（《野老纪闻》）

【宋】王观国：观《史记》，用《尚书》《战国策》《国语》《世本》《左氏传》之文，多改其正文。（《学林》卷一）

【明】陈继儒：《史记》之文，类大禹治水，山海之鬼怪毕出；黄帝张乐，洞庭之野鱼龙怒飞。此当直以文章论；而儒家以理学攞束之，史家以体裁义例掎摭之，太史公不受也。〇起黄帝迄天汉，若本纪、若世家、若传、若表、若书，上下三千余载，凡为五十二万六千五百言，何其博也。仅据《左》《国》《世本》《战国策》《楚汉春秋》及汉事局脊七八种书中，以罗故实，何其约也。《晋书》李淳风授以天文地理图籍，颜师古、孔颖达授以纪传，《新唐书》经曾公亮、宋祁、欧阳修、范镇、范祖禹、刘义叟而后始完，独《史记》勒成一家之言，出于太史公一人之手，何其勇而任也。宋四朝国史开院十七年责以近限，首尾三十年所历史官不知其几矣，《史记》七年而遂成，又何其敏而速也。太史公胆力笔力精力，全古今天地无两人。（《史记定本序》，《白石樵真稿》卷一）

诗文只要单刀直入，最忌绵密周致，密则神气拘迫，疏则天真烂漫，《史记》之佳处在疏，《汉书》之不如《史记》在密。元画疏，宋画密，气韵生死，皆判于此。（《陈眉公集》卷十四）

【明】茅坤：惟其以风神胜，故其道逸疏宕，如餐霞，如啮雪，往往自眉睫之所及，而指次心思之所不及，令人读之，解颐不已。（《刻汉书评林序》）今人读游侠传即欲轻生，读屈原贾谊传即欲流涕，读庄周鲁仲连传即欲遗世，读李广传即欲立斗，读石建传即欲俯躬，读信陵平原君传即欲养士。若此者何哉？盖各得其物之情而肆于心故也，而固非区区句字之激射者也。○言人人殊，各得其解，譬如善写生者，春华秋卉，并中神理矣。○每读其二三千言之文，如堪舆家之千里来龙，到头只求一穴。读其小论，或断言只简之文，如蜉蝣蟪蠓之生，种种形神，无所不备。读前段便可识后段结案处，读后段便可追前段起案处，于中欲损益一句一字处，便如于匹练中抽一缕，自难下手。此皆太史公独得其至，非后人所及。风调之道逸，摹写之玲珑，神髓之融液，情事之悲愤，则又千年以来所绝无者。（《史记钞·附读史记法》）

【明】归有光：《史记》只实。实里说去，要紧处多跌荡，跌荡处多要紧，亦有跌荡处不在气脉上。……虽跌荡又不是放肆。○如人说话，本说此事，又带别样说。○叙事时有推几句如闲的说话，最妙。○叙事或追前说，或带后说，此是周到。○重叠处正不见重叠。○太史公但若热闹处就露出精神来了。○如今人说平话者然，一拍手又说起，只管任意说去。○如说平话者，有兴头处就歌唱起来。○如水平平流去，忽然遇石激起来。○如两人说话堂上，忽撞出一人来，即挽入其内。○如平地忽见高山。○如作游山记然，本是说本处景致，乃云前有某山，后有某水等，乃为大家文字。○《庄》《左》如金碧山水，《史记》如精金淡墨。（《归震川史记圈识凡例》，薛福成《论文集要》）

【明】王鏊：议论未了忽出叙事，叙事未了又出议论，不伦不类，后世决不如此作文，奇亦甚矣。（《震泽长语》卷下）

【明】陈仁锡：试读闲处、淡处、不经意处、乱文提掇处，自写照、自点睛、自起伏、自步骤，总泽于雅。古今文人有几篇雅，有几句雅，有几字雅，即可名世。未有全部雅者，独见于《史记》。陋哉！世儒曰谈笑唾骂皆成文章，果尔文之妖也、雅之蠹也。

且夫杂而不越，曲而中，肆而隐，不杂、不曲、不肆，无以穷文之致。故不传酷吏，无以表循良；不传申、韩，无以一道术；不传货殖，无以扬仁义。奈何浅者既侪之谈笑唾骂，而迁者又斥之刑名势利之列。不知其人，何知其文？为太史公者，戛戛乎难之哉！嗟夫！立德、立功、立言，皆文也。静深玄穆，文之德也；广大文明，文之功也。极其至，百神可以怀柔，庶几立德立功之文也已。（《钟惺评史记》）

【明】王世贞：太史公之文，有数端焉：帝王纪以己释《尚书》者也，又多引图纬子家言，其文衍而虚；春秋诸《世家》，以己损益左氏者也，其文法而畅；仪秦鞅雎诸传，以己损益《战国策》者也，其文雄而肆，刘项纪、信越诸传，志所闻也，其文宏而壮；河渠平准诸书，志所见也，其文核而详，婉而多风；刺客游侠货殖诸传，发所寄也，其文精严而工笃，磊落而多感慨。（《增补艺苑卮言》卷二）

【明】凌约言：《左传》如杨妃舞盘，回旋摇曳，光彩射人；《庄子》如神仙下世，咳吐谑浪，皆成丹砂；子长之文豪，如老将用兵，纵骋不可羁，而自中于律；孟坚之文整，方之武事，其游奇布列不爽尺寸，而部勒雍容可观，殆有儒将之风焉。（凌稚隆《史记评林·读史总评》）

【明】黄淳耀：大抵太史公于英雄贫困、失路无门之日，皆极力摹写，发其孤愤，如苏秦、张仪皆见笑于其妻，陈涉见笑于耕者，陈平见笑于其嫂，黥布见笑于时人，此类甚多。至漂母饭信而不望报，是以信为沟壑也，其意益深痛不忍读矣。（《陶菴全集》卷四）

【清】赵翼：古者左史记言，右史记事，言为《尚书》，事为《春秋》，其后沿为编年、记事二种。记事者以一篇记一事，而不能统贯一代之全；编年者又不能即一人而各见其本末。司马迁参酌古今，发凡起例，创为全史。（《廿二史札记》卷一）

【清】萧穆：余以为千古之第一知《骚》者，莫如太史公。（《敬孚类稿》）

【清】刘熙载：《史记》全书重义之旨，亦不异是，书中言利处寓贬于褒，班固讥其"崇势利而羞贫贱"，宜后人之复讥固欤。○太史公时有河汉之言而意理却细入无间，评者谓"乱道却好"，其实本非乱道也。○太史公寓主意于客位，允称微妙。○太史公文悲世之意多，愤世之意少，是以立身常在高处。至读者或谓之悲，或谓之愤，又可以自征器量焉。○太史公文兼括六艺百家之旨。第论其恻怛之情、抑扬之致，则得于《诗》三百篇及《离骚》居多。○"学无所不窥""善指事类情"，太史公以是称庄子，亦自寓也。○文如云龙雾豹，出没隐见，变化无方，此庄骚太史所同。○画诀：石有三面树有四枝，盖笔法须兼阴阳向背也，于司马子长文往往遇之。○尚礼法者好《左氏》，尚天机者好《庄子》，尚性情者好《离骚》，尚智计者好《国策》，尚意气者好《史记》。好各因人，书之本量初不以此加损焉。（《艺概·文概》）

【清】唐彪：史迁之文，如本纪、世家、八书、大篇列传，皆累万余言，可谓极长难读矣。然无一非挨年次月，由先而后，条理井然，有界限可寻者。惟其笔端变化，或起或伏，或即或离，纵横出没，不可捉摸。故浅学者读之，如数万散钱，倾之于地，东窜西分，不能收拾；有识者读之，知一索可贯千钱，得贯之具，虽数万散钱，无难瞬息约束之矣。故读《史记》者，总以"挨年次月"四字提为纲领，纵令篇幅广长，端绪纷错，而章法脉理无不显然可见，又何患其难读也？○《史记》之文，皆有界限段落，一篇可以分为十数篇，而十数篇仍浑成是一篇。故读一篇，即是读十数篇，而读他文数十篇，终不如读《史记》一二篇。（《读书作文谱》卷十）

【清】黄本骥：史家叙事，类以减少字句为洁，所以有"文损于前，事增于旧"之说。惟太史公往往于愈繁愈复处愈见其洁，所以独绝千古，其故何也？叙事不详曲，当时情景不能宛然在目，且无一二虚字贯于其中，文义虽明，味止于此，全无开阖抑扬风神跌宕之致矣。○太史公之妙在一"洁"字，已为柳州道破。而其尤不可及者，则在一"暇"字。班掾以下，洁或有之，暇则未也。于丰功伟绩之人，每详其委琐鄙屑之事，当电掣雷轰之际，忽接以宽闲迂远之词，非暇者能之乎？（《读文笔得》）

【清】袁枚：史迁好"奇"，于《留候传》曰"沧海君"，曰"力士"，曰"黄石公"，曰"赤松子"，曰"四皓"，皆不著姓名，成其虚诞飘忽之文而已。（《书留侯传后》）○史迁序事，有明知其不确，而贪所闻新异，以助己之文章，则通篇以幻忽之语序之，使人得其意于言外，读史者不可无识也。（《史迁序事意在言外》）

【清】何家琪：《史记》气脉最洪大，如特起一峰为下发脉，文中或起数峰。○张本。立案也，埋案也，伏后文，《左》、《史》多有之。○对照。即相映也，须活，须暗，反尤奇，《左》《史》多有之。○太史公文，柳子厚曰"洁"，非仅谓词无芜累也，盖明体要，所载之事不杂，其气体为最洁耳。○先抑后扬，先扬后抑，明抑暗扬，明扬暗抑，子长文妙尽此二字。尤贵以扬为抑，以抑为扬，《左》《史》皆然，唐宋大家亦多回环作态。○奇则不平，或奇正相间，或寓正于奇，或以奇为正。太史公好"奇"，人奇，事奇，文亦奇。（《古文方三种》）

【清】吴德旋：《史记》未尝不骂世，却无一字纤刻。（《初月楼古文绪论》）

【清】刘鹗：灵性生感情，感情生哭泣。哭泣计有两类，一为有力类，一为无力类。痴儿呆女，失果即啼，遗簪亦泣，此为无力类之哭泣；城崩杞妇之哭，竹染湘妃之泪，此为有力类之哭泣也。而有力类之哭泣又分两种，以哭泣为哭泣者，其力尚弱；不以哭泣为哭泣者，其力甚劲，其行乃弥远也。《离骚》为屈大夫之哭泣，《庄子》为蒙叟之哭泣，《史记》为太史公之哭泣，《草堂诗集》为杜工部之哭泣。李后主以词哭，八大山人以画哭，王实甫寄哭泣于《西厢》，曹雪芹寄哭泣于《红楼梦》。（《老残游记·自序》）

【清】汪琬：司马迁作《史记》，则托诸游侠、货殖、聂政、荆卿轻生慕义之徒，以寄其感激愤懑者，皆是也。（《答陈霭公论文书一》）

【清】金圣叹：大凡读书，先要晓得作书之人是何心胸。如《史记》须是太史公一肚皮宿怨发挥出来，所以他于《游侠》《货殖》传特地着精神，乃至其余诸记传中，凡遇挥金杀人之事，他便啧啧赏叹不置。一部《史记》，只是"缓急人所时有"六个字，是他一生著书旨意。（《读第五才子书法》，《贯华堂第五才子书》）

○是故马迁之为文也，吾见其有事之巨者，而隐括焉；又见其有事之细者，而张皇焉；或见其有事之缺者，而附会焉；又见其有事之全者，而轶去焉，无非为文计也，不为事计也。（《贯华堂第五才子书》卷二十八）

○吾旧闻有人言"庄生之文放浪，《史记》之文雄奇"，始亦以之为然，至是忽哑然其笑。古今之人，以瞽语瞽，真可谓一无所知，徒令小儿肠痛耳！夫庄生之文何尝放浪？《史记》之文何尝雄奇？彼殆不知庄生之所云，而徒见其忽言化鱼，忽言解牛，寻之不得其端，则以为放浪；徒见《史记》所记皆刘项争斗之事，其他又不出于杀人报仇、捐金重义为多，则以为雄奇也。若诚以吾读《水浒》之法读之，正可谓庄生之文精严，《史记》之文亦精严。不宁惟是而已，盖天下之书，诚欲藏之名山，传之后人，即无有不精严者。何谓之精严？字有字法，句有句法，章有章法，部有部法是也。（《贯华堂第五才子书·序三》）

【清】姚永概：《史记》每于愤惋不平处，又难以明言，往往归之天命，其文最为狡狯深婉。（《慎宜轩笔记》卷四）

【清】汤谐：初读之爱其诸美毕兼，领取无尽；读之既久，更如江心皓月，一片空明。我终不能测其文境之所至矣！（《史记半解·信陵君列传》）

【清】吴见思：偏能一手握管，拈一头，即放倒一头，放一头，即另起一头，凭他四面而来，我能四面而应，且脉络输灌，章法蝉联，绝无结撰穿插之痕迹，可谓鬼神于文者矣。（《史记论文·吕太后本纪》）

【近】何炳松：自司马迁创纪传体之历史而后，不特吾国之所谓正史永奉此体为正宗，即吾国其他各史裁如方志、传记、史表，亦莫不脱胎于《史记》。（《通史新义》）

【近】梁启超：著书最大目的，乃在发表司马氏"一家之言"，与荀卿著《荀子》、董生著《春秋繁露》性质正同，不过其"一家之言"乃借史的形式以发表耳。○《史记》创造之要点，以余所见者如下：一、以人物为中心。……二、历史之整个的观念。……三、组织之复杂及其联络。……四、叙列之扼要而美妙。（《要籍解题及其读法·史记》）

没有配角形容不出主角，写配角正是写主角。这种技术《史记》最是擅长。例如信陵君这样一个人，胸襟很大，声名很远，从正面写，未尝不可以，总觉得费力而且不易出色。太史公就用旁敲侧击的方法，用力写侯生，写毛公、薛公，都在这些小人物身上着笔，本人反为很少，因为如此信陵君的为人格外显得伟大，格外显得奇特。[①]这种写法不录文章，不写功业，专从小处落墨，把大处烘托出来，除却太史公以外，别的人能够做到的很少。（《中国历史研究法补编》）

【今】鲁迅：况发愤著书，意旨自激，其与任安书有云："仆之先人，……与蝼蚁何异。"恨为弄臣，寄心楮墨，感身世之戮辱，传畸人于千秋。虽背《春秋》之义，固不失为史家之绝唱，无韵之《离骚》矣。（《汉文学史纲要》）

【今】李泽厚：司马迁继承和发扬了屈原的美学思想，突破了儒家"怨而不怒"的传统，表现了一种强烈的反抗性、批判性和来自人民（主要是西汉时期发展起来的城市中较下层的自由民）的古代浪漫主义的英雄气概。（《中国美学史》）

【今】李长之：（司马迁）是一个抒情诗人。〇司马迁的本质是浪漫的，情感的。〇司马迁是能够为一个伟大人物心灵拍照的。〇统一律、内外谐和律、对照律、对称律、上升律、奇兵律、减轻律，统统是司马迁在他的艺术制作过程中的指导原理。〇《史记》一部书，就整个看，有它整个的结构；就每一篇看，有它每一篇的结构。这像一个宫殿一样，整个是堂皇的设计，而每一个殿堂也都是匠心的经营。〇司马迁是被后来的古文家所认为宗师的。其中几乎有着"文统"的意味。因为，第一次的古文运动领袖是韩愈，他推崇司马迁。第二次的古文运动领袖是欧阳修，他推崇韩愈。后来的桐城派的先驱归有光[②]，以司马迁为研究目标，后来者则追踪韩欧，而曾国藩一派又探索于《史记》[③]。这样一来，前前后后，司马迁便成了古文运动的一个中心人物。（《司马迁之人格与风格》）

【今】李少雍：司马迁记人不限于帝王将相，他把"人"的范围扩大到社会底层，他笔下的人物类型之多是空前的。这有力地启示了后世小说家，为他们开辟了极为广阔的道路。我国古典小说众多的人物形象中，有三类形象同《史记》人物的关系最密切。

---

① 金圣叹有言："写彼人而令此人分外出色，此真千古神奇之笔，非《史记》以下书所得及也。"（《唱经堂才子书汇稿·左传释》）

② 归有光有言："余固鄙野，不能得古人万分之一，然不喜为今世之文，性独好《史记》。勉而为文，不《史记》若也。"（《五岳山人前集序》）"余少好读司马子长书，见其感慨激烈愤郁不平之气，勃勃不能自抑。"（《陶庵记》）

③ 曾国藩于《求阙斋读书录》中对《史记》重要篇章的字句、用意、文章，都有深入精到的评论。尤推崇司马迁之文笔，或颂为或高洁迈远，瑰玮极特；或事绪繁多，叙次明晰；或顾盼生姿，跌宕自喜；或反侧错综，语南意北；或互文见义，详略适宜；或荡漾疏散吞吐之处，正自不可几及。

一是侠客形象。二是女性形象。三是官吏形象。（《司马迁传记文学论稿》，引用时有删节）

【今】王伯祥：在司马迁以前，没有专写个人的传记。他独能窥见人的一生是活生生的整体，若把它分系在"以事为纲"的记载上就算了事，那就破坏了这个整体，无异肢解了这个人物。就这一点看，可以说司马迁在中国文学史上是第一个发现"典型人物"的人。（《史记选·序例》）

【今】白寿彝：司马迁善于用两面对照的方法来突出历史的问题，以见作者意指。○司马迁常利用对历史人物细节的描写，有时似是不经意的捎带的叙述，而对历史人物的品评和对历史问题的看法就表达出来了。（《司马迁寓论断于序事》，《中国史学史论集》）

【今】张大可："网罗天下放失旧闻"是司马迁搜求史料的一条总原则。司马迁采集史料的方法可以归纳如下：(1)"䌷史记石室金匮之书"，即阅读皇家所藏图书档案。(2)取资金石、文物、图像及建筑。(3)游历访问，实地调查。(4)接触当事人或他人的口述材料。(5)采集歌谣诗赋，俚语俗谚。(6)搜求被秦始皇焚灭了的古诸侯史记。对这些丰富博杂的材料，司马迁是怎样抉择和选录的呢？从史记论赞中，我们大致可以归纳为六条义例：(1)"考信于六艺，折中于夫子"。(2)"择其言尤雅者，总之不离古文者近是。"(3)"纪异而说不书，所有怪物，余不敢言之也"。(4)"非天下所以存亡，故不著；至于世传其书者，论其轶事"。(5)"信以传信，疑以传疑，故两言之"。(6)"厥协六经异传，整齐百家杂语"。条列司马迁的讽谕手法，主要有五端：其一，状摹本人自矜声色动态以寓讽；其二，引用他人之语以寓讽；其三，言古事以讽今；其四，用以褒为贬的反写法寓讽；其五，用无声的沉默以寓讽。（《〈史记〉论赞辑释》，引用时有删节）

【今】杨树增：为了在人物传记中集中表现一定主旨和人物的主要特征，又不违背历史之真，司马迁就将与一定主旨、人物主要特征不统一、不和谐的方面，分散于其他人物的传记之中，或为了达到一定的隐讳目的，也用此法，将隐讳部分散于他传，这就是本传晦之他传发之的"互见法"。"互见法"的使用，说明司马迁已经具有了塑造典型人物形象的自觉意识。

司马迁将自己的主观感情贯注于《史记》人物的塑造之中之时，他采用了三种形式：将感情寓于人物的叙述描写之中；感情在语调上的自然流露；直接对人物表达感情或借用传中其他人物来抒发感情。《史记》传记的叙述有直叙和婉叙两种形式，也称直笔和曲笔。《史记》曲笔的表现形式很多，简括几种如下：微词显意、意在言外、旁敲侧击、指桑骂槐、借人物言词以明志、言此而意彼、词正而意反。《史记》传记使用的语言，既不是传统的书面语言，也不是当时社会的口语，司马迁对古奥的传统书面语言进行了改造，对当时社会流传的口头语言进行了合理的吸收，创造了通俗易懂、生动活泼、又富于表现力的新的书面语言。《史记》传记语言之"雅"，在于用浅显易懂的语言反映丰富而深刻的思想内容，创造出一种淡远深邃、富于魅力的艺术境界。

整个中国历史文学是孕育中国小说的母体，而这个母体是以《史记》为代表的。具体表现为：题材仿《史记》传记文学，常取之于史料或传闻。结构效仿《史记》传记文学，常以人物命运的发展过程来构成。中国古典小说往往按时间顺序来写，常有明显的时间标志来连接各个部分，叙述语惯用第三人称，犹如作史者似的以客观的叙述人的语言来叙述故事。《史记》传记文学对后世散文的影响主要体现在文风上。《史记》的人物传记，一方面寓情于叙事，一方面也以"太史公曰"的方式直接倾诉感情，其文风被后世古文家普遍推崇，几乎作为"文统"，而影响着后世散文的发展。《史记》虽属散文体写人叙事文学，但对韵文体文学，如诗、赋、词、曲等也有深远影响。主要表现在思想内容方面，为诗、赋、词、曲等提供了丰富的主题与题材。（《〈史记〉艺术研究》，引用时有删节）

《左传》

【汉】司马迁：鲁君子左丘明惧弟子人人异端，各安其意，失其真，故因孔子史记具论其语，成《左氏春秋》。（《史记·十二诸侯年表》）

【晋】杜预：左丘明受经于仲尼，以为经者不刊之书也。故传或先经以始事，或后经以终义，或依经以辩理，或错经以合异，随义而发。其例之所重，旧史遗文，略不尽举，非圣人所修之要故也。身为国史，躬览载籍，必广记而备言之。其文缓，其旨远，将令学者原始要终，寻其枝叶，究其所穷。优而柔之，使自求之，餍而饫之，使自趋之。若江海之浸，膏泽之润，涣然冰释，怡然理顺，然后为得也。

其发凡以言例，皆经国之常制，周公之垂法，史书之旧章。仲尼从而修之，以成一经之通体。其微显阐幽，裁成义类者，皆据旧例而发义，指行事以正褒贬。诸"称""书""不书""先书""故书""不言""不称""书曰"之类，皆所以起新旧，发大义，谓之变例。然亦有史所不书，即以为义者。此盖《春秋》新意，故传不言"凡"，曲而畅之也。其经无义例，因行事而言，则传直言其归趣而已，非例也。故发传之体有三，而为例之情有五。一曰微而显。文见于此而义起在彼。"称族尊君命""舍族尊夫人""梁亡""城缘陵"之类是也。二曰志而晦。约言示制，推以知例，"三会不地""与谋曰及"之类是也。三曰婉而成章。曲从义训，以示大顺，诸所讳辟，"璧假许田"之类是也。四曰尽而不污。直书其事，具文见义，"丹楹""刻桷""天王求车""齐侯献捷"之类是也。五曰惩恶而劝善。求名而亡，欲盖而章，书齐豹盗，三叛人名之类是也。推此五体以寻经传，触类而长之，附于二百四十二年行事，王道之正、人伦之纪，备矣。（《春秋左氏传序》）

【梁】刘勰：自平王微弱，政不及雅，宪章散紊，彝伦攸斁。昔者夫子闵王道之缺，伤斯文之坠，静居以叹凤，临衢而泣麟。于是就太师以正《雅》《颂》，因鲁史以修《春秋》，举得失以表黜陟，征存亡以标劝戒。褒见一字，贵逾轩冕；贬在片言，诛深斧钺。然睿旨存亡幽隐，经文婉约。丘明同时，实得微言，乃原始要终，创为传体。传者，转也。转受经旨，以授其后，实圣文之羽翮，记籍之冠冕也。○赞曰：史肇轩黄，体备周孔。世历斯编，善恶偕总。腾褒裁贬，万古魂动；辞宗丘明，直归南董。（《文心雕龙·史传》）

【唐】韩愈：《春秋》谨严，《左氏》浮夸，《易》奇而法，《诗》正而葩。(《进学解》)

【唐】刘知几：古者言为《尚书》，事为《春秋》，左右二史，分尸（按：担任，承担）其职。……逮左氏为书，不遵古法，言之与事，同在《传》中。然而言事相兼，烦省合理，故使读者寻绎不倦，览讽忘疲。(《史通·载言》)○《左氏》之叙事也，述行师，则簿领盈视，咙聒沸腾；论备火，则区分在目，修饰峻整；言胜捷，则收获都尽；记奔败，则披靡横前；申盟誓，则慷慨有余；称谲诈，则欺诬可见；谈恩惠，则煦如春日；纪严切，则凛若秋霜；叙兴邦，则滋味无量；陈亡国，则凄凉可悯。或腴辞润简牍，或美句入咏歌，跌宕而不群，纵横而自得。若斯才者，殆将工侔造化，思涉鬼神。著述罕闻，古今之卓绝。(《史通·杂说》)○寻《左氏》载诸大夫词令、行人应答，其文典而美，其语博而奥；述远古则委曲如存，征近代则循环可覆。必料其功用厚薄，指意深浅。谅非经营草创，出自一时，琢磨润色，独成一手。斯盖当时国史已有成文，丘明但编而次之，配经称传而已也。如二《传》(《公羊传》《穀梁传》)者，记言载事，失彼菁华，寻源讨本，取诸胸臆，夫自我作故，无所准绳，故理甚迂僻，言多鄙野，比诸《左氏》，不可同年。(《史通·申左》)

【宋】王正德：东坡云：意尽而言止者，天下之至言也；然而言止而意不尽，尤为极至。如《礼记》《左传》可见。(《余师录》卷三)

【宋】吕祖谦：看《左传》，须看一代之所以升降，一国之所以盛衰，一君之所以治乱，一人之所以变迁。能如此看，则所谓先立乎其大者，然后看一书之所以得失。(《看左氏规模》，《左氏传说》)

○《左传》须分三节看，五霸未兴以前是一节，五霸迭兴之际是一节，五霸既衰之后是一节。(《左氏传说》卷二)

【宋】陈骙：考诸《左氏》，摘其英华，别为八体，各系本文：一曰命，婉而当；二曰誓，谨而严；三曰盟，约而信；四曰祷，切而悫；五曰谏，和而直；六曰让，辩而正；七曰书，达而法；八曰对，美而敏。(《文则》卷下)

【宋】吕本中：文章不分明指切，从容委曲，而意以独至，惟《左传》为然。如当时诸国往来之辞，与当时君臣相告相让之语，盖可见矣。亦是当时圣人余泽未远，涵养自别，故辞气不迫如此，非后世人专学言语者比也。○左氏之文，语有尽而意无穷，如献子辞梗阳人一段，所谓一唱三叹有遗音者也。如此等处皆是学文养气之本，不可不深思也。(王正德《余师录》卷三)

【明】胡广：尹氏曰……尝闻程先生云，圣人文章，载在六经，自左丘明作传，文章始坏，文胜质也。(《性理大全书》卷五十六)

【明】杨慎：古今文章，《春秋》无以加矣，《公》《榖》之明白，其亚也。《左氏》浮夸繁冗，乃圣门之荆棘，而后人实以为珍宝，文弊之始也。（《辞尚简要》，《升庵集》卷五十二）

【明】王鏊：其词婉而畅，直而不肆，深而不晦，鍊而不烦，绳削有若剩焉而非赘也，若遗焉而非欠也。……迁得其奇，固得其雅，韩得其富，欧得其婉，而皆赫然名于后世。（《重刊左传详节序》）

【清】高嵣：使不有《左氏》，古先王服物典章、经世垂教大法湮灭而不传者多矣，此其功高于《公》《榖》之上。故曰《春秋》经中史，《左传》史中经者也。（《左传钞序》）

【清】朱轼：左氏，文章也，非经传也。文则论其文，传则绎其义，不易之规也。昌黎韩氏曰"《春秋》谨严，左氏浮夸"，诚哉斯言乎！《春秋》主常而左氏好怪，《春秋》崇德而左氏尚力，《春秋》明治而左氏喜乱，《春秋》言人而左氏称神，举圣人之所必不语者而津津道之，有余甘焉。然则《春秋》之旨其与几何矣？近庄、列诡谲之风，启战国纵横之习，大率定、哀以后，有绝世雄才，不逞所志，借题抒写，以发其轮困离奇之概云耳。故曰文章也，非经传也。（《左绣序》）

【清】冯李骅、陆浩：篇法最重提应。或单提，或双提，或突提，或倒提，或原提，或总提，或分提，或直起不提，却留于中间以束为提，乃是变法。或顺应，或倒应，或分应，或总应，或正应，或反应，或借应，或翻应，或明应，或暗应，或应过又应，或不应而应，亦是变法。逐篇比对，始知其变化不穷。

○传中议论之精，辞令之隽，都经妙手删润，然尚有底本。至叙事全由自己剪裁，其中有正叙，有原叙，有顺叙，有倒叙，有实叙，有虚叙，有明叙，有暗叙，有预叙，有补叙，有类叙，有串叙，有摊叙，有簇叙，有对叙，有错叙，有插叙，有带叙，有搭叙，有陪叙，有零叙，有复叙，有间议夹叙，有连经驾叙，有述言代叙，有趁文滚叙，有凌空提叙，有断案结叙。

○宾主是行文第一活着，然不过借宾形主而已。左则有添宾并主之法。如反自箕，竟将胥臣与先轸、郤缺双结。遂霸西戎，竟将子桑与秦穆、孟明双结。所谓水镜造元，直不辨谁为宾主者。又有略主详宾之法。如要写太子不得立，却将毕万必复其始极力铺张，要见晋文怜新弃旧，却通身详写季隗，而叔隗只须起手一句、对面一照，无不了了。又有宾主互用之法。如克段是主，却重在姜氏，杀州吁是主，却重在石厚。于事为主，于文则为宾，于事为宾，于文则为主，盖事是题面，文是作意。他处皆循题立传，此独借题补传。须看其从主入宾，反宾为主，处处有并行不悖之妙。

○埋伏是文字线索，而用笔各变。有倒伏，又有顺伏之法，如屈瑕盟贰轸篇，师克在和，便伏于"君次郊郢，我以锐师"，两"君"字、"我"字中；不疑何卜，便伏于"必不诚""必离"两"必"字中，随手安插，令下文有根也。有明伏，又有暗伏之法，如写子元欲蛊文夫人勉强出师，处处写他心头有事；写郤克忿兵倖胜，处处写作齐侯不弱，便令读者得之笔墨之表也。有正伏，又有反伏之法，如子产将诛子皙，却先放子南，字字偏枯子南，却正字字激射子皙，为绝隐秀可思也；有因文伏事之法，如石碏谏宠州吁，却先写庄姜一段缘故。有因事伏文之法，如晋厉败秦麻隧，却先写绝秦一篇文字是也。

　　○褒贬是作书把握其巧妙。有虚美实刺之法，如郑庄贪许后，才赞他知礼，即刻便讥其失政刑，有此一刺，连美处都认真不得。又有美刺两藏之法，如荀息不食言，有得有失，引白圭作断，两意都到，与敏称华耦、古称陈桓，同一笔意。又有怒甲移乙之法，如卫朔入卫，既不便扫诸侯，又不当贬王人，因曲笔反责左右二公子，真有触背两避之巧也。

　　○《左传》须一气读，一气读方能彻其全神；又须逐字读，逐字读方能究其委曲；须参差读，参差读则见其错综之变；又须整齐读，整齐读则得其裁剪之工；须立身局外读，立身局外以揽其运掉之奇，而后不为其所震；又须设身局中读，设身局中以体其经营之密，而后不为其所瞒。持此法以得当于左氏，以之读尽古今秘书，直有破竹之乐耳。（《左绣·读左卮言》）

　　【清】盛大谟：读文不知《左传》，不可与论文。○全以神行，使读者自得于言外。左氏以前无此笔、无此文，左氏以后无此笔、无此文。左文有对面，有侧面，有反面，有正面。左氏用笔有不经意处，有极经意处；有陡然惊人处，有故意迷人处，有精彩逼人处；有章法，有关键，有伏应；有题前笔，有题后笔。后人作文，写此人便说此人如何，唯恐读者不晓此人如何；写此事便说此事如何，唯恐读者不晓此事如何。左氏写此人却不说此人如何，令读者自悟如何；写此事却不说此事如何，令读者自悟如何。然此种神妙，虽司马子长亦不能及，后来史笔又不足云矣。（《于埜左氏录·读〈左传〉法》）

　　【清】刘熙载：《春秋》文见于此，起义在彼。左氏窥此秘，故其文虚实互藏，两在不测。○文得元气便厚，《左氏》虽说衰世事，却尚有许多元气在。○左氏叙战之将胜者，必先有戒惧之意，如韩原秦穆之言，城濮晋文之言，邲楚庄之言皆是也。不胜者反此。观指睹归，故文贵于所以然处著笔。○左氏与史迁同一多爱，故于《六经》之旨均不无出入。若论不动声色，则左于马加一等矣。（《艺概·文概》）

　　【清】王系：《左氏》之文，实为千古史家之祖。其法严而善变，制之以心，洪纤疏密，皆得自然。叙十五国二百四十二年之事与人，皆可寻其事之始终，想其人之生平。虽一言一动一名一物，无不如闻其声，如见其色，如睹其措置、设施、发生、消萎。龙门易编年而为纪传，叙事之法莫之能违也。○虽文章闳奥，钻仰为难，而其文具在。文有难晓，求之于事；事有不合，酌之于时；时有所阻，裁之于理。期于文从字顺，以为初学者行远登高之一助，历十余年而后脱稿焉。于乎！义存乎事，事载乎辞，辞达而事核，事核而义显。是在乎好学深思者矣！（《左传说自序》）

【清】章学诚：序论辞命之文，其数易尽；叙事之文，其变无穷。故今古文人，其才不尽于诸体，而尽于叙事也。盖其为法，则有以顺叙者、以逆叙者、以类叙者、以次叙者、以牵连而叙者、断续叙者、错综叙者、假议论以叙者、夹议论以叙者；先叙后断，先断后叙，且叙且断，以叙作断；预提于前，补缀于后，两事合一，一事两分；对叙、插叙、明叙、暗叙、颠倒叙、回环叙。离合变化，奇正相生，如孙吴用兵，扁仓用药，神妙不测，几于化工。（《论课蒙学文法》）

【近】林纾：以行文论，左氏之文，万世古文之祖也。……仆恒对学子言：天下文章能变化陆离不可方物者，止有三家：一左一马一韩而已。左氏之文无所不能，时时变其行阵，使望阵者莫审其阵图之所出。譬如首尾背驰，不能係缀为一，则中间作锁钮之笔暗中牵合，使隐渡而下，至于临尾一拍即合，使人瞥然不觉其艰琐，反羡其自然者。或叙致一事，赫然如荼火，读者人人争欲寻究其结穴，乃读至收束之处，漠然如淡烟轻云，飘渺无迹，乃不知其结穴处转在中间。如岳武穆过师，元帅已杂偏裨而行，使人寻迹不得。又或一事之中陡出一人，此人为全篇关键，而偏不得其出处，乃于闲闲中补入数行，即为其人之小传，却穿插在恰好地步，如天衣无缝。较之司马光之为《通鉴》倒补叙其本人之地望族姓，于无罅隙处强入，往往令人棘目——相去殆万里矣。又或叙战事之规画，极力叙战而不言谋，或极力抒谋而略言战。或在百忙之中，而间出以闲笔；或从纷扰之中，而转成为针对。其叙战事，尤极留意，必因事设权，不曾一笔沿袭、一语雷同，真神技也！其下于短篇之中，尤有筋力。状奸人之狙诈，能曲绘而成形；写武士之骁烈，即因奇而得韵，令人莫可思议。仆亦不能穷形尽相而言之，当于逐篇之后细疏其能，庶读者于故纸之中翘然侈为新得，庶几不负仆之苦心矣。（《左传撷华》）

【近】梁启超：左氏之书特色：第一，不以一国为中心点，而将当时数个主要的文化国平均叙述。……第二，其叙述不局于政治，常涉及全社会之各个方面。左氏对于一时之典章与大事固多详叙，而所谓"琐语"之一类亦采择不遗。故能写出当时社会之活态，予吾侪以颇明瞭之印象。第三，其叙事有系统、有别裁，确成为一种"组织体的"著述。彼"帐簿式"之《春秋》，"文选式"之《尚书》，虽极庄严典重，而读者寡味矣。左氏之书，其断片的叙事虽亦不少，然对于重大问题，时复溯原竟委，前后照应，能使读者相悦以解。（《中国历史研究法》）

【今】朱自清：《左传》不但是史学的权威，也是文学的权威。（《经典常谈》）

【今】钱钟书：不直书甲之运为，而假乙眼中舌端出之，纯乎小说笔法矣，即所谓的借乙口叙甲事。〇"微"之与"显"，"志"之与"晦"，"婉"之与"成章"，均相反以相成，不同而能和。（《管锥编》）

【今】郭预衡：这书的思想倾向和《国语》基本上一致。书中凡以"君子曰"或"仲尼曰"发表评论性的意见，都是代表编撰的思想倾向的，又有几个重要人物如子产、晏婴、叔向、季札等的言论，也是代表编撰的思想倾向的。总的看来，是代表春秋战国之际的奴隶主阶级改良派的思想。这可以从几个方面来看。一、在讲天、神、君、民关系方面，和《国语》同样，也是以民为主，而且比《国语》还要明确。二、一方面重民意，另一方面则轻君位。必须指出，《左传》一书对于王朝的更迭、国君的易位，虽然看得惯了，视为平常，却并不是对于奴隶制的衰亡、旧贵族的没落无所惋惜。《左传》对暴君固然是揭露的，而对于弑君又是反对的，这也正表现了《左传》一书倾向改良而反对暴力的政治态度。三、《左传》的文学成就，比《尚书》《国语》等史籍更为突出。《左传》一书的散文艺术，不论记言记事，都有新的发展、新的特点，叙事之工，辞令之美，都达到了这个历史时期的散文的最高成就。《左传》叙事最突出的成就还在于描述战争。与《左传》同时或略早的史书，虽然也有关于战争的记述，但和《左传》比较，都只是简单的笔墨；到了《左传》，才出现了结构空前完整、细节异常生动的长篇巨制。《左传》描写战争，还不仅生动具体地写出战争中间的各种动态，而且善于揭示战争的前因后果，揭示战争的经验教训。

《左传》记言的成就，比记事还要突出。其特点是：文章已从前代的诰、命、训、誓中发展为委婉动听的外交辞令。春秋以来，由于诸侯之间斗争尖锐，行文往来，非常讲究辞令。大国侵略小国，固然要"奉辞伐罪"，小国应付大国，更须委婉其辞。所谓"言之无文，行而不远"，所谓"子产有辞，诸侯赖之"，所谓"辞之不可以已"，等等，都是当时政治斗争的特殊需要。《左传》将这样一些辞令记载下来，即使不加修饰，也已率然成章，而一经润色，自然更富文采。《左传》所载的外交辞令，有时还远远超过问答的范围，形成了长篇大论，此亦论辩文章的重大发展。（《中国散文史长编》，引用时有删节）

【今】郭丹：有的情节具备激烈的矛盾冲突背景，作者把人物放在一种极端紧张而又复杂的矛盾斗争场合来刻画，在激烈的冲突中塑造人物，可见作者已注意到人物形象与场景的关系。〇将人物心理描写融化于叙事之中，用细微的动作和精妙的语言刻画人物在特定环境中的心理。〇对比和映衬，是中国古典叙事文学中刻画人物的传统手法。溯其源，亦可见于《左传》。〇《左传》行文辞令之变化机巧，闳丽钜衍，如修辞艺术中之委婉蕴藉，折之以理，惧之以势，服之以巧，针锋相对，绵里藏针，乃至排比对偶，虚构夸张，铺张扬厉，至战国皆为纵横之士所袭用，且有更大的发展。〇民本思想、崇礼思想和崇霸思想，这三种思想，具有春秋这一特定时期的鲜明的时代特征。〇民本思想在战争中的表现，则是民的作用与民心的向背，成为战争胜负、霸业兴替的决定力量。作者在大量的战争描写尤其是对战争胜负的背景叙述中力图揭示这样的真理：得民而战者胜，……《庄公十年》《曹刿论战》，表现的就是这样的思想。〇雄主这一系列人物，都具有以下几个方面的共同特征。首先，这些能够在历史上建立了一定功业的国君霸主，大都能对所处的形势有十分清醒的认识和把握。……其次，顺应着时代的潮流，他们都有比较明确的民本思想，知道重民、养民、爱民关系着国家的兴衰，因此能内修国政，励精图治，安抚百姓，视民如子。……再次，他们大都能择善使能，重用贤才。(《左传战国策演讲录》)

主要参考文献

（宋）朱熹撰：《四书章句集注》，中华书局 2011 年版。

（宋）蔡节撰：《论语集说》，清文渊阁四库全书本。

（宋）蔡模撰：《孟子集疏》，清文渊阁四库全书本。

（明）凌稚隆辑：《史记评林》明刻本。

（清）郭庆藩撰：《庄子集释》，清光绪思贤讲舍刻本。

（清）王先谦撰：《庄子集解》，清宣统元年思贤书局刻本。

（清）李扶九、黄仁黼选评：《古文笔法百篇（第二版）》，三秦出版社 2005 年版。

过商侯原编、印水心增订：《言文对照古文评注读本》，世界书局。

王先谦纂、宋晶如注：《广注王氏续古文辞类纂》，世界书局。

《标点评注古文辞类纂正编》《标点评注古文辞类纂续编》，广益书局。

刘豫庵鉴定：《详订古文评注全集》，锦章图书局。

王文濡校注：《续古文辞类纂评注》，文明书局。

朱一清主编：《古文观止鉴赏集评》，安徽文艺出版社 1997 年版。

韩欣整理：《汇评详注古文观止》，天津古籍出版社 2010 年版。

洪本健等：《解题汇评古文观止》，华东师范大学出版社 2002 年版。

吴孟复、蒋立甫主编：《古文辞类纂评注》，安徽教育出版社 2004 年版。

慕容真点校：《林纾选评古文辞类纂》，浙江古籍出版社 1986 年版。

王水照编：《历代文话》，复旦大学出版社 2007 年版。

徐树铮辑：《诸家评点古文辞类纂》，国家图书馆出版社 2012 年版。

谢祥皓，李思乐辑校：《庄子序跋论评辑要》，湖北教育出版社 2001 年版。

吴平、周保明选编：《〈史记〉研究文献辑刊（全十八册）》，国家图书馆出版社 2014 年版。

张大可等：《〈史记〉研究集成（全十四卷）》，华文出版社 2005 年版。

李卫军编著：《左传集评（全四册）》，北京大学出版社 2016 年版。

陈振鹏、章培恒主编：《古文鉴赏辞典（全二册）》，上海辞书出版社 2014 年版。

吴文治编:《柳宗元资料汇编（全二册）》，中华书局 1964 年版。

洪本健编:《欧阳修资料汇编（全三册）》，中华书局 1995 年版。

吴文治编:《韩愈资料汇编（全四册）》，中华书局 1983 年版。

吴小林编:《唐宋八大家汇评》，齐鲁书社 1991 年版。

李道英编:《八大家古文选注集评》，广西师范大学出版社 1996 年版。

仝彦芳，王增学主编:《唐宋八大家名作精品鉴赏》，中国人事出版社 1995 年版。

孙绍振:《孙绍振解读经典散文》，中华书局 2015 年版。

吴小如:《古文精读举隅》，天津古籍出版社 2002 年版。

陆精康:《考信录——文言诗文备课札记》，上海教育出版社 2014 年版。

吴尚夫主编:《中学语文传统课文参考资料（文言文部分）》，上海教育出版社 1990 年版。

宋广礼、刘刈主编:《古代散文小品选粹》，中国广播电视出版社 1999 年版。

爱如生典海（中国基本古籍库，收录自先秦至民国历代典籍 1 万种、17 万卷，选用版本 12,500 个、18 万卷。网址：http://igjk.er07.com/）

国学大师（集成古典图书 2 万种 28 万卷约 24 亿字，分为史、子、集、诗、儒、易、艺、医、丛、道、佛 11 大部，基本囊括了中国常见的古代图书。网址：http://www.guoxuedashi.com/）

国家图书馆中华古籍资源库（目前在线发布的古籍影像资源包括：国家图书馆藏善本和普通古籍、法国国家图书馆藏敦煌遗书、天津图书馆藏普通古籍等，资源总量超过 3.3 万部。网址：http://mylib.nlc.cn/web/guest/shanbenjiaojuan）

中国知网国学宝典数据库（一套面向中文图书馆、中国文化研究机构、专业研究人员和文史爱好者的中华古籍全文资料检索系统。收录上起先秦、下至民国两千多年的所有用汉字作为载体的历代典籍，并收录了清代至当代学者对相关古籍研究的重要成果。网址：http://202.106.125.35/kns55/brief/result.aspx?dbPrefix=GXDB）

读秀（海量全文数据及资料基本信息组成的超大型数据库。以 430 多万种中文图书、10 亿页全文资料为基础，提供深入内容的章节和全文检索，部分文献的原文试读，以及高效查找、获取各种类型学术文献资料的一站式检索。网址：http://www.duxiu.com/）

后 记

2020年初，中国遭遇了"新冠肺炎"疫情，这也是本书校对工作最为紧张的时候。我和我的学生一天都没有休息，逐字、逐条校对勘误，愿以此向以医护人员为代表的奋斗在抗疫一线的英雄致敬！向坚韧不屈、众志成城的中国人民致敬！向"青松挺且直"般的伟大祖国致敬！

几天前给一位教师赠书，我写下"秉烛游书海，林泉寄余生"与其共勉。当前，有很多"网红"景点引得人们纷纷去"打卡"，很多人将其作为一生必去之地。可是，文学里不是有世界上最美、最值得欣赏的风景吗？我们编写这本书，就是在"精骛八极"的古文中"心游万仞"，超越时空的限制，尽览自然的瑰丽、社会的纷繁、人心的幽眇。我和我的学生，每天都沉浸在又获新知的欢喜中，想象着这一条、那一条评点应用于教学以提升古文赏析品质该有多好！

这是我的第十一本书，也是第六本有关语文教学的书。十年来几乎每天都在看书、思考、写作中"逍遥游"。这本书是我和我的两位学生合作的成果，张宁和章靓靓分别是2017和2018级语文学科教育硕士。在本书编写的过程中，两位学生都表现出高度的责任感和相当高的业务水平。张宁的理解力和执行力很好，工作效率高；章靓靓的工作专注度极高，非常勤奋，特别细致，查找、分析古籍资料的能力很强，其为人的纯粹、淡薄功利更是难能可贵。

我所有的书都是华东师大出版社北京分社出版的，我和出版社同仁建立了深厚的友情。感谢社长李永梅女士，感谢责任编辑任红瑚女士，感谢市场部郭雪丽女士和编辑部杨坤女士，谢谢你们的专业和敬业！

赵希斌

二〇二〇年四月